Die Psychologie der organisationalen Innovation

David H. Cropley · Arthur J. Cropley

Die Psychologie der organisationalen Innovation

Eine Einführung für Führungskräfte

 Springer

David H. Cropley
School of Engineering
University of South Australia
Mawson Lakes
Australien

Arthur J. Cropley
Universität Hamburg
Hamburg
Deutschland

ISBN 978-3-658-17388-3   ISBN 978-3-658-17389-0 (eBook)
https://doi.org/10.1007/978-3-658-17389-0

Die Deutsche Nationalbibliothek verzeichnet diese Publikation in der Deutschen Nationalbibliografie; detaillierte bibliografische Daten sind im Internet über http://dnb.d-nb.de abrufbar.

Diese Übersetzung ‚Die Psychologie der organisationalen Innovation. Eine Einführung für Führungskräfte' erscheint nach Vereinbarung mit der Cambridge University Press.
Zuvor veröffentlicht in englischer Sprache unter dem Titel: The Psychology of Innovation in Organizations von David H. Cropley und Arthur J. Cropley

Gedruckt auf säurefreiem und chlorfrei gebleichtem Papier

Springer ist Teil von Springer Nature
Die eingetragene Gesellschaft ist Springer Fachmedien Wiesbaden GmbH
Die Anschrift der Gesellschaft ist: Abraham-Lincoln-Str. 46, 65189 Wiesbaden, Germany

Vorwort

Moderne Organisationen befinden sich im steten Wandel. Unabhängig davon, ob sie es gemerkt haben oder nicht: Das „Informationszeitalter" ist endgültig vorbei. Wir befinden uns jetzt im „Konzipierungszeitalter" (Pink 2005). So wichtig bestehendes Wissen ist, noch wichtiger ist, was man sich noch ausdenken kann. Wie es Plšek (1997, S. 247) ausdrückte: „Sich etwas sehr genau zu überlegen hilft sehr wenig. Entscheidend ist, *andersartig* zu denken".[1] Dies bedeutet, dass Organisationen dazu gezwungen sind, sich nicht mehr auf die wiederholte Anwendung schon vorhandener Kenntnisse, Methoden und Geschäftspraktiken zu verlassen, sondern stattdessen neues Wissen und neue Methoden zu erzeugen. Diese Notwendigkeit ist inzwischen so allgemein bekannt, dass die Einsicht, die Innovation sei unentbehrlich, fast zu einer Binsenweisheit geworden ist. Aber trotzdem bleiben viele Organisationen noch beim Alten – mit zum Teil katastrophalen Folgen wie im Falle von etwa Smith Corona (s. S. 1), Polaroid (s. S. 11–12) oder Nokia (s. S. 33). Wie kann die Innovationskraft einer Organisation im Sinne des Konzipierungszeitalters analysiert werden? Welcher Nutzen ergibt sich daraus? Darauf geht dieses Buch ein.

Es ist gang und gäbe, von „Innovation" in weit auseinanderklaffenden Bereichen zu sprechen, etwa im Sport oder in der Musik. Auf gewinnorientierte Organisationen bezogen hat der Terminus allerdings eine besondere Qualität. Im unternehmerischen Sinne bezieht sich die Innovation auf die Entwicklung neuer Verfahren und Produkte, *die für kommerzielle Zwecke umgesetzt werden können*, sowohl in bestehenden als auch in neuen Organisationen. Aus diesem Grund unterscheiden wir in diesem Buch zwischen der Schöpfung von Neuheit und der Realisierung von Wert. Erstere dürfte zwar für schöngeistige Kreativität reichen, aber für organisationale Innovation ist die Wertrealisierung unentbehrlich.

So überlebensnotwendig die Innovation für Organisationen sein dürfte, so fehlt dennoch ein ergiebiges konzeptuelles Gerüst dafür. Deshalb ist die psychologische Dimension der Diskussion eher seicht und einseitig geblieben. Aus diesem Grund bietet dieses Buch eine Neuorientierung:

---

[1] Alle Übersetzungen aus dem Englischen stammen von uns. Alle Hervorhebungen in den zitierten Texten stammen auch von uns.

- eine Verlagerung des Fokus weg von Merkmalen und Prozessen der Organisation hin zu den dort tätigen menschlichen Akteuren,
- eine Hinwendung zur Kreativitätsforschung als Quelle der notwendigen Begriffe.

Dies führt zwar zu einer gewissen definitorischen Unschärfe in Bezug auf den Unterschied zwischen Kreativität und Innovation. Aber die Duldung unscharfer Grenzen ist ein zentraler Aspekt sowohl der Kreativitäts- als auch der Innovationsforschung.

Die in der Psychologie traditionell gewordene Herangehensweise an die Kreativität basiert auf dem 4P-Modell (Produkt, Prozess, Person, Problemlösungsdruck [engl.: Press]). Dieses Buch dekonstruiert dieses Modell, um es als Grundlage für ein differenzierteres Verständnis der organisationalen Innovation einzusetzen. Zum Beispiel, wie eben betont, müssen Produkte in Organisationen im Gegensatz zu schöngeistigen Produkten nicht nur Neuheit schöpfen, sondern darüber hinaus kommerziell ertragsfähig sein bzw. zumindest das Potenzial dafür aufweisen. Aus dem Grund wird im innovatorischen Kontext das P „Prozess" in die zwei „Bausteine" [engl.: building blocks] 1) Neuheitsschöpfung und 2) Wertrealisierung aufgeteilt. Es wird ferner zwischen Problemlösungsdruck aus dem sozialen Umfeld und aus dem Arbeitsumfeld unterschieden, und das P „Person" in die drei Bausteine 1) persönliche Eigenschaften, 2) persönliche Motivation und 3) persönliche Gefühle und Einstellungen aufgeteilt. Aus dieser Teilung ergibt sich ein 9-Komponenten-Modell der Innovation. Die Ableitung dieses Modells aus der Kreativitätsliteratur wird im Kap. 1 eingehender dargestellt (s. u. a. Tab. 1.3).

Auch befasst sich die Analyse mit den Paradoxien der Innovation, sowohl im sozialen Umfeld (wie etwa die gesellschaftliche Forderung nach und gleichzeitige Ablehnung von Änderung) als auch im Arbeitsumfeld (etwa im Sinne des Mottos: „Gerne Innovation, solange sich nichts ändert"). Darüber hinaus gibt es die Paradoxien der Person (dieselbe persönliche Eigenschaft, etwa Risikobereitschaft, kann innovationsförderlich aber gleichzeitig innovationsfeindlich sein) und des Prozesses (z. B. bestimmte Bedingungsfaktoren, die für die Neuheitsschöpfung förderlich sind, sind für die Wertrealisierung hinderlich). Um die Paradoxien verständlich zu machen, wird der Gesamtprozess der Erzeugung und Verwertung von Neuheit in sieben *Phasen* aufgeteilt (z. B. Vorbereitungsphase, Ideengenerierungsphase, Kommunikationsphase). Außerdem wird der Zusammenhang zwischen den dekonstruierten Bausteinen des 4Ps-Modells und den Phasen des Gesamtprozesses herausgearbeitet. Dieser Ansatz liefert ein Modell des Gesamtsystems der Innovation, das differenziert, proaktiv und dynamisch ist.

Die späteren Kapitel des Buches führen das Innovationsphasenmodell (IPM) und das Innovationsphasenbezogene Auswertungsinstrument (IPAI) ein. Beide sind aus der psychologischen Analyse der organisationalen Innovation abgeleitet, die in den ersten sieben Kapiteln vorgestellt wird. Mithilfe des IPM und des IPAI ist es möglich, spezifische Richtlinien für das Innovationsmanagement herauszuarbeiten. Diese Richtlinien können spezifischen Unternehmensanforderungen zugeschnitten werden, auch wenn die Unternehmen im Einzelnen sehr unterschiedliche Ziele, Stärken und Schwächen aufweisen.

Für ihre sprachliche und inhaltliche Unterstützung danken wir Zorica Zagorac-Uremo-vic, Universität Liechtenstein.

In diesem Text schließt die maskuline Form bei allen Bezeichnungen auch Frauen mit ein, es sei denn vom Kontext her klar ist, dass ausschließlich Frauen bzw. Männer gemeint sind.

Inhaltsverzeichnis

Abbildungsverzeichnis

Liste der Tabellen

Die Innovation: Eine Neuorientierung

Moderne Organisationen müssen innovieren oder sterben. Das kommerzielle Überleben erfordert ein differenziertes Verständnis von der Natur innovativer Produkte, der Denkprozesse, durch die solche Produkte zustande kommen, der psychologischen Ressourcen der Menschen, die solche Prozesse durchführen, sowie der externen und internen Umfelder, in denen innovative Menschen agieren. Die Psychologie der Kreativität bietet die notwendigen Einsichten, die sich aus einer Analyse dieser „Bausteine" der Innovation ergeben.

Die dringende Notwendigkeit von der Innovation für Organisationen wurde von Buzan (2007, S. vii) zutreffend ausgedrückt: „Jedes Individuum, jedes Unternehmen und jedes Land, das das 21. Jahrhundert *überleben* möchte, ist dazu gezwungen … innovativ zu werden". Schon vor mehr als 25 Jahren hat es Peters (1990, S. 9) unmissverständlich auf den Punkt gebracht: „Sei innovativ oder sei tot." Auch Freeman und Soete (1997, S. 266) setzten den Verzicht auf Innovation mit dem institutionellen Tod gleich. Inzwischen hat sich das Slogan „Innovation oder Tod" als wichtiges Schlagwort der heutigen Management-Literatur festgeschrieben (z. B., Collis 2010; Kriekels 2013).

In den letzten Jahren hat das Ringen um Innovation in der Tat den Status eines Kampfes um kommerzielles Leben und kommerzielles Tod angenommen. Ein Beispiel für die tödliche Wirkung des Verzichts auf Innovation ergibt sich aus dem Schicksal von Smith Corona. Die Einführung der elektronischen Textverarbeitung machte das Hauptprodukt dieses Unternehmens – Schreibmaschinen – irrelevant. Dies passierte nicht wegen mangelhafter Qualität der Smith-Corona Schreibmaschinen: Jahrzehntelang hatte das Unternehmen ihr Produkt stets und effektiv verbessert. Fatal war, dass die hochwertige Smith-Corona-Technologie in einer digitalen Welt bedeutungslos geworden war, das Unternehmen jedoch weiterhin hervorragende (aber unverkäufliche) Schreibmaschinen herstellte. Hamel (1996, S. 69) brachte es witzig aber leicht verständlich auf den Punkt: „Auf inkrementelle Verbesserung zu fokussieren, während die Konkurrenz die Industrie neu erfindet, ähnelt dem Fiedeln, während Rom brennt!"

© Springer Fachmedien Wiesbaden GmbH 2018
D.H. Cropley, A.J. Cropley, *Die Psychologie der organisationalen Innovation*,
https://doi.org/10.1007/978-3-658-17389-0_1

Zweck des vorliegenden Buches ist es, eine erweiterte Perspektive für die Frage zu schaffen, wie Organisationen im eben erwähnten Kampf ums Überleben innovatorisch potenter werden können. Diese erweiterte Perspektive ergibt sich aus Erkenntnissen in fünf Inhaltsbereichen: erstens die Entwicklung eines differenzierteren Verständnisses der Kernmerkmale innovativer Produkte (Kap. 2), zweitens eine Analyse der Denkprozesse, durch die solche Produkte zustande kommen (Kap. 3), drittens eine Herausarbeitung der entscheidenden psychischen Ressourcen (etwa Fertigkeiten, Einstellungen, Werthaltungen, Motive und dgl.) der Menschen, die die Prozesse durchführen (Kap. 4), viertens eine Analyse des Einflusses des sozialen Umfeldes, in dessen Rahmen die Prozesse stattfinden (Kap. 5), und des Arbeitsumfelds, durch das die Prozesse unmittelbar bedingt werden (Kap. 6), und fünftens die Herausarbeitung der Implikationen all dieser Punkte für das Innovationsmanagement (Kap. 7–11).

Die Notwendigkeit der Innovation für Organisationen

Das Bewusstsein für die Notwendigkeit der organisationalen Innovation ist keineswegs neu. Seit Jahren bietet das Thema Gesprächsstoff für eine zum Teil lebhafte Diskussion. Schon vor mehr als dreißig Jahren hat Van de Ven (z. B. 1986) berichtet, dass das Innovationsmanagement Konzernlenker mit großer Sorge erfüllt. Anfang des gegenwärtigen Jahrhunderts hat Walton (2003) empirisch belegt, dass 80 % der von ihm befragten Führungskräfte Kreativität als für den kommerziellen Erfolg unabdingbar einschätzen, und der IBM-Bericht aus dem Jahr 2010 (IBM 2010) stellte fest, dass die Kreativität das wichtigste Thema der modernen Diskussion darstellt. Anderson, Potocnik und Zhou (2014) bestätigten, dass im letzten Jahrzehnt sowohl wissenschaftliche als auch praxisorientierte Diskussionen über die Innovation enorm an Wichtigkeit gewonnen haben, sowohl innerhalb als auch außerhalb des englischsprachigen Raumes.

Volkswirtschaftliche Überlegungen

In der zweiten Hälfte des zwanzigsten Jahrhunderts hätten Renditen auf Investitionen in den reichen Nationen niedriger ausfallen müssen, weil der Kapitalstock schneller stieg als der Belegschaftsstand. Mit anderen Worten: Der Belegschaftsstand konnte mit den zur Verfügung stehenden Mitteln nicht Schritt halten. Aber Tatsache ist, dass die Renditen wesentlich höher waren. Wie war das möglich? Der entscheidende Faktor, der in der Wirtschaft das Gesetz des abnehmenden Ertrags außer Kraft setzte, waren die Auswirkungen im System von *neuem Wissen* und *neuer Technologie*: das heißt, von der Innovation (Nelson und Winter 1977). Derzeit ergibt sich mehr als die Hälfte des Wirtschaftswachstums aus der Innovation (Thanksgiving for Innovation 2002, S. 13).

Die klassische Metapher zur Erläuterung des Gesetzes des abnehmenden Ertrags umfasst Dünger und Ernteerträge. Ohne Dünger trägt ein bestimmter Ackerbau eine bestimmte

Ernte. Zu Beginn erhöht das Hinzufügen größerer Düngermengen den Ernteertrag: mehr Dünger = größere Ausbeute. Aber ab dem Punkt des abnehmenden Ertrags steigt der Ernteertrag – trotz noch größerer Düngermengen – immer langsamer, bis er sogar beginnt, kleiner zu werden (Punkt des negativen Ertrags). Lediglich die Neugestaltung der Produktivitätskurve kann das Gesetz des negativen Ertrags außer Kraft setzen; zum Beispiel die Einführung eines innovativen Bewässerungsverfahrens. Ein ähnliches Phänomen lässt sich im industriellen Kontext beobachten. Mehr Arbeitskräfte können zu Produktivitätssteigerungen führen. Irgendwann steigt die Produktivität nicht mehr, weil die Anzahl von Arbeitskräften, die sich gleichzeitig an einem Verfahren beteiligen können, Grenzen hat. Zu viele Arbeiter beginnen, einander in die Quere zu kommen und die Produktivität sinkt. Wie können Organisationen verringerte oder gar negative Renditen vermeiden? Das Hinzufügen neuen Wissens und neuer Technologie – Innovation – zeichnet die Produktivitätskurve um. Positives Wachstum erfolgt, weil die Innovation das Input-Output-Verhältnis neu gestaltet. Dies erinnert an das Konzept der S-Kurve im Lebenszyklus eines Produkts. Damit der Wachstumspfad steil und positiv bleibt, ist stetige Innovation erforderlich.

Pilzer (1990) beschrieb die Situation durch das Konzept von „wirtschaftlicher Alchemie". Er argumentierte, dass der Reichtum einer Gesellschaft durch die physikalischen Ressourcen, die ihr zur Verfügung stehen, eingegrenzt wird. Aber, die Verfügbarkeit dieser Ressourcen wird durch Technologie bestimmt: „Technologie steuert sowohl die Definition als auch die Lieferung physischer Ressourcen" (Pilzer 1990, S. 2). Es folgt daher, dass „es in den letzten Jahrzehnten der Rückstand von nicht implementierten technologischen Neuerungen gewesen ist, der das reale Wachstum bestimmt hat, und nicht ungenutzte physische Ressourcen". Dieses Argument verdeutlicht: Der Mangel an Neuheitsschöpfung bzw. deren schlechte Verwertung hatte verhindert, dass das Wachstum sein (volles) Potenzial entwickeln konnte.

Die Herausforderung des gesellschaftlichen Wandels

Knapper und Cropley (2000) haben das übergreifende Problem, vor dem Organisationen stehen, als die Notwendigkeit definiert, mit gesellschaftlichem Wandel fertig zu werden. Die Gesellschaft erlebt einen Prozess des diskontinuierlichen Wandels, bei dem sich die Spielregeln immer wieder sprunghaft ändern. Dies schließt zwar technologischen Wandel ein, geht allerdings darüber hinaus. Im Unternehmen beeinflusst der Wandel u. a. die Herstellung, Vermarktung und Verteilung von Produkten und die Dauer von Produktlebenszyklen. Darüber hinaus weckt er neue Kundenerwartungen und führt zu intensiviertem Wettbewerb und der damit einhergehenden Gefahr, wettbewerbsunfähig zu werden. Der Wandel bring auch erweiterte Globalisierung, schwierige Wirtschaftsbedingungen, veränderte Lieferketten, vermehrte Rufe nach Nachhaltigkeit, Beschädigung der Umwelt, Pluralisierung der Arbeiterschaft und den gesteigerten Druck, die weltweite Arbeitsbedingungen fair und gerecht zu machen.

Barreto (2012, S. 356) erinnerte daran, dass Organisationen heutzutage massiven „Schocks" ausgesetzt sind, mit denen sie mittels Innovation fertig werden müssen;

entweder *exogenen* Schocks (Kirzner 1973) wie etwa veränderten Kundenerwartungen, technologischen Fortschritten oder neuartigen amtlichen Verordnungen wie zum Beispiel Emissionskontrollen, oder aber *endogenen* Schocks (Schumpeter 1942). Endogene Schocks ergeben sich innerhalb eines Unternehmens aus einem steigenden Bewusstsein für Unzulänglichkeiten beim Status quo (z. B. veraltete Geschäftsmodelle). Die Verantwortlichen zeigen allerdings oft mangelnde Bereitschaft, sich damit abzufinden.

Ausnahmslos düster sind die Aussichten allerdings nicht. Nussbaum (2013, S. 38) betonte, dass der eben dargestellte gesellschaftliche Wandlungsprozess für Unternehmen auch eine durchaus *positive* Seite hat. Er schafft in der Gesellschaft „unerfüllte Bedürfnisse", die Organisationen durch Innovation zum eigenen Vorteil befriedigen können. Als konkrete, praktische Beispiele der Befriedigung solcher neuen Bedürfnisse mittels günstiger Innovationen erwähnte Cohen (2010) die Einführung durch Citibank von Geldautomaten und die Entwicklung von CDs durch Sony.

Sich aus der Innnovation ergebende Vorteile für Organisationen

Cohen (2010) blieb nicht dabei, die Innovation als eine unspezifische, lebensrettende Kraft zu präsentieren, sondern listete einige spezifische, sich aus der Innovation ergebende Vorteile für kommerzielle Organisationen auf: u. a. Wettbewerbsvorteile und erhöhte Erträge. Auch Yamin et al. (1999) betonten insbesondere die Ertragskraft, Kleinknecht und Mohnen (2001) erwähnten einen verbesserten Ausfuhrerfolg. Laut Chan und Thomas (2013, S. 1) steigert die Innovation die kommerzielle Konkurrenzfähigkeit und laut Anderson et al. (2014, S. 3) liefert sie einen Wettbewerbsvorteil. Schon vor mehr als 30 Jahren brachte es Miller (1983) auf den springenden Punkt: Eine innovative Organisation kommt den anderen zuvor.

Obwohl sie auch vor den mit der Innovation einhergehenden Risiken warnten, konnten Rosenbusch et al. (2011, S. 445) in einer Metaanalyse sowohl einen „materiellen" als auch einen „immateriellen" Nutzen identifizieren. Ersterer umfasst z. B. neue Produkte, erhöhte Erträge oder geringere Betriebskosten. Letzterer besteht aus eher prozessualen und atmosphärischen Vorteilen wie etwa schnellere Entscheidungsfindung oder erhöhte Mitarbeiterzufriedenheit, die u. a. zu erhöhtem Investoreninteresse führen. Mumford et al. (2012, S. 8) hoben weitere immaterielle Faktoren hervor, wie etwa erfolgreiche Krisenbeherrschung, verbesserte Team- und Zusammenarbeit und gesteigerte „Bereitschaft, organisationale Verantwortung zu übernehmen". Mumford, Bedell-Avers and Hunter (2008) betonten verbesserte Planungsprozesse und Amabile, Schatzel, Moneta und Kramer (2004) sprachen von einer zufriedeneren und intrinsisch motivierten Belegschaft.

Zusammenfassend lässt sich sagen, dass sich die Segen der Innovation nicht auf die unmittelbare Konzipierung, Herstellung, und Vermarktung von Produkten beschränken – so wünschenswert diese Prozesse sein dürften. Sie erstrecken sich auch auf mittelbare Faktoren wie etwa die allgemeine Betriebsatmosphäre, die Motivation der Mitarbeiter und ihre Zufriedenheit. Solche Faktoren stellen Aspekte dessen dar, was im Kap. 6 als das

Tab. 1.1 Beispiele für spezifische sich aus der Innovation ergebende Vorteile

Ergebnisorientierte Vorteile	Prozessorientierte Vorteile
• gesteigerte Produktivität • Wettbewerbsvorteile • gesteigerte Nachfrage • verbesserte Ausfuhrerfolg • gesteigerte Erträge • verbesserte Gewinnmargen • gesteigertes Investoreninteresse	• verbesserte Krisenbeherrschung • verbesserte Planung • zufriedenere Belegschaft • intrinsisch motivierte Belegschaft • verbesserte Teamarbeit und Kooperation • gesteigerte Bereitschaft der Mitarbeiter, Verantwortung zu übernehmen • verminderte Mitarbeiterfluktuation

„Arbeitsumfeld" bezeichnet wird. Die sich aus der Innovation ergebenden Vorteile werden in Tab. 1.1 zusammengefasst. Diese Tabelle erhebt nicht den Anspruch, alle denkbaren organisationalen Vorteile erschöpfend aufzulisten, sondern soll verdeutlichen, um welche Arten von Vorteilen es sich handelt. Die aufgeführten Vorteile sind ergebnisorientiert, rein kommerzieller Natur und eher global zu verstehen. Die prozessbezogenen Vorteile umfassen zwar psychologische Begriffe wie etwa intrinsische Motivation, sind allerdings auch eher global. Später werden einige dieser Prozesse und Wirkungen verstärkt psychologisch unter die Lupe genommen sowie das dynamische Verhältnis zwischen kommerziellem Ergebnis und psychologischen Bedingungsfaktoren eingehender dargestellt.

Die Konzipierung der Innovation

Einige Forscher (z. B. Read 2000) beschweren sich darüber, dass die Innovation so diffus dargestellt werde, dass ihre Bedeutung nur schwerlich begreifbar sei. Es trifft zwar zu, dass in der entsprechenden Fachliteratur der Terminus „Innovation" sowohl neue Produkte umfasst – wie etwa neue Arten von Maschinen, Dienstleistungen oder Verfahren – als auch die Prozesse, durch welche solche Produkte zustande kommen, umgesetzt oder vermarktet werden. Die OECD-Richtlinien (OECD 2005, S. 46) definieren die organisationale Innovation „zweispurig". Sie umfasst „ein neuartiges wesentlich verbessertes *Produkt* (Gegenstand, Dienstleistung) bzw. *Prozess* (Vermarktungsansatz, Organisationsform der Geschäftspraktiken, Arbeitsplatzorganisation oder externe Beziehungen)". Dillon, Lee und Matheson (2005) und Kim und Mauborgne (2004) verdeutlichten die Bedeutung von Nützlichkeit anhand des Begriffs „Wertinnovation". Dieser Ansatz legt den Fokus auf die Kundenseite, indem die Innovation als Prozess verstanden wird, durch den Unternehmen die Bedürfnisse ihrer Kunden befriedigen und neue Märkte für sich schaffen. Die organisationale Innovation wird also typischerweise als aus zwei Komponenten bestehend betrachtet: einer Prozess-Komponente und einer Produkt-Komponente.[1]

---

[1] Später im Buch werden die Produkte häufig als „Lösungen" bezeichnet, weil sie nicht selten dazu führen, dass wirtschaftliche oder organisatorische Probleme gelöst werden.

Inkrementelle vs. disruptive Innovation

Wichtig in diesem Zusammenhang ist die von Christensen (2013) getroffene Unterscheidung zwischen „inkrementeller" und „disruptiver" Innovation. Leifer et al (2000) trafen eine ähnliche Unterscheidung, als sie von „radikaler" Innovation schrieben. Wie es Miron-Spektor et al. (2011, S. 740) ausdrückten: „Die Innovation kann sich von einer inkrementellen Erweiterung des bestehenden organisationalen Leistungsniveaus bis hin zu radikaler Erneuerung erstrecken". Über radikal bzw. disruptiv hinaus, wird Innovation der sprunghaften Art auch als „Durchbruchsinnovation" (z. B. Mascitelli 2000) bzw. als „diskontinuierliche" Innovation (z. B. Veryzer 1998) bezeichnet. Luecke und Katz (2003, S. 2) definierten die zwei Arten von Innovation wie folgt: „Inkrementelle Innovation beschränkt sich auf die Verwertung *bestehender* Technologien, wohingegen radikale bzw. disruptive Innovation die *Abkehr von dem, was schon existiert*, umfasst".[2] Diese beiden Innovationsarten entsprechen weitgehend Pinks (2005) Unterscheidung zwischen einer informationsbezogenen (Aufbau des Bestehenden) und einer konzipierungsbezogenen (Einführung neuartiger Perspektiven) Herangehensweise. Der springende Punkt ist, dass die Wirkung der inkrementellen Innovation lediglich „unterstützend" (Light 1998) bzw. höchstens „evolutionär" (Veryzer 1998) ist. Sie geht nicht über Weiterentwicklung, Aufpolieren bzw. Expandieren bestehender Formen und Technologien hinaus. Disruptive Innovation umfasst dagegen eine entscheidende, plötzliche, sprunghafte Abweichung vom Bestehenden.

Horibe (2009) machte von einer Metapher Gebrauch, um den Unterschied zu erhellen. Das klassische Sprichwort zum Thema, wie man sich durch Innovation reich machen kann, lautet: „Bau' eine bessere Mausefalle und die Welt wird dir die Bude einrennen!" Eine bessere Mausefalle wäre allerdings nur eine Verbesserung der Bestehenden – lediglich inkrementelle Innovation. Im Gegensatz dazu beinhaltete disruptive Innovation eine völlig neue Herangehensweise, die die bestehende Mausefangtechnologie vielleicht irrelevant machen könnte, mit dem Ergebnis, dass die bessere Mausefalle überflüssig wäre – wie Smith Corona mit seiner Schreibmaschine erfahren musste. Als lustiges, wahrscheinlich nicht realisierbares aber einleuchtendes Beispiel für disruptive Innovation hat Horibe vorgeschlagen, die Mäuse mit Ultraschallwellen dorthin zurück zu beamen, woher sie gekommen waren.

Ein konkreteres Beispiel aus der Automobilindustrie: Obwohl es in bestimmten Kreisen als der große Durchbruch hochgejubelt wird, bleibt das Elektroauto eine rechtwinklige Kiste auf in der Regel vier Rädern. Es vertritt lediglich inkrementelle Änderung der schon bekannten Automobiltechnologie für den Transport von Gütern und Menschen. Ein neues Paradigma (d. h. eine disruptive Änderung) wäre zum Beispiel, die Passagiere so hoch in die Luft zu schießen, dass sich die Erde weit genug unter ihnen drehte, dass die Leute dort landen könnten, wo sie hinfahren wollten. Obwohl effektive inkrementelle Innovation

---

[2] Im Kap. 4 wird eingehend darauf aufmerksam gemacht, dass diese Unterscheidung Einsichten in die Unterscheide zwischen älteren und jüngeren Managern ermöglicht.

mittels konventionellen Denkens zustande kommen kann (s. auch die entsprechenden Diskussionen im Kap. 2), widmet sich dieses Buch stärker der disruptiven als der inkrementellen Innovation.

Geschäftsorientierte Modelle der Innovation

Laut A. J. Cropley und Cropley (2009) fokussierten sich ältere Ansätze der Innovationsforschung häufig auf wirtschaftliche und strukturelle Faktoren und Begriffe wie den Entwicklungsverlauf von Innovationen. Untersucht hierbei wurden primär die Generierung von Ideen sowie die Erkennung von Geschäftsgelegenheiten, der Grad an Formalität und Linearität des Prozesses, organisatorische Strukturen, die den Prozess fördern und die für die Innovation notwendigen Ressourcen (z. B. Christensen, Anthony und Roth 2004; Leifer et al. 2000; Higgins 1995). Herzog (2008) analysierte neuere Modelle der Geschäfts- und organisationalen Innovation und wies darauf hin, dass auch sie sich überwiegend mit Aspekten des Arbeitsumfelds beschäftigen, wie der gemeinsamen Organisationsvision, der innovativen Organisationskultur, der Betonung von Exploration anstatt von Verwertung, der Investition in Forschung und Entwicklung, heterogenen Teams, der Beilegung aufgabenbezogener Konflikte und transparenten Belohnungspraktiken.

Folglich wird die Innovation weiterhin als in erster Linie von *strukturellen und prozessbezogenen Aspekten des Arbeitsumfelds abhängig* betrachtet. Cropley und Cropley (2009) fassten diese Modelle wie folgt zusammen:

- sie führen die Innovation auf rationale wirtschaftliche Faktoren zurück;
- sie betrachten die Innovation als kontinuierlich, aber aus unvorhersehbarem Wandel und Anpassung resultierend;
- sie schreiben die Innovation der Arbeit von vorausschauenden Führungskräften zu;
- sie führen die Innovation hauptsächlich auf spezifische Fachkenntnisse bzw. Fertigkeiten zurück.

Sogar wenn sich konventionelle, traditionelle Modelle der organisationalen Innovation auf eher psychologische Faktoren beziehen (etwa Motivation bzw. Risikobereitschaft), werden diese aus dem Blickwinkel der Organisation betrachtet (etwa Flexibilität von Zielen, Offenheit des Betriebsklimas, Transparenz von Belohnungspraktiken). Der Beitrag von Bledow et al. (2009a; s. ihre Tab. 1) bietet ein anschauliches Beispiel. Sie berücksichtigen zwar psychologische Aspekte des Individuums, des Teams und der Organisation, aber lediglich mit Bezug auf ihre Wirkung als entweder Vorläufer der Innovation, Dimensionen des Innovationsprozesses bzw. Ergebnisse dieses Prozesses. Auch wenn sich diese Autoren mit häufig in der psychologischen Forschung besprochenen Faktoren auseinandersetzten (etwa divergentes vs. konvergentes Denken bzw. Offenheit gegenüber Neuem), wurden solche eigentlich personenbezogenen Variablen überwiegend mit Bezug auf organisationale Strukturen und Funktionen behandelt. Zusammenfassend lässt sich sagen, dass psychische Prozesse und Zustände innerhalb der menschlichen Akteure kaum als getrenntes Umfeld für sich (hier: das „persönliche Umfeld") berücksichtigt werden. Für eine eingehende Diskussion solcher Prozesse s. Kap. 4.

Laut D. H. Cropley und Cropley (2014, S. 25) ist aus dem psychologischen Blickwinkel der geschäftsorientierte Rahmen für die Analyse organisationaler Innovation von stark eingeschränkter Bedeutung, weil:

- geschäftsorientierte deskriptive Bezugssysteme nicht in der Lage sind, die für den Innovationsprozess entscheidenden psychischen Ressourcen *der Einzelperson* zu berücksichtigen;
- nicht ausreichend auf die für diese psychischen Ressourcen förderlichen (bzw. hemmenden) organisationalen Faktoren eingegangen wird;
- die Rolle der Einzelperson bezüglich der detaillierten Schritten des Innovationsprozesses nicht ausreichend erklärt wird;
- nicht ausreichend auf die Art und Weise eingegangen wird, wie sich die Wichtigkeit bestimmter psychischer Prozesse im Laufe des Innovationsprozesses ändert.

Zweck dieses Buches ist es, diese Mängel bestehender Perspektiven durch die Miteinbeziehung psychologischer Begriffe zu beheben und insbesondere folgende Themen unter die Lupe zu nehmen:

- die psychologischen Merkmale der Produkte, die aus der Innovation resultieren,
- die Denkprozesse (kognitive Faktoren) und die persönlichen Ressourcen (Wertehaltungen, Einstellungen, Motive und dgl. – nicht-kognitive Faktoren) innerhalb der Personen, welche die Ideen generieren, die zu den Produkten führen,
- die Merkmale des Arbeitsumfelds, die die Prozesse und die Arbeit der menschlichen Akteure bedingen,
- das Zusammenspiel zwischen Produkt, Person und Prozess bei der Entstehung innovativer Lösungen.

Wie es Read (2000, S. 106) unmissverständlich ausdrückte: „Die Förderung der Innovation ist eine *Führungsaufgabe*". Damit erreichen wir das letzte Element der in diesem Buch durchgeführten Erweiterung der Innovationsperspektive und zwar

- die Leitungsstrukturen, die die menschlichen Akteure (die Beschäftigten einer Organisation) dazu befähigen – und dabei unterstützen – innovative Lösungen zu entwickeln (bzw. sie daran hindern).

Diese Leitungsstrukturen sind eng mit dem verknüpft, was häufig als „Innovationsmanagement" bezeichnet wird. In der Tat hat das Buch das übergeordnete Ziel, Führungskräften ein Werkzeug an die Hand zu geben, womit sie im Unternehmen Innovationen durchsetzen können.

Ein systemischer Ansatz

Innovative Prozesse finden nicht in einem Vakuum statt und innovative Produkte kommen nicht in einem Vakuum zustande. Sie sind Teile eines Systems, das auch drei weitere Elemente umfasst: die beteiligten Menschen („Person"), das Arbeitsumfeld und das soziale Umfeld. Zusammen bilden diese beiden Umfelder die Quelle des Elements „Problemlösungsdruck". Sie sind unterschiedlich komplex: Zum Beispiel umfasst das soziale Umfeld die gesamte externe soziale Umgebung, das Arbeitsumfeld dagegen lediglich die Organisation. Darüber hinaus ist das Verhältnis zwischen den Elementen hierarchisch: Zum Beispiel ist die Person im Arbeitsumfeld eingebettet und funktioniert in dessen Rahmen, während das Arbeitsumfeld selbst im sozialen Umfeld verschachtelt ist. Für unsere Zwecke sind die entscheidenden Unterschiede zwischen den Umfeldern *qualitativ*: Wichtig ist, welche *Art* von Ereignis in einem Umfeld stattfindet, nicht wie groß oder wie stark ausgeprägt irgendwelcher Einflussfaktor ist.

Die externe Welt um die Organisation bildet das soziale Umfeld. Für kommerzielle Organisationen sind dies Investoren, Behörden, Presse und – in der Regel von entscheidender Bedeutung – Kunden, Konsumenten usw. Die Organisation selbst ist mit dem zweiten Umfeld deckungsgleich (das Arbeitsumfeld) und „Person" umfasst die im Rahmen des Arbeitsumfelds agierenden Einzelpersonen. Die Wirkung der Einzelpersonen wird vom Arbeitsumfeld stark bedingt. Das hierarchische Verhältnis zwischen den drei Elementen wird in Abb. 1.1 dargestellt.

Barreto (2012, S. 356) war der Meinung, dass Organisationen typischerweise versuchen, kommerzielle Probleme durch eine Fokussierung auf das soziale Umfeld und das Arbeitsumfeld zu beherrschen. Oft bedeutet dies zum Beispiel (Hamel 1996, S. 69): „Kosten um ein paar Cent zu drücken, ein Produkt ein paar Wochen früher auf den Markt zu bringen, auf Kundenanfragen ein kleines bisschen schneller zu reagieren oder die Qualität eine Kerbe besser als vorher zu machen", d. h. *das besser zu tun, was sie immer getan haben*. In jüngerer Zeit hat Nussbaum (2013, S. 234) einen ähnlichen Punkt genannt, als er sich darüber beschwerte, dass Organisationen immer noch versuchen, Erträge hauptsächlich durch „einen erhöhten Wirkungsgrad ihrer Herstellungsprozesse, die Auslagerung der Produktion und das Drücken von Kosten" zu erhöhen. Das Ergebnis (S. 234) ist, dass „*die Kreativität und die Innovation beiseitegeschoben werden*". Im Sinne des Fokus dieses Buches, wird das P „persönliche Eigenschaften" vernachlässigt.

Abb. 1.1 Die hierarchische und verschachtelte Struktur der organisationalen Umfelder

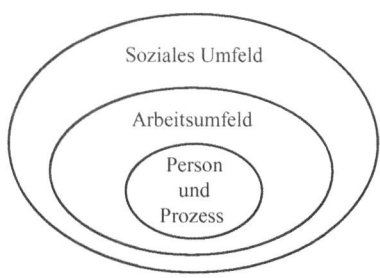

Der proaktive Mensch: das neue Modell

Dr. Martin Winterkorn, damals Vorstandsvorsitzender der Volkswagen AG, stellte fest (Maxeiner 2007, S. 17): „Das Potential und die Kreativität in den Köpfen unserer Mitarbeiter sind unser höchstes Gut", d. h. er hat das P „Person" in den Mittelpunkt gestellt. In einem eingehenden Überblick über die organisationale Literatur hat Barreto (2012) sich zwar auf die Einzelakteure fokussiert, er hat jedoch die Rolle der Menschen auf die Auswertung von Informationen aus dem sozialen Umfeld und dem Arbeitsumfeld beschränkt, insbesondere endogenen und exogenen Schocks (s. oben). Nach diesem Modell wird der innovative Impuls stets von Schocks in Gang gesetzt und führt immer entweder zur *Entdeckung* neuer Möglichkeiten – die bislang einfach herumlagen und darauf warteten, erkannt zu werden – bzw. zur *Schaffung* von Möglichkeiten durch Anpassung dessen, was schon existiert. Das heißt, Barreto betrachtet die Rolle von Einzelakteuren als überwiegend passiv; sie *reagieren* erst dann, wenn sie durch einen Schock dazu gezwungen werden. So betrachtet besteht die Innovation aus kaum mehr als dem erzwungenen Erkennen und Ausnutzen bestehender aber bisher vernachlässigter Möglichkeiten, um sich vom unangenehmen Druck eines Schocks zu befreien.

Nussbaum (2013, S. 38) bezeichnete die eben dargestellte reaktive Herangehensweise an die Innovation als „das alte Modell". Im Gegensatz dazu beginnt sein neues Modell mit in den Köpfen der beteiligten Menschen hervorgebrachten Ideen. Diese entstammen der „kreativen Intelligenz" der entsprechenden Menschen und werden ihnen nicht von außen aufgezwungen. Solche Ideen kommen also *proaktiv* zustande – die Innovation ist prophylaktisch und nicht lediglich eine notgedrungene Schadensbehebungsmaßnahme. Dieser Ansatz erfordert deswegen, dass das Innovationsmanagement die Generierung von Ideen und ihre Umsetzung in hochwertige Produkte aktiv fördert und nicht darauf wartet, bis das soziale Umfeld Geschäftsanforderungen stellt, die nicht übersehen werden können. Das veraltete Modell bedeutet nämlich, dass häufig auf die externen Anforderungen lediglich mittels (kosmetischen) Veränderungen des Arbeitsumfelds (z. B. neue Prozesse der Entscheidungsfindung, neue Belohnungssysteme, Umstrukturierung der Belegschaft) reagiert wird. Dies bleibt der Fall, bis die Mängel so schwerwiegend werden, dass sie nicht länger übersehen werden können. In diesem Fall versucht das Management in einer letzten Kraftanstrengung die Lage mittels geschicktem Krisenmanagement zu retten.

Das Innovative Denken

Chang und Burkitt (2005) riefen nach Innovation durch Generierung und Verwertung von *Ideen*, anstatt zum Beispiel durch Erwerb neuer Technologien oder Optimierung bestehender Prozesse und Systeme; d. h. sie betonten die Person. In ihrer „Rede zur Lage der Innovationswissenschaft" betonten auch Anderson, Potocnik und Zhou (2014) die Wichtigkeit von Ideen für die organisationale Innovation. Bledow et al. (2009a, S. 305) haben die organisationale Innovation prozessual und immateriell betrachtet. Nach ihnen umfasst sie

„die Entwicklung und absichtliche Verwertung neuartiger und brauchbarer *Ideen*". Laut Liedtka (1998, S. 120) haben Innovationsprozesse in der Vergangenheit „inkrementelle Innovation gegenüber disruptiver favorisiert und *den Unternehmergeist abgewürgt*. Sie haben Analyse und Extrapolation betont und *Kreativität und Erfindergeist vernachlässigt*". Liedtka rief nach einer verstärkten Betonung des innovativen Denkens, das er dem strategischen Denken gegenüberstellte. Das Kap. 3 wird auf das innovative Denken tiefer eingehen.

Smith (2009) führte den Fall Polaroid als ein Beispiel für eine Denkweise an, die auf eine beliebte Strategie fixiert blieb. Die altbewährte und enorm erfolgreiche Geschäftsstrategie des Unternehmens bestand darin, Fotoapparate unter die breite Masse zu verteilen und Geld durch die schnelle Bereitstellung des Fotodrucks zu verdienen. Die Taktik, wodurch diese Strategie realisiert wurde, war Polaroids Technologie für den fotochemischen Sofortdruck (Polaroid-Film). Das Unternehmen erzielte Riesenerfolge und wurde zu einem der führenden Unternehmen in der Welt. Auf die Herausforderung des Vormarsches der *digitalen* Abbildungstechnologie reagierte Polaroid mit dem Versuch, ihre bestehende Geschäftsstrategie (Sofortdruck fördern) aufrechtzuerhalten und lediglich die technologische Taktik zu verbessern, durch welche diese Strategie realisiert wurde (inkrementelle Innovation).

Folglich verbrachte das Unternehmen Jahre damit, und gab enorme Summen aus, um erfolgreich einen stark verkleinerten Drucker zu entwickeln, der fähig war, digitale Bilder sofort zu drucken. Das Unternehmen wiederholte demnach digital das, was es früher analog gemacht hatte. Leider drucken digital fotografierende Menschen nur sehr wenig der unzähligen Bilder, die sie machen. Es bestand deswegen keine Nachfrage nach dem neuen Drucker, so exzellent er war. Die Geschäftsstrategie war völlig angestaubt und konnte nicht durch kumulative Innovation gerettet werden. Polaroid fiedelte weiter, während Rom brannte. Das Unternehmen ging 2001 in Konkurs, hat sich aber inzwischen durch eine neue Geschäftsstrategie gerettet; heutzutage verkauft es u. a. Tablets.

Persönliche Ressourcen für die Innovation

Die Konzipierung von der Innovation als proaktiv ist keineswegs neu. Parker, Williams und Turner (2006) definierten sie als eine „proaktive Verhaltensweise" (S. 636), die durch entsprechende „Vorläufer", die sich in den Köpfen der Einzelakteure befinden, bedingt wird. Unter anderem nannten sie als Beispiel für diese Vorläufer"proaktive kognitiv-motivationalen Befindlichkeiten" und insbesondere auf „Rollenbreite bezogene Selbstwirksamkeit", „Kontrollabschätzungen", „Änderungsorientierung" und „flexible Rollenorientierung" (S. 637). Frese und Fay (2001) fokussierten direkt auf den Einzelakteur, indem sie Bezug auf die „persönliche Initiative" nahmen (S. 133). Lynch, Walsh und Harrington (2010) sprachen von „Innovationsbereitschaft" und führten als Beispiele für diese Komponente Aufgeschlossenheit, Änderungsbereitschaft und Risikobereitschaft an (S. 12).

Andere Forscher haben ähnliche Argumente vorgetragen, obwohl einige von einer anderen Terminologie Gebrauch machten: Zum Beispiel sprach Williams (2007, S. 34)

Abb. 1.2 Persönliche Ressourcen als Quelle des Innovationsprozesses

von einem „Hang zur unternehmerischen Initiative" und Rosenbusch et al. (2011, S. 441) von einer „unternehmerischen Orientierung". Allerdings könnte der Terminus „unternehmerisch" zu Missverständnissen führen, da dieser Begriff in der entsprechenden Literatur hauptsächlich in Zusammenhang mit der Gründung neuer Unternehmen verwendet wird. Dies trifft auch bei psychologisch orientierten Diskussionen zu: Zum Beispiel in einer mehr oder weniger klassisch gewordenen Abhandlung beschränkte Amabile (1997, S. 20) ihre Diskussion der „unternehmerischen Kreativität" auf den spezifischen Fall der „Gründung eines neuen Unternehmens". Im vorliegenden Buch dagegen wird der Unternehmergeist als eine Konstellation psychischer Ressourcen betrachtet, die die Fähigkeit und Bereitschaft von Einzelpersonen bedingen, kommerziell brauchbare Produkte ins Leben zu rufen, *egal ob in neuen oder bestehenden Organisationen.*

Der springende Punkt ist, dass im persönlichen Umfeld die Generierung und Verwertung von gewinnbringender Neuheit eng mit speziellen Denkprozessen und persönlichen Ressourcen von Einzelpersonen zusammenhängen. Dies bleibt der Fall, auch wenn die betreffenden Personen mit anderen kooperieren, z. B. in Teams. Die psychologischen Ressourcen können als Vorläufer innovatorischer Verhaltensweisen betrachtet werden, die für den Innovationsprozess unentbehrlich sind (s. Abb. 1.2). Nussbaum (2013) nannte diese persönlichen Ressourcen „kreative Intelligenz". Aber, obwohl die Rede von „kreativer Intelligenz" einen begrüßenswerten Schritt in die richtige Richtung darstellt, ist die Einschränkung der persönlichen Faktoren auf Intelligenz zu eng gefasst. Der Unternehmungsgeist besteht aus mehr als bloßer Intelligenz und umfasst auch nicht-kognitive Aspekte der Persönlichkeit wie etwa Bereitschaft, sich auf Risiken einzulassen, eine flexible Rollenorientierung und Offenheit gegenüber Neuem. Demgegenüber umfasst Intelligenz Vertrautheit mit der einzig richtigen Antwort und Bereitschaft, sich an dieser Antwort festzuhalten und sie auf neue Situationen zu übertragen (s. das Kap. 3). Demzufolge. im Sinne von Pink (s. oben) hat die bloße Intelligenz mehr mit Information als mit Neukonzipierung zu tun.

Das Arbeitsumfeld

Sogar bei Betonung neuer Erkenntnisse und frischer Ideen im Kopf der *Menschen, die zu den Erkenntnissen gelangen bzw. die Ideen generieren* dürfen materielle Ressourcen, Führungsstrategien, Formen der Arbeitsorganisation und dgl. nicht einfach außer Acht gelassen werden. Solche strukturellen und organisationalen Faktoren bilden das Arbeitsumfeld.

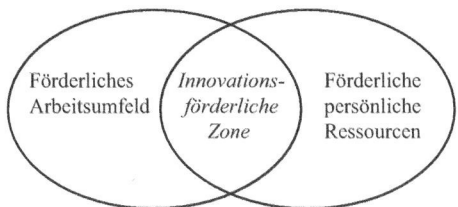

Abb. 1.3 Das Zusammenspiel zwischen Arbeitsumfeld und Person

Dies umfasst einen Satz von Bedingungsfaktoren, die den Einsatz der eben dargestellten Denkprozesse und persönlichen Ressourcen bedingen – in englischer Sprache den „press" (Rhodes 1961). Wie es O'Shea und Buckley (2007, S. 102) ausdrückten:

> Eine Schlüsselfrage für Organisationen, die innovativ werden möchten, ist wie sie Individuen, die fähig sind Ideen zu formulieren, selegieren, fördern und motivieren können und insbesondere, wie sie *ein günstiges Umfeld* aufbauen können, in dem [solche Personen] in der Lage sind, Ideen produktiv und schnell zu generieren und umzusetzen.

Um ein günstiges Arbeitsumfeld aufzubauen, das die Arbeit im persönlichen Umfeld fördert, bedarf das Nussbaum'sche Modell einer Überarbeitung, wodurch die Natur und das Zusammenspiel der verschiedenen Faktoren im Gesamtsystem verstanden, besprochen und gemanagt werden können. Diese Faktoren umfassen:

- administrative, strukturelle und arbeitsablaufbezogene Faktoren innerhalb der Organisation;
- auf innovative Einzelpersonen bezogene zwischenmenschliche und intrapersonelle Faktoren;
- die Wirkung des Zusammenspiels zwischen den eben erwähnten Bündeln von Faktoren.

Dieses Zusammenspiel wird in Abb. 1.3 dargestellt. Je größer die Überschneidung der beiden Mengen (förderliche Merkmale des Arbeitsumfelds/förderliche persönliche Ressourcen der beteiligten Menschen), desto potenter ist die Organisation in Bezug auf die Innovation.

Die Miteinbeziehung von Ideen aus der Psychologie der Kreativität

Die bisherige Erforschung der organisationalen Innovation hat zu wesentlichen Einsichten sowohl in das soziale Umfeld als auch in das Arbeitsumfeld geführt. Aber das Hauptanliegen dieses Buches ist die Erweiterung von Kenntnissen des Zusammenspiels der persönlichen Faktoren und der diese persönlichen Faktoren beeinflussenden Führungsmaßnahmen, d. h. das Zusammenspiel zwischen der „Person" und dem Arbeitsumfeld. Dies wirft folgende Schlüsselfragen auf:

1. Wo findet man die notwendigen konzeptionellen Einsichten, um die Prozesse der Generierung und Verwertung von Ideen zu verstehen?
2. Wie kann man diese Generierung und Verwertung anhand solcher Einsichten fördern?

In einem kritischen Überblick über den gegenwärtigen Forschungsstand bezüglich der
Innovation antworteten Blackburn und Kovalainen (2009) auf die erste Frage mit dem
Appell, sich an Kerndisziplinen wie Betriebswissenschaft oder Soziologie zu wenden
und – von zentralem Interesse für die gegenwärtige Abhandlung – in der Psychologie
nach einem konzeptuellen Gerüst zu suchen. Andriopoulos (2001, S. 834) hat einen kaum
verkennbaren Fingerzeig auf die psychologischen Inhalte gegeben, wo die notwendigen
Begrifflichkeiten zu finden sind: „Organisationen streben vermehrt danach, *kreativer* zu
werden und die Vorteile von *Kreativität* zu genießen, und sind der Meinung, dass die
Förderung von *kreativitätsförderlichen* Arbeitsbedingungen … [dazu führt]." Nussbaum
(2013) selbst stellte Kreativität direkt in den Vordergrund: Nachdem er das alte Modell
abgewiesen hatte, betonte er (S. 234), dass „wir von einem effizienzbezogenen Ansatz auf
einen *kreativitätsbezogenen* Ansatz umschalten sollten".

Die Innovation und die Kreativität

Die psychologische Literatur bezüglich der Kreativität liefert starke Anhaltspunkte dafür,
wie die Innovation gefördert werden kann. Dies ist kaum verwunderlich: Die Ausdrücke
„Kreativität" und „Innovation" werden häufig als mehr oder wenig gleichbedeutend verwendet, mit dem Ergebnis, dass der Zusammenhang offensichtlich erscheinen dürfte. In
einem sowohl extensiven als auch intensiven Überblick gelangten Anderson, Potocnik und
Zhou (2014) zu dem Schluss, dass obwohl die Kreativität und die Innovation nicht identisch sind, sie eng benachbart sind. Demzufolge ging Ward (2004) weiter und schlussfolgerte, dass es durchaus legitim sei, die beiden gemeinsam zu studieren und in den entsprechenden Diskussionen beide anhand ähnlicher Begriffe zu konzipieren bzw. Begriffe aus
dem einen Bereich auf den anderen zu übertragen. Haner (2005, S. 290) war eindeutig der
Meinung, dass die Anwendung von Kreativitätsbegriffen im Rahmen von Innovationsdis-
kussionen gerechtfertigt sei: „Kreativitätsprozesse und Innovationsprozesse sind … zwar
nicht identisch, sie teilen jedoch gemeinsame Merkmale und Muster, die es erlauben, sie
zusammen zu behandeln". Trotzdem gelangten O'Shea und Buckley (2007, S. 102) zu
dem Schluss, dass „Obwohl es umfangreiche Forschungsbefunde in beiden Bereichen –
Kreativität und Innovation – gibt, ist bisher *kaum eine Integration hergestellt worden*". In
einem neueren Überblick machten auch Chan und Thomas (2013, S. 1) darauf aufmerksam, dass „der Zusammenhang zwischen der Kreativität und der Innovation nicht ausreichend erforscht worden ist".

Allgemein ausgedrückt wird häufig davon ausgegangen (z. B. Florida 2004), dass in
der Wirtschaft Kreativität als Motor eines breiteren Innovationsprozesses und als grundlegende Neuheitsquelle fungiert – eine Art wirtschaftlicher Jungbrunnen. Auf der Basis ihrer
Überzeugung, dass Kreativität ein unentbehrliches Fundament für Innnovation darstelle,

Tab. 1.2 Unterschiedliche Stereotypien der Kreativität und der Innovation

Kreativität	Innovation
• generiert völlig neue Ideen, mit dem Risiko, dass sie keinen kommerziellen Wert haben werden	• übernimmt, erweitert bzw. ändert Ideen, um ihr Wertpotential zu steigern
• von internen Faktoren wie etwa Denken und Motivation der Einzelperson dominiert	• von sozialen Faktoren wie etwa Kommunikation oder Überzeugungsarbeit dominiert
• nicht den Zwängen der Logik ausgesetzt	• strikt den Zwängen der Logik ausgesetzt
• nicht durch die Wirklichkeit gebändigt	• dazu gezwungen, sich der Wirklichkeit strikt anzupassen
• braucht nicht zum konkreten Produkt führen	• muss zum konkreten Produkt führen

gelangten Zhou und Shalley (2008) zu einem ähnlichen Schluss. Allerdings umfasst die Innovation weitaus mehr als die bloße Ideengenerierung: Aus noch so kühnen Ideen müssen umsetzbare Lösungen erarbeitet werden, die bestehende Nachfragen befriedigen bzw. neue Bedürfnisse ins Leben rufen. Wie es Christensen (1997, S. 95) ausdrückte, im Rahmen der Innovationsdiskussion besteht die Aufgabe der Kreativität darin „ … Ideen für neue Produkte und Dienstleistungen zu finden, die einzigartig und *wertschöpfend* in ihren Märkten sein werden".

In der Tat gerät man schnell in Versuchung, die Kreativität einfach als den ersten Schritt in einem Gesamtprozess der Innovation zu verstehen, d. h. Kreativität als isolierten – zwar möglicherweise unentbehrlichen – Vorläufer der echten Innovationsabläufe zu betrachten, der Neuheit sozusagen aus blauem Himmel schafft. Demgegenüber soll die Innovation ein Prozess der Erweiterung, der Umdeutung bzw. der veränderten Anwendung des schon Bestehenden sein, d. h. inkrementell sein. Ein interessantes Beispiel für letzteres findet statt, wenn in einem Anwendungsbereich schon bekannte Praktiken auf einen neuen Bereich übertragen werden. Eigentlich ist das „neue" Verfahren schon bekannt und gar nicht neu, es wird trotzdem im zweiten Bereich als neuartig gepriesen. Andere Autoren haben den Unterschied zwischen der Kreativität und der Innovation wie folgt verstanden: die Kreativität soll sich aus *kognitiven* Prozessen ergeben (d. h. Generierung von Ideen mittels etwa divergenten Denkens), wohingegen die Innovation von *sozialen* Prozessen abhängt, wie etwa andere davon zu überzeugen, dass neu generierte Ideen unentbehrlich seien, d. h. Kreativität = Neuheit generieren, Innovation = Neuheit an den Mann/die Frau bringen.[3]

Diese Versuche, zwischen der Kreativität und der Innovation zu unterscheiden, werden in Tab. 1.2 dargestellt. Dort werden die zwei Spalten eher als Stereotypien von jeweils

---

[3] Wie in späteren Kapiteln dargestellt, akzeptiert dieses Buch diese Konzipierung der Kreativität überhaupt nicht. Hier wird davon ausgegangen, dass die Kreativität nicht nur kognitive Prozess umfasst, sondern auch nicht-kognitive persönliche Merkmale (wie etwa Motivation, Gefühlslagen, Einstellungen und Wertehaltungen) und soziale Interaktionen (s. insbesondere das Kap. 4).

der Kreativität (linke Spalte) und der Innovation (rechte Spalte) betrachtet. Nach diesen Stereotypien wird Kreativität häufig mit der bloßen ungebändigten Neuheitsschöpfung gleichgesetzt – fernab vom Zwang der Logik, der Wirklichkeit oder des kommerziellen Nutzens. Von besonderer Bedeutung für die gegenwärtige Diskussion ist die Konzipierung von Kreativität als vom Zwang nach *einem konkreten Produkt* befreit – obwohl solche Produkte nicht verboten sind. Im Gegensatz dazu muss die Innovation solche Produkte (und zwar kommerziell verwertbare) hervorbringen; sonst ist sie keine Innovation.

Die Dekonstruktion von der Innovation und der Kreativität

Eine genaue Analyse des Verhältnisses zwischen der Kreativität und der Innovation ist gar nicht so einfach. Laut Mumford et al. (2012, S. 8) gibt es dafür drei Gründe:

1. Die Kreativität und die Innovation sind komplexe Phänomene;
2. Beide sind vielschichtig und werden von verschiedenen Bedingungsfaktoren unterschiedlich beeinflusst;
3. Das Zusammenspiel von der Kreativität und der Innovation verläuft unterschiedlich in verschiedenen Umfeldern.

Ein Beispiel des im 3. Punkt eben erwähnten sich stets ändernden Zusammenspiels ist darin zu sehen, dass die Rahmenbedingungen, die für die Kopfarbeit eines Ideen generierenden Menschen förderlich sind, für die Akzeptanz neuer Produkte jedoch ungünstig sein können. Eine unbekümmerte persönliche Einstellung zur Frage, wie genau sich eine Idee für ein neues Produkt in der Praxis bewähren könnte, wäre für die Generierung irrer Ideen (z. B. Horibes Mausefalle; s. S. 6) sehr förderlich, wohingegen so eine Einstellung es schwierig machen würde, u. a. potentielle Finanzquellen (soziales Umfeld) von der Verwertbarkeit des Produkts zu überzeugen.

Trotzdem hat es in den letzten Jahren eine lebhafte und energische Diskussion über Kreativität und Innovation gegeben (Anderson et al. 2014). Diese Diskussion umfasst nicht nur das kreative Denken, sondern auch persönliche und soziale Faktoren. Bis jetzt sind diese Abhandlungen jedoch global und undifferenziert geblieben. Laut D. H. Cropley (2015) ist die Struktur des Innovationsprozesses mit einem Eisberg zu vergleichen: Der sichtbare Teil fällt zwar auf, aber eigentlich ist die unter der Oberfläche versteckte Masse entscheidend. Ein Großteil der unsichtbaren Masse des Innovationseisbergs besteht aus psychologischen Faktoren, die wegen des Fehlens eines Systems für die Dekonstruktion der Innovation bisher unbeleuchtet geblieben sind. Auf der Kreativitätsforschung aufbauend führen wir in diesem Buch die notwendige Dekonstruktion durch (Kap. 1–6), um im 2. Teil des Buches (Kap. 7–11) auf die Umsetzung unserer Analyse einzugehen und Führungskräften ein Werkzeug an die Hand zu geben, mit dem sie die Innovation fördern können.

Die sich aus der Dekonstruktion ergebenden Komponenten der Innovation

Die Grundlage der Dekonstruktion der Innovation ergibt sich aus den auf die Kreativität fokussierten Arbeiten von Barron (1955) und Rhodes (1961). Diese Grundlage basiert auf den sogenannten „4 Ps" der Kreativität: *Produkt* (s. Kap. 2), *Prozess* (s. Kap. 3), *Person* (s. Kap. 4) und *Problemlösungsdruck* (engl.: „press"; s. Kap. 5 und 6). Im Sinne der Innovation allerdings muss „Produkt" über wirksame Neuheit hinausgehen und auch kommerziellen Nutzen miteinbeziehen. „Prozess" muss nicht nur die Generierung von Neuheit umfassen, sondern auch ihre Verwertung. Das P von „Person" wird hier in persönliche Eigenschaften, persönliche Motivation und persönliche Gefühle weiter aufgeteilt. Der Problemlösungsdruck wird zweigeteilt: Druck aus dem sozialen Umfeld und Druck aus dem Arbeitsumfeld. Somit werden nicht 4 sondern 9 Elemente definiert, die hier als die Dimensionen eines „9-Komponenten-Modells" der Innovation weiter analysiert werden. Die Ableitung der neun Komponenten aus den 4 Ps wird in Tab. 1.3 zusammengefasst.

Diese Komponenten bilden ein System. Jede Innovation ergibt sich aus einer Wechselwirkung zwischen neuheitschöpfenden und wertrealisierenden Denkprozessen, günstigen Eigenschaften der betreffenden Personen (z. B. Selbstvertrauen, Risikobereitschaft, Beharrlichkeit) und förderlichen Aspekten sowohl des sozialen Umfelds als auch des Arbeitsumfelds (z. B. Offenheit gegenüber Neuem, Toleranz für fehlgeschlagene Versuche, verzögerte Ablehnung kühner Ideen). Diese Wechselwirkung verläuft auf komplexe Art und Weise: Zum Beispiel erhöht die Offenheit des sozialen Umfelds die Wahrscheinlichkeit, dass sich eine Innovation durchsetzt, und erhöht der Erfolg einer Innovation die Wahrscheinlichkeit, dass ein soziales Umfeld für Innovationen offen sein wird.

Die fünf auf diese Einführung folgenden Kapitel werden sich mit den aus den Ps der Kreativität abgeleiteten neun „Komponenten" der Innovation beschäftigen. Allerdings offenbart die vertiefte Auseinandersetzung mit dem Zusammenspiel der Komponenten, dass diese Interaktion paradox verläuft: Was für die Innovation gut ist, kann für sie gleichzeitig schlecht sein. Die Paradoxien der Innovation werden im Kap. 7 erörtert. Die letzten vier Kapitel stellen ein System für die Analyse von organisationaler Innovation – das Innovationsphasenmodell „IPM" – vor und gehen in Folge auf die Anwendung dieses Modells auf die Diagnostik innovationsbezogener Stärken und Schwächen einer Organisation ein.

Überblick und Ausblick

Heutzutage werden Organisationen Shocks ausgesetzt, die sie meistern müssen, um zu überleben. Allerdings öffnet die Innovation nicht nur einen Weg, die Schocks zu überwinden (reaktiv-defensive Funktion), sondern sie bietet auch immateriellen und materiellen Nutzen (proaktive Funktion). Der mittels Innovation eingeleitete Änderungsprozess kann

Tab. 1.3 Die Elemente des 9-Komponenten-Modells der Innovation

P von Kreativität	Komponente von Innovation	Beispiele für innovationsförderliche Qualitäten
Produkt	Produktmerkmal: sachbezogene, wirksame Neuheit	zweckdienlich überraschend leistungsstark
	Produktmerkmal: Potential, Gewinn aufzuwerfen	überzeugend ansprechend zukunftsträchtig
Prozess	Prozessbaustein: Generierung wirksamer Neuheit (Neuheitsschöpfung)	Probleme umdefinieren unerwartete Verbindungen machen bestehende Kenntnisse andersartig interpretieren
	Prozessbaustein: Verwertung der Neuheit (Wertrealisierung)	Auswertung der Neuheit Erkennung praktischer Möglichkeiten überzeugendes Kommunizieren von Ideen
Person	personbezogener Baustein: persönliche Eigenschaften	Offenheit gegenüber Neuem Selbstvertrauen Vorliebe für Komplexität
	personbezogener Baustein: persönliche Motivation	Risikobereitschaft Abenteuerlust Freude an Herausforderungen
	personbezogener Baustein: persönliche Gefühle/ Einstellungen	Faszination für das Unbekannte Mut Herausforderungen gegenüber Ambiguitätstoleranz
Problem-lösungsdruck	Druckquelle: soziales Umfeld	Bereitschaft, Abweichung zu tolerieren Toleranz für Menschen, die gegen den Strom schwimmen Unterstützung von Menschen, die Gesichtsverlust riskieren
	Druckquelle: Arbeitsumfeld	Belohnung von kühnen Ideen Toleranz Fehlschlägen gegenüber materielle Unterstützung kreativer Mitarbeiter

durch verhältnismäßig graduellen Auf- und Ausbau des Bestehenden (inkrementell) oder aber auch durch plötzliche neuartige Herangehensweisen (disruptiv) zustande kommen. Herkömmliche eher betriebswirtschaftlich orientierte Ansätze in der Innovationsforschung haben sich fast ausschließlich mit Aspekten der Organisation selbst beschäftigt. Aus psychologischer Sicht jedoch müssen auch die Menschen, die Neuheit generieren, die psychologischen Prozesse, die diese Menschen einsetzen, und der Druck, dem sie ausgesetzt werden, berücksichtigt werden.

Psychologische Analysen der Kreativität bieten ein Begriffsgerüst, das auf die Analyse der Innovation übertragen werden kann. Insbesondere ergibt sich aus einer Dekonstruktion des „4P-Modells" der Kreativität ein neun-Komponenten-Modell der Innovation, das aus Produkt (neuartig, ertragreich), Prozess (Neuheitsschöpfung, Wertrealisierung), persönlichen Eigenschaften, persönlicher Motivation, persönlichen Gefühlen, Problemlösungsdruck aus dem sozialen Umfeld und Problemlösungsdruck aus dem sozialen Umfeld konstruiert wird. In späteren Kapiteln werden die neun Komponenten eingehender dargestellt, insbesondere im Hinblick auf ihre Anwendung als ein konzeptuelles Gerüst für die „Diagnose" von Organisationen hinsichtlich ihrer innovationsbezogenen Stärken und Schwächen.

Teil 1

Grundbegriffe

Produkt: Wohin führt die Innovation?

2

Der erste psychologische „Baustein" der Innovation ist das neuartige Produkt. Allerdings: Im Falle der kommerziellen Innovation reicht Neuheit alleine nicht aus. Innovative Produkte müssen auch Wert schöpfen. Entscheidend für Führungskräfte ist, dass sie erkennen können, inwieweit und auf welche Art und Weise ein Produkt über das Potenzial verfügt, dies zu tun bzw., was dem Produkt fehlt und wo es fehlt. Entsprechende Richtlinien lassen sich aus der Kreativitätsforschung ableiten.

Im Kap. 1 wurde das 4P-Modell der Kreativität als nützlicher Ausgangspunkt für eine Analyse der Innovation vorgestellt. Allerdings, bedarf das auf Kreativität fokussierte 4P-Modell einer Anpassung, um einer praktischen Anwendung im Rahmen der Innovationsdiskussion gerecht zu werden. Das vorliegende und die vier folgenden Kapitel enthalten die notwendige Überarbeitung des 4P-Ansatzes und setzen sich mit „Produkt", „Prozess", „Person" und „Problemlösungsdruck" auseinander. Im Folgenden beginnen wir mit „Produkt", dem direkt beobachtbaren öffentlichen Gesicht der Innovation.

Das Nützlichkeitsgebot

Im Vorwort seines 1836 veröffentlichten Romans, *Mademoiselle de Maupin*, schrieb der französische Schriftsteller, Théophile Gautier, dass „nichts wahrlich schön ist, es sei denn, es ist *nutzlos*". Für das Kreativitätsverständnis der Kunst-um-der-Kunst-willen-Bewegung (l'art pour l'art), von der Gautier eine führende Figur war, ist diese Ablehnung von Nützlichkeit typisch und konsequent. Mit der Begründung, die Kreativität sei unaussprechlich und unergründlich, hat diese Aversion gegen die systematische wissenschaftliche Erforschung der Kreativität in bestimmten Kreisen immer noch Bestand, insbesondere in Bezug auf Nützlichkeit (s. z. B. Rocavert 2016). Die Kreativität soll ein mystisches, göttliches Phänomen bleiben, das das menschliche Verstehen übersteige und deswegen mittels

D.H. Cropley, A.J. Cropley, *Die Psychologie der organisationalen Innovation*,
https://doi.org/10.1007/978-3-658-17389-0_2

profaner und banaler Begriffe wie Nützlichkeit einfach nicht zu fassen sei. Eine Variante dieses Arguments wurde von Rothman (2014) nachdrücklich vorgebracht, als er sich über die „schleichende Kreativität" beschwerte. Das von ihm angeprangerte Schleichen der Kreativität besteht darin, dass sie langsam nicht mehr eine reine Seinsart – was er gut findet – sei, sondern eine Art des Machens werde – was ihm gar nicht gefällt. Wie er es ausdrückte: „Wenn du echt kreativ bist, echt phantasievoll, brauchst du nichts zu machen. Du brauchst lediglich zu leben, beobachten, denken und spüren" (S. 3).

Aber im Rahmen einer Diskussion von der Innovation in Organisationen stößt ein Kreativitätsbegriff, wonach sich kreativ zu fühlen ausreiche, auf wenig Interesse. Als Merkmal eines kommerziellen Produkts ist Nutzlosigkeit einfach nutzlos. Besonders vernichtend äußerte sich Levitt (2002) in Bezug auf Menschen innerhalb von Organisationen, die gerne ausgefallene Ideen einbringen, aber Fragen bezüglich ihrer Realisierbarkeit mit der Begründung abtun, eine Prüfung der Ideen aus dem Realisierbarkeitsblickwinkel sei eine unnötige Kreativitätsblockade. Um es unmissverständlich auszudrücken: Im kommerziellen Arbeitsumfeld hat die Generierung von Neuheit nur einen einzigen Sinn und Zweck und zwar: ein konkret verwertbares Produkt ins Leben zu rufen. Burghardt (1995, S. 4) sprach von „zielgerichteter" Kreativität und Horenstein (2002, S. 2) verdeutlichte, worin dieses Ziel liegt: die Herstellung von „Geräten bzw. Systemen, die Aufgaben ausführen bzw. Probleme lösen".

Weil sie meistens einen konkreten, objektiv erkennbaren Zweck haben, bieten fassbare, funktionsfähige Gegenstände die beste Möglichkeit, die Notwendigkeit der Kombination von Neuheit und Nützlichkeit nachvollziehbar zu machen. Beispiele sind u. a. ein Bauwerk, eine Maschine, ein Haushaltsgerät, ein Werkzeug oder aber ein wirksames System wie etwa ein betriebliches Informationssystem, ein Dienstleistungssystem, ein Herstellungssystem, ein Kontrollsystem oder eine Unternehmenslogistik. Aber wie D. H. Cropley, Kaufman und Cropley (2008) betonten, erweist sich der Begriff „nützlich" bei näherer Betrachtung als gar nicht so einfach wie er auf den ersten Blick erscheint. Was für die eine Person ein Segen darstellt, kann für eine andere ein Fluch sein. Die wirkungsvolle Neuheit einer neuen Kriegswaffe oder eines neuen Softwaretools, das eingesetzt werden kann, um Cyberkriminalität mit erhöhtem Erfolg zu begehen, dürfte für die eine Seite nützlich sein, für die andere aber absolut unnütz. Neuheit ist ein zweischneidiges Schwert oder, anders ausgedrückt, sie hat häufig eine Schattenseite (s. D. H. Cropley et al. 2010).

Obwohl es sich nicht notwendigerweise um Krieg oder Verbrechen handeln muss, darf nicht übersehen werden, dass Organisationen, die eine bestimmte wirksame Neuheit sehr hilfreich finden, diese Neuheit nicht selten auf Kosten anderer Organisationen umsetzen. Ein Beispiel wäre ein Konkurrent, dessen Produkt durch die Einführung der effektiven Neuheit wertlos gemacht wird. Das Beispiel von Smith Corona ist schon dargestellt worden (s. Kap. 1): Die elektronische Textverarbeitung bedeutete für Microsoft und Apple den Aufstieg, brachte für Smith Corona jedoch den Untergang. Der springende Punkt ist also nicht der, dass Kreativität nützliche Produkte außer Acht lässt und aus dem Grund keine ausreichende Erklärung für Innovation liefern kann. Vielmehr ist es der Fall, dass es einen qualitativen Unterschied gibt zwischen der Art und Weise, wie Nützlichkeit in der

Kreativitäts- und in der Innovationsdiskussion verstanden wird. Auf diesen Unterschied wird im nächsten Abschnitt eingegangen.

Zwei Arten von Nützlichkeit

Yue et al. (2011, S. 26) haben das Wesentliche erfasst: Sie unterschieden zwischen „schöngeistiger" und „ertragsorientierter" Nützlichkeit. In der Kreativitätsliteratur spricht man selten von „Nützlichkeit" überhaupt, sondern eher von „Wirksamkeit". In dieser Literatur liegt der Schwerpunkt darauf, ob ein Produkt bei Betrachtern „wirkt", wohingegen im kommerziellen Sinne die Hauptfrage darin besteht, ob das Produkt „nützt", d. h. Ertrag liefert. Demzufolge kann ein Produkt „wirksam" sein, ohne jedweder praktischen Nutzen: zum Beispiel kann es die Öffentlichkeit schockieren oder etwas aus einer völlig neuen Perspektive betrachten, wie etwa Horibes Mausefalle. Für Geschäftsleute jedoch ist ein Produkt erst wirkungsvoll, wenn es einen wirtschaftlichen Nutzen hat. Es muss allerdings zugegeben werden, dass auch artistische, literarische oder intellektuelle Leistungen in einem bestimmten eher metaphorischen Sinne ertragsorientiert sein können. Im Falle kommerzieller Innovationen jedoch sind praktische, konkrete und wirtschaftliche Überlegungen ausschlaggebend. Aus diesem Grund wird „Nutzen" nunmehr im wirtschaftlichen Sinne und nicht im Sinne von etwa Ruhm und Ehre verstanden.

Einige der auffälligsten Unterschiede zwischen schöngeistigen und ertragsorientierten Produkten werden in Tab. 2.1 dargestellt. Die linke Spalte ist für Kreativitätsforscher, die rechte Spalte für Innovationsforscher typisch.

Tab. 2.1 Merkmale schöngeistiger und ertragsorientierter Produkte

Schöngeistige Produkte	Ertragsorientierte Produkte
• neuartige Kunstwerke, literarische Werke, wissenschaftliche Theorien, philosophische Systeme etc. • Gedankengebäude oder Darstellungen der Welt, die auf bestehende Sachverhalte neues Licht werfen • Gedankengebäude oder Darstellungen der Welt, die zuvor nicht wahrgenommene Probleme ans Tageslicht bringen • Gedankengebäude oder Darstellungen der Welt, die die Erledigung neuer Probleme fördern • neuartige Techniken, mit denen es möglich wird, mit den obengenannten Sachverhalten fertig zu werden	• Maschinen, Haushaltsgeräte, Strukturen, Prozesse oder Systeme, die Aufgaben ausführen • neuartige Maschinen, Geräte, Haushaltsgeräte, Strukturen, Prozess oder organisationale Systeme • Gegenstände, Strukturen, Prozesse oder Systeme, die neuartige Aufgaben ans Tageslicht bringen • Maschinen, Geräte, Haushaltsgeräte, Strukturen, Prozesse oder Systeme, die neue Aufgaben effektiv ausführen • neuartige Technologien, mit denen es möglich wird, mit den oben dargestellten Aufgaben fertig zu werden

Woran erkennt man ertragreiche Neuheit?

Christensen (2013) betonte, wie wichtig es aus dem Blickwinkel der Innovation ist, die Ergebnisse der Generierung von Neuheit *auswerten* zu können.[1] Zum Beispiel wird das Ertragspotenzial neuartiger Produkte nicht immer auf Anhieb erkannt. Um ein bekanntes Beispiel zu nehmen, soll Victor Kiam die Chance abgelehnt haben, die Patentrechte auf Velcro zu erwerben, weil er keinen Nutzen dafür erkennen konnte. Vielleicht hat er die Wirksamkeit von Velcro erkannt, nicht aber den Nutzen. Art Fry musste kämpfen, um seine Vorgesetzten von der Nützlichkeit von Post-It[(c)] zu überzeugen. Beide Innovationen waren am Ende kommerziell erfolgreich. Auch ist bekannt, dass Gruppen, die mehrere Ideen hervorgebracht haben (z. B., mittels Brainstorming), nicht selten Schwierigkeiten haben, die besten Ideen zu erkennen (Rietzschel, Nijstad und Stroebe 2010). Solche Beispiele werfen die Fragen auf,

(a) Woran können potenziell Ertrag bringende Ideen erkannt werden?
(b) Wie können die Merkmale von Produkten, die diese ertragreich machen, präzise in Worte gefasst werden?

Wie es Horn und Salvendy (2006) ausdrückten: Wie können die Schlüsselmerkmale potenziell Ertrag bringender, neuartiger Produkte erkannt, ausgewertet und bezeichnet werden? Demzufolge ist es unentbehrlich:

(a) den Wert von Produkten erkennen zu können, die neuartig, von hoher Qualität und aufgabenbezogen sind – auch wenn sie überraschend sind und vom Gewohnten abweichen, und aus dem Grund beim ersten Blick als durch Mangel an Fachkenntnissen oder fehlenden Realitätsbezug gekennzeichnet, oder sogar als bedrohlich, erscheinen,
(b) feststellen zu können, worin besondere Stärken eines Produkts liegen bzw. wo es Verbesserungsbedarf gibt;
(c) die Ergebnisse von (b) systematisch ausdrücken zu können;
(d) dies alles anderen Personen (einschließlich den Menschen, die die Neuheit generierten) auf allgemein verständliche Art und Weise mitteilen zu können.

Merkmale ertragreicher, neuartiger Produkte

Früh in der modernen Kreativitätsära hat Morgan (1953) eine große Anzahl von Definitionen der Kreativität einer Metaanalyse unterworfen und ist zu dem Schluss gekommen, dass das einzige, universell anwesende Merkmal aller Diskussionen „Neuheit" war. Laut

---

[1] Selbstverständlich ist es leicht, die kommerzielle Nützlichkeit eines neuartigen Produkts zu erkennen, nachdem es erfolgreich umgesetzt worden ist und einen großen Marktanteil erobert hat. Auch ist es leicht, schlechte Produkte zu erkennen, nachdem ein Unternehmen in Konkurs geraten ist. Dieser Abschnitt beschäftigt sich mit dem Erkennen, Definieren, Artikulieren, und Verfeinern von Produkten *vor der Tat*.

Runco und Jaeger (2012, S. 92) geht die moderne „Standartdefinition" von der Kreativität noch einen Schritt weiter und hebt auch Wirksamkeit hervor: Kreativität = brauchbare bzw. *wirkungsvolle* (engl.: effective) Neuheit. Produkte, die zwar neuartig sind, nicht aber wirkungsvoll, weisen bloße *Pseudo*-Kreativität auf. Typischerweise bedeutet dies, dass sich die Neuheit aus lauter Nichtkonformität, Mangel an mentaler Disziplin, blinder Ablehnung des Bestehenden, oder sogar bloßem Mangel an Fachkenntnissen ergibt (für eine Person, die gar nichts wüsste, wäre alles neu). Pseudo-Kreativität kann sich auch aus Konformität an stereotyp „kreativen" Verhaltensweisen oder lauter Anmaßung ergeben.

Eine zweite Art neuartiger aber nicht wirkungsvoller Schaffung von Neuheit umfasst *Quasi*-Kreativität: Quasi-Kreativität hat zwar einen Realitätsbezug, bietet jedoch gar keine Aussicht auf eine echt wirkungsvolle Lösung. Nehmen wir die in Tagträumen generierte Neuheit; sie dürfte sich mal mit echten Problemen beschäftigen und „Produkte" generieren, die in der Tat Lösungen darstellen würden, wären sie nur in der tatsächlichen Welt wirkungsvoll umsetzbar. Ein Mensch, der etwa von seinem Traumauto mit vielen Neuheiten jahrelang träumte – insbesondere von einem Auto, das weltbeste Leistungen in verschiedenen Kategorien bringen würde und als nicht nur technisch weltführend sondern auch als schön betrachtet würde – aber gar keine praktische Ahnung hatte, wie der Traum zu realisieren wäre, würde lediglich Quasi-Kreativität zum Ausdruck bringen. Es bedarf der sachbezogenen Fähigkeiten eines Ferdinand Porsche, um aus Tagträumen eine *nützliche* Innovation zu machen.

Im Falle schöngeistiger Produkte ist denkbar, dass eine bestimmte Neuheit in ästhetischen Kreisen als sowohl relevant als auch wirkungsvoll gelten könnte, aber im breiteren, sozialen Umfeld ohne Resonanz bleiben könnte. Nehmen wir als Beispiel die Anwendung menschlicher Fäkalien als Malmedium: Auch wenn diese Neuigkeit im sozialen Umfeld als ekelerregend betrachtet würde, könnte sie unter Kunstkennern als künstlerischen Durchbruch hochgejubelt und als Ausdruck der Tapferkeit und des innovatorischen Scharfsinns des Malers gefeiert werden. Also: Etwas, was im breiteren sozialen Umfeld abgelehnt wird, kann im engeren Umfeld der Eingeweihten als hochwertige Innovation betrachtet werden. Im Falle ertragsorientierter Produkte allerdings spielt Akzeptanz im breiten sozialen Umfeld in der Regel eine Schlüsselrolle. Die Neuheit muss nicht nur Branchenkennern gefallen (wie etwa Kunstkennern im eben dargestellten Beispiel), sondern muss auch beim Publikum auf große Resonanz stoßen, Umsatz steigern und den Marktanteil vergrößern, neue Märkte erschließen, das Jahresergebnis verbessern, etc. Erst dann ist es kommerziell nützlich.

Demzufolge ließen sich nur schwer Ingenieure finden, die die Westgate-Brücke in Melbourne, Australien, als Triumph des innovativen Bauingenieurswesens hochjubeln würden, auch wenn die Brücke neue Bautechnologie einführte. Leider stürzte sie ein und es kamen tragischerweise in Australiens folgenschwerstem Arbeitsunfall 35 Bauarbeiter ums Leben. So ekelerregend die Idee im sozialen Umfeld sein dürfte, Fäkalien als ästhetische Innovation zu akzeptieren, so hat das Ergebnis dieser Idee niemandem körperliches Unheil zugefügt. Im organisationalen Sinne haben Zweckmäßigkeit und Wirksamkeit also Konturen, die es im Bereich schöngeistiger Neuheit nicht gibt, und die mal wortwörtlich mit Leben und Tod zu tun haben.

Situationsspezifische versus bereichserweiternde Produkte

Zweckmäßigkeit und Wirksamkeit können beide zweierlei Art sein. Eine hilfreiche Unterscheidung ist die zwischen „situationsspezifischen" und „bereichserweiternden" Produkten (für eine eingehendere Diskussion s. A. J. Cropley und Cropley 2009; D. H. Cropley 2015). Situationsspezifische Produkte lösen ein konkretes Problem in einer spezifischen Situation. Bereichserweiternde Produkte dagegen erweitern die Art und Weise, wie eine Domäne konzipiert wird; die spezifische Situation kann sogar verhältnismäßig unwichtig sein. Ein Produkt kann ohne jedwede bereichserweiternde Wirkung doch situationsspezifisch wirkungsvoll sein, d. h. es kann eine spezifische Aufgabe erledigen, ohne einen Bereich zu erweitern. Auf der anderen Seite kann es ohne jedwede situationsspezifische Wirkung bereichserweiternd sein. Bereichserweiternde Produkte ohne situationsspezifische Wirkung sind wahrscheinlich willkommener im schöngeistigen Bereich und in der Wissenschaft, wo die Öffnung neuer Perspektiven, die Entwicklung neuer Herangehensweisen an Probleme, die Einführung neuer Techniken u. Ä. genauso wichtig sind wie die Entdeckung von Lösungen für praktische, möglicherweise alltägliche Probleme. Im kommerziellen Umfeld dagegen ist eine situationsspezifische Wirkung meistens unentbehrlich. Selbstverständlich kann ein Produkt sowohl situationsspezifisch als auch bereichserweiternd sein.

Menschen, die sich auf situationsspezifische Neuheit und Nützlichkeit fokussieren (d. h. sie verlangen, dass ein Produkt eine spezifische, praktische – am besten kommerziell signifikante – Aufgabe erledigt), werden nicht selten von denen, die sich auf bereichserweiternde Neuheit und Wirksamkeit fokussieren (das Produkt soll neue Horizonte öffnen), als Geldraffer betrachtet. Dagegen werden letztere von den kommerziellen Praktikern als Menschen mit dem Kopf in den Wolken betrachtet. Im Sinne von organisationaler Innovation ist der Unterschied zwischen diesen beiden Herangehensweisen an Neuheit und Nützlichkeit von großer Bedeutung: Zum Beispiel ist es für Manager wichtig, sowohl erkennen zu können, um welche Variante von Zweckmäßigkeit es sich bei einem neuartigen Produkt handelt, als auch das unterschiedliche Verwertungspotenzial der zwei Arten von Produkt einschätzen und managen zu können.

Die definitiven Merkmale innovativer Produkte

Um zu verdeutlichen, wie die Merkmale ertragsorientierter Produkte über bloße schöngeistige Kreativität hinausgehen, führten D. H. Cropley und Cropley (2005, 2014) und D. H. Cropley (2015) den Begriff „funktionale" Kreativität ein. Diese hat vier hierarchisch organisierte Niveaus. Das erste umfasst Zweckmäßigkeit und Wirksamkeit, wie hier bereits besprochen. Diese Eigenschaften sind für das praktische Problemlösen unentbehrlich. Im Arbeitsumfeld dürfen sie sogar vor Neuheit den Vorrang haben oder – im Sinne des im Kap. 1 dargestellten „alten" Innovationsmodells – in vielen Organisationen sogar bevorzugt werden. Zugegebenermaßen können manche Probleme mittels bloßer aufgabenbezogener Wirksamkeit ertragsorientiert gelöst werden. Solche Lösungen umfassen jedoch lediglich „inkrementelle", „unterstützende" oder höchstens „evolutionäre" Verbesserungen des Bestehenden. Für die Durchbruchsinnovation ist mindestens eine weitere Eigenschaft unentbehrlich – Neuheit. Aus dem Blickwinkel funktionaler Kreativität muss ein Produkt nicht nur seine Arbeit erledigen, sondern muss es die Aufgabe *anders erledigen als vorher*. Diese Merkmale eines Produkts (Zweckmäßigkeit, Wirksamkeit, Neuheit) grenzen die „echte" funktionale Kreativität von Pseudo- bzw. Quasi-Kreativität ab, und stellen das unterste Niveau der Innovation dar.

Aber D. H. Cropley und Cropley (2005, 2014) gingen weiter und betonten, dass eine Lösung auch „anmutig" sein kann. Wie es Oman et al. (2013, S. 65) kernig ausdrückten, entfacht ein anmutiges Produkt beim Kunden *Begeisterung*. Ein zwar nicht kommerzielles aber trotzdem sehr anschauliches Beispiel für die Anmutswirkung eines innovativen „Produkts" ist das sogenannte „Goldmünzen-Spiel" zwischen Frank Marshall und Stepan Levitsky 1912 in Breslau im Rahmen eines Turniers des Deutschen Schachbundes. Marshalls 23. Zug war so neuartig, zweckmäßig und effektiv – aber vor allem elegant, perfekt und gleichzeitig absolut unerwartet aber im Nachhinein blendend offensichtlich – dass die Zuschauer vor Begeisterung Goldmünzen auf das Schachbrett spontan warfen.[2]

Eigentlich ist Anmut eine ästhetische Eigenschaft. Aus dem Grund bedarf ihre Anwendung im kommerziellen Sinne einer Erklärung. Han et al. (2000, S. 477) unterteilten Wirksamkeit in zwei Komponenten: „objektive Leistung" (in unserem Sinne eigentlich Zweckmäßigkeit und Wirksamkeit) und – von größter Bedeutung für die gegenwärtige Diskussion – *subjektive Wirkung beim Kunden*.[3] Laut diesen Autoren wird der subjektive Eindruck von den Eigenschaften der „Mensch-Produkt-Schnittstelle" bestimmt. Im kommerziellen Sinn ergibt sich daraus ein subjektiver Eindruck, der das bestimmt, was wir als die „Anmutswirkung" der Lösung bezeichnen. Besonders in Bezug auf kommerzielle Produkte stellt Anmut ein Merkmal dar, das „Brücken zwischen Form und Funktion" schlägt (Oman et al. 2013, S. 65). Eine anmutige Lösung begeistert die Kunden, weil sie gut aussieht bzw. logisch und gut zusammenhängend wirkt, den Eindruck macht, sie sei sehr modern bzw. sehr modisch, usw. Solche Merkmale dürfen den Kunden auch davon überzeugen, dass die Lösung effektiv funktioniert, egal ob sie es tut oder nicht. Die Anmutswirkung dürfte auch dazu führen, dass eine bestimmte als anmutig eingeschätzte Lösung im Kampf um die Gunst der Öffentlichkeit einen Konkurrenten schlägt, lediglich weil sie bei den Kunden Begeisterung entfacht.

---

[2] In einer Situation, wo er sich einen fast sicheren siegbringenden Vorteil schon abgesichert hatte, opferte Marshall seine Dame – anscheinend ein schwerer Fehler. Aber fast sofort wurde erkennbar, dass der Zug zum unvermeidlichen Schachmatt für Levitsky führen musste.

[3] Obwohl ihre Forschung auf elektronische Verbraucherprodukte fokussierte, waren Han und Kollegen der Meinung, dass ihre Herangehensweise auch für andere kommerzielle Produkte gültig ist, eine Meinung, die von D. H. Cropley und Cropley (2008, S. 155) geteilt wurde. Cropley und Cropley sprachen von einer „universellen Ästhetik" der funktionalen Kreativität.

Das vierte und letzte Element der Cropley'schen Taxonomie (z. B. D. H. Cropley und Cropley 2005, 2014) besteht aus „Impulsgebung": Eine „impulsgebende" Lösung gibt Impulse, die nicht nur im vorhandenen, sondern in anderen Problembereichen eingesetzt werden können. Sie kann neue Herangehensweisen an andere, schon bekannte Probleme offenbaren (sie ist „wegweisend"), kann auf andere anscheinend beziehungslose Probleme übertragen werden (sie ist „übertragbar"), oder macht auf vorher unbemerkte Probleme aufmerksam (sie ist „aufschlussreich"). Organisatorisch gesehen lösen impulsgebende Lösungen mehr als das vorhandene Problem bzw. weisen sie mindestens den Weg, wie weitere (möglicherweise bisher unbemerkte Probleme) zu lösen sind, egal ob dies vom innovatorischen Menschen beabsichtigt war oder nicht. Besonders im kommerziellen Sinne bilden solche Lösungen nicht selten ein Fundament für weitere Innovationen, auch wenn die ursprüngliche innovative Person von der zukünftigen Anwendung ihrer Lösung keine Ahnung hatte (d. h. sie sind „zukunftsträchtig").

Die Hierarchie innovativer Lösungen

Die obenstehende Darstellung hat Zweckmäßigkeit und Wirksamkeit als eine einheitliche Dimension der Cropley'schen Taxonomie konzipiert. Aber die frühere Unterscheidung zwischen Pseudo-Kreativität (Neuheit durch lauter Nichtkonformismus) und Quasi-Kreativität (Neuheit mit Zweckmäßigkeit aber ohne Wirksamkeit) verdeutlichte, dass Zweckmäßigkeit und Wirksamkeit getrennt voneinander bestehen können. Aus dem Grund werden sie hier getrennt behandelt. Darüber hinaus ist die ebenfalls schon eingeführte Unterscheidung zwischen schöngeistigen und ertragsorientierten Produkten für die Zwecke dieses Buches sehr wichtig. So kommen wir auf sechs Dimensionen der Kreativität eines Produkts, auf deren Basis eine Abgrenzung vorgenommen werden kann zwischen Produkten, die „nur" kreativ sind, und denjenigen, die innovativ sind: Neuheit, Zweckmäßigkeit, ästhetische Wirksamkeit, ertragsbezogene Wirksamkeit, Anmutswirkung und Impulsgebung.

Anhand dieser sechs Dimensionen lässt sich ein hierarchisches Modell konstruieren, dessen Niveaus von Pseudo-Kreativität (unterstem Niveau) bis zum ertragsorientierten, anmutigen und impulsgebenden Niveau reichen (s. Tab. 2.2). Erst die im oberen Bereich der Hierarchie liegenden Produkte gelten als „innovativ". Anmutige und impulsgebende Produkte sind spezielle Varianten ertragsorientierter Lösungen und somit können auch sie als „innovativ" bezeichnet werden. In der Tabelle bedeutet ein Pluszeichen, dass die so gekennzeichnete Eigenschaft für diese Art von Produkt unentbehrlich ist, während ein Minuszeichen bedeutet, dass diese Eigenschaft beim Produkt nicht vorhanden ist; sonst wäre es eine andere Art von Produkt. Ein Fragezeichen bedeutet, dass diese Eigenschaft bei dieser Art von Produkt vorhanden sein kann, muss es aber nicht.

Produkte, die lediglich "routinemäßig" sind (aufgabenbezogen und ertragsorientiert – sogar ertragreich – aber ohne Neuheit) werden in der Tabelle nicht dargestellt, weil wir uns hier explizit für Neuheit interessieren. Anstatt Kreativität weisen solche routinemäßigen

Tab. 2.2 Die unterschiedlichen Arten von neuartigen Produkten[a]

Eigenschaft des Produkts	Art von Produkt					
	Schöngeistig			Innovativ		
	Pseudo-kreativ	Quasi-kreativ	Bloß ästhe-tisch wirksam	Bloß er-tragsstark	Anmutig	Impuls-gebend
Neuheit	+	+	+	+	+	+
Sachbezogenheit	–	+	+	+	+	+
Ästhetische Wirksamkeit	–	–	+	?	?	?
Ertragsstärke	–	–	–	+	+	+
Anmutswirkung	–	–	?	–	+	+/-[b]
Impulsgebung	–	–	?	–	–	+

[a] Erweiterte Fassung einer Tabelle in D. H. Cropley und Cropley (2005, S. 176)
[b] Impulsgebung ist sowohl mit als auch ohne Anmut denkbar.

Produkte einfache, evolutionäre Änderungen auf; sie polieren das auf, was schon besteht. Dies bedeutet allerdings nicht, dass sie nutzlos sind. In Organisationen können sie sehr wertvoll sein, weil sie häufig wirkungsvoll sind, auch wenn ihnen Neuheit fehlt. Häufig werden sie gerade wegen ihrer nachgewiesenen Wirksamkeit in der Hoffnung aktualisiert, dass sie wieder aufleben werden. Sie können sogar in mancher Organisation die bevorzugte Form von Änderung darstellen, und sogar mit der Innovation verwechselt werden, wie die Beispiele von Smith Corona und Polaroid zeigen. Trotz ihrer Abweichung vom Tagtäglichen sind auch pseudokreative und quasikreative Produkte nicht innovativ, weil sie nichts Konkretes, Aufgabenbezogenes und Brauchbares an den Tag legen.

Ein einheitliches Modell von kreativen und innovativen Produkten

Im Kap. 1 wurde darauf hingewiesen, dass die Kreativität und die Innovation simultan verschieden- aber auch gleichartig sind. Die Folge davon ist, dass sie anhand derselben Konzepte diskutiert werden können (für eine besonders klare Übersicht über die Situation s. O'Shea und Buckley 2007). Die eben präsentierte Produktanalyse unterteilte die Kreativität nach den Kriterien Neuheit, Zweckmäßigkeit, Wirksamkeit/Ertragsstärke, Anmutswirkung und Impulsgebung. Alle in der Tab. 2.1 dargestellten Produktarten werden mindestens dem Kriterium der Neuheit gerecht. Damit entsprechen sie dem von Morgan (1953) herausgearbeiteten schwachen oder weniger anspruchsvollen Kriterium (Kreativität = Neuheit). Alle Produkte, die hierarchisch höher angesiedelt sind als Quasi-Kreativität, verfügen über Neuheit plus Wirksamkeit. Sie entsprechen also auch dem stärkeren oder strengeren Kriterium von Runco und Jaeger (2012), wonach sich Kreativität aus Neuheit und Wirksamkeit zusammensetzt. Sie sind jedoch nicht alle innovativ. Um innovativ zu sein, müssen sie weiter gehen und über das Runco-Jaeger-Kriterium hinaus auch Ertrag bringend sein; im organisationalen Sinne sogar *kommerziell* Ertrag bringend – mit oder ohne Anmutswirkung und Impulsgebung (d. h. Innovation = Neuheit + Wirksamkeit + Ertragsstärke). Solche Produkte nennen wir auch „nützlich", um sie von nur psychologisch „wirksamen" Produkten zu unterscheiden.

Diese Analyse legt nahe, dass die Kreativität und die Innovation in der Tat eng verwandt sind: Beide sind Facetten eines allgemeineren, breit gefächerten Phänomens – Generierung wirksamer Neuheit –, so dass ihre Ähnlichkeit kaum überraschen dürfte. Interessanterweise, können sich ihre auffälligsten Unterschiede aus etwas ergeben, das eigentlich kein inhärenter Bestandteil der Erzeugung von Neuheit ist: aus der Absicht bzw. dem Zweck der Generierung der Neuheit. Abb. 2.1 (s. nächste Seite) stellt diese Unterschiedlichkeit und gleichzeitige Ähnlichkeit dar. Das in der Abbildung dargestellte Kontinuum erstreckt sich von einem Pol, bei dem überhaupt kein neuartiges Produkt jedweder Art beabsichtigt ist – bloße „geistige" Kreativität im Sinne von Rothman (2014) – zu einem entgegengesetzten Pol, bei dem völlig beabsichtigt wird, ein konkretes Produkt zu generieren.

Das Modell kann um die Berücksichtigung eines zweiten Aspekts der Absicht des Menschen, der die Neuheit generiert, ergänzt werden, und zwar anhand der Stärke der Absicht/ der Hoffnung, das Produkt kommerziell umzusetzen. Am einen Pol dieser zweiten Dimension gibt es keine Absicht etwas Kommerzielles zu generieren, wohingegen am entgegengesetzten Pol die Absicht dominiert, das Produkt ertragsorientiert auf den Markt zu

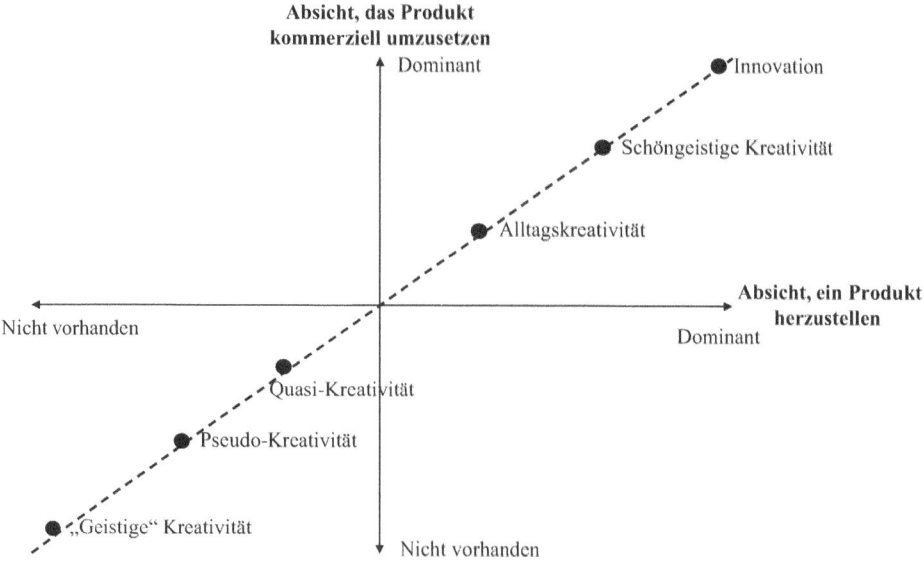

Abb. 2.1 Der Zusammenhang zwischen Absicht und Art von Neuheit

bringen. Zwischen diesen beiden Polen liegen (1) Pseudo-Kreativität, (2) Quasi-Kreativität, (3) Alltagskreativität und (4) schöngeistige Kreativität. Pseudo-Kreativität beschreibt die Generierung von „Produkten" (im weitesten Sinne) durch einfaches, abweichendes Verhalten, das von keinem praktischen Wert ist. Durch Quasi-Kreativität, werden zwar Produkte wie etwa ein Tagtraum, eine Phantasie oder ein Hirngespinst hervorgebracht, jedoch ohne eine kommerzielle Absicht zu verfolgen. Mithilfe der Alltagskreativität werden wirksame und zweckmäßige Produkte generiert, aber ohne ernsthafte Gedanken an eine Kommerzialisierung: Die Neuheit wird für das Vergnügen des Schöpfers bzw. der Mitglieder des unmittelbaren Bekanntenkreises erzeugt. Schöngeistige Kreativität kann kommerziell motiviert sein, aber die Menschen, die solche Kreativität schöpfen, sind oft mehr an der persönlichen Zufriedenheit als an Geld interessiert. Diese Zufriedenheit kann sich aus dem Gefühl ergeben, man hätte etwa die Welt auf neue Weise dargestellt, den gesellschaftlichen Horizont erweitert, Konventionen infrage gestellt oder bisherige Methoden oder Techniken erweitert. In einigen ästhetischen Personenkreisen kann kommerzielle Motivation sogar als unwürdig erachtet werden, oder als Untreue sich selbst gegenüber angesehen werden.

Das Diagnostizieren des Innovationsgrades von Produkten

Die in Tab. 2.2 und Abb. 2.1 dargestellte hierarchische Organisation neuartiger Produkte führt ein wichtiges, neues Prinzip in die Diskussion ein: Es gibt sowohl verschiedene Ebenen (quantitative Dimension) als auch unterschiedliche Arten (qualitative Dimension) von Kreativität. Unterschiedliche Produkte können zwar *mehr oder weniger kreativ* sein, sie können aber auch *andersartig kreativ* sein. Das Zusammenspiel zwischen Kriterien ist auch dynamisch. Neuheit erhöht die kommerzielle Nützlichkeit eines Produkts, um das offensichtlichste Beispiel zu nennen. Anmut macht Neuheit und Wirksamkeit für Kunden begeisternd, und Impulsgebung – wie auf Seite 30 definiert – gibt einem Produkt die Kraft, eine ganze Familie von Produkten zu ändern.

Obwohl Anmutswirkung und Impulsgebung für kommerzielle Zwecke nicht absolut unentbehrlich sind, verleihen sie einem Produkt einen Mehrwert. Dies ist wichtig, weil Änderungen im sozialen Umfeld die Relevanz und Nützlichkeit eines Produkts schnell zerstören können. Ein Beispiel ist das Unternehmen Nokia, das sich weigerte zu erkennen, dass Mobiltelefone heute nicht ausschließlich ein Kommunikationsmittel sind, sondern zum Bestandteil der Modebranche geworden sind. Das Unternehmen bestand darauf, technologisch fortgeschrittene Mobiltelefone zu bauen, anstatt modische Accessoires herzustellen, die nebenbei kommunizieren konnten. Aber jene Geräte konnten modebewusste Kunden nicht begeistern; sie kamen dem Wunsch der Kunden nicht nach, immer kleinere und schlankere Modestatements zu besitzen. Das Unternehmen übersah die kommerzielle Bedeutung von Anmutswirkung und Impulsgebung und glaubte, dass technische Neuheit und hohe Wirksamkeit für den kommerziellen Erfolg im Massenmarkt ausreichten.

Im kommerziellen Sinn sind Anmutswirkung und Impulsgebung aus mehreren Gründen von Bedeutung:

1. anmutige und impulsgebende Neuheit kann einem Produkt so viel Mehrwert hinzu-fügen, dass es immun ist gegen eine Wertminderung, der sich aus dem Erfolg eines konkurrierenden Produkts ergibt;
2. anmutige und impulsgebende Neuheit kann auch einem Produkt die Fähigkeit geben, von einem konkurrierenden Produkt Wert abzuziehen (d. h. die Wirksamkeit des kon-kurrierenden Produkts zunichtemachen);
3. Impulsgebung kann es einem Unternehmen ermöglichen, Änderungen im sozialen Umfeld zu überwinden; z. B. Änderungen im gesellschaftlichen Geschmack oder in der Verfügbarkeit von Ressourcen oder sogar Paradigmenwechsel bei dem, was lange als der richtige Ansatz angesehen wurde.

Die latente Ertragsfähigkeit

Zu der Zeit, zu der ein Produkt entwickelt wird, kann seine wertschöpfende Nützlich-keit oft nicht sofort erkannt werden, z. B. weil noch nicht bekannt ist, in welche Rich-tung sich die entsprechende Sparte entwickeln wird. Demzufolge kann es zwei Arten von kommerzieller Relevanz und Wirksamkeit geben: eine Art, die sofort erkennbar ist und eine andere Art, bei der die kommerziellen Möglichkeiten noch nicht ersichtlich sind, und erst später erkannt werden (d. h. das Produkt verfügt über eine *versteckte* kommerzielle Nützlichkeit). Eine große Anzahl von potenziell wertvollen Ideen dürfen nicht voreilig als nutzlos abgeschrieben werden, einfach weil sie keine erkennbare Lösung für ein aktuelles Problem bieten. Selbst hochwirksame, neue Produkte können scheinbar irrelevant und unnütz sein, z. B. weil ihr praktischer Nutzen erst deutlich wird, nachdem die aktuelle Technologie „aufgeholt" hat. Ihr kommerzielles Potential bleibt „latent". Eine Diskussion auf der Website www.u-sit.net fasst die Situation kurz und bündig zusammen: „ … es geziemt kreativ Denkenden die extra Meile zu gehen und einen neuen Aussichtspunkt zu finden, lediglich wegen des *potenziellen* Wertes einer neuen Perspektive". Der folgende Abschnitt beschäftigt sich mit der Frage, wie dies zu machen sei.

Indikatoren der ertragsorientierten Neuheit von Produkten

In ihrer Diskussion über Wirksamkeit von Produkten (siehe oben) wiesen Han et al. (2000, S. 477) darauf hin, dass Einsichten in „objektive Leistung" (d. h. Zweckmäßigkeit und Wirksamkeit) und in die „Mensch-Produkt-Schnittstelle" es ermöglichen (a) „ausschlag-gebende Design-Elemente" zu identifizieren, (b) „Wirksamkeitsprobleme zu diagnostizie-ren" und (c) „den Grad der Nutzbarkeit beim Verbraucher vorherzusagen". Die Taxonomie in Tab. 2.2 erweitert die von diesen Autoren dargestellte Liste von Kriterien und erhöht die Möglichkeit, sie als Kern eines diagnostischen Ansatzes für das Innovationsmanagement zu übernehmen. Doch ein solcher Ansatz erfordert, dass Manager in der Lage sind, auch nicht sofort erkennbares, innovatives Potenzial zu erkennen und vor allem zwischen Arten und Ebenen des Potenzials zu unterscheiden.

Kim und Han (2008) lieferten einen Überblick über bisherige Verfahren für die kommerzielle Bewertung neuartiger Produkte und zeigten, dass sich solche Verfahren vor allem auf Aspekte der Wirksamkeit im Sinne von Han et al (2000) fokussierten. Kim und Han identifizierten zwei breite Ansätze zur Feststellung von Wirksamkeit im kommerziellen Sinne (Nützlichkeit): die Messung von Verbraucherzufriedenheit (in der Regel mittels Fragebögen) und die objektive Messung von Leistung. Häufig erfolgt die Leistungsmessung mithilfe von komplexen technologischen Maßnahmen, die ein hohes Maß an Expertise und/oder Zugang zu spezialisierten Labors und Werkstätten erfordern. Mit anderen Worten: Entweder gefällt das Produkt den Verbrauchern oder aber nicht, und entweder funktioniert es oder nicht, und damit basta! Das oben dargestellte angepasste und erweiterte funktionale Modell der Kreativität (siehe Tab. 2.2), das jetzt auch innovative Kreativität umfasst, geht weit über einen solchen Ansatz hinaus und identifiziert eine Reihe von Eigenschaften industrieller/gewerblicher Produkte, die verwendet werden können, um das Niveau und die Art des kommerziellen Potentials solcher Produkte vorher festzustellen.

Die Kreative Lösungen Diagnose-Skala (KLSD)

Im Rahmen der organisationalen Innovation bedarf es einer systematischen und relativ einfachen Art und Weise, mithilfe deren man die An- bzw. Abwesenheit ertragsorientierter Neuheit bei Produkten erkennen kann. D. H. Cropley, Kaufman und Cropley (2011) präsentierten die „Kreative Lösungen Diagnose-Skala" (KLDS), die für diesen Zweck angewendet werden kann. Die Skala wird im Kap. 8 ausführlicher beschrieben. Im Wesentlichen identifiziert die Skala fünf „Kompetenzen" eines kreativen Produkts[4]: „Zweckmäßigkeit und Wirksamkeit" (engl.: Relevance and Effectiveness); „Problemaufdeckung" (engl.: Problematization); „Vortriebseffekt" (engl.: Propulsion); „Anmutswirkung" (engl: Elegance);

---

[4] Die Art und Weise, wie diese Skala entwickelt wurde, erinnert an das in der beruflichen Eignungsdiagnostik gegenwärtig sehr beliebte Verfahren für die Konstruktion von „Kompetenzkatalogen". Ein solcher Katalog umfasst eine systematische Auflistung von für bestimmte Rollen in einem Unternehmen als unentbehrlich erachteten Anforderungen. Diese Anforderungen werden anhand von „Verhaltensankern" konkretisiert: sachlich formulierte Beschreibungen von spezifischen konkreten Verhaltensweisen, durch die sich nicht direkt beobachtbare Dispositionen manifestieren. Verhaltensanker werden auch (wie hier) „Indikatoren" genannt (für eine eingehende Diskussion, s. Campion et al. 2011). Im gegenwärtigen Kontext allerdings beziehen sich die Indikatoren nicht auf Personen, sondern auf Produkte.

„Impulsgebung" (engl.: Genesis). Diese Dimensionen sind in „Indikatoren" zerlegt, die es ermöglichen, die Anwesenheit oder Abwesenheit der Eigenschaften, die den Kompetenzen zugrunde liegen, zu erkennen. Die Indikatoren umfassen Aspekte von Zweckmäßigkeit und Wirksamkeit (wie etwa Sachgemäßheit oder Richtigkeit), Problemaufdeckung (z. B. Problemfindung, Prognose), Vortriebseffekt (z. B. Neudefinierung, Umleitung), Anmutswirkung (z. B. Überzeugungskraft, gefälliges Äußeres) und Impulsgebung (z. B. Übertragbarkeit, Zukunftsträchtigkeit).

Diese Indikatoren können als die Dimensionen einer Checkliste von Eigenschaften betrachtet werden, die sowohl das Vorhandensein/Nichtvorhandensein von Neuheit als auch die Art und Menge von Neuheit eines Produkts messen. Sie können verwendet werden, um die Diagnose eines Produkts im Sinne von Han et al (2000, S. 477) zu konkretisieren, um zwischen alternativen oder konkurrierenden Produkten zu unterscheiden, oder um Stärken und Schwächen eines einzelnen Produkts darzustellen. Zum Beispiel könnte das eine Produkt in Bezug auf Problemaufdeckung stärker als ein anderes sein, aber in Bezug auf Impulsgebung schwächer. Oder es könnte ein bestimmtes Produkt in Bezug auf Problemaufdeckung stark, in Bezug auf Anmutswirkung allerdings schwach sein. Ein solches Produkt könnte eine gute Quelle für Herausforderungen zu bestehenden Ideen darstellen, aber nicht in der Lage sein, Kunden zu überzeugen und den Marktanteil des Unternehmens zu erhöhen (s. das Nokia-Beispiel).

Es wird hier nicht vorgeschlagen, dass Manager ein Exemplar des KLDS ständig mit sich tragen, um jede Idee auszuwerten, der sie im Laufe der täglichen Arbeit begegnen. Aber die Skala bietet einen Satz von Konzepten, die es ermöglichen, das innovative Potenzial neuer Produktideen systematisch zu analysieren und ihre Stärken und Schwächen zu identifizieren, sowohl produktspezifisch als auch im Vergleich zu bestehenden Produkten oder konkurrierenden Innovationen. Die Skala bietet auch eine Terminologie, anhand welcher man solche Stärken und Schwächen kommunizieren und diskutieren und eventuell erforderliche Produktweiterentwicklungen feststellen kann.

Überblick und Ausblick

Die auf Produkte bezogene Innovationsforschung ist zum Teil mit der Kreativitätsforschung deckungsgleich. Aber im Sinne der Innovation ist kommerzieller Nutzen absolut notwendig (z. B. verkäufliche neue Produkte, Problemlösungen, Siege über konkurrierende Produkte, oder Befriedigung der Bedürfnisse von Kunden), um den Nettogewinn zu verbessern, den Aktienkurs nach oben zu treiben u. Ä. Ohne Nutzen gibt es keine Innovation im organisationalen Sinne, sondern lediglich Kreativität um ihrer selbst willen, sogenannte „spirituelle" Kreativität. Sowohl die Kreativität als auch die Innovation können als spezielle Formen des allgemeinen Prozesses von Neuheitsgenerierung betrachtet werden, obwohl dieser allgemeine Prozess in der Regel als „Kreativität" bezeichnet wird. Sowohl die Kreativität als auch die Innovation beschäftigen sich mit der Erzeugung wirksamer

Neuheit; der Unterschied zwischen ihnen ist anhand der Absicht der neuheitgenerierenden Person am leichtesten zu verstehen.

Im Rahmen von Innovationsmanagement ist es für Manager wichtig, dass sie in der Lage sind zu erkennen, inwieweit und wie ein Produkt im innovativen Sinne kreativ ist, und zu sagen, was dem Produkt hinsichtlich Kreativität fehlt und wo es fehlt. Andernfalls besteht die Gefahr, Chancen zu verpassen oder sie nicht in vollem Umfang zu nutzen. Die KLDS bietet ein Tool zum Zweck der systematischen Beurteilung von Produkten und der Bereitstellung von Vorschlägen zur Verbesserung. Solche Urteile sind unerlässlich für ein effektives Innovationsmanagement.

Prozess: Wie kommen innovative Ideen zustande?

3

Der Innovationsprozess besteht aus Phasen, die die Neuheitsschöpfung und die Wertrealisierung umfassen. Diese Phasen machen von zwei Denkarten Gebrauch: dem neuheitschöpfenden „divergenten Denken" und dem wertrealisierenden „konvergenten" Denken. Beide sind für die Innovation unentbehrlich, obwohl der Beitrag von ungebändigtem divergentem Denken häufig überschätzt wird. Wichtig für Führungskräfte ist zu wissen, wann, warum und wie sie die eine bzw. die andere Denkart fordern und fördern sollten.

Im Sinne der organisationalen Innovation ist das ideale Produkt neuartig, problemaufdeckend, anmutig und impulsgebend, und darüber hinaus kommerziell wirksam (d. h. nützlich). Nun stellt sich die Frage: Wie kommen solche Produkte zustande? Um eine psychologische Antwort zu konstruieren, fokussiert sich dieses Kapitel auf das Rhodes'sche P von „Prozess". Gemeint hier sind psychologische Prozesse in den Köpfen menschlicher Akteure und nicht etwa Geschäftsprozesse, Herstellungsprozesse usw. im organisationalen Umfeld. Kurz gesagt, handelt es sich hier um das Denken. Auf das Wesentliche reduziert, allgemein verstanden umfasst das Denken die folgenden Schritte: sich Informationen verschaffen, diese nach aus Vorerfahrungen gewonnenen Richtlinien sortieren, deuten und in zusammenhängenden Kategorien speichern, und als relevant erachtete Inhalte des Speichers bei Bedarf wieder abrufen und anwenden. Durch diese Abfolge werden neue Situationen verständlich gemacht, Probleme lösbar gemacht usw. Das *innovative* Denken ergibt sich aus kognitiven Aktionen dieser Art, die auf die Generierung nützlicher Neuheit gerichtet sind: zum Beispiel, ideelle Verzweigung, Herstellung vorher unbemerkter Verbindungen, Ableitung überraschender Schlussfolgerungen, oder Denken in breit ausgelegten Kategorien.[1]

---

[1] In der Psychologie der Kreativität wird ein solches Denken *divergentes Denken* genannt. Das Gegenteil von divergentem Denken ist das *konvergente* Denken, das auf etwa die korrekte Wiederverwendung des schon Bekannten oder das Auffindigmachen der einzig besten und richtigen Lösung abzielt.

© Springer Fachmedien Wiesbaden GmbH 2018
D.H. Cropley, A.J. Cropley, *Die Psychologie der organisationalen Innovation*,
https://doi.org/10.1007/978-3-658-17389-0_3

Ein amüsantes, wenn auch ekelerregendes Beispiel für kommerziell erfolgreiches Denken dieser Art wurde von Gordon (1961) dargestellt: Eine Synektik-Gruppe[2] hatte die Aufgabe, eine neuartige Tomatenketchup-Flasche zu entwerfen, die nicht unmittelbar nach dem Gebrauch auf das Tischtuch tröpfelt. Ein Teilnehmer erinnerte sich an seine Kindheit und insbesondere daran, dass die After der Pferde auf dem Bauernhof seiner Familie nie getröpfelt haben, und dachte folglich über die Architektur des Ausscheidungssystems von Pferden nach. Durch diese unappetitliche Verbindung von in der Regel getrennt gehaltenen Informationsbereichen (Pferde-After und Essgeschirr) kam er auf einen Lösungsansatz. Dieser wurde in der Tat umgesetzt und führte zu einem kommerziell erfolgreichen Entwurf für einen neuartigen Ketchup-Behälter.[3]

Die Komponenten der innovativen Denkart

In einer frühen, aus dem Blickwinkel der Organisationstheorie gestalteten Diskussion, traf Roberts (1988) eine Unterscheidung, die für unsere Zwecke hilfreich ist. Er teilte den Prozess der Innovation in zwei Teilprozesse auf, die er „Erfindung" and „Verwertung" nannte. Die Erfindung bezieht sich, wie der Terminus selbst verdeutlicht, auf die Herstellung von Neuheit, wohingegen die Verwertung mit dem Erkennen und kommerziell ertragreichen Umsetzen der Neuheit zu tun hat. Auch verschiedene spätere Autoren haben zwei Komponenten des Innovationsprozesses beschrieben. Bledow et al. (2009a, S. 309), zum Beispiel, haben den Prozess in auf der einen Seite die Ideengenerierung, und auf der anderen die Verwertung neuer Ideen geteilt. Ward und Kolomyts (2010, S. 94) unterschieden zwischen „impulsgebenden" und „explorativen" Prozessen und Davila et al. (2012, S. xiv) unterschieden zwischen „Neuheitsschöpfung" und „Wertrealisierung".[4] Laut Anderson, Potocnik und Zhou (2014) hat sich die Idee eines Zweikomponenten-Verfahrens in der Organisationsliteratur inzwischen fest etabliert.

Luecke und Katz (2003) erweiterten diesen Ansatz, indem sie die wichtige Idee einführten, dass es nicht lediglich zwei Teilprozesse gibt, sondern mehrere, die aufeinander folgen. Sie nannten diese Teilprozesse „Ideengenerierung", „Ideenbewertung", „Erkennung von Potenzialen", „Produktentwicklung" und „Kommerzialisierung" (S. xii). Der Schritt „Ideengenerierung" ist der Erfindung ähnlich, wohingegen „Erkennung von Potenzialen",

---

[2] Eine Synektik-Gruppe versucht, aus spontanen Einfällen und darauf basierenden Analogien neuartige, kommerziell umsetzbare Lösungsansätze abzuleiten.

[3] In den fünfziger Jahren waren solche Ketchup-Behälter in Australien sehr beliebt. Beim Pommes-Essen hat A. J. Cropley von dieser Art von Behälter häufig Gebrauch gemacht, allerdings ohne über ihre Entstehungsgeschichte Bescheid zu wissen.

[4] Diese Terminologie ist von uns übernommen worden. Im ersten Schritt wird Neuheit geschöpft ohne überhaupt darauf einzugehen, ob diese Neuheit Wert generiert oder nicht. Erst später spielt die Frage des Wertes eine Rolle, da die frühe Hervorhebung von Wert die Generierung von Neuheit hemmen kann.

„Produktentwicklung" und „Kommerzialisierung" der Verwertung näher stehen. Obwohl sie sich mit dem kreativen Problemlösen befassten, führten Mumford, Antes, Caughron, Connelly und Beeler (2010) sogar *acht* Teilprozesse oder Phasen auf: „Problemdefinition", „Informationsbeschaffung", „Informationsorganisation", „konzeptuelle Kombinierung", „Ideengenerierung", „Ideenbewertung", „Umsetzungsplanung" und „Lösungsbeurteilung". Wiederum ist ersichtlich, dass die ersten fünf Schritte im Wesentlichen die Erfindung umfassen, die drei letztgenannten eher die Verwertung. Die Frage nach der Anzahl der Schritte, Stufen oder Phasen bei der Erzeugung und Verwertung effektiver Neuheit wird später genauer untersucht (s. Kap. 7, das ein siebenstufiges Modell darstellt). Für die Zwecke dieses Abschnitts allerdings reichen zwei Phasen aus.

Vor mehr als 100 Jahren untersuchte Prindle (1906) Erfindungen und kam zu dem Schluss, dass sie sich aus einer Reihe von Schritten ergeben, wobei jeder Schritt auf dem vorangegangenen aufbaut. Fast hundert Jahre später beschrieb auch West (2002, S. 356) die Abfolge von Erfindung und Verwertung bzw. Neuheitsschöpfung und Wertrealisierung als sequenziell: „Die Innovation kann definiert werden als die Entwicklung von Ideen … *gefolgt von* ihrer Anwendung". In der Tat ist die Konzipierung des innovativen Denkens als eine Reihenfolge von Neuheitsschöpfungs- und -verwertungsschritten, die jeweils aufeinander aufbauen, attraktiv. Aber Fallstudien haben gezeigt, dass Individuen, die anerkannt kreative Produkte tatsächlich generieren, in der Regel nicht das Gefühl haben, die Arbeit in diskreten Phasen auszuführen, also den einen Schritt nach dem anderen (Glover, Ronning und Reynolds 1989). Eher scheint es, dass in der Praxis verschiedene Phasen nicht einfach Schritt für Schritt in einer festen Reihenfolge aufeinander folgen, sondern dass der Prozess der Ideengenerierung und Implementierung iterativ oder zyklisch sein kann (s. z. B. Paulus 2002). Die Schritte, die zur Erzeugung und Anwendung neuer Ideen führen, können z. B. abwechselnd aufeinander folgen, oder beide können gleichzeitig parallel auftreten (Benner und Tushman 2003; Burgelman 2002; Bledow et al. 2009a).

Laut Gupta, Smith und Shalley (2006) umfasst die mehr oder weniger gleichzeitige Produktion und Nutzbarmachung von Neuerungen die „organisationale Beidhändigkeit", während die sequenzielle Verarbeitung das „wiederholte Gleichgewicht" definiert (z. B. Gersick 1991). Im organisationalen Sinne bedeutet das wiederholte Gleichgewicht längere Zeiträume der Stabilität, die durch zeitweilige, verhältnismäßig vereinzelte Ausbrüche von divergentem Denken unterbrochen werden (z. B. als Reaktion auf einen bösen Schock), bis die Stabilität wieder hergestellt wird. Die Ausbrüche von divergentem Denken erzeugen disruptive Neuerungen, die während der Phasen der Stabilität geprüft und eventuell durch konvergentes Denken angepasst werden.

Andere Autoren haben von „Oszillation" (Martindale 1989, S. 228), „alternierenden psycho-verhaltensbezogenen Schwankungen" (Koberg und Bagnall 1991, S. 38) oder „dynamischen Verschiebungen" (Bledow et al. 2009b, S. 365) gesprochen. Organisationsforscher wie König (1992) und Van de Ven, Poole und Angle (2000) haben aufgezeigt, dass der Innovationsprozess oft ungeordnet und iterativ ist. Anderson et al. (2014 S. 5) drückte die Situation eher volkstümlich aus: „oft besteht der Innovationsprozess aus zwei Schritten nach vorne und einem Schritt nach hinten, sowie mehreren Schritten zur Seite".

Dennoch bietet die Grundidee einer Abfolge unterschiedlicher, aber irgendwie zusammen-hängender Teilprozesse einen hilfreichen Ausgangspunkt für die folgende Diskussion. Die Idee von Phasen bei der Erzeugung wirksamer Neuheit wird im Kap. 7 (s. Tab. 7.1) und im 8. eingehender diskutiert.

Das divergente und das konvergente Denken

Es stellt sich jetzt die Frage nach den psychologischen Merkmalen der Prozesse inner-halb der Phasen, egal wie viele Phasen es gibt bzw. wie sie organisiert sind. Raisch, Bir-kinshaw, Probst und Tushman (2009) befassten sich mit einer entsprechenden Analyse aus dem organisationalen Blickwinkel. Sie betonten zwar die kognitiven Prozesse der „Wissenssynthese" und „Wissensintegrierung über unterschiedliche Inhaltsbereiche", analysierten diese Prozesse jedoch nicht in Bezug auf Eigenschaften des Einzelakteurs, sondern hinsichtlich struktureller und verfahrensbezogener Aspekte des Arbeitsumfelds (z. B. flexibler Managementstrukturen oder koordinierten Wissensaustausches), die ver-meintlich innovationsförderlich sind. Plšek und Bevan (2003) listeten eine Anzahl mehr oder weniger psychologischer Aspekte von Prozessen innerhalb des Arbeitsumfelds auf, die sie als entscheidend für die Innovation betrachteten (wie etwa Bereitstellung von Res-sourcen, Teilung von Fachwissen oder Setzung realistischer Ziele). Es liegt zwar auf der Hand, dass solche Prozesse für die Generierung von Neuheit förderlich sein dürften. Aber sie beziehen sich auf das Arbeitsumfeld und gehen nicht auf die psychologische Natur der kognitiven Prozesse innerhalb der menschlichen Akteure ein.

Wie Raisch et al. (2009) selbst betonten, stellt die einfache Feststellung struktureller, organisationaler Bedingungen, die mit der Generierung und Verwertung von Neuheit korre-lieren, eine *statische* Herangehensweise. Für eine eingehendere Auseinandersetzung bedarf es jedoch eines *dynamischen* Ansatzes. Dieser Ansatz müsste im Auge behalten, dass

(a) Aspekte des Arbeitsumfelds (wie etwa die Teilung von Fachwissen oder von Beloh-nungen) aufgrund der Unterschiede bezüglich der psychologischen Ressourcen ein-zelner, menschlicher Akteure von Person zu Person eine unterschiedliche Wirkung haben (s. Kap. 7) und;

(b) zu unterschiedlichen Zeitpunkten innerhalb der Abfolge von Ereignissen sind ver-schiedene kognitive Prozesse für die Generierung und Verwertung ertragreicher Inno-vation notwendig (s. S. 78).

Die zwei Denkarten

Um die notwendige dynamische Herangehensweise zu ermöglichen, haben verschiedene psychologische Autoren eine Unterscheidung zwischen zwei Denkarten getroffen. Die eine Art von Denken fokussiert sich auf die logische Anwendung des schon Bekannten und hängt damit eher mit der Verwertung zusammen. Die andere Art führt zu unerwarteten oder ungewöhnlichen Schlussfolgerungen und ist damit mit der Erfindung eng verbunden. Frühe Beispiele dieser Zweiteilung schließen u. a. die von Bartlett (1932) getroffene Unterscheidung zwischen „geschlossenem" und „offenem" Denken ein. Wallach und Kogan (1965) beschrieben „Denkmodi" und Cropley und Field (1968) unterschieden zwischen zwei „Denkstilen". Hudson (1967) veranschaulichte die zwei Denkarten mittels einer anschaulichen Terminologie, als er von „konträren Vorstellungen" [engl.: „contrary imaginations"] schrieb. In jüngerer Zeit verwendete Rothenberg (1983) eine klassische Metapher, als er vom „Janus-Denken" sprach.[5]

Obwohl sein Ansatz eher populärwissenschaftlich ist, hat de Bono (z. B. 1993) durch die Unterscheidung zwischen „Felsenlogik" und „Wasserlogik" einen griffigen und viel zitierten Beitrag zur Diskussion geliefert. Felsenlogik führt zu gradlinigem Denken, Schritt für Schritt gerade aus. Entscheidungen darüber, was der nächste Schritt sein sollte, basieren auf felsenfester Korrektheit im Sinne von absoluten Normen, die sich nur langsam verändern (wie etwa der Begriff „Wahrheit"). Im Falle von Wasserlogik hingegen folgen Ideen den „natürlichen Rinnen" im behandelten Material. Solange es keinen Widerstand gibt, fließen sie frei und sammeln sich in Pfützen (d. h. kreative Lösungen). De Bono ist am besten bekannt für seine Unterscheidung zwischen konventionellem Denken und dem, was er „laterales Denken" nennt. Ersteres ist streng sequentiell und folgt logischen Schritten, während das laterale Denken Umwege oder Schritte zur Seite beinhaltet. Um unerwartete Assoziationen zu bilden, werden Grenzeigenschaften eines Konzepts oder Objekts hervorgehoben und mit ähnlichen Eigenschaften anderer Konzepte in Zusammenhang gebracht. Um ein Beispiel zu nehmen: Die Tatsache, dass eine Büroklammer aus Metall besteht könnte hervorgehoben werden, um sie als Stromleiter umzudefinieren. Eine Streichholzschachtel hingegen könnte als Nichtleiter mit beweglichen Teilen betrachtet werden. Auf diese Weise könnte die Möglichkeit erkannt werden, die Büroklammer und die Streichholzschachtel zu kombinieren, um im Notfall einen vorübergehenden Stromschalter zu konstruieren.

Die wegweisende psychologische Konzipierung dieses Sachverhalts wurde allerdings von Guilford (1950) eingeführt. Obwohl er 1949 in seiner bahnbrechenden Rede an die American Psychological Association (s. Kap. 4) auch Faktoren wie die Person betonte, blieb sein Fokus auf der Idee zweier gegensätzlicher Denkstile, die er „konvergentes" bzw. „divergentes" Denken nannte. Sehr schnell dominierte Guilfords Terminologie die psychologische Diskussion, und viele Autoren fingen an, die Kreativität mit dem divergenten Denken mehr oder weniger gleichzusetzen, und das konvergente Denken als Gegensatz

---

[5] Janus war der römische Gott, nach dem der Monat Januar genannt wird. Er hatte Gesichter sowohl auf der Rückseite als auch auf der Vorderseite des Kopfes und damit konnte er gleichzeitig nach hinten auf das alte Jahr und nach vorne auf das neue Jahr schauen. Auf unser Thema übertragen, konnte er gleichzeitig das bereits Bekannte und das noch Unbekannte berücksichtigen. Rothenberg nannte diesen Prozess „homospatiales" Denken (Informationen aus zwei Denkräumen werden in Zusammenhang gebracht).

zur Kreativität zu betrachten.[6] Das dialektische Paar, „divergentes Denken" vs. „konvergentes Denken", fing an, den psychologischen Diskurs zu dominieren. Diese beiden gegensätzlichen Konzepte bilden die Grundlage der Diskussion, die jetzt folgt.

A. J. Cropley (1999) fasste die Unterschiede zwischen den zwei Denkarten wie folgt zusammen:

1. Das *konvergente Denken* umfasst im Kern das Ausfindigmachen der einzig besten Antwort auf eine klar umrissene Frage. Es betont Schnelligkeit, Akkuratheit, Logik usw. und fokussiert auf die Ansammlung von Faktenwissen, die Erkennung von altbekannten Aspekten neuer Informationen, die Wiederanwendung bewährter Lösungsansätze und ähnliche Prozesse. Es ist am wirkungsvollsten in Situationen, bei denen sich die gesuchte Antwort aus dem schon Bekannten direkt ableiten lässt. Dies erfolgt durch die Anwendung konventioneller und logischer Such-, Erkennungs- und Entscheidungsfindungs- sowie Auswertungsstrategien. Eines der wichtigsten Merkmale des konvergenten Denkens besteht darin, dass Antworten entweder richtig oder falsch sind. Darüber hinaus ist das konvergente Denken aufs Engste mit Wissen verbunden. Erstens umfasst es die Verarbeitung des bestehenden Wissenskanons mittels Standardverfahren, die selbst Teil des Kanons sind. Zweitens führt es zu Ergebnissen, die den Kanon ausweiten bzw. verbessern. Demzufolge führt das konvergente Denken im besten Fall zu inkrementeller Innovation (s. Kap. 1)
2. Das *divergente Denken* umfasst die Ableitung multipler oder alternativer Antworten aus den zur Verfügung stehenden Informationen. Dies erfolgt z. B. durch die Herstellung ungewöhnlicher Verbindungen zwischen Wissenseinheiten, die Umwandlung bestehender Informationen in neue Gestalten, oder durch die Erkennung verschleierter Schlussfolgerungen. Das divergente Denken kann verschiedenartige aber gleich wirksame Lösungen für dasselbe Problem hervorbringen. Wirksame Lösungen können von dem einen Menschen zum anderen sehr unterschiedlich sein. Die Ergebnisse des divergenten Denkens können völlig neu sein: manchmal lediglich für den Menschen neu, der sich das Ergebnis ausdachte, manchmal allerdings für Menschen im Allgemeinen.

Sowohl divergentes als auch konvergentes Denken können als Familien oder Gruppen von Teilprozessen konzipiert werden. Ward und Kolomyts (2010, S. 94), zum Beispiel, unterteilten das divergente Denken in „Komponenten" wie etwa Informationsabruf, Abbildgestaltung, Analyse, Abstrahierung und Analogienbildung. Sie wiesen darauf hin, dass diese Komponenten wiederum in noch spezifischere Unterkomponenten aufgeteilt werden können, wie etwa Anpassung, Abruf, Zuordnung oder Projizierung. Auf einer formaleren Ebene unterschied Boden (1996a) zwischen der „gewöhnlichen" Denkart und einer Denkart, die zu einer *sprunghaften* Änderung der Art und Weise führt, wie ein Thema konzipiert wird. Von Boden vorgetragene Beispiele für solche Unterprozesse sind u. a.:

---

[6] A. J. Cropley (2006) lehnte diese Gleichung (divergentes denken = Kreativität; konvergentes Denken ist der Kreativität Feind) explizit ab, und drückte sein „Lob des konvergenten Denkens" aus.

- der Abruf einer ungewöhnlich breiten Reichweite von Fakten aus bestehendem Wissen;
- die Bildung ungewöhnlicher Assoziationsketten;
- das Synthetisieren scheinbar beziehungsloser Informationselemente;
- die Durchführung unwahrscheinlicher Datentransformierungen;
- die Erstellung unerwarteter Analogien.

A. J. Cropley (1999) war der Meinung, dass ein Sprung nicht notwendigerweise aus einer einzigen kognitiven Aktion bestehen muss, sondern *eine Kette* kleinerer Schritte umfassen kann. Das Erreichen des letzten Gliedes kann als einen plötzlichen Sprung subjektiv wahrgenommen werden. Tab. 3.1 enthält Beispiele der Unterprozesse der zwei Denkarten auf einer deskriptiven Ebene. Sie sind etwas umgangssprachlich aufgelistet, um zu verdeutlichen, was mit den zwei Ausdrücken gemeint ist.

Als Beispiel für die Synthese scheinbar nicht zusammenhängender Informationseinheiten beschrieben A. J. Cropley und Cropley (2009, S. 72) die Fallstudie des französischen Entomologen, René de Réaumur. Zu Réaumurs Zeiten war seit mehr als zweitausend Jahren schon bekannt, dass Pflanzenfasern, die auseinander genommen und in Wasser eingeweicht werden, im Laufe des Austrocknens eine ineinander greifende Matte bilden (d. h. Papier). Vor Réaumur wurden alte Lappen als Fasernquelle gebraucht, um Papier herzustellen – ein teurer Prozess, weil die Rohmaterialien einem Neuheitsschöpfungsprozess schon unterworfen worden waren. Die Folge war, dass Papier knapp und kostbar war. In den frühen 1700er Jahren merkte Réaumur, dass bestimmte Wespen – heutzutage als

Tab. 3.1 Typische Prozesse des konvergenten und divergenten Denkens[a]

Konvergentes Denken	Divergentes Denken
- logisch denken; die Tatsachen akkurat begreifen - sich auf die beste Lösung einschießen - auf Wiedererkennung des Vertrauten fokussieren - nur relevante Informationen selektiv abrufen - sich in Grenzen halten - lediglich das kombinieren, was zusammen gehört - Assoziierungen lediglich aus benachbarten Inhaltsbereichen erzeugen - bekannte Techniken geschickt wieder verwenden - auf Nummer sicher gehen - das hart gewonnene schon Bekannte schützen - Machbarkeit immer im Auge behalten	- quer denken - die Schleife verlassen, um vielfältige Lösungen zu generieren - das Bekannte in einem neuen Licht sehen; eine neue Perspektive finden - eine breite Reichweite von Informationen abrufen - Grenzen sprengen - das angeblich Grundverschiedene kombinieren - Assoziierungen auch aus entfernten Bereichen erzeugen - neue Techniken entwickeln - sich auf Risiken einlassen - das schon Bekannte infrage stellen - mit Machbarkeitsüberlegungen zögern

[a]Diese Tabelle basiert auf A. J. Cropley und Cropley (2009, S. 48).

*Papier*wespen bekannt – Holz kauen, verdauen und dann hochwürgen und vom Produkt Gebrauch machen, um Wespennester zu bauen. Das ausgetrocknete Material hat eine starke Ähnlichkeit zu Papier. Es fiel Réaumur ein, dass chemische Prozesse im Wespenmagen fähig sind, Papier unmittelbar aus Holz herzustellen. Er schlug vor, den chemischen Ansatz der Wespen auf die menschliche Papierherstellung zu übertragen. Auf diese Art und Weise erfand er die moderne Papierherstellungstechnologie, obwohl zugegeben werden muss, dass es Réaumur selbst nie gelang, den Prozess kommerziell umzusetzen. In unserem Sinne, war das keine Innovation, sondern „nur" Neuheitsschöpfung, weil der Schritt „Wertrealisierung" fehlte. Zu Réaumurs Zeiten war sein Produkt (neuer Papierherstellungsprozess-Ansatz) zwar wirksam, aber erst nach seinem Tod wurde es – dank Fortschritte in anderen wissenschaftlichen Bereichen – nützlich.

Das konvergente Denken und die Innovation

Eine Grundidee der psychologischen Analyse des Innovationsbausteins „Prozess" ist der Gedanke, dass das innovative Denken im Grunde genommen aus zwei Komponenten besteht: der Generierung von Neuheit (der Einfachheit halber: divergentes Denken) vs. der Auswertung des Neuen in Bezug auf das Bestehende (kurz: konvergentes Denken). Obwohl diese Zweiteilung stark vereinfacht ist, reicht sie für die Zwecke dieses Kapitels aus. Intuitiv, besonders mit Blick auf Tab. 3.1, scheint es, dass es einen engen Zusammenhang zwischen dem divergenten Denken und der Kreativität gibt. Schließlich muss Neuheit zuerst generiert werden, bevor sie in neue Geräte, Systeme, Verfahren u. Ä. umgesetzt werden kann. In der Tat, obwohl Guilford selbst die Wichtigkeit von Erwerb von Fakten und dem logischen Denken – Teilprozesse des konvergenten Denkens – für die Kreativität anerkannte, wurde in der psychologischen Theorie und Forschung Kreativität schnell mit divergentem Denken gleichgesetzt. Das divergente und das konvergente Denken wurden sogar manchmal als miteinander ringende Prozesse dargestellt (z. B. Getzels und Jackson 1962). Das konvergente Denken wurde als der Bösewicht betrachtet, bestenfalls als ein notwendiges Übel, das leider oft übertrieben werde – sowohl im Bildungswesen als auch im Business (z. B. A. J. Cropley 1967). Aber Tatsache ist, dass sowohl das konvergente als auch das divergente Denken zur erfolgreichen Generierung potenziell Ertrag bringender Ideen beitragen, auch wenn der Charakter des Beitrags sehr unterschiedlich ist. Wie es A. J. Cropley (2006, S. 391) ausdrückte, wird durch das konvergente Denken *Orthodoxie* generiert, wohingegen das divergente Denken immer zu *Variabilität* führt.

Der Mythos der anstrengungslosen Innovation

Die Vorstellung, Kreativität sei mittels entfesselten, divergenten Denkens ohne Anstrengung möglich, ist sehr attraktiv. Eine solche anstrengungslose Innovation würde die Notwendigkeit vermeiden, Zeit mit stumpfsinnigen Aufgaben wie etwa dem Erwerb von

Kenntnissen, dem Austüfteln denkbarer Lösungen oder der Prüfung ihrer Machbarkeit (s. Tab. 3.1) zu verschwenden. Einige Forscher (z. B. Hausman 1984) haben den Eindruck erweckt, sie unterstützten diese Position. Sie drückten die Meinung aus, dass die wahre Kreativität immer so beispiellos sei, dass sie keine Verbindung zum schon Bekannten habe. Mit Bezug auf Teilnehmende an einem Modedesign-Kursus wies Kawenski (1991, S. 263) auf ein sich aus dieser Einstellung ergebendes Problem auf: Die romantischen Vorstellungen [der Studierenden] führten dazu, dass sie glaubten, das Kreativsein bestünde einfach darin, ihre Gedanken wie im Traum schweben zu lassen, bis ihnen die Muse eine Inspiration schenkte.

Zugegeben, sind Glückstreffer, erfolgreiche Spekulationen oder Hirngespinste, die einfach aus der leeren Luft erscheinen und sich als brauchbar erweisen, nicht nur vorstellbar, sondern auch bekannt. Ein historisches Beispiel für einen Volltreffer, der zunächst wie ein Glücksfall aussieht, ist die Entdeckung vom Prozess des Vulkanisierens von Kautschuk durch Charles Goodyear im Jahre 1842. Seine Erfindung fand zuhause in der Küche statt. Unbeabsichtigt ließ er rohen Kautschuk auf den heißen Herd tröpfeln. Zu seinem Erstaunen wurde der Kautschuk biegsam und formbar. Daraufhin hatte er allerdings ein neues Problem: Er wusste nicht genau, wie er es geschafft hatte (z. B. Temperatur). Aber das Ganze war kein Zufall. Goodyear hatte sich jahrelang mit dem Problem beschäftigt, wie man mit Kautschuk umgehen kann, um es verarbeitbar zu machen (z. B. um die vielen Gummi-Produkte herstellen zu können, die wir heutzutage kennen). Dabei hatte er schon eine vielversprechende Herangehensweise herausgearbeitet (Kautschuk zu erhitzen und ihn mit unterschiedlichen Chemikalien zu mischen). Folglich war sein Glückstreffer eigentlich „nur" die logische Fortsetzung einer ihm schon bekannten Herangehensweise, auch wenn die Lösung auf gut Glück zustande kam.

Es gibt in der Tat viele Beispiele solcher scheinbaren Zufallstreffer, die zu anerkannten Lösungen führten (siehe Rosenman 1988). Unter anderen beschrieben Pasteur, Fleming, Roentgen, Becquerel, Edison, Galvani und Nobel solche Ereignisse. Aber, wie es Louis Pasteur 1854 im Laufe einer Vorlesung an der Universität Lille ausdrückte: „Le hasard ne favorise que les esprits préparés" [Der Zufall begünstigt lediglich gut vorbereitete Geister]. Der entsprechende Geist verfügt über Vorkenntnisse, die mittels *konvergenten* Denkens erworben werden.

In seinem inzwischen klassisch gewordenen Phasenmodell der Generierung effektiver Neuheit hat Wallas (1926) eine Phase des „Ausbrütens" identifiziert. Während dieser Phase wirbeln Ideen im Kopf des Menschen einfach herum. Sie ist eine Phase der Gärung, bis – scheinbar aus heiterem Himmel – eine Antwort auftaucht, die von nirgendwoher gekommen sein sollte. Aber, wie A. J. Cropley (1999) betonte, können sich intuitive Lösungen genauso gut aus konvergentem wie aus divergentem Denken ergeben. Er hob hervor, dass Menschen, die in einem spezifischen Inhaltsbereich Fachwissen nie bewusst erworben haben, doch über entsprechende Kenntnisse verfügen können. Diese haben sie mittels des konvergenten Prozesses des impliziten Lernens – wovon sie nichts wissen – erworben, z. B. als Ergebnis umfangreicher praktischer Erfahrung in einem Bereich. Implizites Lernen führt zu stillem Wissen; die Leute wissen nicht, dass sie es wissen. Das Ergebnis ist, dass eine Idee, die wie ein Blitz aus heiterem Himmel subjektiv erlebt wird, eigentlich lediglich eine kleine Ausweitung dessen sein kann, welches der Mensch schon wusste. Mit anderen Worten, das Fundament der Intuition – beim ersten Blick der Inbegriff der kreativen Inspiration – bilden mittels konvergenten Denkens erworbene Kenntnisse eines Bereichs.

Trotz der Position von Autoren wie etwa Simonton und Hausman, sind andere wie Bailin (1988) zu dem Schluss gekommen, dass kreative Produkte sowohl von kreativen Personen als auch von externen Beobachtern immer hinsichtlich des vorhandenen Wissensstands konzipiert werden. In der Tat ist es klar, dass viele Innovationen auf dem bereits Bestehenden basieren. Dies bleibt auch dann wahr, wenn vorhandenes Wissen auf ein neues Feld übertragen wird, das scheinbar mit dem Feld, in dem das Wissen bereits bekannt ist, kaum etwas zu tun hat. Die Réaumur-Fallstudie bietet ein Beispiel einer solchen Übertragung. Das kanadische Amt für geistiges Eigentum [engl.: Canadian Intellectual Property Office] (2007) berichtete, dass 90 % neuer Patente aus Verbesserungen bestehender Patente bestehen. In einem 1932 in der Zeitschrift *Harpers Monthly* gedruckten weisen Spruch (Josephson 1959, S. 97) kam Thomas Alva Edison zu dem Schluss, dass „[Innovation] aus 1 % Inspiration, 99 % Transpiration besteht". Damit erkannte er die Wichtigkeit von Fleiß und Wissen – und nicht bloßem, ungehindertem divergentem Denken – an.

Heutzutage wird zunehmend anerkannt (z. B. Rickards 1993; Brophy 1998; A. J. Cropley 1999), dass auf Ertrag orientierte, neuartige Produkte nicht allein durch die Anwendung divergenter Teilprozesse zustande kommen (s. die rechte Spalte von Tab. 3.1), sondern dass auch konvergente Teilprozesse wichtig sind (s. die linke Spalte von Tab. 3.1). Damit stellt sich die kontraintuitive Frage, wie das konvergente Denken als Baustein der Innovation fungieren kann. Intuitiv scheint klar zu sein, dass sich konvergente Teilprozesse – wie etwa Überprüfung von Fakten, Beurteilung von Machbarkeit, sparsame Kostenberechnung, vorsichtige Einschätzung nachgelagerter Auswirkungen – sich eher hinderlich auf divergente Teilprozesse auswirken.

In diesem Buch wollen wir trotzdem betonen, dass die Herstellung ertragsorientierter Neuheit nicht durch die „Holzhammermethode" (Simon 1989, S. 377) zustande kommt: blinde Assoziierungen unter bereits bekannten Elementen und dann und wann eine zufällige Kombination, die die erforderliche Lösung bietet und zu wirtschaftlichem Erfolg führt. Wie bereits darauf hingewiesen wurde, in den Worten von Levitt (2002, S. 137): „Kreativität alleine reicht nicht aus". Im Arbeitsumfeld verursacht blindes Umsetzen unerprobter Ideen (die Holzhammermethode) eine Unordnung, die in Kap. 7 besprochen wird, ohne jedoch jedwede Garantie für den ausgleichenden Erfolg mit sich zu bringen. Auch die in einer Organisation durch die Einführung von Neuheit verursachte Unordnung muss ordentlich eingeführt werden.

Psychologisch ausgedrückt, muss das divergente Denken durch konvergente Heuristiken gesteuert werden (s, Tab. 3.2). Häufig werden diese als „metakognitive" Prozesse bezeichnet (z. B. Flavell 1976, S. 232). Im Grunde genommen umfassen solche Prozesse Nachdenken über das eigene Denken. Im gegenwärtigen Kontext bedeutet dies – wie unten eingehender erklärt wird – Regulierung von und Kontrolle über die eigenen Ideen mittels Teilprozesse wie etwa Prüfung ihrer Machbarkeit. Silvia (2008) fasste die Metakognition leicht verständlich zusammen, als er von der Wichtigkeit von „Urteilsvermögen" (S. 139)

Tab. 3.2 Beispiele für den Beitrag des konvergenten Denkens zur Innovation[a]

Phase der Generierung wirksamer Neuheit	Förderlicher konvergenter Prozess
Erfindung	• Wissen sammeln • genau beobachten • sich akkurat erinnern • logische Schlussfolgerungen ziehen • strikt logisch argumentieren • Informationen schnell verarbeiten
Auswertung	• vielversprechende Ansätze erkennen • aussichtslose Ansätze herausfiltern • gezielt auf potenzielle Lösungen einpendeln • Grenzen realistisch erkennen • Schwächen bewusst berücksichtigen • Machbarkeit abwägen • machbare Lösungen schnell erkennen

[a]Diese Tabelle ist eine leicht überarbeitet Fassung einer Tabelle aus A. J. Cropley (2006, S. 399).

schrieb oder, als ein Prozess ausgedrückt, von der Bewertung der eigenen Ideen. Was aber sind die Prozesse, wodurch bestehendes Wissen in wirksame Neuheit umgewandelt wird?

Die Umwandlung bestehender Kenntnisse in neue Ideen

Sternberg, Kaufman und Pretz (2002) analysierten die Rolle der Kreativität beim „Vorantreiben eines Feldes" (S. 83), ein Begriff, der mit der Innovation in unserem Sinne nahe verwandt ist. Diese Autoren stellten eine Reihe von Teilprozessen dar, durch welche dieses „Vorantreiben" stattfinden kann:

1. konzeptuelle Nachbildung (das schon Bekannte wird auf ein neues Umfeld übertragen);
2. Neudefinierung (das schon Bekannte wird auf neue Art und Weise verstanden);
3. Weiterentwicklung (das schon Bekannte wird in eine schon bestehende Richtung weiterentwickelt);
4. grenzüberschreitende Weiterentwicklung (das schon Bekannte wird zwar in eine schon bestehende Richtung weiterentwickelt, geht jedoch weiter als bisher toleriert);
5. Rekonstruktion (das schon Bekannte wird in eine bisher unbekannte Richtung weitergeleitet);
6. Rekonstruktion und Neuorientierung (eine schon aufgegebene Herangehensweise wird wiederbelebt);
7. Wiederaufnahme (die Auseinandersetzung mit dem schon bekannten setzt an einem neuen Punkt an und geht in eine neue Richtung);
8. Integrierung (scheinbar nicht zusammenhängende Felder werden fusioniert, um ein neues Ganzes zu bilden).

Savransky (2000) war der Meinung, dass sich kommerzielle Problemlösungen immer aus bestehendem Wissen ergeben und befasste sich mit den Prozessen, durch die dies passiert. Er ist zu dem Schluss gekommen, dass es grundsätzlich sechs relevante Teilprozesse gibt, die – leicht modifiziert – wie folgt dargestellt werden können:

1. Optimierung (Verbesserung von Menge und Qualität des schon Bestehenden);
2. Diagnostizierung (Ausfindigmachen und Beseitigung von Mängeln beim schon Bestehenden);
3. Kostenkappung (Verringerung von mit bestehenden Lösungen verbundenen Kosten);
4. Analogienbildung (Entwicklung neuer Anwendungen bekannter Prozesse und Systeme);
5. Synthese (Generierung neuer Mischungen schon bestehender Kenntnisse);
6. Impulsgebung (Generierung grundsätzlich neuer Lösungen).

Auffällig bei den beiden Listen ist, dass die jeweiligen Gruppen von Teilprozessen beide zweigeteilt werden können: Konzeptuelle Nachbildung, Neudefinierung, Weiterentwicklung und grenzüberschreitende Weiterentwicklung (Sternberg, Kaufman und Pretz) und Optimierung, Diagnostizierung und Kostenkappung (Savransky) haben mehr mit inkrementeller Innovation zu tun. Rekonstruktion, Rekonstruktion und Neuorientierung, Wiederaufnahme und Integrierung (Sternberg, Kaufman und Pretz) und Analogienbildung, Synthese und Genese (Savransky) beziehen sich eher auf disruptive Innovation. Mit der Ausnahme von Impulsgebung und Integrierung drehen sich alle gelisteten Teilprozesse um die *Bearbeitung vom schon Bekannten*, was die Wichtigkeit schon bestehenden Wissens unmissverständlich macht.

In Rahmen seines Verfahrens für das Ausfindigmachen kreativer Problemlösungen – als TRIZ bekannt – betonte auch der russische Forscher Altshuller (1988) die Rolle des schon Bekannten (TRIZ ist die Umschlüsselung des russischen Akronyms für „Theorie des erfinderischen Problemlösens"). Dieses Verfahren basiert auf einer Analyse tausender von erfolgreichen Patentanträgen, d. h. auf Beispiele für anerkannt wirksame Neuheit. Die Analyse führte zu dem Schluss, dass es im Ingenieurwesen allgemeingültige Gesetze des Erfindens gibt. Die Kreativität ergibt sich aus der Weiterentwicklung vom bereits Existierenden und zwar mithilfe von diesen Gesetzen bzw. Lösungsprinzipien. TRIZ besteht aus systematischen Prozessen der Generierung von Neuheit und ermöglicht es Menschen, die sich mit einem neuartigen Problem beschäftigen, durch die Anwendung der Lösungsprinzipien ihre eigenen, neuen Lösungen zu finden.

Die Schutzfunktion des konvergenten Denkens

Das divergente Denken liefert zwar Neuheit, aber von allein kann es leicht zu bloßer Pseudo-Kreativität bzw. Quasi-Kreativität führen. A. J. Cropley und Cropley (2009) stellten das fiktive Beispiel eines Bauingenieurs vor, dem es einfiel, dass Bewehrungsstähle und Spaghetti beide lang, rund und flexibel sind. Um Geld zu sparen, versuchte er, Spaghetti als Ersatz für Bewehrungsstahl anzuwenden. Auf diese Art und Weise machte er eine „Integrierung" im Sinne von Sternberg, Kaufman und Pretz (2002); zweifelsohne eine Neuheit. Allerdings war das Ergebnis dieser Neuheit eine Katastrophe, weil ein Gebäude einstürzte. Zum Glück würden die meisten Bauingenieure diese Neuheit ablehnen, weil sie aufgrund ihrer Fachkenntnisse (konvergentes Denken) mit einer Katastrophe rechnen würden. Nicht jede Anwendung des divergenten Denkens liefert ein umsetzbares Ergebnis. Ohne auf Fachkenntnissen basiertes konvergentes Denken kann das „nackte" divergente Denken zu schlechten Ergebnissen führen.

Die eben dargestellte fiktive Baukatastrophe ergab sich aus der Generierung von Neuheit (Erfindung) ohne eine darauf folgende (bzw. begleitende) Prüfung der Neuheit anhand von Kriterien wie etwa Machbarkeit, Erschwinglichkeit oder kommerzieller Absetzbarkeit. In der praktischen Welt kann von einer „Innovation" erst die Rede sein, nachdem beide Komponenten des Prozesses erfolgreich stattgefunden haben. Die zweite Phase besteht im Grunde genommen aus einem Prozess der *Auswertung* (Luecke und Katz 2003). Laut Runco (2003) basiert die Innovation nicht nur auf divergentem Denken, sondern auch auf konvergentem Denken. Eine wichtige Rolle des konvergenten Denkens besteht aus „kritischen Prozessen" (S. 432), d. h. aus Prozessen der Auswertung. Die Wichtigkeit des divergenten Denkens ist nicht zu leugnen, aber Levitts (2002) Spruch bleibt wahr: „Kreativität alleine reicht nicht aus". Aus dem Grund ist es wichtig, den unentbehrlichen Beitrag vom konvergenten Denken im Auge zu behalten. Tab. 3.2 stellt Beispiele dieses Beitrags sowohl bei der Generierung als auch bei der Auswertung von Neuheit dar.

Im Gegensatz zur kommerziellen Innovation kann im Bereich der schöngeistigen Kreativität Neuheit, die sich als unwirksam beweist, ohne ernstzunehmende negative Folgen bleiben. Neuheit dieser Art kann sogar als tapferer Versuch hochgejubelt werden, die Grenzen von Konventionen zurückzudrängen. Im Falle von organisationaler Innovation hingegen kann die Einführung unwirksamer Neuheit zu einer wirtschaftlichen Katastrophe führen – zum Beispiel zur Insolvenz, dem wirtschaftlichen Tod des Unternehmens. Unwirksame Neuheit kann genauso tödlich sein wie der vollständige Verzicht auf Innovation. Aus dem Grund muss die in Organisationen mittels divergenter Prozesse generierte Neuheit den Zwängen der Realität angepasst werden. Machbarkeit und Erschwinglichkeit sind schon als Beispiele für diese Zwänge erwähnt worden. Eine weitere Quelle vom externen Druck, die eine wichtige Rolle in der Verwertung von Neuheit spielt, ist das soziale Umfeld. Organisationen müssen sich mit der Notwendigkeit arrangieren, den Bedürfnissen und Ansprüchen des breiteren, sozialen Umfelds zu entsprechen. Für die meisten Organisationen bedeutet dies den Ansprüchen der Kunden. Diese Thematik wird in Kap. 5 (Problemlösungsdruck aus dem sozialen Umfeld) spezifisch und eingehend besprochen.

Die mit der Innovation einhergehenden Risiken

Welche Risiken bestehen für Organisationen, die es versäumen, ihr divergentes Denken durch konvergentes Denken richtig zu „temperieren"? Abb. 3.1 (s. nächste Seite) stellt eine Reihe denkbarer Konstellationen dar. In der ersten Tabellenreihe wird zunächst die Lage

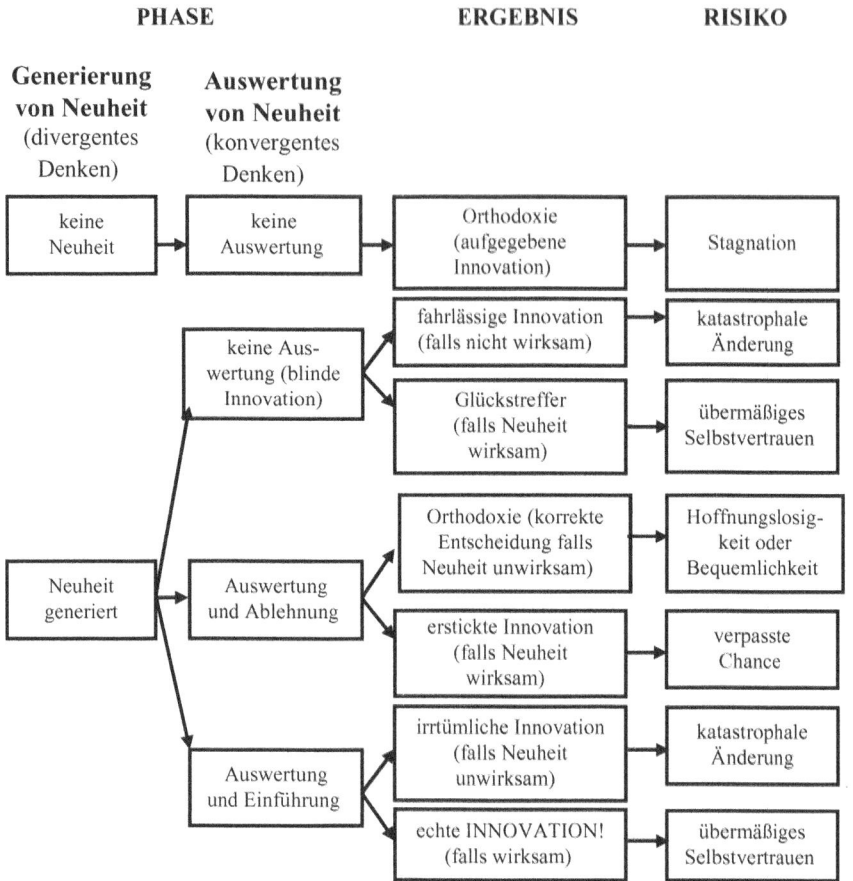

Abb. 3.1 Die negativen Folgen ausgewerteter und nicht ausgewerteter Änderungen. (Diese Abbildung wurde aus A. J. Cropley und Cropley (2009, S. 83) übernommen)

dargestellt, wenn überhaupt keine Neuheit generiert wird (kein divergentes Denken). Es ändert sich nichts und Orthodoxie herrscht. Bei dieser Option besteht zwar keine Gefahr der katastrophalen Änderung, aber die Organisation setzt sich der Gefahr von Stagnation und der damit zusammenhängenden Risiken aus. Diese Herangehensweise an die Innovation (das Nichtstun) ist der am wenigsten anstrengende Pfad in die Überalterung, und führt letztlich zu Marktanteilsverlusten und letztendlich in die Bedeutungslosigkeit.

In diesem Buch wird die Generierung und Verwertung von Neuheit als für Organisationen absolut überlebensnotwendig betrachtet. Aber auch dieser im Prinzip unentbehrliche Prozess birgt seine eigenen Gefahren. Abgesehen von der ersten Zeile, stellt Abb. 3.1 die denkbaren Folgen dar – sowohl positiv als auch negativ – wenn Neuheit generiert wird (mit oder ohne Auswertung). Zum Beispiel, kann die Neuheit ohne Auswertung einfach umgesetzt werden (d. h. zwar divergentes Denken, aber ohne konvergentes Denken). Sollte sich solche unausgewertete Neuheit schließlich als unwirksam erweisen, kann man von „fahrlässiger" Änderung sprechen. Sollte sich die Neuheit trotz fehlender Auswertung als doch ertragreich erweisen, kann man von „blinder" Innovation sprechen. Eine denkbare Folge ist übermäßiges Selbstvertrauen, das in der Zukunft z. B. zu Fahrlässigkeit führen kann. Sollte das divergente Denken zu der gerechtfertigten Ablehnung einer neuen Idee führen, wäre die Organisation zwar vor einer katastrophalen Änderung geschützt, aber die motivationalen Folgen könnten negativ sein. Abb. 3.1 führt auch mögliche negative Folgen vor, wenn eine Auswertung doch stattfindet (d. h. das divergente Denken wird mittels konvergenten Denkens gezügelt); z. B. eine verpasste Chance. Erst wenn die Auswertung positiv ausfällt und die Neuheit gewinnbringend umgesetzt wird, kann eigentlich von einer „Innovation" die Rede sein (letzte Abbildungsreihe).

Ein Beispiel für eine fahrlässige Änderung ist die Einführung von New Coke durch Coca-Cola. Mit einem schrumpfenden Marktanteil konfrontiert, überwiegend zugunsten von Pepsi, führte das Unternehmen im Frühjahr 1985 die neue Coca-Cola ein. Die erste Reaktion auf die New Coke war durchaus positiv: Im Blindtest waren Verbraucher der Meinung, dass New Coke sowohl der traditionellen Coke als auch Pepsi überlegen sei. Der Marktanteil stieg deutlich. Aber es entwickelte sich schnell eine Protestbewegung, besonders in den Südstaaten: Nicht weniger als 400.000 telefonische und briefliche Beschwerden trafen in Atlanta ein. Massives Horten der letzten Produktfertigungsläufe der altbekannten Coke fand statt. Wettbewerber nutzten die Chance aus, um etwa mit dem Slogan, „Sie haben uns ein Stück unserer amerikanischen Identität geklaut", auf die Herzlosigkeit von Coke aufmerksam zu machen. Im Juli wurde die alte Coke wiederbelebt, zunächst als „Classic Coke" aber heutzutage einfach wie gehabt als „Coke". Trotz des besseren Geschmacks hatte New Coke versagt, weil die Verbraucher die Neuerung nicht wollten.

Das New-Coke-Fiasko endete für Coca-Cola gut; durch eine schnelle Reaktion (Wiederbelebung von der alten Coke) wurde eine Katastrophe vermieden. Es endete sogar so gut, dass die als allergrößter Managementpfusch aller Zeiten verspottete, missglückte Einführung von New Coke zu der Erfüllung des strategischen Ziels des Unternehmens erfolgreich führte. Die Coke-Marke wurde verjüngt und erlebte eine deutliche Steigerung des Marktanteils. Es gab sogar eine Verschwörungstheorie, wonach die Einführung von New Coke, die sich daraus ergebende öffentliche Empörung und die heroische Rettung der zum Tode verurteilten guten alten Coke alles manipuliert worden sei. Für unsere Zwecke allerdings wird sie als ein Beispiel für die Umsetzung von Neuheit ohne ausreichende Auswertung (s. die zweitletzte Zeile von Abb. 3.1) vorgeführt – irrtümliche Innovation. Allerdings blieb die in Abb. 3.1. vorhergesagte Katastrophe aus.

Das Zusammenspiel von divergentem und konvergentem Denken

Wie eben geschildert, kann mangelndes konvergentes Denken Fehlentscheidungen verursachen, die sich aus entfesseltem divergentem Denken ergeben, d. h. *nicht genug* konvergentes Denken (fahrlässige Innnovation bzw. irrtümliche Innovation). Aber auch *zuviel* konvergentes Denken kann wie das Tragen von Scheuklappen wirken und das Denken so stark einengen, dass gute Möglichkeiten verpasst werden (d. h. „erstickte" Innovation) – möglicherweise ohne dass es das betreffende Unternehmen merkt. In den 1980er Jahren im Rechnerbenutzerausschuss der Universität Hamburg argumentierte A. J. Cropley vehement gegen die Einführung von Desktop-Terminals, mit der Begründung, dass sich das Desktop-Computing niemals durchsetzen würde. Zum Glück hat niemand zugehört, und die Modernisierung des Rechnerwesens an der Universität erstickte nicht!

Langjährige Berufserfahrung kann ein umfangreiches Wissensfundament bereitstellen. Dies kann verarbeitet werden, um wirksame Neuheit zu generieren – für eine Darstellung der entsprechenden Denkprozesse s. Sternberg, Kaufman und Pretz (2002), Savransky (2000) und Altshuller (1988). Auf diese Art und Weise kann das konvergente Denken sogar als Quelle des divergenten Denkens dienen. Aber es kann auch als Blockade funktionieren. Vorkenntnisse können ein Hemmschuh für Erneuerung sein, z. B. weil sie dazu führen, dass ausschließlich altbewährte „korrekte" Ideen in Frage kommen. Fazit: Genug konvergentes Denken ist notwendig, nicht aber zu viel davon. Das Problem von zu viel Wissen wird im 4. Kapitel im Rahmen einer Besprechung von Expertise als persönlichem Merkmal eingehender erörtert werden.

Denkschleifen im Innovationsprozess

Frühere Abschnitte haben die Wichtigkeit eines Zusammenspiels zwischen divergentem und konvergenten Denken für die Generierung wirksamer Neuheit hervorgehoben. Was ist die Dynamik dieses Zusammenspiels? Wie arbeiten die beiden Denkarten zusammen? Die Phänomene der organisationalen Beidhändigkeit und des wiederholten Gleichgewichts in Unternehmen wurden schon erwähnt (S. 41). Shaw (1989) beschrieb offensichtlich widersprüchliche Teilprozesse, wie etwa die entfesselte Generierung von Neuheit versus rigorose Auswertung von Machbarkeit, die gleichzeitig bzw. parallel aktiv sein müssen. Er schlussfolgerte, dass es beim kreativen Denken „Schleifen" (engl.: loops) geben muss. Zum Beispiel könnte eine Idee mittels divergenten Denkens generiert und danach ihre Machbarkeit mittels konvergenten Denkens ausgewertet werden und das Ergebnis der Auswertung als Ausgangspunkt für erneutes divergentes Denken dienen. Dies könnte wiederum einen neuen Zyklus in Gang setzen (eine Denkschleife).

Shaw (1989) war der Meinung, dass es kompliziertere Schleifen geben müsste, die aus drei oder sogar mehr Teilprozessen bestehen: z. B. Problemerkennung (konvergentes Denken), Neudefinierung des Problems (divergentes Denken), Generierung von Neuheit (divergent) und Auswertung der Neuheit (konvergent). Die Auswertung kann zu einer noch neueren Neudefinition führen, auf die eine erneute Generierung von Neuheit folgt, die ihrerseits ausgewertet wird. Auf diese Konzipierung des Gesamtprozesses werden wir in späteren Kapiteln im Rahmen einer Diskussion von den „Phasen" der Innovation zurückkommen (s. Kap. 7).

Auch denkbar allerdings sind andere Arten von Wechselwirkungen zwischen den beiden Denkarten, die über ein sequentielles bzw. ein Schleifenmodell hinausgehen.

Zum Beispiel kann durch das konvergente Denken erworbenes Wissen als Informations-sammelbecken dienen, aus dem Ideen selektiert und verarbeitet werden. Die Quantität und Qualität der sich ergebenden Neuheit würden dann von der Art und Weise abhängen, wie der Wissensstand verarbeitet wird, d. h. divergent bzw. konvergent. Dieser Ansatz verdeutlicht, dass ein breiter und tiefer Wissensstand für das innovative Denken förder-lich ist, und hebt so die Wichtigkeit von Expertise hervor (s. Kap. 4). Nach diesem Ansatz könnte der gesamte Innovationsprozess *durch konvergentes Denken in Gang gesetzt werden*, d. h. paradoxerweise konvergentes und nicht divergentes Denken als Motor von Innovation.

Die Rolle der Problemfindung

Ein Bereich, für welchen das schon bestehende Wissen von besonderer Bedeutung sein dürfte, ist das Problemfinden. Es liegt auf der Hand, dass es schwierig wäre, ohne Kennt-nisse eines Bereichs bereichsspezifische Probleme zu erkennen. Das ganze Feld des Problemfindens ist seit Jahren Gegenstand von Diskussionen in der Kreativitätstheorie gewesen. Aber wie Dillon (1982) betonte, gibt es mindestens drei Arten von Problem-findung: das *Erkennen* offensichtlicher Probleme, die schon bestehen und fachkundigen Menschen ins Auge springen, das *Entdecken* versteckter Probleme, die andere (noch) nicht merken und die *Erfindung* latenter Probleme dort, wo andere kein Problem sehen.

Schon 1963 betonte Torrance (z. B. 1963), dass das Besondere am *kreativen* Problemlö-sungsprozess darin liegt, dass er nicht das Lösen von durch anderen Personen festgestellten und daher allgemein bekannten Problemen umfasst. Im Gegenteil: Der kreative Problem-lösungsprozess besteht aus dem Ausfindigmachen bzw. der Bestimmung von Problemen, die niemand anders bisher gemerkt hat. Mit anderen Worten, das kreative Problemlösen besteht aus „Problemerkennung", „Problemfindung" oder – von besonderer Bedeutung für die gegenwärtige Abhandlung – „Problem*er*findung". In einigen Fällen können sich erkannte bzw. entdeckte Probleme sogar als unlösbar erweisen, bis sie „erfunden", d. h. neuformuliert, werden. In diesem Zusammenhang sprachen Mumford und Kollegen (Mumford et al. 1996) von „Problemkonstruktion" als einer der wichtigsten kognitiven Teilprozesse des kreativen Problemlösens.

Problemerfindung mittels divergenten Denkens kann – erneut paradoxerweise – zu einer Lösung durch konvergentes Denken führen. Ein verhältnismäßig einfaches Beispiel bietet die erfolgreiche Lösung eines „unlösbaren" Problems durch eine Baufirma. Ultraharte Betonplatten mussten mit Bolzen zusammengefügt werden. Der Spezialbeton war aller-dings so hart, dass es sich als äußerst schwierig erwies, die für die Bolzen notwendigen Löcher in den Betonplatten zu bohren. Das vorgefundene Problem war: Woher bekommen wir Bohreinsätze, die hart und scharf genug sind, um nicht fast sofort stumpf zu werden? Als das Problem jedoch umdefiniert wurde, konnte es leicht gelöst werden. Das *er*fundene Problem war: Wie können wir die Notwendigkeit vermeiden, Löcher überhaupt bohren zu müssen? Daraufhin wurden die Betonplatten mit darin enthaltenen Löchern gegossen;

eigentlich eine banale Lösung. Das divergente Denken (Neudefinierung des Problems) legte den Grundstein für eine konvergente Lösung.

Laut Tardiff und Sternberg (1988) ist es von entscheidender Wichtigkeit, sich mit *guten* Problemen zu befassen. In jüngerer Zeit ist Sawyer (2006, S. 47) zu dem Schluss gekommen, dass das wichtigste Merkmal kreativer Menschen darin liegt, dass sie über eine „fast ästhetische Fähigkeit verfügen, *gute* … Probleme zu erkennen". Albert Einsteins Erkenntnis, dass die damals bestehenden Theorien nicht ausreichten, um die Physik sich bewegender Objekte zu erklären, bietet ein anschauliches Beispiel. Er „erfand" ein Problem dort, wo andere keins sahen, und fokussierte sich auf die „guten" Aspekte dieses Problems. Das erste Ergebnis war seine spezielle Relativitätstheorie, die dann zu der allgemeinen Relativitätstheorie führte. Die allgemeine Theorie war erst nach der Entwicklung der speziellen Theorie überhaupt vorstellbar: D. h. die spezielle Theorie erwies sich als „impulsgebend". Auch die Bolzenloch-Lösung war impulsgebend, weil die neue Lösung auf viele andere Baustellen übertragen wurde.

Das New-Coke-Beispiel zeigt, wie die Erfindung des falschen Problems zum Desaster führen kann. Die Marktanteilsverluste, die zu New Coke führten, wurden auf das konstruierte Problem „Mängel beim Geschmack" zurückgeführt. Dieses Problem wurde mittels der Einführung eines neuen Geschmacks sehr effektiv gelöst, weil die meisten Kunden den neuen Geschmack besser fanden als den alten. Leider jedoch brachte diese „Lösung" nur Ärger, weil sie ein Problem löste, das die Kunden nicht hatten; eine gute Lösung aber leider ein schlechtes Problem. Das „echte" Problem lag offensichtlich in einem anderen Bereich, wie etwa dem Marketing.

Überblick und Ausblick

In diesem Kapitel wurden zwei Phasen des Innovationsprozesses dargestellt: eine Phase der Generierung von Neuheit (Neuheitsschöpfung) und eine Phase der Verwertung der Neuheit (Wertrealisierung). Obwohl hilfreich, ist diese Konzipierung zu einfach und sie wird im 7. Kapitel wesentlich erweitert und differenziert. Trotzdem ist die Aufteilung des Prozesses in Schritte (Phasen) hilfreich. In der einfachsten Form umfasst diese Aufteilung zwei Denkarten, die hier „konvergentes" und „divergentes" Denken benannt werden. In unserem Sinne besteht das konvergente Denken aus einer Familie von kognitiven Prozessen, die alle mit akkuratem und umfangreichem Wissenserwerb, effizienter und systematischer Speicherung des Erworbenen, schnellem und gut organisiertem Abruf von zweckmäßigen Kenntnissen und logischer Anwendung dieser Kenntnisse entlang bekannter Richtlinien zu tun haben. Das divergente Denken dagegen umfasst die Anwendung von Kenntnissen, um neue Ergebnisse zu erzeugen.

Rein ästhetisch ist es vorstellbar, dass „neue Ergebnisse" alleine reichen, um zufriedenstellende Produkte zu generieren. Im kommerziellen Sinne jedoch müssen die Ergebnisse der Denkprozesse verwertbar sein; sie müssen zu Mehrwert führen. Dies bedeutet, dass es *nach* dem neuheitschöpfenden, divergenten Denken auswertendes, konvergentes Denken geben muss, um festzustellen, ob die Neuheit verwertbar ist und wie dies zu erreichen wäre. Das nackte, divergente Denken mag vielleicht in schöngeistigen Bereichen bewundernswert sein, in Unternehmen allerdings kann es sogar gefährlich sein. Es ist auch der Fall, dass – vielleicht bis auf seltene Glückstreffer – neue Ideen nicht aus dem Nichts auftauchen, sondern sich aus dem schon Bekannten ergeben. Mit anderen Worten: Divergente Prozesse werden in einem Kontext von konvergentem Denken eingebettet. Im Kap. 7 und auch in späteren Kapiteln wird das Verhältnis der beiden Denkarten eingehender besprochen und ein differenzierteres Phasen-Modell dargestellt.

Person: Die persönlichen Ressourcen für die Innovation

4

Persönliche Ressourcen bestehen aus Motivlagen, Gefühlslagen/Einstellungen, persönlichen Eigenschaften und Wissensbeständen. Verschiedene Kombinierungen davon bilden unterschiedliche Stile des Umgangs mit Herausforderungen und organisationalen Schocks. Diese Stile können als „Neigungen" gekennzeichnet werden. Unterschiedliche Neigungen führen zu unterschiedlichen Arten von Produkt und sind für unterschiedliche Phasen des Innovationsprozesses förderlich bzw. hinderlich. Für Führungskräfte ist es wichtig, diesen Zusammenhang beim Innovationsmanagement zu berücksichtigen.

Bisher wurde die Innovation anhand zweier Komponenten analysiert: neuartige, wirtschaftlich relevante Produkte und die Denkprozesse, welche zu solchen Produkten führen. In diesem Kapitel wird die Rolle von „Person" hervorgehoben. Unter Berücksichtigung von Nussbaums (2013) Ruf nach einer proaktiven Herangehensweise (s. Kap. 1) und in Anlehnung an Rauch et al. (2009) werden die entscheidenden Eigenschaften der Person als „persönliche Ressourcen" konzipiert. Innovationsförderliche Konfigurationen dieser Ressourcen dienen als „Vorläufer proaktiver Verhaltensweisen" (Parker et al. 2006, S. 636). Um die Merkmale von für die Innovation förderlichen Konstellationen zu veranschaulichen, werden persönliche Ressourcen in diesem Kapitel in vier Unterbereiche aufgeteilt:

(a) *kognitive Ressourcen* wie etwa Fachwissen oder prozedurale Kenntnisse;
(b) *persönliche Eigenschaften* wie etwa Offenheit gegenüber Neuem, Ambiguitätstoleranz oder Selbstbild als kompetent;
(c) *Affektzustände* wie etwa Gefühle Herausforderungen gegenüber;
(d) *Motivlagen* wie etwa Drang nach Neuem, Risikobereitschaft oder Bereitschaft, gegen den sozialen Strom zu schwimmen.

© Springer Fachmedien Wiesbaden GmbH 2018
D.H. Cropley, A.J. Cropley, *Die Psychologie der organisationalen Innovation*,
https://doi.org/10.1007/978-3-658-17389-0_4

Kognitive Ressourcen

Kognitive Ressourcen im Sinne dieses Kapitels unterscheiden sich von den im Kap. 3 besprochenen kognitiven Aspekten von Innovation dadurch, dass in diesem Kapitel kognitive Ressourcen aus sach- und verfahrensbezogenen *Kenntnissen* und *Erkenntnissen* bestehen, auf die Menschen etwa beim Problemlösen zurückgreifen können. Demgegenüber beziehen sich die im Kap. 3 besprochenen kognitiven Aspekte nicht auf die Kenntnisse und Erkenntnisse selbst, sondern auf die *Prozesse*, durch welche diese erworben und verarbeitet werden. Ein Mensch *verfügt über* Fachwissen (es ist eine persönliche Ressource und wird deswegen in diesem Kapitel besprochen), wohingegen er Prozesse *durchführt* (und folglich wurden diese im Kap. 3 dargestellt).

Die Expertise

Eine offensichtliche kognitive Ressource für die Innovation besteht aus Kenntnissen des Feldes, in das wirksame Neuheit eingeführt werden soll. Scott (1999) listete eine Reihe von Kreativitätsforschern auf, von denen alle dem Fachwissen einen prominenten Platz geben (z. B. Albert, Amabile, Campbell, Chi, Gardner, Gruber, Mednick, Simonton, Wallas und Weisberg). Die Wichtigkeit von Fachwissen als persönliche Ressource wurde sehr früh erkannt: Im Rahmen einer Untersuchung von Erfindern stellte Rossman (1931) fest, dass diese „Erfahrungen aus der Vergangenheit manipulieren" (S. 82). Er zeigte auch, dass sie *Bekanntes* kombinieren (S. 77). Feldhusen (1995) und Walberg und Stariha (1992) u. a. betonten die Wichtigkeit des „Wissensfundaments" (Feldhusen 1995, S. 255). Ward (2004, S. 176) formulierte es folgendermaßen: „Kreative Ideen stapeln sich nicht in den Köpfen ihrer Urheber schon aus dem Nichts völlig ausformuliert, sondern sie müssen *aus dem bereits vorhandenen Wissensstand* dieser Menschen herausgearbeitet werden." Bailin (1988, S. 5) fasste die Situation wie folgt zusammen: Neuheit „entsteht immer aus dem, was bereits vorhanden ist".

Die Idee von Wissen als Grundlage der Erzeugung wirksamer Neuheit wurde von Boden (1996a) in der Sprache der künstlichen Intelligenz formeller ausgedrückt: Erforderlich für die Generierung von Neuheit sind „‚kognitive Landkarten' eines konzeptionellen Raumes" (S. 8). Je ausführlicher Strukturmerkmale eines konzeptionellen Raumes – z. B. Produktionsmethoden oder Kundenbetreuung – in den kognitiven Systemen einer Person vorhanden sind (d. h. je mehr die Person über Produktionsmethoden oder Kundenbetreuung weiß), desto stärker ausgeprägt ist das Potenzial dieser Person für Innovation in dem jeweiligen Bereich. Neben der Bereitstellung einer Quelle von Ideen über ein Thema und über die mögliche Form eventueller Lösungen, liefern Kenntnisse, die sich aus der Expertise ergeben, weitere Informationen bezüglich eher metakognitiver Fragen. Erstens, welche *Arten* von Auseinandersetzung mit einem Problem sind potenziell fruchtbar (oder bereits als fruchtlos bekannt sind)? Zweitens, welche Herangehensweisen, Methoden und Werkzeuge sind für den Fortschritt vielversprechend?

Aber wie bei anderen Aspekten der Innovation, haben spezielle Kenntnisse (Expertise) ihre Schattenseite. Insbesondere ergibt sich aus ihnen die im Abschnitt über Alter und Innovation eingehender diskutierte Gefahr, dass Expertise das Denken einschränken und entlang feste Bahnen führen kann, die in der Vergangenheit gut funktioniert haben. Das Post-It[(c)]-Beispiel wurde bereits erwähnt. Ein eindrucksvolles Beispiel für diese Gefahr wird von Barker (1993) dargestellt: Mitte der siebziger Jahre wurde bei Sony zunächst entschieden, Musik-CDs nicht weiter zu entwickeln, weil davon ausgegangen wurde, dass CDs so groß wie die damals aktuellen LPs sein würden. Solche großen CDs würden so viel Musik enthalten, dass sie sich als unerschwinglich erweisen würden. Die Vertrautheit der Designer mit Musik auf 12-Zoll-Schallplatten lenkte ihr Denken in eine bestimmte Richtung und machte es für sie schwierig, sich kleinere Platten (Compact-Disks) vorzustellen.

Die Betriebsblindheit

Eine spezielle Variante dieses Phänomens besteht aus dem, was „Betriebsblindheit" genannt wird. Man spricht auch von „Tunnelblick": Die Arbeitsleistungen eines Menschen werden so stark routiniert, dass der Mensch nicht mehr fähig ist, zum Beispiel unerwartete Zusammenhänge zur Kenntnis zu nehmen, ihre Folgen zu kalkulieren usw. Etwas Neues ist lediglich eine nervige Ablenkung. In diesem Zusammenhang ist das folgende Fallbeispiel besonders einleuchtend.

Im Jahre 1870 veröffentlichte der veterinäre Pathologe Eugen Semmer einen Artikel in der renommierten medizinischen Zeitschrift *Virchows Archiv*, in dem er über den kuriosen Fall von zwei Pferden berichtete, die neulich in seine Klinik aufgenommen wurden (Semmer 1870). Die Pferde litten an dem, was wir heutzutage eine „Infektion" nennen. Zu Semmers Zeiten waren solche Fälle unheilbar. Als er nach Hause ging, hinterließ Semmer die Tiere in der Klinik und plante, am nächsten Morgen ihre Obduktionen durchzuführen. Zu seinem Erstaunen, als er in die Klinik zurückkehrte, waren beide Pferde wieder gesund. Semmer schlussfolgerte zu Recht, dass die Pferde während der Nacht mit irgendetwas in Berührung gekommen waren, was sie geheilt hatte. Dies verärgerte ihn, weil es bedeutete, dass er seine für den Morgen geplante Aufgabe nicht erledigen konnte. Er beschloss, dieses arbeitsstörende Etwas auszurotten.

Bei genauem Hinsehen stellte er fest, dass es in den dunklen, feuchten Ecken seines Labors Pilzbefall gab. Eine Blutuntersuchung zeigte, dass die Pferde in der Tat Pilzsporen im Blut hatten. Semmer schlussfolgerte – wieder zurecht –, dass der Pilz die Krankheit der Pferde geheilt hatte. Damit so etwas nicht wieder vorkommen sollte, ließ er das Labor gründlich reinigen und entfernte erfolgreich jeden letzten Rest des Pilzes. In seinem Artikel berichtete er über die Vorkommnisse, um zu vermeiden, dass ahnungslose Kollegen Tiere aus Versehen heilen würden. Im Artikel berichtete er über die erfolgreiche Ausrottung von *penicillium notatum*, das er etwa 60 Jahre früher als der spätere Nobelpreisträger Alexander Fleming entdeckt hatte, allerdings seines Tunnelblicks wegen ohne zu merken, dass er es getan hatte.

Persönliche Eigenschaften

Obwohl manche Leute bestimmt der Meinung sind, der Ausdruck sei ein Widerspruch in sich, ist die „organisationale Kreativität" in der entsprechenden Literatur zu einem viel diskutierten Thema geworden. Beispiele über die Jahre sind u. a. Woodman et al. (1993); Andriopoulos (2001); Mostafa (2005); Stenmark (2005) oder in jüngerer Zeit Mumford et al. (2012) und West et al. (2013). Aber bei diesen Autoren blieben die Diskussionen der *organisationalen* Kreativität überwiegend auf Faktoren eingeschränkt, die eindeutig Teil des Arbeitsumfelds sind, auch wenn sie auf psychologischen Konzepten basieren. Beispiele sind etwa Organisationskultur (z. B. Ziele, Werte, Entscheidungsfindungsprozesse), Leitungs-strukturen (z. B. Machtverteilung, Belohnungspraktiken, Vertriebsstrategien) oder Arbeits-organisation (z. B. Teamstrukturen, Informationsflüsse, Führungsstile). Zum Beispiel, untersuchten Hunter et al. (2007) das Organisationsklima, während sich sowohl Mumford et al. (2012) als auch Amabile et al. (2004) auf Führungspraktiken fokussierten. Daman-pour (1991) betonte die Auswirkung der organisationalen Struktur und Taggar et al. (2008) nahmen die Auswirkung der institutionellen Strategie unter die Lupe. Der Grad, in dem Organisationen über eine für Innovation förderliche Organisationskultur, Leitungsstruktur oder Art von Arbeitsorganisation verfügen, bestimmt ihre *organisationale Kreativität*.

Die individuelle Kreativität

Obwohl solche Aspekte einer Organisation (Klima, Struktur, Strategie usw.) auf keinen Fall bedeutungslos sind, ist eine Fokussierung auf sie für die Zwecke dieser Abhandlung unzureichend, weil dadurch „Person" nicht ausreichend berücksichtigt wird. Forscher wie Bharadwaj und Menon (2000) und Andriopoulos (2001) führten eine stärker personen-zentrierte Herangehensweise in die psychologisch orientierte organisationale Forschung ein. Sie unterschieden zwischen organisationaler Kreativität wie oben definiert und „indi-vidueller" Kreativität. Dadurch wichen sie von einer auf das Arbeitsumfeld orientierten Herangehensweise ab. Anstatt Faktoren wie etwa organisationale Kultur, Führungsstile, Belohnungssysteme, Kommunikationsprozesse oder Teamarbeit hervorzuheben, beton-ten sie Aspekte der menschlichen Akteure wie etwa Fachkenntnisse, Motive und Gefühle oder persönliche Stile. Aber obwohl der Begriff „individuelle Kreativität" nützlich ist, weil er auf Merkmale der menschlichen Akteure und nicht der Institution aufmerksam macht, ist er zu undifferenziert. Zum Beispiel unterscheidet er nicht zwischen Menschen, die Neuheit ohne jedweder Interesse an einem wirksamen Produkt generieren[1] und Men-schen, für die ein kommerzieller Produkt der einzige Sinn und Zweck der Generierung von Neuheit darstellt. Die persönlichen Ressourcen der Mitglieder der zweiten Gruppe stellen einen Sonderfall der individuellen Kreativität dar, der im Rahmen dieses Buches sachgerecht besprochen werden muss.

---

[1] S. sowohl die Diskussion von Rothman und Gauthier im Kap. 2 als auch Abb. 2.1 (S. 32).

In einer frühen Diskussion sprach Crant (1995, S. 532) von der Rolle der „proaktiven Persönlichkeit" im Innovationsprozess, und Parker et al. (2006) beschrieben diesen Persönlichkeitstypus ausführlicher. In jüngerer Zeit definierten Lynch et al. (2010) den Hang zur Innovation als ein „intrinsisches Merkmal des Menschen" (S. 7). Auch Collis (2010) setzte sich mit der Rolle von Persönlichkeit als Bedingungsfaktor der Innovation auseinander. Allerdings ist es denkbar, dass der Terminus „Persönlichkeit" oder die Rede von „intrinsisch" zum Eindruck führen könnten, dass schon im Voraus festgelegt sei, wer sich innovativ verhalten wird (und wer nicht). Der Titel des von Dyer et al. (2009) veröffentlichten Überblicks „Die DNA des innovativen Menschen" scheint diese Position zu unterstützen. Er legt nahe, dass bestimmte Personen dazu geboren sind, innovativ zu werden (ihnen liegt die Innovation in der DNA), wohingegen andere es niemals werden, weil sie die falschen Gene haben.

Die Innovationsförderlichkeit als persönliche Neigung

Aber in einer frühen psychologischen Diskussion äußerte A. J. Cropley (1969, S. 4) die Meinung, dass die persönliche Disposition kreativ zu sein, als ein „Stil" betrachtet werden sollte. Insbesondere stellte Cropley den „divergenten" Stil dem „konvergenten" gegenüber (s. Kap. 3). Miron-Spektor et al. (2011) beobachteten Gruppen, die versuchten, Innovationen zu entwickeln, und ermittelten unterschiedliche „kognitive Stile". Laut Gardner (1983) ist die Kreativität eine *Art der Anwendung* von der Intelligenz. Kirton (1989) traf eine ähnliche in der Innovationsforschung vielfach zitierte Unterscheidung zwischen zwei persönlichen „Stilen". Auf der einen Seite beschrieb er den Stil von denjenigen Menschen, die Probleme mittels Anpassung des bereits Bekannten lösen (Adaptoren). Auf der anderen Seite betonte er den Stil anderer Menschen, die neuartige Lösungen mittels Neuorganisation und Umstrukturierung generieren (Innovatoren). Er war der Meinung, dass beide Herangehensweisen zu neuen Produkten und Verfahren führen können, obwohl der innovative Stil ergiebiger ist. Abra (1994, S. 10) machte eine ähnliche Unterscheidung zwischen „Vervollkommnung" und „Erneuerung". Er drückte diesen Unterschied auch negativ aus, als er von „Arbeitstieren" versus „Visionären" schrieb. Tab. 4.1 kontrastiert einige Merkmale der zwei Stile (s. nächste Seite). Mit anderen Worten ergibt sich die Generierung von Neuheit nicht aus dem, was man hat bzw. wie viel man davon hat, sondern aus der Art der Anwendung dessen, was man hat.

Die Art von Anwendung hängt von persönlichen Vorlieben, Interessen und dgl. ab, d. h. von Aspekten der Persönlichkeit. Rauch et al. (2009) sprachen von einer persönlichen „Orientierung". In diesem Buch werden innovationsförderliche, persönliche Eigenschaften als die Grundlage einer „Neigung" [engl.: disposition] konzipiert. Neigungen können der Einfachheit halber dichotom dargestellt werden. Ein Beispiel ist die Neigung, Ungewissheit als stimulierend zu erleben (innovationsförderlicher Pol), versus die Neigung, sich durch Neuheit überfordert oder gar bedroht zu fühlen (innovationshemmender Pol).

Tab. 4.1 Kontrastierende „Stile" der Neuheitsschöpfung[a]

Psychologischer Bereich	Stil	
	Innovativer Stil	Adaptiver Stil
Kognition	• Bildung neuer Kategorien um neue Informationen zu verkraften • gleichzeitige Verarbeitung von Informationen aus mehreren Bereichen • Fokusänderung ist leicht • schnelles Ziehen von Schlüssen • Suche nach neuen Lösungen für alte Probleme • Gebrauch von Vorgefühl und Intuition • Fokussierung auf Potentiale und vielversprechende Ansätze • optimistische Einschätzung unsichere Situationen • drückt Ideen offen aus	• Einfügen von neuen Informationen in bestehende Kategorien • strikte Fokussierung auf das vorhandene Problem • bleibt am liebsten beim vorhandenen Problem • vorsichtig beim Ziehen von Schlüssen • Anwendung vorhandener Lösungen auch bei neuen Problemen • Misstrauen Vorgefühl und Intuition gegenüber • Fokussierung auf bewiesene Ansätze • Fokussierung auf Schwächen und Risiken in unsicheren Situationen • hält mit Ideen zurück
Motivation	• Risikobereitschaft • kurzfristige Ziele • Änderung des Status quo • Unzufriedenheit mit Unzulänglichkeiten des Bestehenden • durch neue Ideen angeregt	• Vermeidung von Risiken • langfristige Ziele • Schutz des Status quo • Bereitschaft, sich mit Unzulänglichkeiten des Bestehenden zu arrangieren • durch neue Ideen eingeschüchtert
Persönlichkeit	• offen neuen Ideen gegenüber • hohes Selbstvertrauen in unsicheren Situationen • impulsiv • leicht ablenkbar • schnell begeisterungsfähig	• vorsichtig neuen Ideen gegenüber • niedriges Selbstvertaruen in unsicheren Situationen • diszipliniert • fokussiert • bewahrt kühlen Kopf
Soziale Aspekte	• rebellisch • bereit, Gesichtsverlust zu riskieren • erwartet, glimpflich davon zu kommen • drängt nach vorne	• akzeptiert Autorität • empfindlich gegen Gesichtsverlust • verantwortungsvoll • übernimmt eine Gatekeeeper-Funktion

[a] Diese Tabelle erhebt nicht den Anspruch, die kontrastierenden Stile erschöpfend darzustellen, sondern dient lediglich dem Zweck, die Unterschiede zwischen den Stilen zu verdeutlichen.

Ein zweites Beispiel ist die Neigung, sich einer Herausforderung mutig zu stellen versus die Neigung, Herausforderungen so weit wie möglich auszuweichen.

Wie entsteht die innovationsförderliche Neigung?

In jüngerer Zeit hat Sternberg (2007a, S. 3) die Kreativität als nicht mehr als eine „Gewohnheit" beschrieben. Der springende Punkt für die vorliegende Diskussion ist, dass Gewohnheiten durch Interaktionen mit der Umwelt *erworben* werden. Sternberg sprach von der Wichtigkeit von „Gelegenheit", „Förderung" und „Belohnung" als die entscheidenden Bedingungsfaktoren in der Umwelt (für unsere Zwecke, im Arbeitsumfeld), welche die Kreativität zur Gewohnheit machen.[2] Wo die für die Innovation entscheidende Neigung herkommt, wurde von Collis (2010, S. 3) ähnlich erläutert: Sie ergibt sich aus *erlernten* „Regeln und Vorschriften" in den Köpfen von Menschen. Weil solche Regeln und Vorschriften erlernt werden, können sie mit der Hilfe entsprechender Umweltbedingungen auch umgelernt werden. Für Collis bildete das notwendige Training sogar sein Hauptinteresse. Trotz des Verweises auf DNA sind auch Dyer et al. (2009) zu dem Schluss gekommen, dass die persönlichen Vorläufer innovativen Verhaltens angelernt werden (oder aber auch nicht). Spätere Kapitel (insbesondere das Kap. 9) werden sich ausführlich mit der Frage auseinandersetzen, wie Manager das notwendige Lernen und Umlernen fördern können. Auf einen Nenner gebracht: Die persönlichen Ressourcen für Innovation werden durch Interaktionen mit einem förderlichen Arbeitsumfeld erlernt oder zumindest gefördert (oder/aber gehemmt).

Die Dimensionen der innovativen Neigung

In früheren Abhandlungen (z. B. A. J. Cropley und Cropley 2009) haben wir die Meinung geäußert, „Person" als einen einheitlichen Einzelfaktor zu betrachten sei zu pauschal, weil diese Herangehensweise verschiedenartige Aspekte der Person, wie etwa persönliche Eigenschaften (z. B. Selbstvertrauen in der Konfrontation mit Problemen, Offenheit gegenüber Neuem), Motivlagen (z. B. Risikobereitschaft, Ambiguitätstoleranz) und Gefühle (z. B. Optimismus im Umgang mit Unsicherheit), über einen Kamm schert. Die einschlägige Forschung legt eine differenziertere Analyse dieser drei Aspekte von Person nahe. Zum Beispiel verdeutlichten Baas et al. (2008) mittels einer Metaanalyse, dass Gefühle die Motivation nicht nur beeinflussen, sondern dass dieser Einfluss „aktivierend" oder „deaktivierend" sein kann: d. h. Gefühle können Motivation stärken oder abschwächen. Mit einem zweiten Beispiel zeigten Baas, De Dreu und Nijstad auf, dass die Wirkung von Gefühlen auf Motivation variiert – je nachdem, wie die jeweilige Aufgabe von der

---

[2] Sternberg betonte auch, dass es Umgebungen gibt, in denen Kreativität bedauerlicherweise als *schlechte* Gewohnheit betrachtet wird!

betreffenden Person konzipiert wird. In einer sich über 30 Jahre erstreckenden Längs-schnittstudie zeigte Helson (1999), dass persönliche Eigenschaften wie etwa Offenheit und Flexibilität nur dann für die Kreativität förderlich sind, wenn sie von Motivlagen wie Ambiguitätstoleranz und Gefühlen wie etwa Optimismus begleitet werden. Sonst können sie der Kreativität sogar abträglich sein. Zusammenfassend: Stimmungslage, Motivation und Persönlichkeitsmerkmale bilden keine einheitliche Dimension von „Person".

Demzufolge untergliederten A. J. Cropley und Cropley (2009) „Person" in drei Dimen-sionen: persönliche Eigenschaften, persönliche Motivation und persönliche Gefühle. Auf diese „Bausteine" von Person wird in folgenden Abschnitten tiefer eingegangen.

Persönliche Motivation: Viele Untersuchungen haben die Rolle der Motivation in der Kreativität berühmtgewordener kreativer Menschen der Vergangenheit bestätigt. Ein Überblick befindet sich in A. J. Cropley (2001). Laut Perkins (1981) fungieren motiva-tionsbezogene Faktoren als Motoren der Kreativität. Beispiele sind der Antrieb, aus Chaos Ordnung zu schaffen, Risikobereitschaft, die Bereitschaft, unerwartete Fragen zu stellen, oder die Tendenz, Probleme und Herausforderungen als Ansporn wahrzunehmen. Zum Beispiel ist bekannt, dass Newton, Copernicus, Galileo, Kepler und Darwin durch Beharr-lichkeit und Ausdauer gekennzeichnet waren. Laut Facaoaru (1985) weisen kreative Inge-nieure nicht nur spezielle kognitive Merkmale auf, sondern auch motivationale Eigen-schaften wie etwa Hartnäckigkeit. In einer Studie des Verhaltens innovativer Manager stellten Mumford und Moertl (2003) fest, dass diese von „intensiver *Unzufriedenheit*" mit dem status quo (S. 262) angetrieben wurden, d. h. von der motivationalen Wirkung endo-gener Schocks (Barreto 2012). Thomas Alva Edison blieb stets mit seinen eigenen Einfäl-len unzufrieden. Über die Jahre beantragte er mehr als hundert Patente auf Verbesserungen seiner ursprünglichen Erfindung der Glühbirne.

Persönliche Gefühle/Stimmung: In einem Überblick über die Forschung im Bereich Stimmung und Kreativität zeigte Kaufman (2003) auf, dass sowohl impulsgebende als auch konservierende Gefühle bei der Generierung wirksamer Neuheit eine Rolle spielen. Generative Gefühle umfassen z. B. den Nervenkitzel, wenn deutlich wird, dass die Dinge nicht so bleiben können, wie sie gegenwärtig sind, und die Vorfreude auf eine eventuelle Lösung. Konservierende Gefühle hingegen sind z. B. Zufriedenheit mit dem status quo und die Hoffnung, dass alles weiterhin so glatt und reibungslos wie bisher laufen wird. Allerdings zeigten Baas et al. (2008) in der bereits erwähnten Metaanalyse, dass Gefühle die Kreativität auf komplexe Art und Weise beeinflussen. Sie können sowohl „aktivierend" (z. B. Wut, Angst, Freude) als auch „deaktivierend" (Entspannung, Zufriedenheit, Depres-sion) wirken; das heißt, sie können die Motivation stärken oder abschwächen.

Hedonisch negative Stimmungen wie Wut oder Angst erhöhen die Kreativität, weil sie die Ausdauer fördern (sie motivieren Menschen, größere Anstrengungen zu machen). Hedonisch positive Stimmungen fördern Flexibilität und Wagemut. Negative Stimmungen steigern die Leistung bei Aufgaben, die als todernst und höchst anspruchsvoll wahrgenom-men werden, weil sie aufgabenbezogene Konzentration, Genauigkeit und systematisches Denken hervorrufen. Demgegenüber fördern positive Stimmungen die Leistung bei Auf-gaben, die Rätselraten, Inkaufnahme von Risiken, Bereitschaft, tapfere Fehler zu begehen, usw. erfordern. Beide Gefühlslagen können also Innovationen fördern, allerdings unter unterschiedlichen Umständen (Arbeitsumfeld) und in unterschiedlichen Kombinationen mit anderen Aspekten der Person (etwa Motivlagen oder persönlichen Eigenschaften).

Persönliche Eigenschaften: Verschiedene Autoren haben Überblicke über die persönlichen Eigenschaften veröffentlicht, die für die Generierung effektiver Neuheit von Bedeutung sind. A. J. Cropley und Cropley (2009) fassten mehrere davon zusammen. Die Studien legen nahe, dass bestimmte persönliche Eigenschaften für die Kreativität besonders förderlich sind. Dazu gehören: (a) Widerstand gegen Konformität – sowohl bei Einstellungen als auch im sozialen Verhalten; (b) innere Kontrollüberzeugung; (c) Bereitschaft, Intuitionen zu folgen; (d) Ambiguitätstoleranz/Bevorzugung von Komplexität; (e) Flexibilität; (f) breites Interessensspektrum; (g) Selbstakzeptanz; (h) positive Einstellung Arbeit gegenüber. Andere Forscher haben auch Androgynität betont (ein Bündel von Einstellungen, Werten, Vorlieben usw., die im sozialen Umfeld häufig als eher „männlich" stereotypisiert werden). Dieser Aspekt der Kreativität (geschlechtsrollenbezogene Stereotypien) wird unten eingehender besprochen.

Also müssen für die Zwecke unserer Analyse die nicht-kognitiven Aspekte von „Person" in drei Bausteine aufgeteilt werden, die – obwohl sie stark miteinander in Wechselwirkung treten – voneinander unterschieden werden können. Tab 4.2 enthält einen Überblick über diese Komponenten. Die Inhalte der Tabelle liefern keine erschöpfende Übersicht über „Person", sondern sie dienen dem Zweck, die Beschaffenheit der persönlichen Ressourcen für Innovation verständlicher zu machen.

Tab. 4.2 Die Persönlichen Ressourcen für die Innovation

Baustein	Persönliche Ressourcen
Kognitive Merkmale	• Wissen/Fachkenntnisse • Kognitive Landkarten eines Inhaltsbereichs
Persönliche Eigenschaften	• Unorthodoxie • Autonomie • Innensteuerung • Flexibilität • Offenheit • Selbstvertrauen • Vorliebe für Komplexität
Persönliche Motivation	• Ausdauer • Faszination für einen Bereich • Unzufriedenheit mit Mängeln • Trieb, Neues zu generieren • Mut, sich auf Risiken einzulassen • Bereitschaft, im Alleingang zu handeln
Persönliche Gefühle	• Unzufriedenheit mit Mängeln • es zu genießen, vor einem Problem zu stehen • positive Gefühle, Änderung gegenüber • Abenteuerlust • Lust auf Herausforderungen

Die entscheidende Rolle von Offenheit

In Überblicksartikeln haben sowohl Hennessey und Amabile (2010) als auch Martinsen (2011) psychologische Forschungsergebnisse hinsichtlich der für die Innovation entscheidenden Aspekte von „Person" zusammengefasst. Laut Hennessey und Amabile sind es Offenheit für Erfahrungen, Hartnäckigkeit, Neugierde, Tatkraft und intellektuelle Ehrlichkeit. Batey und Furnham (2006) brachten solche Listen in Zusammenhang mit neueren Modellen der Struktur von Persönlichkeit, insbesondere dem Fünf-Faktoren-Modell (FFM) der „großen Fünf" (Big Five). Dieses Modell postuliert, dass es im Prinzip nur fünf Kerndimensionen der Persönlichkeit gibt: Offenheit, Gewissenhaftigkeit, Verträglichkeit, Extraversion und Neurotizismus. In einem umfassenden Überblick zeigten Silvia et al. (2011) auf, dass sich nur eine einzige Dimensionen in fast allen Untersuchungen als für die Innovation entscheidend erwiesen hat: Offenheit. Die Auswirkung von Eigenschaften wie Innensteuerung, Flexibilität oder Selbstvertrauen (s. oben) ist nur mittelbar, weil diese Auswirkungen durch ihren Beitrag zur Offenheit vermittelt werden.

Silvia (2008) konnte auch demonstrieren, dass Offenheit die Fähigkeit von Menschen beeinflusst, Einfälle realistisch auszuwerten. Er nannte diese Fähigkeit „Urteilsvermögen". Eine große Schwäche von Menschen mit niedrigem Urteilsvermögen ist ihre Unfähigkeit, die eigenen Einfälle zu beurteilen (Ehrlinger und Dunning 2003). Demzufolge ist es für Manager, die die Innovation fördern möchten, wichtig, dass sie in der Lage sind, Mitarbeitern genau und eindeutig zu erklären, wo ihre innovationsbezogenen Schwächen liegen. Die Leute kommen nicht von alleine darauf. Dieser Prozess wäre durch die Anwendung des KLDS (s. 2. und Kap. 8) stark vereinfacht. Auch sehr interessant ist Silvias Befund, dass Gewissenhaftigkeit – in Organisationen zweifelsohne hoch geschätzt – mit der Generierung von Neuheit zwar korreliert, allerdings *negativ*.

Innovation und Alter

Seit Anfang der modernen Kreativitätsära (d. h. seit etwa 1950) ist wiederholt angemeldet worden, dass die kreativen Leistungen berühmt gewordener Menschen ab einem bestimmten Alter zurückgehen. A. J. Cropley (1995) fasste ältere Ergebnisse zusammen. Zum Beispiel, laut Lehman (1953) gibt es in allen Inhaltsbereichen wie Kunst, Literatur, Musik aber auch Wissenschaft bis etwa 40 eine steigende Tendenz und danach eine Abnahme. In jüngerer Zeit zeigte Simonton (1999) auf, dass das typische Alter, in dem die persönlichen Spitzenleistungen vollbracht werden, von Bereich zu Bereich variiert. Trotzdem gibt es eine allgemeine Tendenz, wonach in allen Bereichen nach einem bestimmten Alter die Kreativität nachgibt. Laut Kanazawa (2003) machten zwei Drittel der von ihm untersuchten Menschen (anerkannt kreative Männer in Bereichen wie etwa Naturwissenschaften, darstellende Kunst, Literatur und Jazz), ihren besten

Beitrag um Mitte dreißig und 80 % bis ca. 40. Der Mittelwert lag bei 35,4. In den letzten Jahren berichteten Kozbelt und Meredith (2011), dass Musiker ihre besten Werke im Alter von etwa 40 produzieren. Ruth und Birren (1985) bestätigten, dass diese Unterschiede sowohl bei Männern als auch bei Frauen zu beobachten sind. Franses (2013, 2014) errechnete das Alter, in dem berühmte Maler und Literaturnobelpreisträger ihre besten Werke schafften, und meldete einen Mittelwert von 41,9 für die Maler und 44,8 für die Schriftsteller.

Aber, obwohl auch er einen Altersmittelwert von 35,4 für Spitzenleistungen in kreativen Bereichen ermittelte, zeigte Kanazawa (2003, S. 264), dass es auch „lebenslang produktive Menschen" (engl.: lifelong persisters) gibt. Franses (2013) analysierte die Arbeit von 189 berühmten Malern des 18. bis 20. Jahrhunderts post-mortem. Allerdings bestand die unabhängige Variable nicht aus dem Alter dieser Maler zur Zeit der Spitzenleistung, sondern aus dem Anteil des jeweiligen gesamten Lebenslaufs, der zu diesem Punkt verstrichen war. Franses zeigte, dass es vier unterschiedliche Leistungsmuster hinsichtlich Kreativität und Alter gibt und zwar:

- „frühreife" Innovatoren: Menschen, die etwa ein Drittel des Weges durch das Leben ihren Spitzenbeitrag aufbringen;
- „reife" Innovatoren: Sie erreichen ihren Höhepunkt ungefähr auf halbem Weg durch das Leben;
- „späte" Innovatoren: Der Höhepunkt kommt etwa drei Viertel des Weges durch das Leben und
- „Lebensabend-Innovatoren": Sie sind in den letzten Jahren des Lebens am kreativsten.

Offensichtlich ist das Alter, in dem die Spitzenkreativität erscheint bzw. ein Kreativitätsrückgang stattfindet, nicht biologisch vorprogrammiert. Unter den richtigen Umständen können ältere Menschen durchaus kreativ sein.

Die psychologische Dynamik des Alter-Innovation-Zusammenhangs

Früh in der modernen kognitiven Psychologie identifizierte Piaget (z. B. Piaget und Inhelder 1969) zwei kontrastierende Reaktionen im Umgang mit Neuheit: auf der einen Seite „Assimilation" und auf der anderen „Akkommodation". Obwohl dieses Thema von Piaget sehr eingehend besprochen wurde (auch in Bezug auf die Kreativität), im Sinne dieses Buches ist von zentraler Bedeutung, dass Assimilation bedeutet, neue Informationen in bestehende kognitive Strukturen einzufügen. Neue Probleme werden als Varianten des schon Bekannten betrachtet und durch die Integration in das Bestehende fassbar gemacht. Im Falle von Akkommodation dahingegen führen neue Informationen zum Aufbau neuer kognitiver Strukturen. Intuitiv hängt Assimilation mit inkrementeller Innovation, Akkommodation mit disruptiver Innovation zusammen.

Laut Piagets Entwicklungspsychologie stehen Assimilation und Akkommodation zwangsläufig mit dem Alter in Zusammenhang. Das Kleinkind verfügt – selbstverständlich – über ein äußerst eingeschränktes internes Modell der Außenwelt, weil es mit dieser Welt kaum Erfahrung gehabt hat. Mit steigendem Alter wird die anfänglich sehr einfache interne Konzipierung der Welt differenzierter, weil das Kind über schon bestehende kognitive Strukturen, in die neue Informationen assimiliert werden können, kaum verfügt. Deshalb muss es akkommodieren: Jungsein = wenig Erfahrung gehabt zu haben = über einfache Denkstrukturen zu verfügen = durch Akkommodation neue Denkstrukturen ständig aufbauen zu müssen (oder aus der Welt keinen Sinn machen zu können).

Mit zunehmendem Alter und den sich daraus ergebenden Kenntnissen wird der Mensch Schritt für Schritt von der Notwendigkeit befreit, jedes Ereignis als ein neues Rätsel zu betrachten, das durch die Bildung neuer kognitiver Strukturen (Akkommodation) gelöst werden muss. Viele neue Erfahrungen können nun als Varianten des schon Bekannten verarbeitet werden (Assimilation). Je mehr der Mensch über einen Bereich weiß, desto weniger wird er zur Akkommodation gezwungen, um mit diesem Bereich fertig zu werden, weil Lösungen, die sich aus dem schon Bekannten ergeben, zur Verfügung stehen. Mit anderen Worten: Nach umfangreicher Erfahrung mit einem Inhaltsbereich besteht eine Tendenz weg von Akkommodation zugunsten von Assimilation. Reicht das schon durch Lebenserfahrungen erworbene Wissen aus, um aus der Außenwelt Sinn zu machen, kann der Mensch mittels Assimilation effektiv und auch bequem auskommen.

Direkt auf die Innovation bezogen: Anfänglich neigen jüngere Menschen zu disruptiver Innovation, weil sie wegen der verhältnismäßigen Enge ihrer bestehenden „kognitiven Landkarte" der Welt ständig akkommodieren (im Sinne von Piaget – s. vorangegangene Absätze) müssen. In der Regel verfügen ältere Menschen über eine breitere kognitive Landkarte (sie haben einfach mehr Erfahrung). Folglich neigen sie eher zu der bequemeren inkrementellen Innovation, weil sie neue Informationen in das verhältnismäßig komplexe Bestehende leicht integrieren (d. h. assimilieren) und sich vor Risiken, Unsicherheit usw. schützen können.[3] Erst wenn die Diskrepanzen zwischen dem Bestehenden und dem Neuen sehr groß werden, reicht Assimilation nicht aus. Erst wenn sie „Schocks" im Sinne von Barreto (2012, S. 356) ausgesetzt werden (s. Kap. 1, S. 11), *müssen* Menschen akkommodieren und sind sie bereit, sich auf disruptive Innovation einzulassen. Aus dem Blickwinkel von Innovationsmanagement liegt der Trick darin, diesen Entwicklungsverlauf außer Kraft zu setzen, d. h. auch Menschen, die bereits über effektive kognitive Landkarten verfügen, dazu zu bewegen, akkommodativ zu denken. Wie es Root-Bernstein (1989, S. 463) ausdrückte, ist es notwendig einen „Anfänger-Effekt" bei berufserfahrenen Menschen zu erwirken.

---

[3] Die hier durchgeführte Kontrastierung von jüngeren und älteren Menschen führt zu einer gewissen unbeabsichtigten Stereotypisierung. Der Einfachheit halber haben wir den ganzen kognitiven Entwicklungsverlauf stark vereinfacht und undifferenziert dargestellt.

Für die Innnovation förderliche Altersunterschiede

Die im vorangegangenen Abschnitt dargestellte Gedankenfolge legt nahe, dass (zu)viel Wissen für die Innovationsbereitschaft hemmend wirken kann. Aber laut Walberg und Stariha (1992) ist die Verwendung vorhandenen Wissens die kognitive Funktion, die am auffälligsten für die Kreativität notwendig ist. Nach dieser Ansicht (s. auch Bailin 1988) bedarf effektive Neuheit der Vertiefung, Erweiterung, Konsolidierung und Übertragung vorhandenen Wissens. Bis auf Glücksstreffer ergibt sich aus Ignoranz eher Pseudo-Kreativität oder Quasi-Kreativität. Oder, wie es Csikszentmihalyi (2006) betonte, ist es unmöglich, Wissen zu vertiefen, erweitern oder manipulieren, welches man noch nicht besitzt. Das Wissensfundament kann erst dann verwendet werden, nachdem es erworben worden ist. Hinzu kommt, dass die Ansammlung von Wissen Zeit braucht, und ältere Menschen zwangsläufig mehr Zeit als jüngere gehabt haben, Wissen, Kenntnisse und Erkenntnisse zu sammeln. Schließlich sind sie länger auf der Welt gewesen. Diese Gedankenfolge suggeriert keinen negativen, sondern einen positiven Zusammenhang zwischen der Kreativität und dem Alter. Ericsson und Lehmann (1999, S. 706) fassten die Lage wie folgt zusammen: Die empirische Evidenz zeigt, dass Menschen nicht in der Lage gewesen sind, allgemein anerkannte kreative Beiträge in einem Feld zu leisten, es sei denn, sie hätten im Laufe *einer langen Vorbereitungszeit* die entsprechenden Kenntnisse und Fähigkeiten erworben.

Es sieht sogar aus, als gäbe es einen festen Zusammenhang zwischen der Kreativität und der Zeit: laut Hayes (1989) eine „10-Jahre-Regel", wonach eine Vorbereitungszeit von 10 Jahren für den Erwerb des Fonds von Kenntnissen und Fähigkeiten (Know-how) notwendig ist, um kreativ zu werden. Demnach bestünden die Altersunterschiede zwischen etwa frühreifen und späten Innovatoren darin, dass die Frühreifen die 10-Jahre Lernzeit jünger begonnen hätten. Robinson (2010) listete als Beispiele auf: Einstein, Kekulé und Berners-Lee (Erfinder des World Wide Web). Die 10-Jahre-Regel gilt allerdings nicht nur für Naturwissenschaftler und IT-Experten. Sie trifft auch bei z. B. Shelley (englischer Dichter des 19. Jahrhunderts), Picasso, Stravinsky und Satyajit Ray (indischer Film-Direktor) zu, um nur ein paar Beispiele zu nennen. Auf einen Nenner gebracht: Obwohl Erfahrung und sich daraus ergebende Kenntnisse ein hilfreiches Wissensfundament für die Innovation bereitstellen, können auch jüngere Menschen innovativ sein, solange sie über ausreichende Lernerfahrungen verfügen.

Selbstverständlich ist intensives Fachwissen für inspirierte Mutmaßungen nicht nötig, oder kann sie sogar hemmen. Wenn solche Mutmaßungen zu Lösungen führen, umgehen sie die jahrelange Vorbereitungszeit. Solche Volltreffer aus dem Nichts legen nahe, dass es zwei Innovationsarten gibt: die eine auf Know-how und die andere auf Inspiration basierend. Die zweite Art scheint, mit plötzlicher Akkommodation verbunden zu sein, wohingegen die erste sich eher aus einem langen Assimilationsprozess ergibt. Die Diskussion von Alter und Akkommodation/Assimilation lässt vermuten, dass inspirierte Mutmaßungen eher bei weniger erfahrenen Menschen zu erwarten sind.

Galenson (2009) ist zu dem Schluss gekommen, dass es in der Tat zwei entsprechende
Arten von Innovatoren gibt, die er „Altmeister" auf der einen Seite und „junge Genies"
auf der anderen Seite nannte: Erstere leisten ihre beste Arbeit später im Leben, nachdem
sie Zeit gehabt haben, die notwendige Expertise aufzubauen, wohingegen letztere früh
blühen, wenn ihre Gedanken noch nicht in der Zwangsjacke des Wissens gefangen
sind, und den Weg für die inspirierte Vermutung oder das gute Gespür noch offen ist.
Allerdings muss unbedingt im Auge behalten werden, dass sich die hier besprochenen
altersbezogenen Unterschiede nicht direkt aus einer unvermeidlichen Korrelation zwischen der Innovation und dem Alter ergeben. Wie A. J. Cropley (1995) betonte, ist es
durchaus möglich, dass sich altersbezogene Unterschiede der eben diskutierten Art aus
nicht-kognitiven Aspekten der Person ergeben, wie etwa sich mit dem Alter ändernden
Interessen, Motivlagen, oder Selbstbildern. Zum Beispiel ändern sich mit steigendem
Alter persönliche Ziele und Gedanken darüber, welche Art von Ziel es überhaupt verdient, verfolgt zu werden. Darüber hinaus erleben ältere Manager *den Druck sozialer
Erwartungen*: Sie unterliegen fast einer sozialen Pflicht, kühlen Kopf zu bewahren und
das schon Gewonnene gegen überhastete bahnbrechende Aktivitäten zu schützen. Sie
verlieren viel mehr an Gesicht, sollte eine Neuerung schief gehen, wohingegen man es
einem jungen Kollegen verzeihen kann, wenn sich tapfere Ideen als nutzlos erweisen: Es
ist sogar fast liebenswürdig. Von einem erfahreneren Kollegen allerdings erwartet man
mehr. Fehler sind einfach unprofessionell oder sogar Zeichen von sich entwickelnder
Altersschwäche. Ältere Manager ziehen evolutionären Wandel vielleicht vor, weil sie es
einfach nicht riskieren wollen, durch riskante revolutionäre Innovationen bloßgestellt
zu werden.

Ruth und Birren (1985) fassten die Lage wie folgt zusammen: Es gibt drei Arten von
Bedingungsfaktoren, die altersbezogene Unterschiede des Reaktionsstils auf Neuheit bzw.
die Bereitschaft Neuheit zu generieren bestimmen. Diese sind:

(a) echte altersbezogene Unterschiede wie etwa reduzierte Schnelligkeit der Informa-
     tionsverarbeitung und reduzierte Komplexität des Denkens (d. h. echte Altersunter-
     schiede bezüglich *Prozess*), oder reduzierte Bereitschaft, sich auf Risiken einzulassen
     (d. h. echte Altersunterschiede bezüglich *Motivation*);
(b) die Auswirkungen von Bildungsprozessen und sozialen Rollen im sozialen Umfeld
     auf Verhalten (d. h. altersbezogene Unterschiede, für die es keine direkte biologische
     sondern lediglich eine soziale Grundlage gibt) und – von größtem Interesse für die
     Diskussion hier –;
(c) zwischenmenschliche Faktoren im Arbeitsumfeld wie etwa Status bzw. Rollen inner-
     halb der Organisation (d. h. soziale Artefakten, diesmal allerdings im Arbeitsumfeld).[4]

---

[4] In Kap. 6 wird betont, dass Faktoren wie etwa soziale Erwartungen nicht als sinnlose Stereotypen
zu betrachten sind. Es macht durchaus Sinn für Organisationen zu versuchen, die guten Aspekte des
organisatorischen Umfelds aufrechtzuerhalten.

Die praktische Bedeutung für das Innovationsmanagement

Intuitiv wären der freie Ausdruck von Impulsen, das Rebellieren gegen unterdrückende Autorität, die Freiheit von Angst vor Gesichtsverlust oder ein prickelndes Gefühl in der Konfrontation mit Unsicherheit für die akkommodative Innovation förderlich. Assimilative Innovation, auf der anderen Seite, basiert auf Wissen und Erfahrung. Folgerichtig wäre in der Sprache der organisationalen Innovation zu erwarten, dass ältere Mitglieder einer Organisation dazu neigen würden, inkrementelle Innovation mittels Assimilation zu favorisieren, wohingegen jüngere Mitglieder eher disruptive Innovation mittels Akkommodation vorziehen würden. Folglich, ist es nur logisch, dass jüngere Kollegen den älteren häufig leichtsinnig bzw. sogar fahrlässig oder einfach ignorant erscheinen und als dazu geneigt, voreilige Schlüsse zu ziehen. Im Gegensatz, erscheinen ältere Manager den jüngeren übertrieben vorsichtig und unfähig dazu, bestehende Denkweisen zu ändern, weil sie alles Neue als bloße Variante des schon Bestehenden interpretieren. Allerdings sind solche assimilativen Verhaltensweisen seitens erfahrener Menschen keineswegs absurd. Ihre bestehenden mentalen Modelle der Art und Weise, wie sich Menschen zu verhalten haben – ihre „Paradigmen" im Sinne von Collis (2010) –, haben sich in der Vergangenheit bewährt; sonst säßen sie nicht dort, wo sie jetzt sitzen (im Chefsessel). Im Sinne der Lernpsychologie sind sie durch die positive Verstärkung früherer Verhaltensweisen mittels Lohnerhöhungen, Beförderungen usw. konditioniert worden, Assimilation vorzuziehen.

Aus einem etwas anderen Blickwinkel haben Root-Bernstein et al. (1993) aufgezeigt, dass sich innovative Menschen häufig mit mehr als einem einzigen Problem zur gleichen Zeit beschäftigen bzw. ihren Fokus häufig ändern. Laut Walberg und Stariha (1992) sind demgegenüber in den reiferen Jahren eher Durchhaltevermögen, Selbstdisziplin und ein Gefühl der Verpflichtung typisch. Solche persönlichen Eigenschaften scheinen mit häufigen Änderungen des Fokus inkompatibel zu sein. Sich aus diesen altersbedingten Unterschieden ergebende Schwierigkeiten für ältere Führungskräfte werden durch *soziale* Faktoren verschärft. Ein Beispiel ist die Erwartung, dass sie mit steigender Autorität zu Gatekeepers werden, die unter Druck kühlen Kopf bewahren und ihre Organisation gegen die Folgen von Leichtsinn oder Rücksichtslosigkeit schützen. Es ist für sie fast Pflicht, zur Vorsicht zu mahnen, übertriebene Begeisterung zu dämpfen oder auf drohende Fehlschläge aufmerksam zu machen.

Root-Bernstein et al. (1993) untersuchten die Produktivität von 40 Männern – unter ihnen mehrere Nobelpreisträger und einige für den Nobelpreis nominierte Kandidaten –, die allgemein anerkannte Leistungen in der Physik, der Chemie, der Biochemie und der Biologie erbracht hatten. Die Beiträge dieser Männer wurden über einen Zeitraum von 20 Jahren analysiert. Von großem Interesse für dieses Kapitel ist, dass diejenigen, die Managerpositionen übernahmen, früher aufhörten, kreativ zu arbeiten. Demgegenüber vermieden diejenigen, die weiterhin kreativ arbeiteten, Verwaltungsarbeit wie die Pest. Ein weiterer von diesen Forschern besprochener Faktor ist, dass ältere Menschen dazu neigen, häufiger als jüngere allein zu arbeiten und folglich auf die förderliche Wirkung der Zusammenarbeit in Gruppen zu verzichten. Diese Tendenz wird durch die Tatsache verstärkt, dass ranghöhere Manager wissen, dass sie es sind, die die Schuld tragen müssten, sollte alles schief gehen. Root-Bernstein (1989) sprach deswegen von der Notwendigkeit für ältere Kollegen, sich wie Berufseinsteiger zu verhalten (engl.: „novice effect"). Im deutschsprachigen Raum hat Schwehr (2016) Ähnliches festgestellt, als sie die Notwendigkeit betonte, „Dilettant" zu werden: Wie sie es ausdrückte, bedeutet dies, „anstatt das Wissen auf ein abgegrenztes Wissensgebiet zu konzentrieren, es auf das Dazwischen, die Verbindung von Wissen zu richten".

Die Altersweisheit

Ein großer Unterschied zwischen älteren und jüngeren Managern liegt in der Altersweisheit (Sternberg 1998; Baltes und Smith 1990; Birren und Fisher 1990). Frensch und Sternberg (1989) zeigten, dass Experten zwar Schwierigkeiten hatten, ihr Wissen neuen Bedingungen anzupassen aber sie es trotzdem besser als Anfänger machten. Krems (1995) verglich Anfänger und Experten in verschiedenen Gebieten (Ärtzte, Automechaniker, Programmierer) und zeigte, dass die Experten *flexibler* waren. Von besonderem Interesse war, dass die Experten mehr von ihren konkreten Erfahrungen als von ihrem theoretischen Wissen beeinflusst wurden; d. h. die über die Zeit angesammelten praktischen Kenntnisse ermöglichten es ihnen, flexibel zu sein.

Zur Weisheit gehören allerdings nicht ausschließlich Kenntnisse, sondern – und vermutlich wichtiger – auch innovationsförderliche *metakognitive* Fertigkeiten: wie etwa die Fertigkeit, mentale Sackgassen früh zu erkennen and effektiv zu vermeiden, oder abzeichnende aber noch nicht klar formulierte Lösungswege zu erahnen und den Weg für sie frei zu machen. Auf allgemeinerer Ebene schließen solche Fertigkeiten Qualitäten ein wie eine gute Urteilskraft unter schwierigen Bedingungen, Einsichten in die Art und Weise, wie Lebensereignisse zusammenhängen sowie die Fähigkeit, Ereignisse in einen sinnvollen Rahmen zu stellen. Auch gehört die Fähigkeit dazu, die Tatsache zu erfassen, dass das Leben ein unsicheres Unterfangen ist, welches von Unwägbarkeiten begleitet wird, die trotzdem bei jeder Neuerung in Betracht gezogen werden müssen.

Oft hat harsche Lebenserfahrung älteren Führungskräften verdeutlicht, dass Skepsis angesagt ist, wenn man mit übertriebenem Selbstvertrauen oder gar jugendlicher Arroganz in Berührung kommt. Demzufolge ist es fast selbstverständlich, wenn sich im Arbeitsumfeld ältere Führungskräfte als Gruppe – selbstverständlich gibt es Ausnahmefälle – mehr an ihre Rolle als Leiter und Mentoren orientieren. Solche Weisheit kann dazu führen, dass die älteren u. a. (a) bei der Koordinierung des Bestehenden besser sind, (b) besser wissen, wie etwa knappe Fördermittel zu erhalten sind, (c) die Märkte besser verstehen, (d) den potentiellen Wert von bisher unbekannten Produkten besser einschätzen können, (e) wissen, wie Vertriebskanäle entwickelt werden können und (f) durch eventuell bittere Erfahrung besser wissen, wie man sich mit Ablehnung und Versagen abfindet.

Überblick und Ausblick

Das P von „Person" – vom Einzelakteur – ist einer der Komponenten der organisationalen Innovation. „Person" kann anhand von Motivation, Gefühlslagen/Einstellungen, persönlichen Eigenschaften und Wissensstand verstanden werden. Zusammen führen diese zu Gewohnheiten bzw. Stilen, die im Umgang mit Herausforderungen und Schocks angewendet werden, um mit der Situation fertig zu werden. Diese als „Neigungen" gekennzeichneten Gewohnheiten bzw. Stile können sich als für die Innovation förderlich oder aber auch hinderlich auswirken. Beispiele für förderliche Neigungen wurden in Tab. 4.1 aufgelistet; zum Beispiel über einem hohen Wissensstand zu verfügen, eine positive Einstellung Autonomie gegenüber zu haben, den Drang in sich zu spüren, die Dinge besser oder andersartig zu machen, oder bereit zu sein, gegen Autorität widerständig zu werden.

Zwei Ressourcencluster definieren Neigungen, die für dieses Kapitel von besonderem Interesse sind: Metaphorisch können diese auf der einen Seite als die Neigung des „jungen Genies", auf der anderen Seite als die des „Altmeisters" bezeichnet werden. Diese entgegengesetzten Neigungen umfassen habituellen Rückgriff auf durch den Prozess von Assimilation aufgebaute Expertise (Altmeister) und im Gegensatz dazu eine Tendenz, auf schnelle Einsichten und plötzliche Durchbrüche zu setzen (junge Genies). Solche unterschiedlichen persönlichen Neigungen führen zu unterschiedlichen Arten von Innovation (disruptive versus inkrementelle). Dies kann zu Reibungen zwischen ranghöheren Führungskräften und jüngeren Kollegen führen, weil erstere dazu neigen, die Rolle des Altmeisters zu spielen (durchaus verständlich, weil sie über eine den jüngeren nicht vorhandene Zeitperspektive verfügen). Allerdings gehen die unterschiedlichen Neigungen mit dem Lebensalter nicht unausweichlich einher und sind nicht biologisch vorprogrammiert. Es ist durchaus denkbar, dass sich nach dem Kalender jüngere Menschen eher wie Altmeister und nach dem Kalender ältere Menschen wie junge Genies verhalten können. Nicht alle jungen Menschen sind ignorant, leichtsinnig waghalsig usw. und nicht alle älteren Menschen sind vorsichtig, haben Angst vor Neuheit usw.

Problemlösungsdruck: Das soziale Umfeld

5

Innovationen kommen in einem gesellschaftlichen Rahmen zu Stande und sind in erster Linie auf die Lösung gesellschaftlicher Bedürfnisse gerichtet. Allerdings bedeutet jede Innovation eine Störung des Status quo. Gesellschaften sind nicht passive Empfänger solcher „Störungen" und sind für Innnovationen nicht grenzenlos offen. Die Analyse des sozialen Umfelds – insbesondere ihrer Offenheit für Neuheit – bietet neue Perspektiven auf die Faktoren, die zum kommerziellen Erfolg/Misserfolg einer Innovation führen.

Ein wichtiges und einheitsstiftendes Thema dieses Buches ist das Verhältnis von der Innovation und den 4 Ps der Kreativität bzw. – in der von uns bevorzugten differenzierteren Fassung – den 9 Komponenten der Innovation. Wie im Kap. 1 betont wurde, bilden erstens die Menschen, die Neuerungen einführen, zweitens die Prozesse, wodurch Neuerungen zustande kommen, und drittens die sich daraus ergebenden Produkte ein komplexes *System*. Laut Blanchard und Fabrycki (2006) besteht ein System aus einem Satz gegenseitig beeinflussender Teile, die dem Zweck dienen, ein oder mehrere Ziele zu erreichen. In dieser Hinsicht unterscheidet sich ein *innovatives* System von anderen Systemen nicht. Die drei Bausteine von „Person" (persönliche Motivation, persönliche Eigenschaften und persönliche Gefühle/Einstellungen) und die zwei Bausteine von „Prozess" (Neuheitsschöpfung und Wertrealisierung) beeinflussen einander zwar gegenseitig. Sie funktionieren jedoch nicht in einem Vakuum, sondern sie *interagieren* auch mit der Umgebung, in der sie eingebettet sind.

In ihrer Diskussion der Anwendung des System-Modells der Kreativität im organisationalen Kontext unterschieden Puccio und Cabra (2010, S. 149) zwischen der Umgebung *innerhalb* und der Umgebung *außerhalb* der Organisation. Die Innovation kommt als Ergebnis einer Interaktion zwischen Menschen, den Prozessen, an denen sie teilnehmen, und *der Umgebung, in der sie arbeiten*, zustande. Im Falle von Organisationen besteht die Umgebung aus zwei Umfeldern: dem *sozialen Umfeld* und dem *Arbeitsumfeld*. Das soziale Umfeld umfasst die breitere Umgebung, in der Organisationen tätig sind (wie etwa

© Springer Fachmedien Wiesbaden GmbH 2018   77
D.H. Cropley, A.J. Cropley, *Die Psychologie der organisationalen Innovation*,
https://doi.org/10.1007/978-3-658-17389-0_5

Abb. 5.1 Das Innovationssystem

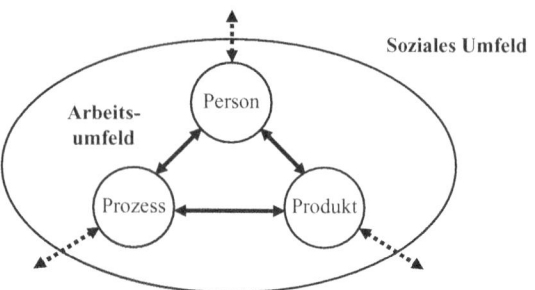

Gesellschaft, Volkswirtschaft, Kultur, Politik). Das Arbeitsumfeld umfasst den engeren, spezifischeren Kontext der tagtäglichen Arbeit, der die Innovation unmittelbar beeinflusst und gleichzeitig selbst von der Innovation unmittelbar angetroffen wird (s. Abb. 5.1). Zusammen bilden diese Umfelder die Quelle des Problemlösungsdrucks (engl.: *press*).[1]

„Problemlösungsdruck" im Sinne von press wird hier als Druck durch Faktoren *außerhalb des Neuheit schaffenden Menschen selbst* verstanden, d. h. er schließt die im 4. Kapitel besprochenen persönlichen Ressourcen nicht ein. Allerdings bilden persönliche Eigenschaften anderer Menschen sowohl innerhalb der Organisation (z. B. Führungskräfte, Kollegen) als auch außerhalb (z. B. Kunden) einen Teil des Problemlösungsdrucks. Das System, das aus den innerhalb der Organisation tätigen Menschen besteht, wird vom sozialen Umfeld und vom Arbeitsumfeld beeinflusst. Um Problemlösungsdruck als förderlichen bzw. hinderlichen Bedingungsfaktor zu verstehen, ist es notwendig, die Wechselwirkung des Komplexes von Faktoren, aus denen sich der Druck ergibt, zu entwirren. In diesem Kapitel werden wir uns zunächst mit der externen Umgebung (dem sozialen Umfeld) beschäftigen.

Der Druck aus dem sozialen Umfeld

Christensen (2013) führte Beispiele wirksamer (und in einigen Fällen langfristig erfolgreicher) Innovationen vor Augen, die trotz ihrer Wirksamkeit sogar für gut geführte Spitzenunternehmen unangenehme Folgen hatten, da das soziale Umfeld die Innovation nicht akzeptieren wollte. Wie es Besemer (2006, S. 171) ausdrückte „mögen Verbraucher zu viele Überraschungen nicht" oder, im Sinne von Gabora und Tseng (2014), kann sich das entfesselte divergente Denken als zu viel des Guten erweisen. Die Folge ist, dass kreative Menschen dazu gezwungen sind „irgendwie, genau die richtige Menge von Neuheit festzustellen, die den Erfolg [des Produkts] maximieren wird" (Simonton 2000, S. 286). Um ertragreich umgesetzt zu werden, muss Neuheit mit dem sozialen Umfeld kompatibel sein. Dies bedeutet, dass dieses Umfeld Grenzen setzt, die die organisationale Innovation einhalten muss. In diesem Sinne lenkt das soziale Umfeld den Prozess der Innovation.

---

[1] Wir werden ab jetzt den Terminus „Problemlösungsdruck" vorziehen. Für die Zwecke dieses Buchs sollte der Terminus als mit dem englischen „press" gleichbedeutend betrachtet werden.

Organisationen müssen zwar Neuheit generieren, müssen dies jedoch innerhalb von sozialbestimmten Grenzen tun.

Grundsätzlich bedeutet jede Innovation eine Störung des Status quo und soziale Umfelder unterscheiden sich in Bezug auf ihre Bereitschaft, solche Störungen zu dulden. Die Offenheit eines sozialen Umfelds für Neuerungen hängt u. a. mit Faktoren zusammen wie dem Ruf sowohl der Organisation als auch der Menschen, die die Neuheit einführen. Bestimmte Organisationen – wie etwa die Deutsche Bank oder die Volkswagen AG, zumindest bis vor kurzem – genießen hohen Respekt. In diesem Sinne haben sie die Erlaubnis, Neuerungen einzuführen. Die Offenheit eines sozialen Umfelds gegenüber Neuheit hängt auch von der Auswirkung von Neuerungen auf andere Menschen und Organisationen im Umfeld und auf die allgemeine Lebensweise des Umfelds ab.

Allerdings ist das soziale Umfeld nicht auf die Rolle beschränkt, angebotene Neuerungen einfach passiv-reaktiv entweder anzunehmen oder abzulehnen. Zum Beispiel, entscheidet das soziale Umfeld darüber, ob eine Abweichung vom Alltäglichen (Gegenstand oder Prozess) überhaupt als eine Innovation einzustufen wäre. Auf dem einfachsten Niveau: Das, was in einem bestimmten sozialen Umfeld schon bekannt ist, ist in diesem Umfeld nicht innovativ. Darüber hinaus hängt der Erfolg/Misserfolg oder gar die Generierung von Neuerungen stark davon ab, ob sie im sozialen Umfeld erlaubt, toleriert, akzeptiert oder sogar mit Begeisterung begrüßt bzw. ignoriert, abgelehnt, oder sogar verboten werden.

Das soziale Umfeld beeinflusst auch die Art, den Umfang und die Geschwindigkeit, mit der Neuheit generiert, eingeführt und weiterentwickelt wird. Ein aktuelles Beispiel wäre die Einführung von autonomen (fahrerlosen) Autos: Sie scheinen irgendwie sinnvoll zu sein – ein logischer, nächster Schritt in der Weiterentwicklung der persönlichen Mobilität und, hinsichtlich der Millionen von Menschen, die über die Jahre bei Autounfällen ums Leben gekommen sind, ein möglicher Lebensretter. Aber irgendwie sind sie unglaubwürdig und verdächtig und mit unserem Lebensstil inkompatibel („freie Fahrt für freie Bürger"): Was wird aus dem Erwerb des Führerscheins als Übergangsritual? Tatsache ist, dass der Einfluss des sozialen Umfelds auf keinen Fall strikt logisch funktioniert, sondern dieser wird u. a. stark von emotionalen Eigenschaften der im Umfeld verwurzelten Menschen beeinflusst (etwa ihrem Selbst- und Weltbild, ihrer Identität und ihren Ambitionen): Das New-Coke-Fiasko (s. S. 53) zeugt davon. Deswegen darf die Analyse des sozialen Umfelds „Person" (s. Kap. 4) nicht außer Acht lassen.

„Person", Neuheit und das soziale Umfeld

Die Kreativität (in unserem Sinne: Generierung brauchbarer Neuheit) wird von einigen Autoren als eine Form des Selbstausdrucks oder als eine gesunde Taktik verstanden, mit dem Leben psychisch gut auszukommen. In diesem Sinne hängt sie stark mit der persönlichen Würde, dem Ausdruck des innersten Daseins, der Selbstaktualisierung usw. zusammen. Zum Beispiel fassten Maslow (1973); May (1976); Rogers (1961) und Moustakis (1977) die Situation wie folgt zusammen: Die Kreativität macht es möglich, das eigene

Leben verhältnismäßig frei von den Zwängen des sozialen Umfelds zu gestalten. Barron (1969) ging noch weiter und schlussfolgerte, dass sich das Kreativsein aus *Widerstand gegen das soziale Umfeld* ergibt. Burkhardt (1985) wurde noch expliziter und sprach von einem sozialen „Gleichheitswahn", gegen den der kreative Mensch kämpfen muss. Sternberg und Lubart (1995) nannten diesen Kampf „Widerstand gegen den Einfluss des Massengeschmacks" und bezeichnete Menschen, die gegen den Druck des sozialen Umfelds Widerstand leisten, als „Querdenker".

Die soziale Verantwortung von Innovation

Aus dem Blickwinkel organisationaler Innovation allerdings ist nicht der reaktive Drang entscheidend, sich gegen den Einfluss der breiten Masse durchzusetzen, um sich besser zu realisieren oder um freier zu werden. Wichtiger ist der proaktive Wunsch, brauchbare Neuheit in ein oft hinderliches soziales Umfeld einzuführen. Mit anderen Worten: Im Sinne organisationaler Innovation richtet sich die Wechselwirkung zwischen Menschen und sozialem Umfeld nicht an die persönliche Verteidigung gegen die negativen Aspekte des Umfelds, sondern an den aktiven Wunsch, im Rahmen des Umfelds Wert zu kreieren.

Die Innovation als Diener der Gesellschaft

Der proaktive Blick auf die Rolle der Innovation im sozialen Umfeld hat eine lange Tradition. Schon in der Zeit des chinesischen Kaisers Han Wudi, der bis 87BCE regierte, bestand Interesse an die Innovation als Mittel zur gesellschaftlichen Verbesserung. Der Kaiser interessierte sich stark dafür, innovative Denker zu finden und im öffentlichen Dienst anzustellen, und er reformierte die Methode für die Auswahl von Mandarinen, um dieses Ziel zu erreichen. Sowohl Francis Bacon (1909 [1627]) als auch René Descartes (1991 [1644]), zwei der Gründer der modernen Wissenschaft, betrachteten die wissenschaftliche Kreativität als die Nutzbarmachung der Kräfte der Natur zur Verbesserung der menschlichen Lebensbedingungen. In der modernen Terminologie spricht man vom Humankapital-Ansatz, und diese Sichtweise ist gut bekannt (Walberg und Stariha 1992). Auch in der modernen Ära war die treibende Kraft hinter dem verstärkten Interesse für die Kreativität, das auf den Sputnik-Schock folgte (s. z. B. A. J. Cropley und Cropley 2009; Cropley 2015), die Sorge um die Folgen für die Gesellschaft von Mangel an Kreativität und Innovation.

Mittels solcher Überlegungen können die externen, sozialen Aspekte von der Innovation anhand dreier Dimensionen analysiert werden:

- der Konzipierung von Innovation als eine soziale Kraft mit sozialer Verantwortung;
- der Definition von Innovation als ein soziales anstatt ein individualpsychologisches Phänomen;
- der Zurückführung der treibenden Kraft für Innovation (d. h. die Motivation) auf soziale anstatt individualpsychologische Faktoren.

Diese Herangehensweise legt den Schwerpunkt auf die Innovation als den richtigen Weg für die wünschenswerte Entwicklung der Gesellschaft – im wirtschaftlichen Sinn sogar als „Hebel des Reichtums" (Mokyr 1990). Mit anderen Worten: die Innovation als Diener der Gesellschaft. Die drei eben aufgelisteten Dimensionen werden in den folgenden Abschnitten behandelt.

Mehrere Autoren haben die „moralische" Dimension der Kreativität betont (z. B. Gruber 1993; Runco 1993; Runco und Nemiro 2003; Schwebel 1993; A. J. Cropley 2011). In einer neueren Abhandlung hoben Moran et al. (2014) den ethischen Aspekt von Kreativität/Innovation besonders hervor. D. H. Cropley (2014a) beschäftigte sich mit Fragen der Ethik im Ingenieurwesen. Sternberg (2003) war der Meinung, dass die Kreativität (zusammen mit der Intelligenz) von der „Weisheit" ausgeglichen oder gelenkt werden muss. Insbesondere betonte er, dass die Weisheit des kreativen Menschen dafür sorgen muss, dass seine Kreativität dem Gemeinwohl dient. Leider jedoch führt sogar gut gemeinte Innovation nicht immer zu positiven Ergebnissen für die Gesellschaft. Unbeabsichtigte negative Auswirkungen der Generierung und Einführung von Neuerungen sind keine Seltenheit. Selbst die hoch gelobten Entdeckungen von Edward Jenner und Louis Pasteur über die Übertragung von Krankheiten durch Bakterien legten den Grundstein für den bakteriologischen Krieg. Ein konkretes Beispiel aus einem eindeutig kommerziellen Bereich ergibt sich aus den zahlreichen unbeabsichtigten negativen Folgen, welche die Entwicklung des Automobils herbeigeführt hat. Weltweit sterben jedes Jahr bei Verkehrsunfällen hunderttausende von Menschen. Die Kreativität und die Innovation haben also eine „dunkle Seite" (McLaren 1993), die erforscht werden muss.

Die böswillige Innovation

Diese dunkle Seite umfasst nicht nur unbeabsichtigte Schäden, sondern auch kreative Aktivitäten, die durchgeführt werden, um explizit etwa persönliche Eitelkeit zu erfüllen oder engen persönlichen Interessen zu dienen. Leider ist es auch möglich, dass die negativen Folgen der Innovation von den Personen, die sie einführen, völlig beabsichtigt sein können. In der kommerziellen Welt kann effektive Neuheit in voller Kenntnis dessen eingeführt werden, dass sie für einen Konkurrenten katastrophale Folgen haben wird. Laut D. H. Cropley und Cropley (2013) ist eine solche, dunkle Kreativität häufig bei Kriminellen zu beobachten. Zum Glück, wie Eisenman (1999) aufzeigte, erzeugen viele Verbrecher Neuheit lediglich durch Mangel an Hemmungen und ein niedriges Niveau an sozialer Konformität, das heißt mittels bloßer Pseudo-Kreativität.

Anderen Menschen Schaden zuzufügen kann sogar *das primäre oder alleinige Ziel* der Neuheit sein: Ein offensichtliches Beispiel ist die kreative Kriegsführung. D. H. Cropley et al. (2008) waren der Meinung, dass auch Terroristen, wie die 9/11-Attentäter, hochwirksame Neuheit generieren. So unappetitlich es erscheinen mag, sind auch sie trotz ihrer bösen Absichten kreativ und, wenn sie diese Neuheit „erfolgreich" umsetzen, innovativ. D. H. Cropley (2005) bezeichnete diese Art von Generierung wirksamer Neuheit als „böswillige Kreativität". Folgerichtig übertrug er diesen Begriff auf den breiteren organisationalen Kontext und sprach von „böswilliger Innovation" (D. H. Cropley 2010).

Diese Beispiele heben besonders schwierige Fragen hervor, viele davon mit unmittelbar relevanten Folgen im organisationalen und unternehmerischen Kontext. Nehmen wir als Beispiel den Fall von Arbeitskräften, die aus bloßer Bosheit wirksame, neue Formen von Mobbing erfinden oder den Fall eines Hackers, der einfach um des Nervenkitzels Willen einen wirksamen, neuen Weg erfindet, einen Virus zu verbreiten, der bei Millionen von Internet-Nutzern wirtschaftliches Unheil herbeiführt. Dürfen wir solche Neuerungen eigentlich als Beispiele für Innovation betrachten? Eine einfache individualpsychologische Herangehensweise dürfte zu dem Schluss gelangen, *dass sie in der Tat innovativ sind.* Hinsichtlich der bloßen Generierung effektiver Neuheit dürften die wirksamen neuen Techniken und bisher unbekannten Methoden eines Massenmörders als prinzipiell mit den Einfällen und technischen Fertigkeiten berühmter Maler bzw. erfolgreicher Geschäftsleute gleichgesetzt werden. Schließlich, generieren und instrumentalisieren die Mitglieder beider Gruppen wirksame Neuheit durch die Anwendung derselben Prozesse (s.Kap. 3). Allerdings gehen wir in diesem Buch davon aus, dass die überwiegende Mehrheit von Managern nicht bereit wäre, diese Schlussfolgerung zu akzeptieren, weil sich die wenigsten von ihnen für die Förderung etwa eines Axt-Mörders interessieren würden!

Eine für die Analyse der organisationalen Innovation befriedigende Antwort auf die Frage, ob die 9/11-Terroristen im Rahmen ihrer „Industrie" im Prinzip innovativ waren, lässt sich mittels eines rein individualpsychologischen Ansatzes nicht finden. Wie Jasper (2010) betonte, in der kommerziellen Welt bedeutet die Tatsache, dass eine erfolgreiche Innovation immer relevant und wirksam sein muss, dass sie zwar jemandem immer gut tut, aber mehr oder weniger zwangsläufig jemand anderem Schaden zufügt. Als Beispiel: Es ist es klar, dass die Kommerzialisierung der Dampflokomotive im 19. Jahrhundert viele Aspekte sowohl des kommerziellen als auch des privaten Lebens der Menschen wesentlich verbesserte. Aber diese Innovation vernichtete den Lebensunterhalt von Kutschenbauern, Gastwirten und Wegelagerern. Durch die Innovation herbeigeführter Schaden ist unvermeidlich: Die entscheidende Frage ist die der *Verteilung* bzw. das *Gleichgewicht* des Nutzens. Auf das soziale Umfeld bezogen bedeutet dies, dass die Frage immer gestellt werden sollte: Wer profitiert, wer verliert und wie und wie viel?

Die soziale Bestimmung von Innovation

Im organisationalen Sinne liegt der Kern der Innovation in der Herstellung und Verwertung wirksamer Neuheit. Aus psychologischer Sicht ist das zentrale Merkmal von Neuheit der „Überraschungseffekt", den sie bei Betrachtern verursacht (Bruner 1962). Dies bedeutet, dass nicht das Produkt selbst, sondern die Reaktion der Betrachter entscheidend ist; im kommerziellen Sinne die Reaktion der Kunden. Überraschung tritt auf, wenn etwas vom Üblichen abweicht (zumindest in der Erfahrung der überraschten Betrachter). Es ist der Kontrast mit dem Bisherigen, der zur Überraschung führt. Mit anderen Worten: Die Herstellung von Neuheit findet immer in einem sozialen Kontext statt. Somit sind es nicht das Produkt oder das Verfahren selbst, welche den Grad der Innovation bestimmen, sondern der Kontrast der Neuheit mit dem vorhandenen Stand der Dinge im sozialen Umfeld.

Die soziale Bestimmung davon, *was* als Innovation gilt

Wie im Kap. 2 jedoch betont wurde, wird der Begriff „Kreativität" nicht einfach auf alles angewandt, was die Menschen in einem bestimmten sozialen Umfeld überrascht. Von entscheidender Bedeutung ist die Wirksamkeit oder im kommerziellen Sinne der Nutzen. Aber auch dies wird durch das soziale Umfeld bestimmt. Csikszentmihalyi (1999) beschrieb „Kreativität" als im Wesentlichen eine positive Beurteilungskategorie in den Köpfen von Beobachtern, ein Begriff, den sie verwenden, um Produkte zu loben, die sie außergewöhnlich gut finden. Wenn sich mehrere Beobachter darüber einig sind, dass ein Produkt kreativ ist, dann ist es dies auch. Csikszentmihalyi (S. 306) nannte diese soziale Definition „soziokulturelle Validierung". Auf den Begriff von Validierung durch Außenstehenden – wie etwa Kunden – werden wir im Kap. 9 im Rahmen des IP-Modells (IPM) wieder zurückgreifen.

Obwohl die soziale Anerkennung über die Wirksamkeit eines Produkts entscheidet und daher für die Innovation unentbehrlich ist, brauchen die „Richter" nicht Experten zu sein. Zum Beispiel ist es nicht notwendig, über eine Ausbildung als Bauingenieur zu verfügen, um feststellen zu können, dass eine neuartige Brücke den Straßenverkehr schneller fließen lässt als die vorherige. Mit anderen Worten: Hinsichtlich vieler Produkte sind es häufig die täglichen Nutzer, die am besten qualifiziert sind, deren Wirksamkeit einzuschätzen. In der Tat werden viele Produkte häufig durch die Leute, die es nutzen, sofort als ansprechend erkannt – egal, welcher Meinung die Fachleute sind. Es scheint daher, dass soziokulturelle Validierung durch eine breite Palette von Auswertern durchgeführt werden kann – von Experten schon, aber auch von „normalen" Menschen (für eine eingehendere Diskussion s. Kaufman et al (2013)).

Ein praktisches Problem mit soziokultureller Validierung als Mittel zur Beurteilung von Wirksamkeit ist jedoch, dass das, was in einer spezifischen Ära oder Gesellschaft als kreativ betrachtet wird, in einer anderen als unkreativ gelten kann. Es gibt viele Beispiele dafür aus vielen Bereichen der kreativen Tätigkeit. In der Musik, zum Beispiel, konnte sich Johannes Brahms den Posten des Direktors des Philharmonischen Orchesters in seiner Heimatstadt Hamburg nicht verschaffen, weil seine Musik zunächst als zu konservativ beurteilt wurde. Er musste nach Wien übersiedeln, um Anerkennung als einer der musikalisch ganz Großen aller Zeiten zu finden. Im 19. Jahrhundert in England wurden Shakespeares Theaterstücke als unanständig angesehen, und sie mussten überarbeitet werden, um sie „sittlich" zu machen – 1818 veröffentlichte Dr. Thomas Bowdler eine salonfähige Shakespeare-Ausgabe, die von Ausdrücken gesäubert worden war, die in einer anständigen Familie nicht toleriert werden konnten.[2] Innovatoren bleiben von diesem Phänomen nicht verschont. Viele Innovationen sind gescheitert, weil sie ihrer Zeit voraus waren, oder weil Verbraucher nicht bereit waren, so viel Neuheit zu akzeptieren (das Besemer-Diktum: Verbraucher können nur ein bestimmtes Ausmaß an Neuheit ertragen).

---

[2] In der gehobenen, literarischen Sprache spricht man noch heute auf englisch von einem „bowdlerized" Text.

Technische Wirksamkeit alleine entscheidet nicht über den kommerziellen Erfolg eines neuen Produkts: Weitere entscheidende Merkmale wie Überzeugungskraft werden in späteren Kapiteln eingehender besprochen.

Der Einfluss des Umfelds auf den Inhalt von Innovationen

Das soziale Umfeld ist kein passiver Empfänger der Neuheit, welche die Menschen erzeugen. Seine Funktion ist nicht darauf beschränkt, überrascht zu sein (oder aber nicht). Es beeinflusst die Art und die Menge von Neuheit und darüber hinaus auch die Erzeugungstaktiken von Neuheit und die sich daraus ergebenden Innovationsinhalte. Mit anderen Worten: Das soziale Umfeld bestimmt nicht nur welche Art und wie viel Neuheit Einzelpersonen erzeugen, sondern auch, wie viel und welche Art von Neuheit in der Gesellschaft überhaupt hergestellt wird. Dieses Phänomen trägt u. a. dazu bei, dass verschiedene Menschen mehr oder weniger zeitgleich denselben neuartigen Ansatz oder dasselbe neuartige Produkt erfinden. Ein Beispiel hierfür ist die gleichzeitige aber unabhängige Erfindung der Infinitesimalrechnung durch Isaac Newton und Gottfried Leibniz oder die zeitgleiche Erfindung und Patentierung des Telefons durch Alexander Graham Bell und andere.

Häufig werden solche Ereignisse als Ausdruck des *Zeitgeists* betrachtet. Die interne Erklärung des Zeitgeists ist, dass eine Wissensdomäne ihre eigene intrinsische Entfaltungslinie hat. Innerhalb einer Domäne entwickeln sich Methoden und Inhalte mehr oder weniger zwangsläufig entlang des der Domäne immanenten Wachstumspfads. Eng damit verwandt ist die Idee, dass jeder Bereich seine eigene Entfaltungslogik hat, und dass Wachstum im Rahmen der bereichseigenen Logik erfolgen muss. Bezogen auf die Produktentwicklung bedeutet dies, dass neue Produkte nur in einer relativ festen Reihenfolge und zum richtigen Zeitpunkt entwickelt und gewinnbringend auf den Markt gebracht werden können, z. B. erst nachdem frühere Ereignisse den Weg geebnet haben. Hier ein sehr einfaches Beispiel: Elektronische Geräte konnten erst nach der Entdeckung und Nutzbarmachung von Elektrizität konzipiert, entworfen und praktisch umgesetzt werden. Selbstverständlich bedeutete die Entdeckung und Nutzung von Elektrizität nicht, dass das iPad zwangsläufig erfunden werden würde, aber offensichtlich ist, dass der Strom dafür eine notwendige Voraussetzung war.

Eine kontrastierende, eher *externe* (unmittelbar auf das soziale Umfeld bezogene) Erklärung des Zeitgeists sieht seine gestaltgebenden Einflüsse auf die Innovation als nicht aus den Inhalten der entsprechenden Domäne stammend, sondern aus dem sozialen Umfeld selbst. Nach diesem Modell werden systematische Entwicklungslinien bei der Neuheitsschöpfung durch Merkmale der Gesellschaft bestimmt, wie etwa den Grad von Toleranz oder die Offenheit derjenigen, die über die Macht verfügen. Ein gutes Beispiel für diese Art von Kontrolle kann im Einfluss der mittelalterlichen Kirche im Hinblick auf die Entwicklung wissenschaftlicher Erkenntnisse über das Sonnensystem gesehen werden. Die herrschende „offizielle" Meinung war, dass die Sonne die Erde umkreist. Eine abweichende Meinung zu vertreten war gefährlich, wie Galileo erfahren musste. Folglich entwickelte sich eine in sich konsistente – wenn auch völlig falsche – Kosmologie, die zumindest zum Teil effektiv umgesetzt werden konnte.

Dieser Effekt tangiert nicht nur Einzelpersonen. Simonton (1994) zeigte, dass in Zeiten wirtschaftlicher Prosperität oder Depression, vor, nach und während politischer und sozialer Umwälzungen oder nach einem Krieg unterschiedliche Kreativitätsmuster in einer Gesellschaft beobachtet werden. Dies betrifft nicht nur die Anzahl der Innovationen, sondern auch die Bereiche, in denen Kreativität stattfindet, und die Art von Neuheit, die erzeugt wird. Um nur ein Beispiel zu nennen: Simonton (1998, S. 105) zeigte, dass die „melodische Originalität" musikalischer Kompositionen zu Kriegszeiten höher ist als zu Friedenszeiten.

Die soziale Bestimmung davon, *wer* innovativ ist

Neben der Bestimmung dessen, was *als innovativ gilt*, entscheidet das soziale Umfeld auch darüber, welche *Menschen* Innovatoren und Unternehmer und welche dagegen Störenfriede, Asoziale, Verbrecher oder sogar psychisch Kranke sind. In einer Diskussion von Psychopathologie und Kreativität betonte Schuldberg (2001) das Phänomen von „Diathese".[3] Bestimmte Menschen neigen dazu, sich auf eine Weise zu verhalten, die von dem Durchschnittlichen oder dem Erwarteten abweicht. In einem sozialen Umfeld, das solche Verhaltensweisen missbilligt, werden solche Leute als Unruhestifter, Sonderlinge oder Kriminelle betrachtet. In einem sozialen Umfeld, das solche Verhaltensweisen gut findet, werden sie auf der anderen Seite als innovativ eingestuft oder gar gefeiert, auch wenn es sich um dieselben Verhaltensweisen handelt.

Ein anschauliches Beispiel bietet Andres Serranos berühmt-berüchtigtes „Piss-Christ"-Foto von 1987 (D. H. Cropley und Cropley 2013), das ein Kruzifix darstellt, welches in einem Glass Serranos Urins vollständig eingetaucht war. Das Foto erregte erhebliche Kontroverse in unterschiedlichen sozialen Kreisen – einige Leute äußerten Morddrohungen gegen den Künstler, während Kunstkenner das Bild als Kunststück lobten und dafür einen Preis verliehen. Offensichtlich ist es nicht der Grad bzw. die Art der Abweichung von den Normen, die zwischen einem Innovator und einer Gefahr für die Gesellschaft unterscheidet, sondern das soziale Milieu, in dem die Abweichung Ausdruck findet. D. H. Cropley und Cropley (2013) gab das Beispiel eines Künstlers in Großbritannien, der Körperteile von menschlichen Leichen stahl, die vor kurzem begraben worden waren, um diese in Kunstwerken zu nutzen. Viele Beobachter würden dieses Verhalten wahrscheinlich abscheulich oder ekelhaft finden oder würden es als ein Zeichen schändlicher Respektlosigkeit vor den verstorbenen Menschen oder den Leuten, die um diese Person trauerten, betrachten. Aber, als die Polizei gegen den Künstler ermittelte, war dieser empört über die Einmischung in seine kreative Freiheit. Einige begeisterte Kunstkenner lobten seinen

---

[3] In der Medizin bedeutet Diethese „Neigung zum Kranksein". Im psychologischen Sinne bedeutet der Terminus etwa „Neigung, sich am Rande des Normalen zu verhalten".

Diebstahl als artistischen und kunsttechnischen Wagemut, kritisierten sein Werk jedoch, weil er Gips verwendete, ein bekanntlich künstlerisch minderwertiges Medium.

Natürlich bedeutet dies nicht, dass es in Bereichen wie Wirtschaft oder Technik ratsam ist, auf Neuheitsschöpfung zu verzichten, weil das soziale Umfeld die Neuheit ablehnen könnte. Stattdessen verstärkt die Diskussion des sozialen Umfelds die Wichtigkeit für Manager von:

- Einsichten in die Interaktionen zwischen den Umfeldern;
- der Fähigkeit, die entscheidenden Elemente einer Innovation anhand von Kriterien, die für das spezifische Umfeld relevant sind, erkennen und artikulieren zu können.

Es ist auch wichtig, den kommerziellen Nutzen nicht ausschließlich hinsichtlich technischer Funktionsfähigkeit zu verstehen, sondern auch hinsichtlich von Kriterien aus dem sozialen Umfeld (z. B. ob die Neuerung – zumindest bestimmten sozialen Gruppen – schön, modisch oder prestigeträchtig erscheint). Man muss nur an Neuheiten wie das Nokia-Handy oder den Polaroid-Digitaldrucker denken, die trotz ihrer technischen Exzellenz kommerziell nicht erfolgreich waren, um die entscheidende Rolle von Aspekten des sozialen Umfeldes zu erkennen. Die KLDS (Kreative Lösungen Diagnose-Skala), die bereits im Kap. 2 erwähnt wurde und im Kap. 8 ausführlicher erörtert wird, berücksichtigt auch Elemente aus dem sozialen Umfeld in ihre Konzipierung der Qualitäten eines innovativen Produkts (z. B. seine Fähigkeit, Kunden oder Benutzer zu begeistern oder entzücken).

Die soziale Abweichungsschwellen, Menge und Art von Neuheit gegenüber

Ein weiterer Aspekt der Wechselwirkung zwischen sozialem Umfeld und der Innovation ergibt sich aus dem Kontrast zwischen dem quantitativen Aspekt von Neuheit (Menge) und dem qualitativen (Art). Denkbar ist, dass sehr große Abweichungen von den herrschenden Normen des sozialen Umfeldes als befremdlich oder sogar psychisch krank oder kriminell betrachtet werden, wohingegen kleine Abweichungen als innovativ eingeschätzt werden. Dies gilt nicht nur für das größere soziale Umfeld (die Gesellschaft im Allgemeinen, Berufsgruppen, soziale Kreise usw.), sondern auch für engere oder intimere soziale Umgebungen wie etwa Familie, Peergruppe oder Freizeiteinrichtungen: Die eine Familie akzeptiert z. B. höchst undisziplinierte Verhaltensweisen als gesunden Ausdruck von Individualität, während eine andere Familie brav angepasstes Verhalten verlangt und auch kleine Abweichungen, wie etwa eine halbe Stunde zu spät nach Hause kommen, sanktioniert. Einige Freundeskreise fordern von ihren Mitgliedern größere Konformität als andere. Einige Berufsgruppen (etwa Bankier, Mediziner, Rechtsanwälte) regeln das Verhalten ihrer Mitglieder eng, andere viel breiter (etwa Schauspieler, Rockmusiker, Avantgardisten jeder Art). Es ist jedoch auch denkbar, dass nicht die Menge allein, sondern auch die Art der Abweichung darüber entscheidet, ob Normabweichungen verurteilt oder gefeiert werden. Demzufolge gelten auch große Abweichungen als Innovationen, solange sie in die „richtige" Richtung gehen, wohingegen Abweichungen in die „falsche" Richtung als negativ eingeschätzt werden, sogar wenn sie klein bleiben. Das Ergebnis ist, dass das soziale Umfeld innovatives Denken entlang bestimmten Kanälen lenkt. Es besteht also eine Art sozialer Abweichungsschwelle (Besemer-Diktum), die durch eine Kombination von Art und Größe der Abweichung definiert wird.

Die Abweichungsschwelle legt nahe, dass es für Innovatoren (ob Einzelpersonen oder Organisationen) wichtig ist, Neuheit mit dem bestehenden Rahmen in Einklang zu bringen: mit anderen Worten, zu verstehen, wie Neuheit so präpariert werden kann, dass sie von der sozialen Gruppe (oder im kommerziellen Sinne vom Markt) toleriert wird. Sonst besteht die Gefahr, dass sie abgelehnt wird, nicht weil sie von Natur aus fehlerhaft oder unwirksam wäre, sondern einfach, weil sie sozial unerträglich ist. Ein historisches Beispiel für diese Gefahr ist das Schicksal des ungarischen Arztes Ignaz Semmelweis (1818–1865). Er stellte fest, dass die Neuerkrankungsrate von Kindbettfieber – eine ernsthafte Infektion, oft mit tödlichem Ausgang –, für die Frauen unmittelbar nach der Geburt anfällig waren, drastisch vermindert werden konnte. Die Ärzte mussten lediglich die Hände waschen, bevor sie Babys zur Welt brachten. Leider wurde diese einfache Maßnahme als Beleidigung der Ärzte betrachtet, weil sie nahelegte, dass die Ärzte schmutzig waren. Als Ergebnis wurde Semmelweiss' hoch effektive und lebensrettende Innovation abgelehnt und das Sterben neuer Mütter ging weiter.

Der Semmelweis-Fall war ein Beispiel von zu viel Abweichung. Aber auch die Art von Abweichung kann entscheidend sein. Im sozialen Sinne kann zwischen sozial radikaler, und sozial orthodoxer, effektiver Neuheit unterschieden werden. Radikale Neuheit erfordert die Bereitschaft, sozial verpönte Ideen oder Aktionen zu wagen. Die Generierung orthodoxer Neuheit hingegen führt zwar zu wirksamer Neuheit, diese überschreitet sozial vorgeschriebene Grenzen jedoch nicht. Diese Unterscheidung ähnelt Millward und Freemans (2002) Unterscheidung zwischen Änderungen, die innerhalb des bestehenden Gesellschaftssystems bleiben (orthodoxe Innovation), und Änderungen, die das System herausfordern (radikale Innovation). Auf ähnliche Art und Weise unterschied Sternberg (2006) zwischen Produkten, die bestehende Paradigmen akzeptieren (d. h. orthodoxe Kreativität), und denjenigen, die aktuellen Paradigmen ablehnen (d. h. radikale Kreativität). Sternberg schlug vor, auch die Existenz einer dritten Variante anzuerkennen und zwar von Innovation, die bestehende Paradigmen synthetisiert.

Die Vierfelder-Klassifizierung von Innovationen

Die eben dargestellten zwei Dimensionen (Menge und Art von Innovation) können einfachheitshalber bipolar verstanden werden: große versus kleine *Menge* und orthodoxe versus radikale *Art*. Diese Aufteilung legt eine Vierfeldertafel für die Klassifizierung von Innovationen nahe. Die Zelle „klein/orthodox" umfasst Neuerungen, die in nur geringem

Ausmaß und entlang schon bekannter Linien von dem Üblichen abweichen, wohingegen die Zelle „klein/radikal" Neuerungen umfasst, die zwar nur klein sind, aber eine neue Entwicklungslinie einführen. „Groß/orthodox" umfasst große Änderungen entlang von konventionellen Linien und „groß/radikal" umfasst große Änderungen, die auch in eine neue Richtung gehen.

Um diesen Punkt konkreter zu veranschaulichen, werden in Tab. 5.1 unterschiedliche Industriezweige den entsprechenden Zellen der Vierfeldertafel zugeordnet. Zum Beispiel werden in der Pharmaindustrie und der Medizin in der Regel nur kleine Schritte entlang bekannter Entwicklungslinien von der Gesellschaft toleriert, weil große Abweichungen und/oder radikal neue Herangehensweisen einfach zu gefährlich sind. Folglich dauert es Jahre, bevor neue Therapien von den Behörden zugelassen werden – z. B. bleibt trotz wiederholter Behauptungen, dass Cannabis ein effektives Mittel gegen bestimmte Krankheiten ist, seine therapeutische Anwendung fast überall verboten. Das Schreckgespenst von Massensüchtigkeit ist einfach zu beängstigend.

Demgegenüber sind in der Unterhaltungsindustrie und der Informationstechnologie massive, neuartige Änderungen nicht nur erlaubt, sondern sogar angesagt. Zum Beispiel, ist die Unterhaltungsindustrie im Begriff, das Grundmodell radikal zu ändern. Anstatt große Gruppen von Menschen an einem Ort zur selben Uhrzeit zusammen zu bringen (etwa in einem Kino oder Theater oder zur festgelegten Sendezeit millionenfach zuhause vor dem Fernseher), damit alle dieselbe Vorstellung simultan genießen können, entwickelt sich ein neues Modell. Einzelpersonen wählen individuell, was sie sehen oder hören möchten (und wann) – eine große Abweichung vom Bestehenden. Darüber hinaus ändert sich zurzeit radikal, was als sehen und hören verstanden wird (z. B. Streaming per iPhone).

Tab. 5.1 enthält Beispiele aus allen vier Feldern der Tafel. Obwohl sich dieses Buch in erster Linie mit Organisationen beschäftigt, kann der Vierfeldertafel-Ansatz auch für die Analyse z. B. von verschiedenen Bereichen des sozialen Umfeldes (z. B. Bildungs-, Justiz- und Finanzsystemen), oder von Gruppen im sozialen Umfeld (z. B. Akademikern/ Handwerkern, Männern/Frauen, Immigranten/Einheimischen) verwendet werden. Es ist

Tab. 5.1 Industriezweige und Menge und Art von Innovation

		Art von Innovation	
		Orthodox	Radikal
Menge von Innovation	**Groß**	Pharmaindustrie[a] Luftfahrt, Lebensmittel Finanzen, Medizin	Einzelhandel Herstellungsindustrie Werbeindustrie
	Klein	Autoindustrie Energiewirtschaft	Informationstechnologie Unterhaltungsindustrie

[a]Die Klassifizierungen der verschiedenen Industriezweige wurden rein intuitiv durchgeführt und dienen lediglich der Veranschaulichung der Argumentation.

auch für die Analyse von Unterschieden innerhalb einzelner Branchen oder innerhalb einer einzelnen Organisation hilfreich (d. h. im Arbeitsumfeld – s. Kap. 6).

Tab. 5.1 bietet einen Versuch, die unterschiedlichen für Innovation wichtigen Domänen miteinander in Bezug auf den sozialen Lösungsdruck zu vergleichen. Wichtig ist es dabei, im Auge zu behalten, dass die Platzierung einer Domäne in eine bestimmte Zelle nicht bedeutet, dass die Kombinationen von Menge und Art, die für andere Zellen eher typisch sind, in dieser Domäne unmöglich sind. Selbstverständlich ist auch im Bereich Finanzen große/radikale Innovation durchaus denkbar,[4] bzw. in der IT kleine/orthodoxe Innovation. Unter anderem veranschaulicht die Tabelle, dass große/radikale Innovation in einigen Bereichen (Finanzen oder Medizin, zum Beispiel) schwieriger durchzusetzen ist. Mit anderen Worten: Das soziale Umfeld ist bereiter, tiefgreifende Veränderungen in Bereichen wie Kommunikation oder Unterhaltung zu akzeptieren als zum Beispiel in den Bereichen Finanzen oder Medizin.

Produkt- versus Prozessorientierung

Dieses zweidimensionale Klassifizierungssystem kann man um eine weitere bipolare Dimension aufstocken. Simonton (1997) und andere Forscher zeigten auf, dass einige Gesellschaften *produktorientiert* sind: Innovation = neue Produkte. Andere dagegen sind *prozessorientiert*: Innovation = neue Techniken, Methoden oder Management-Verfahren. Ein ähnliches Phänomen wird in verschiedenen Berufen oder Wirkungsfeldern gesehen. Auch Experten oder Spezialisten können diesen Unterschied aufweisen: z. B. legen Ingenieure in der Regel den größten Wert auf konkrete Produkte, während zum Beispiel Philosophen mehr prozessorientiert sind. Glück et al. (2002) zeigten, dass es benachbarte Unterschiede auch *innerhalb* von Gesellschaften, Berufsgruppen usw. gibt: z. B. zwischen Mathematik- und Kunstlehrern. Letztere unterstützen viel stärker prozessbezogene Faktoren wie etwa Originalität, Risikobereitschaft, Impulsivität und Nonkonformismus, während sich Physiklehrer als Gruppe mehr für korrekte Lösungen interessieren. Diese Überlegungen deuten auf eine Erweiterung von Tab. 5.1 durch das Hinzuziehen einer dritten Dimension: Orientierung (d. h. prozessorientiert versus produktorientiert).

Die soziale Bestimmung des innovativen Impulses

Warum überhaupt wollen Menschen Neuheiten generieren? Ist das Altbekannte nicht bequemer? Die Psychologie der Motivation hat sich mit diesen und ähnlichen Fragen auseinandergesetzt. Zum Beispiel hat schon Berlyne (1962) aufgezeigt, dass Reizzufuhr für die normale Funktionierung des zentralen Nervensystems unentbehrlich ist, weil

---

[4] Wie es die aktuelle Fintech-Bewegung gerade auch versucht, z. B. mit Apple Pay, Bitcoin etc. – aber eben vor vielen rechtlichen, gesellschaftlichen und strukturellen Hürden steht.

diese es dem Nervensystem ermöglicht, ein optimales neuronales Aktivierungsniveau aufrechtzuerhalten. Schon früh haben Untersuchungen über verminderte Reizzufuhr (z. B. sensorische Deprivation; Zuckerman 1969) und die Auswirkung von Monotonie auf Kinder (Dennis 1973) die Auswirkungen von Reizdeprivation verdeutlicht: Angst, Halluzinationen, bizarre Gedanken, Depression und unsoziale Verhaltensweisen. Besonders im Falle von Kleinkindern führt Mangel an Reizzufuhr zu Apathie, Teilnahmslosigkeit und verkümmerte emotionale und intellektuelle Entwicklung. Heron (1957) nannte dies die „Pathologie der Langeweile". Von besonderer Bedeutung allerdings ist, dass die *Qualität* der Stimulation entscheidend ist. Unerwartetheit, Nichtübereinstimmung, Komplexität usw. im sensorischen Input und nicht bloße sensorische Zufuhr bestimmen den Grad, zu dem Reizzufuhr das psychische Funktionieren fördert. Mit anderen Worten: Neuheit ist der Treibstoff des zentralen Nervensystems.

Kaplan (1987) betonte die Wichtigkeit von Neuheit aus einem kognitiven/evolutionären Blickwinkel. Wie er es ausdrückte (S. 15): Im Laufe der evolutionären Entwicklungsgeschichte der Menschengattung sind „Anpassung und *Ausbau* ihrer kognitiven Landkarten" für die Überlebensfähigkeit von Menschen von entscheidender Bedeutung gewesen, d. h. sie müssen Neuheit umsetzen, um mit der Welt besser fertig zu werden. Die Folge ist, dass die Menschen von Neuheit „angelockt" werden. Allerdings betonte Kaplan, dass sie „vom Altbekannten nicht zu weit abirren dürfen", damit sie nicht in eine Situation geraten, in der sie wegen lauter Neuheit überfordert werden (schon wieder das Besemer-Diktum).

Die soziale Motivation und die Innovation

Über die eben dargestellte allgemeine biologisch/evolutionäre Notwendigkeit von Neuheit hinaus, hängt der Impuls zur Innovation auch mit eher sozialen Faktoren (allein oder kombiniert) zusammen: unter anderen

- wirtschaftliche (unternehmerische) Faktoren (z. B. der Wunsch, Geld zu verdienen);
- professionelle Faktoren (z. B. die Innovation ist für die erfolgreiche Ausübung eines Jobs oder eines Berufs förderlich);
- persönliche Faktoren (z. B., weil jemand neugierig, unzufrieden oder fasziniert ist);
- zwischenmenschliche Faktoren (z.B, weil die Innovation Status und Anerkennung mit sich bringt).

Über die Lenkung der Menge und der Art von Neuheit und des Grades der Akzeptanz hinaus, spielt das soziale Umfeld demzufolge auch eine wichtige Rolle dabei, ob Menschen dazu neigen, Neuheit überhaupt zu generieren. Wie es Sosa und Gero (2003, S. 25) ausdrückten, werden viele innovative Produkte generiert, um „den Bedürfnissen von … sozialen Gruppen gerecht zu werden". Diese Bedürfnisse können konkret und verhältnismäßig spezifisch sein, wie etwa billigere Stromversorgung oder ein effektiveres Heilverfahren gegen eine Krankheit, oder aber allgemein, wie etwa bessere Erziehungsmethoden.

Ebenso können sie abstrakt sein; zum Beispiel verbesserte Möglichkeiten, Gefühle durch Musik auszudrücken.

In der Regel umfassen die von Sosa und Gero (2003) erwähnten „sozialen Gruppen" Menschen, die sich in einer Domäne auskennen – also Spezialisten oder Experten. Es ist schwer zu glauben, dass jemand, der über keine Kenntnisse einer bestimmten Domäne verfügte, in sich den Drang spüren würde, diese Domäne durch eine Innovation auszubauen. Demzufolge, sind es in der Regel Menschen, die in einer Domäne aktiv sind, die motiviert sind, die Probleme der Domäne zu lösen. In einer Untersuchung der Motivation für wissenschaftliche Kreativität kamen Park und Jang (2005) zu dem Schluss, dass es ihre speziellen Kenntnisse ihres Faches sind, die Wissenschaftler motivieren, nach neuen Angriffslinien zu suchen und die Dinge aus einer neuen Perspektive zu sehen. Ohne diese Expertise wären viele nicht in der Lage gewesen, die für ihre wissenschaftlichen Innovationen notwendige Motivation zu entwickeln. Park und Jang stellten drei Mechanismen fest, durch die Expertisenwissen Motivation erzeugt: (a) es macht es möglich, Lücken im vorhandenen Wissen (Unvollständigkeit) zu erkennen, (b) es macht es leichter, Widersprüche im bestehenden Wissen (Konflikt/Diskrepanz) zu erkennen und (c) es aktiviert einen Trieb, in jüngster Zeit entstandene Neuheit zu vervollständigen (Weiterentwicklung).

Die Idee, dass sich Innovationen aus den Bedürfnissen von Gruppen im sozialen Umfeld ergeben, bedeutet, dass das Problembewusstsein innovativer Menschen mindestens zum Teil von diesem Umfeld bestimmt ist. Wo kein sozialer Lösungsdruck besteht, gibt es einen reduzierten Drang nach Lösungen, und folglich eine verminderte Innovationslust. Ein einfaches Beispiel ist im Design von Alltagsgegenständen zu sehen, – etwa einfaches Werkzeug. Der Hammer ist ein gutes Beispiel. Er ist so vielen Menschen so sehr vertraut, dass sie sich an seine Nachteile gewöhnt haben und in der Lage sind, ihn trotz seiner Mängel effektiv zu handhaben. Sie können sogar unfähig sein, sich vorzustellen, dass ein Hammer anders sein könnte. In diesem Fall gibt es aus dem sozialen Umfeld keinen Lösungsdruck, einen neuartigen Hammer zu entwickeln, und folglich im kommerziellen Sinne kein Problem.

Ein weiteres Beispiel ist das Automobil. Der Verbrennungsmotor ist sehr ineffizient (nur zwischen 25–30 % der Energie im Kraftstoff wird in mechanische Arbeit umgewandelt), Autos sind sehr gefährlich, und sie belasten die Umwelt. Trotzdem hatten sich bis vor kurzem Innovationen im Automobildesign auf das Basteln an Details beschränkt; seit der Einführung der pferdelosen Kutsche vor über 100 Jahren hat es ausschließlich inkrementelle Verbesserungen gegeben. Sogar heute bleibt das Auto eigentlich kaum mehr als ein Waggon mit einem Motor an der Stelle von Pferden. Der grundsätzliche Entwurf – ein rechteckiger Kasten mit einem Rad an jeder Ecke, in den die Menschen klettern – war schon vor Jahrtausenden bekannt. In dieser Hinsicht ist selbst das Hybridauto nichts Anderes als ein Standard-Auto mit einem anderen Kraftstoffsystem. Verständlicherweise ziehen es die Automobilhersteller vor, das uralte Format millionenfach pro Jahr zu verkaufen, anstatt sich auf die mit der Einführung einer radikal neuen Variante einhergehende Unsicherheit einzulassen, – zum Beispiel ein düsengetriebenes Hover-Auto. Die Lage ist so, nicht unbedingt weil düsengetriebene Hover-Autos nicht gebaut werden könnten, sondern weil es aus dem sozialen Umfeld keinen Änderungsdruck gibt und folglich keine Motivation zur Innovation.

Problembewusstsein bei der Einzelperson anstatt in der sozialen Gruppe ist ein weiterer Faktor, der für die Motivation zur Innovation wichtig sein kann. Es kann sogar eine Spannung zwischen dem Problembewusstsein von Einzelpersonen und vom sozialen Umfeld geben. Denkbar ist z. B., dass ein Problem in einem Gebiet nur den Fachleuten evident ist oder sogar von einem nur sehr kleinen Personenkreis wahrgenommen wird. Wenn lediglich die Eingeweihten mit dem Stand der Dinge unzufrieden sind und den Drang spüren, in ihren Bereich wirksame Neuheit einzuführen, kann der Mangel an Problembewusstsein im breiten sozialen Umfeld die Motivation von Einzelpersonen, Neuheit einzuführen, hemmen, und damit Innovationen blockieren. Dies legt nahe, dass eine Kultur des Problembewusstseins für die Innovation förderlich ist.

Das System: soziales Umfeld, Arbeitsumfeld und Motivation

Fredrick Winslow Taylor, der Vater der wissenschaftlichen Untersuchung von Arbeitsabläufen, begann seine Karriere als Maschinist in der Werkstatt des Midvale Steel Works, durchlief verschiedene Managerposten und wurde zum Mitglied der Geschäftsleitung bestellt. Er beobachtete die Arbeitspraktiken seiner Kollegen in den Stahlwerken und arbeitete systematische Schlussfolgerungen hinsichtlich effizienter Arbeitsabläufe aus. Taylors Vorschläge für gute Leitungstechnik kamen zu einer Zeit, als die neue Technologie der Metallverarbeitung neue Managementpraktiken erforderlich machte. Sein hoch organisierter und systematischer, neuer Managementstil ebnete den Weg für die erfolgreiche Einführung der neuen Stahlschneidtechnologie im Arbeitsumfeld. Die durch die neue Technologie eingeführte Verbesserung der Produktpalette führte zu neuem Druck nach weiteren neuen Produkten im sozialen Umfeld. In einer Art Rückkopplungsschleife machte dieser Druck weitere, neue Managementpraktiken im Arbeitsumfeld notwendig usw. Die Schlussfolgerung daraus ist, dass es eine wechselseitige Beziehung zwischen der Motivation zur Innovation, dem sozialen Umfeld und dem Arbeitsumfeld gibt. Das soziale Umfeld macht Änderungen im Arbeitsumfeld wünschenswert oder notwendig, das Arbeitsumfeld bestimmt die konkrete Form der Änderungen, und die neuen Formen wiederum erwecken neue Änderungswünsche im sozialen Umfeld usw. Die Dynamik der Wechselwirkung geht in beide Richtungen: Das soziale Umfeld beeinflusst das Arbeitsumfeld, wird jedoch selbst vom Arbeitsumfeld beeinflusst.

Eine weitere Variante dieser Wechselwirkung ist die Art und Weise, wie der Erfolg von Innovationen nicht nur von sozialen Kriterien bestimmt wird, sondern diese Kriterien selbst prägt. Unter anderem, vor allem unter Fachleuten, können Innovationen:

• das Denken darüber, wie bestimmte Probleme zu lösen sind, entlang bestimmter Bahnen steuern. Später kann diese Lenkung sogar als eine Zwangsjacke funktionieren, die eventuell zu Spannungen unter den Menschen führt, die im entsprechenden Bereich aktiv sind, und paradoxerweise die Entstehung weiterer Innovationen blockieren;

Abb. 5.2 Die Interaktion zwischen „Person" und „Umfeld"

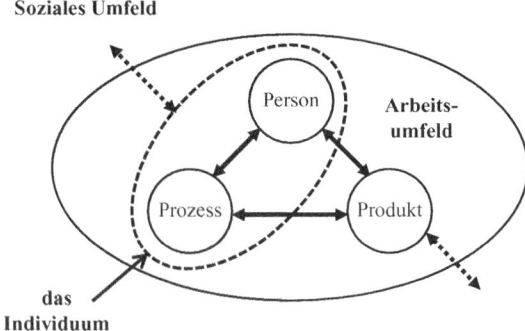

- die Beurteilung anderer Lösungen im Bereich ändern (manchmal werden konkurrierende Lösungen als nicht innovativ beurteilt, lediglich weil sie im Vergleich zur schon erfolgreichen Innovation beurteilt werden;
- neue Kriterien für die Beurteilung späterer Lösungen bieten (mit der Gefahr des oben erwähnten Zwangsjackeneffekts);
- die Konzipierung einer Domäne in der Gesellschaft erweitern und folglich neue Anhaltspunkte für weitere Kreativität bieten (Impulsgebung, s. Kap. 2);
- neue vorher unbemerkte Fragen aufwerfen (Aufschlussreichtum, s. Kap. 2 und 7); oder
- neue Lösungsperspektiven eröffnen (Zukunftsträchtigkeit).

Dies alles bedeutet, dass innovative Produkte Einflussquellen im sozialen Umfeld nicht nur spiegeln, sondern diese verändern, oder sogar die Art und Weise beeinflussen, wie die Menschen im sozialen Umfeld die Welt wahrnehmen. Sosa und Gero (2003) führten das Sydney Opera House als Beispiel an. Das Gebäude löste das situationsspezifische Problem, dass Sydney kein modernes Opernhaus hatte. Es führte auch neue Designansätze und Bautechniken ein (bereichsspezifische Innovation). Aber über diese Auswirkung hinaus wurde das Opernhaus zum Teil des Bewusstseins der Einwohner von Sydney und wurde sogar zum emblematischen Symbol der Sydney-Identität. Also: Wie in einem reziproken System zu erwarten, operierte das Einflussgefüge des Opernhauses in beide Richtungen. Seine architektonische Neuheit spiegelte zwar die Mentalität der Menschen im sozialen Umfeld, gestaltete sie aber auch mit. Für den Bau des Opernhauses war die Offenheit des sozialen Umfelds für Neuheit unentbehrlich, und der Bau des Gebäudes förderte den weiteren Aufbau dieser Offenheit. Diese gegenseitige Beeinflussung wird in Abb. 5.2 dargestellt.

Die Bereitschaft des sozialen Umfelds, Neuheit zu tolerieren

Was ein soziales Umfeld als innovativ definiert (und nicht als unsinnig, unverschämt oder geisteskrank) hängt zum Teil von der Fähigkeit des Umfelds ab, Neuheit zu tolerieren. Auf das Beispiel des Autos bezogen: Ein Kraftfahrzeugdesign, das die Sitze so arrangierte, dass alle Passagiere mit Ausnahme des Fahrers nach hinten schauten, würde die Anzahl von Todesfällen und Verletzungen bei Kollisionen dramatisch reduzieren. Aber kein Auto-hersteller hat versucht, diese Sitzkonstellation einzuführen, weil klar ist, dass Autokäufer sie nicht akzeptieren würden. Trotz der positiven Wertschätzung von der Innovation in vielen zeitgenössischen Diskussionen, sind nicht alle Abweichungen vom Altbekannten im sozialen Umfeld gleichermaßen akzeptabel. Mancher Mensch oder manche Organisa-tion hat sogar ein Interesse am Erhalt des Status quo. Auch Branchenkenner, die ein Leben lang ein bestimmtes Paradigma unterstützt haben, können verständlicherweise Neuheit gegenüber sehr skeptisch sein, selbst wenn sie wirksam ist.

Viele Verhaltensweisen, die außerhalb der Normen eines sozialen Umfelds liegen, sind in der Tat nicht akzeptabel. Aber andere werden lediglich deswegen geächtet, weil sie zu weit vom dem abweichen, woran das Umfeld gewöhnt ist, bzw. von einer Art sind, welche die Toleranz des Umfelds sprengt. Die Reaktion des Umfelds auf Neuheit, die einen übermäßigen Überraschungseffekt bewirkt, ist zum Beispiel mit dem Alter, dem Beruf oder der sozialen Rolle der beteiligten Menschen verbunden. Zum Beispiel: In der typisch westlichen Gesellschaft wird Überraschung viel leichter von Künstlern toleriert als von Ingenieuren oder z. B. Gehirnchirurgen. Es scheint auch eine inverse Beziehung zu geben, zwischen dem Alter und der Toleranz gegenüber Abweichung: Je älter Menschen sind, desto weniger wird von ihnen erwartet, dass sie sich innovativ verhalten.

Die sozialen Mechanismen, die die Innovation fördern oder bremsen

Im Laufe ihrer psychologischen Entwicklung lernen Menschen, wie man sich in bestimm-ten Situationen zu verhalten hat, um z. B. Nahrungsmittel zu erhalten oder Gefahren zu vermeiden. Sie erwerben auch soziale Fertigkeiten und Kenntnisse: die Beherrschung der Landessprache, wie sich ein „guter" Mensch verhält, Techniken für den Umgang mit Stress, Angst usw. Diese werden durch Interaktionen mit den verschiedenen Elementen des sozialen Umfelds erworben wie der Familie, der Schule oder der Peer-Gruppe, und werden zum Teil unmittelbar (durch direkten Kontakt), zum Teil mittelbar gelernt (z.B durch verschiedene Formen von Medien). Diese sozial angepassten Verhaltensweisen werden durch mit ihnen zusammenhängende Affektzustände und evaluative Komponenten unterstützt. So lernen Kinder nicht nur, etwas „richtig" zu tun, sondern dass diejenigen, die es anders machen, mindestens eigenartig, wenn nicht seltsam oder sogar böse sind. Zum Beispiel lernte A. J. Cropley als Kind, dass es beim Essen richtig ist, das Messer in der rechten und die Gabel in der linken Hand zu halten, immer mit den Gabelzinken nach unten gekrümmt. Auch wurde ihm vermittelt, dass die Menschen, die anders essen, igno-rant sind oder einer niedrigeren sozialen Klasse zugehören.

Im Grunde genommen bedeutet die Generierung von Neuheit, die eben besprochenen sozialen Regeln zu brechen. Alle Menschen sind prinzipiell in der Lage, eine Vielzahl von Reaktionen auf Lebenssituationen zu produzieren, aber im Prozess des Erwachsenwerdens erfahren sie, dass die meisten davon unerwünscht oder gar verboten sind. In der Regel

lernen sie, ihre Reaktionen auf eine enge Palette von sozial verträglichen Verhaltensweisen einzuschränken. Wie im Tischmanieren-Beispiel werden andersartige Verhaltensweisen nicht nur als inkorrekt (kognitiver Aspekt), sondern auch als abstoßend oder ekelhaft
(affektiv-evaluativer Aspekt) eingeschätzt. A. J. Cropley (1967) untersuchte die Reaktionen von Schülern in sozialen Situationen, in denen eine Reihe von Handlungsalternativen
möglich waren, wovon die eine stark sozial erwünscht war, die anderen jedoch weniger
erwünscht. Er zeigte (S. 46), dass die Kinder von sozial auferlegten „Stopp-Regeln" beeinflusst wurden. Diese haben die meisten Alternativen aus der großen Bandbreite möglicher
Reaktionen zugunsten der sozial genehmigten Verhaltensweisen verboten.

Wie Fromm (1980) es ausdrückte, hat das soziale Umfeld „Filter", die divergente Verhaltensweisen hemmen oder die Leute sogar entmutigen, über Alternativen nachzudenken.
Laut Burston (1991, S. 145) besteht der Hauptzweck dieser Filter in der „Beibehaltung
des Status quo". Dies betrifft nicht nur konkrete Verhaltensweisen, die einen offensicht-
lichen Nutzen haben – zum Beispiel, dass in Australien Autos auf der linken Straßenseite
fahren. Die Einhaltung solcher gesellschaftlichen Gebote scheint einen praktischen Sinn
zu haben. Zusätzlich zu solchen sinnvollen Regeln jedoch gibt es welche, die festlegen,
welche *Meinungen* „korrekt" sind. Eigentlich bestimmen sie sogar die richtige Art und die
richtigen Inhalte vom Denken. Ein einfaches Beispiel dafür, wie das soziale Umfeld das,
was gedacht wird, steuert, ist im Phänomen, das heutzutage als „politische Korrektheit"
bezeichnet wird, zu sehen. Es ist riskant, Ideen zu besprechen, die als Kritik an bestimmten
Gruppen oder als Mangel an Respekt vor ihnen interpretiert werden könnten. In einigen
Ländern ist es sogar illegal, bestimmte Ideen, die in anderen Ländern offen thematisiert
werden, zu diskutieren. Die Folge davon ist, dass die Innovation eine besondere Art von
Mut erfordert und zwar die Bereitschaft, vorherrschende Ansichten herauszufordern.

Nehmen wir ein historisches Beispiel, das ein geringeres Risiko mit sich bringt, gegen
zeitgenössische Empfindlichkeiten zu verstoßen. Was neue Ideen bringen können wird
am Schicksal von Galileo aufgezeigt. Er führte die damals neue Idee ein, dass die Erde
um die Sonne kreist (er hatte Recht). Da diese Ansicht mit der herrschenden Meinung in
Konflikt geriet, musste er die Veröffentlichung seiner neuen Erkenntnisse streichen. Ihm
wurde sogar verboten, über seine ketzerischen Ansichten *nachzudenken*. Als er schwor,
dass er sich keine Gedanken über Heliozentrizität gemacht hatte, war dies so offensichtlich absurd, dass ihm Folter wegen Meineid angedroht wurde. Ab dem Jahr 1633 stand er
unter lebenslänglichem Hausarrest.

Es mag gute Gründe dafür geben, warum Gesellschaften so sind: zum Beispiel Selbst-
erhaltung. Die Idee wurde bereits eingeführt, dass nicht jeder Akt von undiszipliniertem,
störerischem oder ignorantem Verhalten oder jeder Fall von Trotz, Aggression oder Nichtkonformität im Namen der Kreativität oder der Innovation anerkannt werden sollte. Solide
Kenntnisse, Genauigkeit, Geschwindigkeit, gutes Gedächtnis usw. sind selbstverständlich
wichtig, besonders für Relevanz und Wirksamkeit. Das soziale Umfeld gibt sich erhebliche Mühe, seine Mitglieder zu sozialisieren, weil dies bedeutet, dass sie im entsprechenden Umfeld effektiv funktionieren können. Sie können sich an „konsensuell validierten
Wegen der Interpretation der natürlichen, sozialen und zwischenmenschlichen Realität"

beteiligen (Burston 1991, S. 145). Es liegt auf der Hand, dass die Übernahme der „Vorschriften" eines sozialen Umfelds einen wichtigen Überlebenswert hat. Um ein einfaches Beispiel zu geben: Wenn Kinder in der Stadt nicht wüssten, wie in stark frequentierten Gegenden die Straße sicher zu überqueren ist, würden viele von ihnen getötet oder verletzt.

Das soziale Umfeld hat ein starkes Interesse daran, die Errungenschaften der Vergangenheit zu erhalten. Dies führt zu einer Begrenzung der Toleranz für Verhaltensweisen, die von etablierten Normen abweichen. Dies bedeutet, dass keine Neuheit eingeführt werden kann, wenn der Druck zur Erhaltung des Bestehenden stark ist. Sicher ist richtig, dass die meisten Leute es vorziehen würden, sagen wir mit erfahrenen Flugingenieuren zwischen den Kontinenten zu fliegen, die altvertraute Fliegerfertigkeiten wieder anwenden, anstatt mit einer Besatzung, die allerlei gewagte Neuigkeiten einführte. Dennoch sind sogar solche Bereiche nicht völlig statisch. Vorsicht ist nicht mit dem völligen Verzicht auf Neuheit gleichzusetzen.

Ein hohes Maß an Konformität mit den Normen eines sozialen Umfelds hat den Vorteil, dass das Leben vorhersagbar wird, weil im Voraus mehr oder weniger bekannt ist, womit in alltäglichen Situationen zu rechnen ist. Allerdings besteht der Nachteil, dass ungewöhnliche, unerwartete Verhaltensweisen selten werden. In einigen Gesellschaften kann die Abneigung gegen Abweichungen im öffentlichen Bewusstsein so stark werden, dass die Erzeugung von Neuheit zu extrem starken und weit verbreiteten Sanktionen führt. Gribov (1989) berichtete, dass die ehemalige Sowjetunion durch einen breiten und tiefen, öffentlichen Groll geprägt war gegenüber diejenigen Individuen, die von den eng vorgeschriebenen sozialen Normen abwichen. Burkhardts (1985) Konzept „Gleichheitswahn" beschreibt eine Art gesellschaftlicher Massenpsychose, die sich gegen Neuheit richtet. Es sieht so aus, als gebe es in jedem sozialen Umfeld zwei entgegengesetzte Kräfte: Aufrechterhaltungskräfte und Erneuerungskräfte. Die Kernmerkmale dieser Kräfte werden in Tab. 5.2 zusammengefasst.

Da die zwei Kräfte logische Gegensätze darstellen, werden sie häufig als opponierend betrachtet. Tatsache allerdings ist, dass beide Kräfte fähig sind, Änderungen herbeizuführen; sie können sogar einander unterstützen (s. u. a. die Diskussion des konvergenten und des divergenten Denkens). Praktisch betrachtet, besteht der größte Unterschied zwischen den beiden Kräften darin, dass die Aufrechterhaltungskräfte lediglich langsame, allmähliche, evolutionäre Veränderung erlauben, wohingegen die Erneuerungskräfte auf dramatische Veränderungen setzen, die größer und schneller sind, das heißt, eher revolutionär. Diese Art von Veränderung haben die Menschen in der Regel im Sinn, wenn sie von „Innovation" sprechen.

Der Grad der Offenheit des sozialen Umfelds

Die Offenheit gegenüber dem Neuen (bzw. Mangel an Offenheit) ist ein Merkmal nicht nur von Einzelpersonen (s. Kap. 1 und 4), sondern auch von Gesellschaften. Innovatoren und Unternehmer, die Neuheit in einem sozialen Umfeld generieren, das dafür nicht offen ist,

Tab. 5.2 Die Entgegengesetzten Kräfte in einem sozialen Umfeld[a]

Art von Kraft	Auswirkung	Art von Wandel	Nutzen
Aufrechter-haltungskräfte	Wandel: • erfolgt verhältnis-mäßig langsam • baut auf das schon Bestehende • kann als blockiert erscheinen	*Evolutionär*	Trotz Wandel: • bleibt die Welt ordentlich und leicht begreiflich • bleiben bestehende Kenntnisse und Fertigkeiten brauchbar • wird das Sicherheitsgefühl der Leute nicht bedroht • wird das Selbstbild von Fachexperten nicht infrage gestellt • bleiben Machtverhältnisse intakt
Erneuerungs-kräfte	Wandel: • erfolgt schnell (Paradigmen-wechsel) • fegt das Bestehende weg	*Revolutionär*	Als Ergebnis von Wandel: • ist Neuheit leicht erkennbar • erfolgt Fortschritt häufig sehr schnell • werden Probleme häufig schnell gelöst • werden Menschen dazu ermutigt, Neuheit zu generieren • wird das Bestehende ernsthaft bedroht

[a]Diese Tabelle ist eine überarbeitete Fassung einer Tabelle in A. J. Cropley (2004, S. 20).

müssen mit verschiedenartigen Sanktionen rechnen. Die Situation dieser Menschen wird durch die Tatsache verschärft, dass einige Verhaltensweisen, die mit Innovation nicht selten einhergehen, desorganisiert oder chaotisch bzw. asozial oder arrogant erscheinen können: z. B. Impulsivität, Mangel an Sorge um soziale Normen, Mangel an Interesse daran, einen guten Eindruck zu machen, die Tendenz, sich in der Arbeit zu verlieren (s. Kap. 1 und 4). Kognitive Prozesse wie die Herstellung entfernter Assoziierungen, die sich als für die meisten Beobachter als zu weit entfernt erweisen, verschlimmern die Situation. Es kann dazu kommen, dass sich andere Menschen auf das abweichende Verhalten der betreffenden Menschen fokussieren. Die Folge ist, dass die Verbindung zwischen dem auffälligen Verhalten und der Innovation nicht erkannt wird. Paradoxerweise gibt es Regeln dazu, wie man gegen die Regeln verstoßen darf. Als kreativ oder innovativ anerkannte Menschen verstoßen zwar gegen die Regeln, bleiben dabei allerdings innerhalb der in ihrem sozialen Umfeld akzeptablen Grenzen. Diejenigen, die die Grenzen nicht einhalten, werden als mindestens exzentrisch, wenn nicht unsittlich, geisteskrank oder gar kriminell betrachtet, und der Gefahr ausgesetzt, sanktioniert zu werden.

Überblick und Ausblick

Die Innovation kommt in einem sozialen Rahmen zustande. Sie kann unangenehme Folgen haben (z. B. für die Konkurrenz) und es gibt böswillige Innovationen (z. B. effektive, neuartige Waffen oder kriminelle Techniken). Trotzdem, wird die kommerzielle Innovation in der Regel positiv angesehen und als in erster Linie auf die Lösung gesellschaftlicher Probleme gerichtet; als Dienerin der Gesellschaft. Allerdings bedeutet jede Innovation eine Störung des Status quo. Gesellschaften sind nicht passive Empfänger solcher „Störungen"; sie sind nicht für Innnovationen grenzenlos offen. Das soziale Umfeld legt ein Regelwerk fest, das Grenzen setzt, insbesondere darüber, wie weit eine Neuheit vom Allgemeinakzeptierten abweichen darf (quantitative Grenze) und welche Art von Abweichung als innovativ und welche Art als absurd, abstoßend und ekelhaft, psychisch gestört oder gar kriminell eingestuft wird (qualitative Grenze). Die Grundlage der sozialen Reaktion auf eine Neuheit ist nicht immer strikt sachbezogen und logisch, und kann auf Emotion, Tradition, Vorurteil und dgl. beruhen. Egal: Das soziale Umfeld toleriert nur so viel des Guten und Organisationen müssen innerhalb der Grenzen operieren.

Eine Analyse des sozialen Umfelds bietet neue Perspektiven auf Fragen wie, was als „Innovation" gilt, wo sie herkommt, welche Faktoren die Innovation fördern, wie sie zu fördern sei, usw. Eine solche Hervorhebung der sozialen Aspekte der Innovation leugnet die Wichtigkeit der Bausteine „Prozess" und „Person" nicht, sondern sie bietet eine erweiterte Perspektive, die in der Lage ist, Fragen wie die eben besprochenen differenzierter zu analysieren.Kawenski, M. (1991). Encouraging creativity in design. *Journal of Creative Behavior*, *25*, 263–266.

Problemlösungsdruck: Das Arbeitsumfeld 6

Das Arbeitsumfeld bestimmt das unmittelbare Klima, in dem Individuen miteinander interagieren, um den Prozess der Innovation voranzutreiben. Der Lösungsdruck ist das Bindeglied zwischen diesem Umfeld und dem Individuum. Sowohl sach- und prozessbezogene als auch zwischenmenschliche Faktoren im Arbeitsumfeld fördern bzw. bremsen innovatorische Prozesse und aktivieren bzw. deaktivieren die persönlichen Ressourcen für Innovation. Führungskräfte haben auf diese Faktoren direkten Einfluss.

Zu Beginn des vorangegangenen Kapitels und in Abb. 5.2 wurde erläutert, dass sich der Problemlösungsdruck aus zwei Umfeldern ergibt: Das breiter gefasste soziale Umfeld und das spezifischere Arbeitsumfeld. Wir wenden uns jetzt an letzteres. Um zu verdeutlichen, was dies alles bedeutet, ist es hilfreich, genauer zu definieren, was unter „Arbeitsumfeld" zu verstehen ist. Für die Zwecke dieses Kapitels besteht es aus:

- physischen, institutionellen Strukturen und Einrichtungen wie Büroräume, Arbeitsstationen, Labors, Werkstätten, Fertigungshallen, usw.;
- Produktionsverfahren und -prozessen wie etwa Materialienbeschaffung, Herstellungsprozesse oder Qualitätskontrolle;
- organisationalen Einheiten und Verfahren wie Design, Produktion, Personal, Finanz oder Kundenbetreuung;
- Managements- und Entscheidungsinstanzen und -prozessen wie strategische und taktische Planung, Controlling oder Risikomanagement;
- Menschen, die die Verfahren und Prozesse durchführen: nicht nur Führungskräfte, sondern auch Kollegen oder Mitarbeiter;
- immateriellen, institutionellen Faktoren, die Wechselwirkungen zwischen physikalischen Strukturen und Verfahren und Menschen beeinflussen (z. B. Traditionen, Philosophie, Normen und Gewohnheiten);
- zwischenmenschlichen, institutionellen Faktoren, die diese Wechselwirkungen bestimmen (Rollen, Beziehungen, soziale Hierarchien, Interaktionsregeln, Kommunikationskanäle).

© Springer Fachmedien Wiesbaden GmbH 2018
D.H. Cropley, A.J. Cropley, *Die Psychologie der organisationalen Innovation*,
https://doi.org/10.1007/978-3-658-17389-0_6

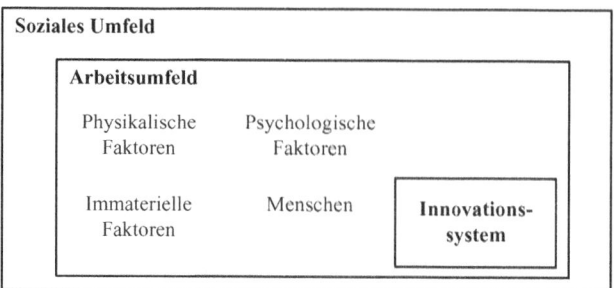

Abb. 6.1 Die Faktoren im Arbeitsumfeld

Abb. 6.1 fasst diese Situation zusammen.

Es bestehen zwei allgemeine Strategien für die psychologische Erforschung der Innovation im Arbeitsumfeld. Sosa und Gero (2003, S. 32) nannten diese den „Bottom-up-Ansatz" (Fokussierung auf den Baustein „Person", insbesondere Eigenschaften wie Intelligenz, Persönlichkeit, Interessen und Motive) und den „Top-down-Ansatz" (Fokussierung auf das Arbeitsumfeld, insbesondere Führungsstil, Rollen, Gruppendruck, Machtverteilung, Belohnungssystem, u.s.w.). Verhaltensweisen, die aus dem Blickwinkel der Person (das heißt, von unten nach oben betrachtet) bemerkenswert zu sein scheinen und einer komplexen Erklärung bedürfen, können aus einer Top-down-Perspektive unauffällig erscheinen. In diesem Abschnitt werden wir uns eingehender mit dem Top-down-Ansatz auseinandersetzen, d. h. auf die Komponente „Lösungsdruck im Arbeitsumfeld" anstatt auf „Person" fokussieren.

Die Notwendigkeit einer systematischen Auseinandersetzung mit diesem Aspekt des Innovationssystems wird durch das Problem bekräftigt, dass das Ausmaß des Einflusses des Umfelds häufig unterschätzt wird, vor allem in der psychologischen Diskussion der Kreativität und der Innovation. Dies kann zum Teil auf den von den Sozialpsychologen Ross und Nisbett (1991) identifizierten sogenannten „Attributionsfehler" zurückgeführt werden: Bei der Analyse von Verhaltensweisen neigen Beobachter dazu, die Bedeutung der Eigenschaften des Individuums zu überschätzen und die Auswirkungen der Umwelt zu unterschätzen. Diese Tendenz ist bekanntlich besonders stark, wenn versucht wird, ungewöhnliche Verhaltensweisen zu erklären. Weil Neuheit *per definitionem* vom Alltäglichen abweicht, d. h. sie ist ungewöhnlich, dürfte die Erforschung der Innovation für diesen Fehler besonders anfällig sein.

Das kongeniale Arbeitsumfeld

Wie bereits betont, hängt das Auftreten von Innovationen in einem gegebenen Arbeitsumfeld von der Wechselwirkung zwischen persönlichen Eigenschaften und dem Umfeld ab. Folglich besteht ein zentrales Anliegen dieses Werkes darin, die Art und Weise herauszuarbeiten, wie institutionelle Rahmenbedingungen Menschen in ihren Versuchen, innovativ zu sein, aktivieren (oder deaktivieren). Eine Möglichkeit, diese Aktivierung/Deaktivierung zu konzeptualisieren, die den Baustein „Person" ausreichend berücksichtigt, wurde von Harrington (1999) vorgeschlagen: Er ist zu dem Schluss gekommen, dass es eine Frage der *Güte der Übereinstimmung* ist zwischen dem im Arbeitsfeld gebotenen Bedingungen und den persönlichen Eigenschaften der im Arbeitsfeld tätigen Menschen. Wenn der Grad der Übereinstimmung für die Generierung wirksamer Neuheit förderlich ist, bezeichnen wir das Umfeld als „kongenial", weil es organisationsinterne Bedingungen bietet, die die Innovationskraft der innovativen Menschen in der Organisation fördern.

Der im Kap. 5 eingeführte erweiterte Vierfelder-Ansatz (s. Tab. 5.1) bietet Einsichten in die Bedeutung von „Übereinstimmung". Die Klassifikation von sozialen Umfeldern in Bezug auf (a) den Grad der Toleranz von Menge und Art der Innovation und (b) Prozess-/Produktorientierung kann auf z. B. Produktherstellungs-, Vertriebs-, Personal- oder Finanzabteilungen im Arbeitsumfeld übertragen werden. Dadurch können eventuelle grundlegende Unterschiede erkannt und sachgerecht besprochen werden. Ähnliches gilt für Führungskräfte, Arbeitsteams, Einzelpersonen usw. Der Grad der Übereinstimmung ist besonders dann stark ausgeprägt, wenn sich Manager, individuelle Arbeitskräfte und Operationsabteilungen alle in der gleichen „Zelle" im Sinne der erweiterten Tab. 5.1 befinden. Die um Orientierung erweiterte Tab. 5.1 kann als Ausgangspunkt für ein Schema dienen, das eine Diagnose des Grades dieser Übereinstimmung ermöglicht.

Kongeniale Bedingungen für innovative Menschen umfassen:

- eine hohe Risikobereitschaft des Managements, das gewagte Versuche und dgl. toleriert/ fördert;
- die Toleranz für disruptive Neuheit;
- die Bereitstellung entsprechender Ressourcen (nicht nur materiellen, sondern auch menschlichen);
- die Belohnung von Abweichungen vom Üblichen.

Diese unterscheiden sich nicht wesentlich von den Faktoren, die in Zusammenhang mit dem sozialen Umfeld besprochen wurden. Allerdings ist die Art und Weise, wie sie im Arbeitsumfeld eine Rolle spielen, etwas anders als im sozialen Umfeld. Die Qualität, die Quantität und der Zeitablauf dieser Faktoren beeinflussen die Herstellung, Auswertung und Umsetzung von Neuerungen. Sehr kongenial im Sinne der Innovationsförderung ist z. B. eine Kombination im Arbeitsumfeld von (a) der Förderung von Risikobereitschaft; (b) der Toleranz von radikaler Neuheit; (c) der Bereitstellung von ausreichender Zeit und anderen Ressourcen (Finanzierung, Laborgeräte, Zugang zu Informationen usw.) und (d) einem hohen Maß an Anerkennung und Belohnung für diejenigen, die vom Üblichen abweichen (z. B. Beförderung, Prämien).

Die positiven Auswirkungen solcher Umstände auf die Menschen im Arbeitsumfeld bleiben nicht auf die Förderung des divergenten Denkens beschränkt (d. h. auf die kognitiven Aspekte von Innovation). Sie fördern auch andere günstige Eigenschaften; zum Beispiel:

- eine positive Einstellung zur Generierung von Neuheit;
- einen positiven, sozialen Status von kreativen Menschen in Teams;
- ein positives Selbstbild unter divergent Denkenden;
- die entsprechende Motivation (zum Beispiel Drang nach Neuem, Risikobereitschaft, Toleranz für Mehrdeutigkeit);
- die Bereitschaft, innovationsförderliche persönliche Eigenschaften zum Ausdruck zu bringen (z. B. Offenheit, Nichtkonformität, Unabhängigkeit, Flexibilität).

Ein kongeniales Arbeitsumfeld kann absichtlich herbeigeführt werden. Nach Mathisen und Einarsen (2004, S. 119), zeichnen sich innovationsfördernde Organisationen aus durch:

- ehrgeizige Ziele, die Unzufriedenheit mit dem Status quo fördern;
- Freiheit und Autonomie in (a) der Wahl von Aufgaben und (b) der Entscheidung, wie sie durchgeführt werden;
- Förderung von Ideen;
- Bereitstellung ausreichender Zeit (für die Erstellung von Ideen);
- Feedback, Anerkennung und Belohnung;
- Verzicht auf Sanktionen, wenn mutige Versuche schief gehen;
- Interesse für Exzellenz;
- Erwartung und Unterstützung der Kreativität;
- Erlaubnis, sich auf Risiken einzulassen;
- Toleranz von Fehlern;
- lose definierte Ziele (oder klar definierte Ziele mit der Möglichkeit, sie infrage zu stellen).

Ein bekanntes Beispiel für ein spezifisch und absichtlich auf die Herstellung eines kongenialen Umfelds fokussiertes Programm ist das „Lockheed Martin Skunk Works® Konzept". Dieses ist verantwortlich für das Entwicklungsprogramm des Unternehmens. Es ergibt sich aus den Programmen, die im Zweiten Weltkrieg zur Entwicklung moderner Kampfflugzeuge eingesetzt wurden. Heutzutage ist der Begriff gleichbedeutend mit kleinen und lose strukturierten Teams, die Projekte durchführen, bei denen das primäre Ziel die Innovation ist. Typischerweise arbeitet ein Skunk Works mit einem hohen Maß an Unabhängigkeit von normalen Management- und Kontrolleinschränkungen, und ist vor Beeinflussung durch bekanntlich erfolgsgewohnte Führungskräfte geschützt. Ein Skunk Works funktioniert außerhalb der normalen Regeln der Produktentwicklung, arbeitet physikalisch vom Hauptsitz der Muttergesellschaft getrennt und mit minimalem Kommunikationsaufwand. Außerdem genießt die Gruppe eine starke Autonomie. Deswegen kann das Skunk Works nach der schnellen Entwicklung neuartiger Produktkonzepte streben, die anschließend in einen normalen Arbeitsablauf eingefügt werden. Einige der Regeln von Skunk Works, die für die gegenwärtige Diskussion relevant sind:

- Die Teams müssen über ein hohes Maß an Autonomie verfügen,
- Projektteams müssen klein gehalten werden (in der Regel nur 10–25 % der normalen Teams);

- Anforderungen an die Berichterstattung müssen auf ein Minimum beschränkt werden;
- Ein hohes Maß an Kooperation und Kommunikation zwischen Produktentwicklern und Kunden muss aufrechterhalten bleiben;
- Belohnungssysteme müssen auf Ergebnissen basieren.

Die Bell Labs bieten ein weiteres anschauliches Beispiel dafür, wie ein innovationsförderliches Arbeitsumfeld geschaffen und gefördert werden kann (Gertner 2012). Es gibt immer mehr Hinweise auf die Rolle einfacher physikalischer Faktoren bei der Förderung der Innovation. Dul et al. (2011) zum Beispiel untersuchten die Auswirkungen der physischen Aspekte des Arbeitsumfelds auf die Innovation. Sie stellten fest, dass physikalische Faktoren wie u. a. das Vorhandensein von Pflanzen, das Dekor, visueller Zugang zur äußeren Umgebung und eine geeignete Beleuchtung innovationsförderlich wirkten.

Die institutionelle Sklerose: Widerstand im Arbeitsumfeld

Ein großes Problem hinsichtlich des Arbeitsumfelds liegt allerdings darin, dass Organisationen der Einführung von Neuheit oder sogar geringfügiger Änderungen widerstreben, wie psychologische Analysen gezeigt haben (Katz und Kahn 1978). Florida (2011, S. 19) bezog sich auf die Arbeit von Olson (1982), der die Art und Weise, wie Organisationen Wandel widerstehen, diskutierte. Olson betonte, dass, wenn eine Organisation gediehen ist, es für sie schwierig oder sogar unmöglich wird, Änderungen zu akzeptieren, unabhängig davon, wie wirksam sie sein dürften. Olson nannte dieses Phänomen „institutionelle Sklerose" – Verhärtung der organisationalen Arterien. Die Normen des Arbeitsumfelds sind so stark verwurzelt, dass die Organisation Neuigkeiten hartnäckig ablehnt. Sklerose führt nicht selten dazu, dass innovative Menschen niedergetrampelt und die Einführung und Nutzung von effektiver Neuheit mehr oder weniger ausgemerzt werden. Wie kann dies verhindert werden, und wie kann Widerstand im Arbeitsumfeld durchbrochen werden?

Förderer und Bremser

Nicht nur die Art und Weise, wie eine Organisation aufgebaut ist – der physische Aufbau, die Organisationskultur, die Machthierarchien u.s.w. –, ist für die Förderung/Hemmung der Innovation entscheidend. Einzelne Menschen spielen auch eine wichtige Rolle, nicht nur als aktive Innovatoren, sondern auch als Moderatoren der Innovation anderer Akteure im Arbeitsumfeld. Treffinger (1995) machte auf die Rolle im Arbeitsumfeld von „Bremsern" (Menschen oder Umstände, die die Innovation hemmen) und „Förderern" (Menschen oder Umstände, die die Generierung von Neuheit erleichtern) aufmerksam. Obwohl auch räumliche und sachliche Ressourcen, finanzielle Mittel oder die Organisation von Arbeitsabläufen usw. die Innovation fördern bzw. hemmen können, in diesem Abschnitt wird der Schwerpunkt auf menschliche Förderer bzw. Bremser gelegt.

Die Rolle von Förderern lässt sich im artistischen Bereich besonders klar erkennen. An Sergei Diaghilev, zum Beispiel, erinnert man sich als den Vater des russischen Balletts, und Igor Strawinsky gilt als einer der berühmtesten in Russland geborenen Komponisten. Aber: Beide waren *Jura*studenten an der Universität in St. Petersburg um 1900. Während sie noch Jurastudenten waren, gelangten beide unter den Einfluss des verehrten Musikers Nikolai Rimsky-Korsakov. Er gab den beiden jungen Männern den Ratschlag, das Studium der Rechtswissenschaft aufzugeben und sich auf die Musik zu konzentrieren, obwohl er Diaghilev nahelegte, nicht zu versuchen, Komponist zu werden. Daraufhin fokussierte sich Diaghilev auf das Ballett. Rimsky-Korsakovs Einfluss auf Strawinsky und Diaghilev führte vielleicht zu einem Verlust für die Rechtswissenschaft, aber zu einer großen Bereicherung der Weltmusik. Obwohl Rimsky-Korsakov niemals bei den künstlerischen Leistungen, weder von Diaghilev noch von Strawinsky eine aktive Rolle spielte, war sein Einfluss als Förderer ihrer Kreativität entscheidend.

Das entgegengesetzte Beispiel (wie ein Bremser eine wirksame Neuigkeit blockierte, und dadurch sich selbst Schaden zufügte) ist im Rahmen der Entwicklung neuer U-Boot-Technologie in Deutschland vor und während des Zweiten Weltkriegs zu sehen. Im Jahre 1934 entwickelte Hellmuth Walter, ein Ingenieur bei Germania in Kiel, ein neuartiges Antriebssystem für U-Boote auf Basis von Wasserstoffperoxid als Brennstoff. Der Vorteil eines solchen Systems ist, dass kein atmosphärischer Sauerstoff für die Verbrennung erforderlich ist. Dies bedeutet, dass U-Boote mit diesem System für längere Zeit unter Wasser bleiben und viel höhere Geschwindigkeiten erreichen können. Bedauerlicherweise für Walter (und zum Glück für die westlichen Alliierten) wurde die Idee von der deutschen Kriegsmarine abgelehnt, weil die Verantwortlichen der Meinung waren, dass eine Geschwindigkeit von 30 Knoten anstatt der herkömmlichen 7 unter dem Wasser unmöglich wäre. Walter beharrte, und im Jahre 1937 fand er einen Befürworter, den (damaligen) Kapitän Karl Dönitz. Mit Dönitzs Hilfe erhielt Walter einen Vertrag, und im Jahre 1939 baute er einen Prototyp. Als dieses Boot seine Leistungsfähigkeit erfolgreich unter Beweis stellte, bekam Walter einen Vertrag. Aber Dönitz, jetzt Leiter des deutschen U-Boot-Diensts, wollte keine Mittel aus dem Programm für den Bau konventioneller Boote abzweigen, und er vereitelte das Projekt.

Eine umfassende Studie britischer Schriftsteller des 20. Jahrhunderts (Crozier 1999) ist zu dem Schluss gekommen, dass Unterschiede in ihrer Produktivität weitgehend auf den Einfluss „sozialer Unterstützungsfaktoren" zurückzuführen waren. Csikszentmihalyi (1988) postulierte, dass im Leben einzelner Schöpfer „soziale Unterstützungsnetzwerke" ein wesentlicher Faktor für die Kreativität sind. Dazu gehören Eltern und Lehrer, Mentoren, Kollegen und Vorgesetzte. In einer Diskussion über die Einführung von Neuheit in Organisationen betonten Mumford und Moertl (2003) die entscheidende Rolle eines „überzeugenden und wirksamen Fürsprechers" (S. 264); mit anderen Worten, eines Paten.

Förderer scheinen unter anderem für die Unterstützung der intensiven Motivation wichtig zu sein, die oft nötig ist, um innovatives Verhalten aufrechtzuerhalten. Petersens (1989) Untersuchung über Hobby-Autoren verdeutlichte die Wichtigkeit der Unterstützung durch andere Menschen. Diese förderten die Fähigkeit der Autoren, Schreibblockaden zu überwinden und motiviert zu bleiben. Dieser Befund zeigt die Bedeutung des sozialen Unterstützungssystems nicht nur für die anerkannte Kreativität, sondern auch für die Alltagskreativität (für eine eingehendere Diskussion der verschiedenen Ebenen der Kreativität siehe zum Beispiel Beghetto und Kaufman 2007). Wie Bloom und Sosniak (1985) zeigten, brauchen Förderer nicht mächtige Figuren wie Rimsky-Korsakoff oder Dönitz zu sein. Sie können auch normale Menschen wie zum Beispiel eine Grundschullehrerin oder eine Kollegin im Unternehmen sein. Also: Einige Förderer erregen, aktivieren oder ermuntern innovative Verhaltensweisen in anderen, ohne selbst innovativ zu sein. Im Arbeitsumfeld bedeutet dies, dass Führungskräfte eine innovative Rolle dadurch spielen können, dass sie die Innovation ihrer Kollegen freisetzen.

Eine wichtige Funktion von Förderern besteht darin, den Innovatoren einen sicheren Raum zu bieten, in dem sie Regeln ohne Strafe brechen können, und sie vor sozialen und organisationalen Sanktionen (z. B. Kürzung von Projektmitteln, Ablehnung durch Kollegen, Kündigung) zu schützen. Eine weitere ist, ihnen eine positive Perspektive auf sich selbst zu bieten, zum Beispiel die Bestätigung, dass ihre Ideen nicht verrückt, sondern innovativ sind. Diese Anerkennung kann den Mut wecken, sich anders als die anderen zu verhalten; zum Beispiel Grenzen ohne Risiko oder Schuldgefühle zu testen. Förderer können innovativen Menschen auch helfen, ihre Ideen anderen schmackhaft zu machen, d. h. sozusagen als advocatus diaboli auftreten.

Das organisationale Klima

Neben verhältnismäßig konkreten und gezielten Förderern und Bremsern kann man auch von einer allgemeineren Dimension des Arbeitsumfelds sprechen, die die Innovation fördert bzw. hemmt: dem „Klima". Siegel und Kaemmerer (1978, S 554), unter Berufung auf Litwin und Stringer (1968), fokussierten sich auf konkrete Aspekte des Klimas und definierten es folgerichtig als „eine Reihe messbarer Eigenschaften des Arbeitsumfelds, die von im Umfeld aktiven Menschen wahrgenommen werden, und deren Motivation und Verhalten beeinflussen". Diese Eigenschaften umfassen:

- die Anerkennung des Wertes der Generierung von Neuheit mittels z. B. Beförderungen oder Lohnerhöhungen;
- die Anwendung von Entscheidungsprozessen, die den Wandel nicht unterdrücken, indem sie in einem Sumpf von Diskussionen und Prozederen versinken;
- den Kontakt mit Modellen innovativen Verhaltens;
- die Bereitstellung geeigneter Möglichkeiten zur Generierung und Verwertung von Neuheit;
- die Anwesenheit von Menschen, die die Generierung von Neuheit ermutigen.

Wie es Ekvall (1996, S. 105) erklärte, ist ein organisationales Klima auch eine Empfindung in den Köpfen der Menschen, die in der Organisation tätig sind: „ein Konglomerat von Einstellungen, Gefühlen und Verhaltensweisen, die für das Leben in einer spezifischen Organisation typisch sind". Dieses Konglomerat beinhaltet u. a. das Gefühl, dass die Generierung von Neuheit willkommen ist und dass Menschen, die es erzeugen, respektiert werden. Es beinhaltet auch Faktoren wie Gefühle von Toleranz und Sicherheit. Diese definieren auch ein kongeniales Umfeld (s. oben).

Teams und Innovation

Eine Quelle für innovationsförderlichen Lösungsdruck in Organisationen sind die Teams, die häufig gebildet werden. Laut Harrington (1999, S. 333) können Teams eine „reaktive" oder ein „nährende" Rolle spielen. Paulus (1999) listete eine Reihe positiver Auswirkungen auf, die sich aus der Arbeit in einem Team ergeben. Das Team kann:

- umfassendere und vielfältigere Informationen als eine Einzelperson zur Verfügung stellen;
- innovative Aktivitäten motivieren;
- Modelle bereitstellen;
- Feedback geben.

Einer der am häufigsten zitierten Vorteile der Arbeit in Teams ist der positive Effekt, den Teams für die Ideenproduktion und folglich für die frühen Phasen des Innovationsprozesses haben. VanGundy (1984) wies darauf hin, dass Teams in der Regel:

- mehr Wissen besitzen;
- das Interesse von Gruppenmitgliedern wecken;
- eine breitere Perspektive auf das Problem entwickeln;
- mehr und bessere Ideen entwickeln;
- gewagtere Entscheidungen treffen;
- mehr Kandidatenlösungen bieten;
- die Wirksamkeit von Kandidatenlösungen eingehender prüfen;
- die Offenheit der Organisation für neuartige Lösungen erhöhen;
- zu einer größeren Zufriedenheit mit Lösungen führen.

Darüber hinaus verbessern Teams die Implementierung von Lösungen. Dies ist kaum verwunderlich, weil eine Lösung, die von einem Team angeboten wird, die Unterstützung einer Gruppe von Befürwortern (die Mitglieder des Teams) schon hat, wohingegen eine Lösung, die von einer Einzelperson stammt, alleine dasteht. VanGundy (1984) schlussfolgerte, dass Teams Probleme am effektivsten lösen, die durch Arbeitsteilung gelöst werden können, entweder weil das Problem in einzelne Bereiche zerlegt werden kann, in denen Teil-Teams gleichzeitig arbeiten können, oder weil es in aufeinanderfolgende Stadien unterteilt werden kann, die nacheinander bearbeitet und gelöst werden können.

Aber Gruppen können die Innovationen auch hemmen. Larey und Paulus (1999) verzeichneten eine Anzahl hemmender Tendenzen in Teams:

- Trittbrettfahrertum (Einzelpersonen reduzieren ihre Anstrengung und überlassen sie dem Team);
- Evaluationsfurcht (Angst vor negativen Reaktionen der anderen);
- Produktionsdominierung (eine Person dominiert und blockiert andere);
- soziale Erwünschtheit (Menschen stellen sicher, dass ihre Vorstellungen mit denjenigen der Gruppe übereinstimmen);
- Abstimmung nach unten (aus einem Gefühl der Solidarität sinkt die Norm auf das Niveau des schwächsten Teammitglieds);
- Fokus auf allgemein bekannte Informationen (aufgrund der eben aufgeführten Faktoren werden Spezialkenntnisse von Einzelpersonen verborgen gehalten);
- übereilige Schließung (um den Frieden zu bewahren oder wegen des Drangs, demokratisch oder respektvoll zu sein, vereinbaren sich Teammitglieder zu schnell);
- feste Rollen oder eine feste Machtstruktur (in der Gruppe gibt es Führer und Anhänger; erstere besitzen Autorität und die anderen tun, was ihnen gesagt wird).

Zahlreiche Studien haben gezeigt, dass das Team-Brainstorming weniger Ideen hervorbringt als der Fall ist, wenn die gleiche Anzahl von Individuen allein arbeiten (Paulus, 1999). Anscheinend halten einige Mitglieder ihre Ideen zurück, wenn sie in einer Gruppe arbeiten, möglicherweise wegen der Faktoren, die gerade aufgeführt worden sind. Dies ist besonders dann der Fall, wenn die Einzelpersonen, die im Team zusammenkommen, alle über das gleiche Wissensfundament verfügen: Das Team erweitert die vorhandenen Fachkenntnisse nicht oder fügt keine neuen Perspektiven hinzu, sondern hat lediglich mehr Leute, die am selben Wissen arbeiten.

Wie Puccio (1999) hervorhob, zeigt die Forschung auch auf, dass die Wirksamkeit von Teams (sein Interessensschwerpunkt war das Brainstorming) bei der Generierung wirkungsvoller Neuheit (im Gegensatz zu der Herstellung einer Vielzahl konventioneller Ideen) stark von der Anzahl der hoch innovativen Menschen im Team abhängt. Teams ohne Innovatoren generieren nicht viel effektive Neuheit. Sie nutzen lediglich das, was in der Gruppe zur Verfügung steht, so gut wie sie es können, um das Altbekannte folgerichtig aufzubauen. Sie konstruieren nichts, das die Einzelbeiträge der Individuen im Team transzendiert. Das Team ist einfach die Summe der Glieder in der Kette, nicht eine neue Einheit (oder das Ganze ist nicht größer als die Summe der Teile). Das Interesse für Gruppen/ Teams und Innovationen nimmt ständig zu. Entsprechende Abhandlungen sind u. a. Baer et al. (2008), die Aspekte der Teamzusammensetzung und Persönlichkeit untersuchten und Paulus und Nijstad (2003), die eine Reihe von Themen rund um Gruppen und die Kreativität bearbeiteten. Mumford (2011) setzte sich mit einer breiten Palette von Themen aus dem Bereich Organisationen zusammen, einschließlich der Rolle von Gruppen/Team-Faktoren in der Kreativität und der Innovation.

Die Teamarbeit

Ein Team besteht aus einer Ansammlung von Menschen. Die Teamarbeit ist ein Merkmal dessen, was diese Menschen zusammen tun. Ein Team kann schlecht zusammenarbeiten oder aber es kann so gut funktionieren, dass es weit mehr erreicht, als die Einzelmitglieder getrennt erreicht hätten. Erfolgreiche Teamarbeit führt zu einem Ergebnis, das mehr als die Summe der Teile ist; sonst hätte sie keinen Sinn. Aspekte dieses Zustands liegen den von VanGundy (1984) beschriebenen Vorteilen zugrunde (s. oben). Abra (1994) zeigte, dass die Durchführung spektakulärer Durchbrüche oft eine Zusammenarbeit mit anderen erfordert. Sir Harold Kroto (1996 Nobelpreisträger in der Chemie für seine Entdeckung von Fullerenes) und William Phillips (1997 Nobelpreisträger in Physik für seine Entwicklung von Methoden zum Abkühlen und Abfangen von Atomen mit Laserlicht) sind zwei Beispiele für zeitgenössische Nobelpreisträger, die im Laufe einer Diskussion ihrer eigenen Innovationsprozesse Teamarbeit betonten. Kroto (Frängsmyr 1997) argumentierte, dass ein Konkurrenzkampf um jeden Preis vermieden werden müsse. Im Nobel-Preis-Vortrag für das Jahr 1997 betonte Phillips, dass er immer in einem Team gearbeitet habe. Er gab Beispiele für die förderliche Funktion des Teams: „Ausprobieren von Ideen", „Rückmeldungen von anderen Teilnehmern", „Vorschläge von anderen Mitgliedern", „Stellen von Fragen" und „Beantwortung der Fragen anderer Menschen".

Trotz der mit der Arbeit in Teams zusammenhängenden Vorteile, die eben dargestellt wurden, bleibt es doch riskant, sich für eine Innovation stark zu machen. Die Folge ist, dass die Bereitschaft, vor anderen innovativ zu sein, durch die Angst gehemmt wird, in der Öffentlichkeit falsch dazustehen, sich der Kritik anderer Menschen auszusetzen oder dumm auszusehen. Die Generierung von Neuheit hängt auch mit der Unzufriedenheit mit dem Status quo zusammen und dies kann es notwendig machen, sich gegen das Team zu stellen oder eine Situation, die das Team als akzeptabel betrachtet, abzulehnen. Infolgedessen sind der Mut und die Bereitschaft erforderlich, alleine zu stehen. In einer solchen Situation kann ein Förderer von großem Wert sein. Was klar zu sein scheint, ist, dass es große Vorteile für Innovationen gibt, wenn Teams eingesetzt werden; diese müssen allerdings mit Sorgfalt und Verständnis gemanagt werden (was die Innovation hemmen kann). Ein Großteil der Arbeit moderner Organisationen erfolgt in Teams, und es ist daher eine wichtige Aufgabe der Führungskräfte, das Zusammenspiel in Teams zu verstehen.

Geschlechtszugehörigkeit und Innovation

Ein weiterer psychologischer Mechanismus, durch den das soziale Umfeld die Innovation beeinflusst, kann anhand der angeblichen Verbindung zwischen der Innovation und der Geschlechtszugehörigkeit verdeutlicht werden. Entsprechende Diskussionen sind keine Seltenheit. Eine hilfreiche Herangehensweise an die Thematik befindet sich in einem Bericht von Lipman-Blumen (1996): Sie unterschied zwischen männlichen und weiblichen „Leistungsstilen". Tab. 6.1 fasst einige angebliche Unterschiede zwischen den Stilen

Tab. 6.1 Die stereotypen „Leistungsstile" von Männern und Frauen[a]

Psychologischer Bereich	Stereotypen	
	Weiblich	Männlich
Kognition	• konkret • eng fokussiert • konvergent • intuitiv	• abstrakt • breit fokussiert • divergent • logisch
Motivation	• gibt schnell auf • vermeidet Risiken • vermeidet Versagen • reaktiv • verfolgt langfristige Ziele	• beharrlich • risikobereit • strebt nach Erfolg • proaktiv • verfolgt kurzfristige Ziele
Persönlichkeit	• vorsichtig • empathisch • furchtsam • sensibel • gefühlsorientiert • mangelt an Selbstbewusstsein • verantwortungsvoll	• wagemutig • egozentrisch • aggressiv • empfindungslos • ideenorientiert • selbstbewusst • waghalsig
Soziale Eigenschaften	• sympathisch • will beliebt sein • mitteilsam • bescheiden • akzeptiert es, dominiert zu werden • fügsam • gibt vor Kritik auf	• zielgerichtet • will respektiert werden • schweigsam • will im Rampenlicht stehen • versucht, andere zu dominieren • fordert Autorität auf • wehrt sich vor Kritik

[a]Diese Tabelle wurde A. J. Cropley (2002, S. 83) entnommen.

zusammen. Allerdings stufen wir diese Unterschiede eher als Stereotypen ein, d. h. als sozial zugewiesene Rollenerwartungen.

Trotz dieses Befunds und obwohl die Geschlechterprofile in Tab. 6.1 als nichts mehr als Stereotypen gelten, haben sie für die Art und Weise, wie weibliche Führungskräfte von ihren Vorgesetzten betrachtet werden, Folgen. Wie Millward und Freeman (2002) zeigten, gibt es Anzeichen dafür, dass die Stereotypen Verhalten in Organisationen beeinflussen, und somit Dinge wie die Übertragung von Verantwortung und die Beförderung beeinflussen. Darüber hinaus haben die Stereotypen Auswirkungen auf das tatsächliche Führungsverhalten von Frauen, die selbstverständlich mit ihnen vertraut sind. Schein (1994, 2001) ist zu dem Schluss gekommen, dass die Stereotypen weibliche Führungskräfte von Beginn ihrer Karriere an plagen. Also können die Auswirkungen von Stereotypen im sozialen Umfeld auf Organisationen dazu führen, dass sie auf eine erhebliche menschliche Ressource (die Potenziale weiblicher Kollegen) verzichten.

Sozial zugewiesene Rollenerwartungen

Ein wichtiger Mechanismus, durch den die Stereotypen das Verhalten von Frauen und Männern beeinflussen sind die Rollenerwartungen, sowohl im sozialen Umfeld als auch im Arbeitsumfeld. Scott und Bruce (1994) zeigten, dass diese Erwartungen auch direkte Auswirkungen auf das Verhalten der Frauen selbst haben. Zum Beispiel, erwarten nicht ausschließlich die männlichen Manager, dass ihre weiblichen Kollegen Risiken vermeiden werden. Auch die Frauen selbst verhalten sich stereotypkonsistent – schließlich sind auch sie mit den Stereotypen und den damit verbundenen Rollenerwartungen vertraut und stereotypenanfällig. Somit üben ungünstige Faktoren im sozialen Umfeld Druck auch im Arbeitsumfeld und im persönlichen Umfeld aus; ein einleuchtendes Beispiel für die Wechselwirkungen im gesamten System. Lipman-Blumen (1996) führte eine umfassende Analyse der männlich-weiblichen Stereotypen und die Art, wie die unterschiedlichen Leistungsstile von Männern und Frauen im Laufe der psychologischen Entwicklung eingeprägt werden. Sie identifizierte eine Reihe von psychologischen Mechanismen, die am Werk sein könnten:

• die Nachahmung;
• die Identifikation mit der Mutter und ihrer Rolle;
• die differenzierte Verstärkung durch Eltern, Lehrer, Gleichaltrige usw. von Verhaltensweisen, die als gendergerecht betrachtet werden;
• der Glaube, dass klare Geschlechtsrollen für die gesunde psychologische Entwicklung unentbehrlich sind.

Die eben besprochenen Geschlechtsrollen mögen also vielleicht lediglich Stereotypen sein. Trotzdem können die Ideen des sozialen Umfelds darüber, was bei Männern und Frauen „normal" ist, die persönliche Neigung von Frauen, sich innovativ zu verhalten, deutlich beeinträchtigen. Dies erfolgt u. a. durch Internalisierung der Klischees durch die Frauen selbst und durch die Beeinflussung ihres Selbstbilds, ihrer Ambitionen (Motivation), ihrer Gefühle und Stimmungen in wichtigen Situationen (etwa Darstellung unerwarteter Ideen trotz Widerstand) und ihrer Reaktion auf Feedback von anderen Mitgliedern eines Teams.

Wenn die im Kap. 4 dargestellten persönlichen Voraussetzungen für Kreativität mit den in Tab. 6.1 aufgelisteten Klischees von männlich und weiblich gegenübergestellt werden, wird schnell deutlich, dass das männliche Stereotyp mit den Voraussetzungen für Innovation viel besser passt als das weibliche. Demgegenüber jedoch kam ein kürzlich vom Anita-Borg-Institut (USA) veröffentlichtes Papier (2014) zu dem Schluss, dass in der Tat Unternehmen, in denen es mehr Frauen in Schlüsselrollen gibt, mehr Produkte und Dienstleistungen entwickeln, die den Bedürfnissen des Marktes entsprechen (d.h die relevant und wirksam sind). Ganz konkret berichteten sie, dass Unternehmen mit mehr Frauen in Führungspositionen besser in der Lage sind, Kosten zu senken, das Leistungsniveau zu erhöhen und Fluktuation in der Belegschaft zu reduzieren. In psychologischer Hinsicht machte das Papier darauf aufmerksam, dass die Beteiligung von Frauen Innovation unter anderem dadurch fördert, indem sie neue Erkenntnisse und Perspektiven in die Ideenfindung von Gruppen einbringen.

D. H. Cropley und Cropley (2017) untersuchten den Zusammenhang zwischen Gender, Innovation und Arbeitsumfeld in einem Unternehmen mithilfe des IPAI (*Innovationsphasenbezogenes Auswertungsinstrument*; engl.: Innovation Phase Assessment Instrument; s. Kap. 10). Diese Skala umfasst das Arbeitsumfeld, wie es von Mitarbeitern wahrgenommen wird. Die Skala liefert Werte für die „Allgemeine Innovationsfähigkeit" (AIF) einer Organisation. Darüber hinaus misst das Instrument auch "Organisationsklima" (OK), "Allgemeine Innovationsfähigkeit" (EIG) und „Kognitive Prozesse" (KP). Die Datenanalyse zeigte, dass die Anzahl von Frauen in sieben verschiedenen Arbeitseinheiten (z. B. Fertigung, Finanzen, Vertrieb, Personalwesen) mit der allgemeinen Innovationsfähigkeit *negativ* korrelierte: je mehr Frauen in einer Arbeitseinheit, desto schlechter werteten die Mitarbeiter die allgemeine Innovationsfähigkeit der Organisation aus. Auf den ersten Blick scheint dieser Befund zu suggerieren, dass Frauen weniger innovativ als Männer sind, d. h. den Stereotyp zu unterstützen.

Aber eine differenzierte Analyse der Skalenwerte zeigte, dass es keine geschlechtsbezogenen Unterschiede hinsichtlich dem Baustein „Person" gab. Die EIG-Werte (etwa individuelle Motivation zur Innovation oder positive Gefühle in Zusammenhang mit der Generierung neuer Ideen) unterschieden sich zwischen Frauen und Männern nicht. In Bezug auf kognitive Prozesse in der Organisation waren die weiblichen Arbeitskräfte sogar zufriedener als die männlichen. Mit anderen Worten gab es keine wesentlichen geschlechtsbezogenen Unterschiede hinsichtlich „Person" und „Prozess". Die negative Auswirkung von Gender auf die wahrgenommene Innovationsfähigkeit des Unternehmens ergab sich aus Unterschieden hinsichtlich dem Organisationsklima. Auf praktischer Ebene deutet dies darauf hin, dass es nicht die von den Geschlechtern mitgebrachten persönlichen Qualitäten sind, die ihre Innovationsfähigkeit beeinflussen. Eher sind es Merkmale des Arbeitsumfelds, insbesondere die Art und Weise, in der Männer und Frauen den Problemlösungsdruck im Arbeitsumfeld wahrnehmen (Organisationsklima). Demzufolge wird eine schlichte Erhöhung der Anzahl von Frauen in innovationsempfindlichen Positionen nicht von sich aus die organisationale Kreativität erhöhen: Nötig sind qualitative Veränderungen in Bereichen wie Machtstrukturen, Managementstil, Informationsflüsse und Belohnungssystem.

Überblick und Ausblick

Der Lösungsdruck ergibt sich aus zwei Umgebungen, in denen die Innovation stattfindet. Das externe, soziale Umfeld – die Gesellschaft im Allgemeinen – bestimmt darüber, wer innovativ ist, was innovativ ist und wie viel und welche Art von Neuheit akzeptabel ist. Dieses Umfeld schafft eine Grundordnung, innerhalb der innovative Organisationen operieren müssen. Die interne Umgebung, das Arbeitsumfeld, prägt das unmittelbare Klima, in

dem Individuen interagieren, um am Prozess der Innovation teilzunehmen. Der Lösungsdruck ist das Bindeglied zwischen diesen Umfeldern und dem Individuum. Das soziale
Umfeld und das Arbeitsumfeld unterstützen (oder hemmen) den Innovationsprozess.

Durch die Anpassung des in der psychologischen Kreativitätsdiskussion üblichen
4P-Ansatzes, der zu einem 9-Komponenten-Ansatz geworden ist, hat die in diesem Buch
vorgestellte psychologische Analyse von Innovationen in Organisationen mehrere Innova-
tionsbausteine festgelegt. Diese Bausteine sind der Schlüssel zum Management von der
Innovation, und die verbleibenden Kapitel des Buches wenden sich nun dem Verständnis
der Bausteine zu. Allerdings wirft dieser Ansatz ein grundlegendes Rätsel auf, das gelöst
werden muss, wenn Führungskräfte Innovationsprozesse in ihren Organisationen fördern
möchten. Innerhalb eines gegebenen Bausteins vereinigen sich anscheinend gegenseitig
widersprüchliche Faktoren: z. B. sind sowohl das konvergente als auch das divergente
Denken für den Baustein „Prozess" unentbehrlich (Kap. 3). Ähnliche Paradoxien gibt es
hinsichtlich aller Bausteine, auf welche im nächsten Kapitel eingegangen wird.

Teil 2

Das Innovationsmanagement

Die Paradoxien der Innovation 7

Die Bausteine der Innovation umfassen zahlreiche widersprüchliche Zustände, die trotzdem beide wahr sind; z. B. Prozesse und persönliche Neigungen, die für die Innovation unentbehrlich sind, hemmen sie. Diese Widersprüche bilden die Paradoxien der Innovation. Führungskräfte müssen wissen, wann sie welchen Pol eines paradoxen Bausteins aktivieren sollten, um die Innovation zu fördern. Konzepte aus der Kreativitätsforschung ermöglichen es Innovationsmanagern, die Paradoxien in Einklang zu bringen.

Der praktische Einsatz der in der ersten Hälfte dieses Buches herausgearbeiteten psychologischen Analyse der Innovation wird durch das Problem erschwert, dass die Aus- und Wechselwirkungen der Bausteine und Umfelder der Innovation zahlreiche, scheinbar widersprüchliche Sachverhalte umfassen, die dennoch simultan wahr sind. In einer eingehenden Untersuchung analysierten Smith und Lewis (2011) Forschungsberichte in zwölf angesehenen Zeitschriften im organisationalen Bereich, die zwischen 1989 und 2008 erschienen waren. Sie identifizierten nicht weniger als 360 Artikel, die sich mit den Paradoxien der Innovation auseinandersetzten. Sie stellten fest, dass sich im Laufe von 20 Jahren die Anzahl der Paradoxon-Artikel in den von ihnen untersuchten Zeitschriften mit einer stetigen Wachstumsquote von etwa 10 % pro Jahr erhöht hatte. Also: An Diskussionen über die Innovationsparadoxien fehlt es in der organisationalen Literatur nicht. In der Tat gibt es Paradoxien im gesamten Kreativitäts-/Innovationssystem: Einige Beispiele sind in Tab. 7.1 aufgeführt (s. nächste Seite). Die in der Tabelle dargestellten Paradoxien bleiben auf breiter, allgemeiner Ebene und werden in diesem Kapitel lediglich allgemein skizziert. In den nachfolgenden Kapiteln werden sie ausführlicher und praxisbezogener diskutiert.

Von großer Bedeutung für dieses Buch ist die Schlussfolgerung von Smith und Lewis (2011, S. 382), dass es einen „Mangel an konzeptioneller und theoretischer Kohärenz" bei der Diskussion gibt. Es besteht kein klarer theoretischer Rahmen für die Konzipierung der Paradoxien der Innovation. Zum Glück liefert die Kreativitätstheorie durch ihre markanten

© Springer Fachmedien Wiesbaden GmbH 2018
D.H. Cropley, A.J. Cropley, *Die Psychologie der organisationalen Innovation*,
https://doi.org/10.1007/978-3-658-17389-0_7

Tab. 7.1 Beispiele für die Paradoxien von Innovation[a]

Bereich	Paradoxon	
	Schlussfolgerung	Konter-Schlussfolgerung
Meta-Ebene [die inhärerente Natur der Innovation]	Innovation zerstört Orthodoxie Innovation wirkt sich konstruktiv aus	Innovation zwingt Orthodoxie auf Innovation wirkt sich destruktiv aus
Das Soziale Umfeld [Innovation und Gesellschaft]	In der Gesellschaft gibt es einen Pro-Innovation Vorurteil Die Innovation löst soziale Probleme	In der Gesellschaft gibt es einen Anti-Innovation Vorurteil Die Innovation verursacht soziale Probleme
Das Arbeitsumfeld [Innovation und die Organisation]	Organisationen sind für Innovation offen Organisationen unterstützen innovative Mitarbeiter	Organisationen leisten gegen Innovation Widerstand Organisationen unterdrücken innovative Mitarbeiter
Der Baustein „kognitive Prozesse"	Innovation erfordert divergentes Denken Innovative Denkprozesse werden durch Wissen gehemmt	Innovation erfordert konvergentes Denken Innovative Denkprozesse werden durch Wissen gefördert
Der Baustein „persönliche Eigenschaften"	Der innovative Mensch erträgt Ambiguität Der innovative Mensch ist offen und flexibel beim Zielsetzen	Der innovative Mensch versucht, Klarheit zu schaffen Der innovative Mensch ist unbeirrbar zielstrebig
Der Baustein „persönliche Motivation"	Extrinsische Motivation hemmt die Innovation Ambiguitätstoleranz fördert die Innovation	Extrinsische Motivation fördert die Innovation Drang nach Eindeutigkeit fördert die Innovation
Der Baustein „zwischenmenschliche Faktoren"	Der innovative Mensch ist ein Einzelgänger Innovation erfordert Widerstand gegen die Masse (Querdenken)	Der innovative Mensch arbeitet am besten im Team Innovation erfordert die Berücksichtigung des Willens der Masse (sich anzupassen)

[a]Diese Tabelle erhebt nicht den Anspruch, eine erschöpfende Liste zu bieten, sondern sie versucht, die Bedeutung vom „Paradoxon" im Sinne dieses Kapitels zu verdeutlichen.

Verbindungen zur Innovationstheorie eine vielversprechende Ideenquelle für die Schaffung des notwendigen Rahmens. Die in früheren Kapiteln begonnene Dekonstruktion der Innovation, die in den späteren Kapiteln fortgesetzt wird, zeigt, dass die Paradoxien weder willkürlich noch zufällig sind, sondern systematisch und geordnet, so paradox es klingen mag. Infolgedessen können sie gemanagt werden. Die in diesem Buch explizit vertretene

Position ist sogar, dass angemessenes Management der Paradoxien für die effektive organisationale Innovation entscheidend ist.

Das Paradoxon der Innovation selbst

D. H. Cropley et al. (2010) lenkten die Aufmerksamkeit auf das, was man als „Meta-Paradoxon" der Innovation bezeichnen kann. Es besteht kein Zweifel daran, dass die Innovation in vielen Ländern in Bereichen wie dem Gesundheitswesen, der Nahrungsmittelproduktion, der IT, dem Straßenverkehr usw. zu beispiellosen Niveaus des menschlichen Wohlbefindens geführt hat. Allerdings hat sie auch unter anderem ABC-Waffen, Umweltzerstörung und neue Krankheiten herbeigeführt. Diese Krankheiten sind sowohl physisch, wie das RSI-Syndrom, als auch psychologisch, wie Computer-Spielsucht, oder sozial, wie Online-Mobbing oder die verminderte Fähigkeit, mit lebendigen Menschen im direkten Gegenüber zu interagieren. D. H. Cropley und Cropley (2013) diskutierten auch neue Formen des Verbrechens und des wirksameren Terrorismus, die durch Innovationen wie die digitale Kommunikationstechnologie ermöglicht oder zumindest erleichtert wurden. Folglich bringt die Innovation sowohl Gutes als auch Schlechtes.

Wahrscheinlich ist dies das auffälligste Paradoxon auf der Meta-Ebene: Die Innovation bring nicht nur Vorteile, sondern auch Nachteile mit sich. Im organisationalen Sinne können die Nachteile etwas spezifischer ausgedrückt werden. Unter anderem[1]:

1. Die Innovation verbraucht Ressourcen ohne jeglichen garantierten Nutzen: Die Erzeugung und Umsetzung wirksamer Neuheit ist schwierig und zeitraubend und bringt nicht immer ein positives Ergebnis.
2. Die Innovation schafft Probleme: Eine innovative Lösung für ein Problem kann zu neuen Problemen führen.
3. Die Menschen können mit Innovationen berauscht oder von ihnen verblendet werden: Eine voreilig konzipierte Innovation kann aus purem Innovationsrausch unüberlegt eingeführt werden.[2]
4. Die Innovation führt zu Konflikten: Diese können zwischen Individuen oder zwischen Gruppen (z. B. Arbeitseinheiten) zustande kommen.
5. Die Innovation zerstört bestehende Lösungen, die gut funktionieren: Sie kann die verbreitete Umsetzung guter aber bereits bekannter Lösungen blockieren, ohne notwendigerweise einen wirklichen Nutzen zu bringen, während die oben erwähnten Kosten weiterhin entstehen (Innovation um ihrer selbst willen).
6. Die Innovation blockiert andere Innovationen: Innovationen können das Entstehen alternativer Innovationen verhindern, zum Beispiel durch das Fixieren von dem Denken auf eine bestimmte neue Lösung, die die Entwicklung eines neuen Paradigmas blockiert.

---

[1] Diese Liste ergibt sich zum Teil aus Gabora und Tseng (2014), obwohl ihre Diskussion auf die Kreativität fokussierte.

[2] Dieses Problem wurde im Kap. 3 eingehender besprochen (s. Abb. 3.1).

7. Die inkrementelle Innovation kann radikale Innovation blockieren, auch wenn letztere eigentlich erforderlich ist: Erfolgreiches Basteln an dem, was bereits existiert, kann radikales Nachdenken verhindern. Der Erfolg des Automobils und seine stetige Nachbesserung wie etwa verbesserte Sicherheitsmaßnahmen oder Hybridantriebe (inkrementelle Innovation), blockieren echte Innovativen im Bereich der persönlichen Mobilität.

Demzufolge ist auf der Meta-Ebene ein Schuss Skepsis der Innovation gegenüber nicht ohne Sinn. Wie Gabora und Tseng (2014, S. 4) es formulierten, ist es sogar möglich, zu viel des Guten zu haben. Zusätzlich zur ständigen Innovation müssen Organisationen die positiven Aspekte der Art und Weise bewahren, wie sie bereits funktionieren. Ein enger Fokus auf die Entwicklung und Umsetzung disruptiver Innovationen auf Kosten der Vervollkommnung des bereits Existierenden birgt das Risiko, das Kind mit dem Bade auszuschütten. Im evolutionären Sinn ist eine Kombination von Neuheit und Kontinuität für das positive Wachstum eine wesentliche Voraussetzung. Anstatt unaufhörliche und ungehinderte Innovationen ist ein optimales Verhältnis zwischen Innovation und Erhaltung des Status quo unentbehrlich. Dies bedeutet, dass es paradoxerweise einen Nutzen darin gibt, die Innovation gleichzeitig zu begehren und abzulehnen. In organisationaler Hinsicht wird diese Spannung nicht selten als das Paradoxon von „Freiheit versus Realitätszwang" bezeichnet (z. B. Rosso 2014, S. 551).

Innovationen blockieren die Innovation

Goncalo, Vincent und Audia (2010) erörterten ein zweites Meta-Paradoxon: Die Generierung von Neuheit kann als Blockade zukünftiger Errungenschaften fungieren. Auf der Ebene der Einzelperson wurde schon vor vielen Jahren von Luchins (1942) gezeigt, dass Menschen dazu neigen, schon bekannte, altbewährte Lösungsstrategien zu wiederholen, auch wenn es inzwischen neue und bessere Lösungen gibt. In der Gestaltpsychologie spricht man von „funktionaler Gebundenheit" (engl.: „functional fixity"). Die Bedeutung der funktionalen Gebundenheit kann am Beispiel des Hammers verdeutlicht werden: Nägel werden ausschließlich mit dem Hammer eingehämmert, obwohl man dafür auch einen Schuh verwenden könnte. Die Funktion des Hammers ist jedoch an die Funktion des Einhämmerns und die Funktion des Schuhs an jene des Tragens am Fuss gebunden. Abstrakter verstanden bedeutet die funktionale Gebundenheit, dass bestimmte Arten von Problemen immer mittels einer bestimmten Art von Lösung zu lösen sind. Goncalo, Vincent und Audia gaben das Beispiel von Art Fry, dem Erfinder des Post-It©-Klebezettels. Jahrelang hatte er versucht, seine Idee für die Verwendung eines Klebstoffs, der *nicht* klebt – was der Grundidee von Klebstoffen zu widersprechen scheint – voranzutreiben. Schließlich wurde er als Erfinder einer hochinnovativen Neuigkeit (der Post-It©-Klebezettel) gefeiert. Daraufhin wurde er als der „Post-It©-Mann" überall anerkannt. Nach dem Erwerb dieses Titels soll er für alle neuen Probleme Varianten der nichtklebenden Klebstofflösung gesucht haben. Seine Stereotypisierung als der Post- It©-Mann und seine Akzeptanz dieser Rolle führten zu einer endlosen Fokussierung auf den ursprünglichen Durchbruch; diese Innovation blockierte weitere Innovation.

Wie im Kap. 5 betont wurde, wird ein Produkt nur dann öffentlich als kreativ bejubelt, wenn es von denen angenommen wird, die im entsprechenden Gebiet kenntnisreich sind, und es von diesen Personen in das Gebiet integriert wird. Durch diese Integrierung ändert eine Innovation nicht selten das bisherige Paradigma in einem Gebiet. Danach bildet sie selbst die neue Regelform. Folglich ist die Neuheit nicht mehr neu. Der Prozess der Akklamation als „innovativ" macht ein Produkt bekannt und daher ist es nicht mehr eine Innovation. Die Festlegung neuer Normen hat auch die Auswirkung, dass sie frühere Produkte, die zu ihrer eigenen Zeit Innovationen waren, redundant macht: Zum Beispiel der in der Jugend von A. J. Cropley absolut revolutionäre Transistor, der eine neue Konzipierung u. a. des tragbaren Radios einführte, wurde mit der Entwicklung des Mikrochips plötzlich völlig überholt.[3] Darüber hinaus können Innovationen noch unbekannte Neuerungen sozusagen vor der Geburt „abtreiben", indem sie das Paradigma, aus dem sich die noch nicht geborenen Neuheiten ergeben, im Voraus obsolet machen. Ein Beispiel ist das Kodak-Advantix-System, das schon vor seinem Erscheinen auf dem Markt zwecklos war, obwohl es neu, effektiv, anmutig und generativ war (leider fehlte nur die unentbehrliche Zweckmäßigkeit).[4]

Hull et al. (1978) führten eine interessante Untersuchung dieses inhärenten Problems der Innovation (Innovation ist ihr eigener intimster Feind) durch. Obwohl ihre empirischen Ergebnisse nicht eindeutig waren, nahmen sie eine Reihe von Diskussionen unter die Lupe, die sich mit den Schwierigkeiten befassten, die bestehende Paradigmen für neue Ideen aufwerfen, und mit dem Widerstand, den solche Ideen erwecken. Kurz gesagt: Sobald eine Innovation zum Paradigma in einem Feld wird, übernimmt sie den Status der Orthodoxie in diesem Bereich und provoziert Widerstand gegen nachfolgende Innovationen. Nach Max Planck (1948) müsste die ältere Generation der treuen Anhänger der alten Orthodoxie, die in der Vergangenheit selbst eine Innovation war, aussterben, bevor sich spätere Innovationen durchsetzen können. Thomas Huxley ging so weit, dass er – hoffentlich mit ironischer Absicht – vorschlug, dass alle Wissenschaftler[5] an ihrem sechzigsten Geburtstag erwürgt werden sollten, bevor sie zu „Verstopfungen am Fortschritt" werden (Huxley 1901, S. 117). Er war der Meinung, dass das Problem mit dem Niveau der Kreativität des früheren Beitrags korreliere. Auf dieses Buch bezogen: je erfolgreicher eine Innovation, desto verheerender ihre verstopfende Wirkung auf künftige Innovationen.

---

[3] Das ähnliche Schicksal der Schreibmaschine (z. B. Smith-Corona) wurde schon im Kap. 2 besprochen.

[4] Ein Trost ist, dass ein neues Produkt dazu führen kann, dass eine früher erfolglose Innovation wiederbelebt werden kann, zum Beispiel, weil das neue Produkt die Nützlichkeit der früheren Innovation sichtbar macht. Es handelt sich hier um eine variante des Phänomens, dass Sternberg et al. (2002, S. 83) als „Neudefinierung" bezeichneten (s. S. 49).

[5] In diesem Buch möchten wir das Wort „Wissenschaftler" durch „Manager" ersetzen.

Die Paradoxien im sozialen Umfeld

Wie Melwani und Goncalo (2012, S. 13) berichteten, sei die Kreativität in der gesamten Gesellschaft (dem sozialen Umfeld) nahezu universell „mit Intelligenz, Weisheit und moralischer Güte in Verbindung gebracht". Kampylis und Valtanen (2010) analysierten 42 Definitionen der Kreativität und nicht weniger als 120 Begriffe, die typischerweise mit der Kreativität verbunden sind (Kollokationen), und kamen zu dem Schluss, dass die überwiegende Mehrheit der Diskussionen keinerlei Rücksicht auf negative Aspekte der Kreativität, wie die oben erwähnten, nahmen. Müller, Melwani und Goncalo (2012, S. 13) zeigten, dass die Kreativität häufig als „Motor der wissenschaftlichen Entdeckung" oder als „grundlegende Triebkraft positiver Veränderungen" bezeichnet wird. Anderson, Potocnik und Zhou (2014) prüften die relevante Literatur und identifizierten ein „Pro-Innovation-Vorurteil", wonach die Innovation immer gut ist.

Trotz allem, was soeben gesagt wurde, heißt es in den Worten von Müller, Melwani und Goncalo (2012, S. 13), dass „die Menschen die Kreativität begehren aber gleichzeitig ablehnen". Kim (2011, S. 285) warnte vor einer „Kreativitätskrise", Staw (1995, S. 161) fragte „warum niemand die Kreativität wirklich will", und Westby und Dawson (1995, S. 1) fragten, ob sie eine „Bereicherung" oder eine „Bürde" sei. Ähnlich proklamieren politische Entscheidungsträger, soziale Kommentatoren, Unternehmer, Erzieher und Mitglieder der Öffentlichkeit die lebenswichtige Notwendigkeit der Innovation; in der Praxis aber verwerfen sie konsequent alles bis auf die offensichtlichste, inkrementelle Innovation.

Die New Coke-Fallstudie im Kap. 3 liefert ein kommerzielles Beispiel für die Ablehnung des Wandels im sozialen Umfeld aus Gründen, die rein kognitiv betrachtet irrational erscheinen: vielleicht ist es einfach blinder Widerstand gegen alles, was sich von dem unterscheidet, woran die Menschen gewöhnt sind. Fast bizarrerweise berichteten beinahe drei Viertel der Menschen, die New Coke ausprobiert hatten, dass sie den neuen Geschmack dem alten vorzogen. Sogar viele aktive Anti-New-Coke-Demonstranten fanden den neuen Geschmack besser als den alten. In einem blinden Geschmackstest wählte der Leiter einer großen Protestgruppe New Coke. Also, die Ablehnung von New Coke basierte überhaupt nicht auf der Ablehnung des Produkts, sondern auf dem Wunsch, alles beim Alten zu belassen – auf die Ablehnung von Veränderung. Viele Coke-Trinker hatten eine sentimentale Bindung an Old Coke, die sie als Teil ihrer regionalen Identität als Südstaatler betrachteten. Das Beenden der Produktion der Classic Coke wurde von ihnen mit der Beraubung ihres Geburtsrechts als Südstaatler gleichgesetzt und als eine Fortsetzung des amerikanischen Bürgerkriegs verstanden. Das Ergebnis waren Wut und Entfremdung. Die Tatsache, dass die meisten Menschen den neuen Geschmack lieber mochten wurde schnell irrelevant. Wie dieses Beispiel zeigt, kann die Akzeptanz einer Innovation im sozialen Umfeld stärker von psychologischen Reaktionen auf Veränderungen abhängen als von den tatsächlichen Eigenschaften des innovativen Produkts.

Die Paradoxien im Arbeitsumfeld

Vor mehr als zwei Jahrzehnten wies Staw (1995, S. 161) darauf hin, dass „sich Unternehmen von der Kreativität zurückziehen", und er fügte – vielleicht ahnungsvoll – hinzu, „vielleicht zurecht." DeFillippi, Grabher und Jones (2007) diskutierten die paradoxe Rolle der Kreativität in Wirtschaft und Organisationen, wo sie gleichzeitig gewünscht und abgelehnt wird. So lehnen viele Organisationen kreative Ideen routinemäßig ab, auch wenn sie die Innovation als wichtiges Organisationsziel lobpreisen. Ford und Gioia (2000) besprachen den Widerstand gegen Innovationen bei der Entscheidungsfindung in der Managementetage und West (2002) konzentrierte sich auf den Widerstand gegen die Generierung und Umsetzung von Ideen in Teams. Es wurde bereits auf „institutionelle Sklerose" hingewiesen. Organisationen fühlen sich bestehenden Technologien und Geschäftspraktiken so stark verpflichtet, dass sie ihre Praktiken nicht ändern können. Die Sklerose kann schlimmer sein, wenn die bestehende und inzwischen veraltete Art, Dinge zu tun, einmal eine große Innovation war. Einige Organisationen haben sogar den Tod (im metaphorischen Sinne) der Umsetzung radikal wirksamer Neuheit vorgezogen: Die Beispiele von Smith-Corona und Polaroid wurden bereits erwähnt. Ein jüngeres Beispiel ist Nokia, das sich weigerte zu erkennen, dass Mobiltelefone mittlerweile Teil der Modebranche sind. Sie boten technologisch fortschrittliche Mobiltelefone an, statt Geräte, die dem Verlangen ihrer Kunden nach immer schickeren Modestatements nachkamen.

Die Innovation verursacht Probleme im Arbeitsumfeld

Staw (1995) listete spezifischere und konkretere Gründe auf, warum Organisationen die so heiß begehrte Innovation doch mit großem Verdacht betrachten:

1. Sie erfordert überschüssiges Personal, das nicht vollständig mit spezifischen Tätigkeiten beschäftigt ist, die zur aktuellen Bilanz direkt beitragen.
2. Sie hängt von Meinungsverschiedenheiten und Ungehorsam (persönliche Eigenschaften innovativer Mitarbeiter) ab.
3. Sie macht es notwendig, auftauchende Chancen zu erkennen und zu ergreifen, anstatt am Altbewährten festzuhalten;
4. Sie bedroht bestehende Machthierarchien.

Auch Baucus, Norton, Baucus und Human (2008) lenkten die Aufmerksamkeit auf vier Aspekte des kreativen Prozesses, die für Organisationen besondere Probleme verursachen. Diese umfassen:

1. Regelbrüche und Abweichungen von den üblichen Betriebsverfahren;
2. Herausforderungen an bestehender Autorität und Missachtung von Traditionen;

3. Schaffung von Konflikten, Wettbewerb und Stress;
4. Aussetzung der Organisation zu Risiken.

Benner und Tushman (2003) fassten den paradoxen Charakter der Situation auf der Ebene der Organisation nachvollziehbar zusammen. Das Überleben eines Unternehmens erfordert nicht nur, dass es sich innovativ entwickelt, sondern auch, dass es seine bestehenden Kompetenzen bewahrt und erweitert. Die gesamte Qualitätsmanagementbewegung der neunziger Jahre und des ersten Jahrzehnts der 2000er Jahre führte oft zu Managementtätigkeiten, die sich auf die Standardisierung und Optimierung dessen ausrichteten, was eine Organisation bereits tat. Levitt (2002) verdeutlichte diesen Sachverhalt mittels eines schlichten Sprichworts: Die grundlegende Funktion von Organisationen liegt darin, „Ordnung zu schaffen" (S. 143), nicht darin, Ordnung durch die Einführung von Neuheit zu stürzen.

In der Tat ist eine Organisation eine „riesige Maschinerie", um Ordnung auf das ständig drohende Chaos aufzuzwingen. Das Wesen der Ordnung ist „Konformität und Starrheit". Ihre natürlichen Feinde sind Neuheit und Wandel. Aber heutzutage werden Neuheit und Wandel weithin als nicht nur der Freund der Organisation, sondern auch als überlebensnotwendig akzeptiert. Also: Neben der Erfüllung ihrer grundlegenden Aufgabe, Ordnung aufrechtzuerhalten, um den Tod zu vermeiden, müssen Organisationen den Wandel irgendwie gleichzeitig fördern. In einem gewissen Sinne beinhaltet die Innovation die Auferlegung von Unordnung in einer Umgebung, die der Aufrechterhaltung von Ordnung gewidmet ist. Das grundlegende organisationale Paradoxon besteht also darin, dass die Störung von Ordnung auf geordnete Art und Weise zustande kommen muss.

Die Paradoxien der innovativen Person

Auch auf der Ebene der individuellen Person ist die Innovation nicht der pure Segen, wofür sie nicht selten gepriesen wird. Sternberg und Lubart (1995, S. 41) verwiesen auf die persönliche Neigung, die der Bereitschaft zum Schwimmen gegen den gesellschaftlichen Strom zugrunde liegt (obwohl sie über die Begabung im Allgemeinen schrieben und nicht spezifisch über die Innovation). Wie in Kap. 4 erwähnt, aber nicht weiter vertieft wurde, umfassen die persönlichen Eigenschaften innovativ kreativer Individuen Aspekte, die normalerweise als unerwünscht angesehen werden. So hat auf der Metaebene und in den sozialen und organisationalen Umfeldern, sowie auch in Bezug auf die Person, die Generierung wirksamer Neuheit nicht nur eine gute Seite, wie in Tab. 4.2 dargestellt, sondern auch eine schlechte Seite. Dies wird im folgenden Abschnitt näher erläutert.

Die negativen Eigenschaften innovativer Individuen

D. H. Cropley et al. (2010) wiesen darauf hin, dass die Kreativität ihre „Schattenseite" hat, auch wenn in der Kreativitätsliteratur und im öffentlichen Verständnis die Tendenz

Tab. 7.2 Die Kehrseite des innovativen Menschen im Arbeitsumfeld

PsychischerBereich	Merkmal
Motivation	• Widerwilligkeit, Dienstanweisungen auszuführen • Drang, die Dinge anders zu tun • egozentrisches Verlangen nach Bestätigung • Drang, die eigenen Ideen unbedingt umzusetzen • Starsinnigkeit
Soziale Interaktionen	• mangelnde Anteilnahme anderen gegenüber • Täuschungsgeschick • Unsympathisches persönliches Wesen • Anmaßung • Respektlosigkeit • Rücksichtslosigkeit • zwischenmenschliche Spaltungen herbeiführend • physische Aggressivität
Persönliche Eigenschaften	• Arroganz • Egozentrismus • Selbstgerechtigkeit • mangelnde Bereitschaft zur Selbstkritik • Unehrlichkeit • Bereitschaft, zu lügen • Feindseligkeit • emotionale Inkompetenz

vorherrscht, sie als immer gut zu betrachten und man kreativen Menschen bewundernswerte persönliche Eigenschaften zuschreibt. Tatsächlich allerdings haben einige Studien darüber berichtet, dass es unerwünschte persönliche Attribute gibt, die mit der Kreativität zusammenhängen (z. B. D. H. Cropley et al. 2010; Gino und Ariely 2012; Nebel 1988; Silvia, Kaufman, Reiter-Palmon und Wigert 2011). Unter anderem wird über Attribute wie Selbstzentriertheit, Selbstgerechtigkeit, Bereitschaft, die Gefühle anderer Menschen zu verletzen, Arroganz, Unehrlichkeit, Bereitwilligkeit zu lügen, Feindseligkeit und Zerstörungswut berichtet.

Andere Studien haben gezeigt, dass kreative Menschen Testergebnisse manipulieren können (Gino und Ariely 2012) und in der Lage sind, mehr unterschiedliche Arten kreativer Lügen zu erzählen als weniger kreative Menschen (Walczyk, Runco, Tripp, und Smith 2008), sich während Verhandlungen häufiger betrügerisch zu verhalten (De Dreu und Nijstad 2008) und weniger persönliche Integrität aufzeigen (Beaussart, Andrews und Kaufman 2013). Menschen, die mehr Kreativität einsetzen, um bewusst anderen Menschen Schaden zuzufügen, sind eher physisch aggressiv (Lee und Dow 2011) und haben eine geringere emotionale Intelligenz (Harris, Reiter-Palmon, und Kaufman 2013). Es gibt jedoch Meinungsverschiedenheiten über die negativen persönlichen Eigenschaften: Zum Beispiel führten Silvia et al. (2011) eine hochdifferenzierte Analyse durch, in der sie sich bemühten, eine Verwechslung von Mißlaune und Feindseligkeit zu vermeiden. Sie kamen zu dem Schluss, dass geringe Liebenswürdigkeit oftmals mit Feindseligkeit verwechselt wird. Amüsant argumentierten sie, dass kreative Menschen oft nicht einmal übellaunig, sondern einfach anmaßend sind (siehe die Diskussion der Quasi-Kreativität [s. S. 33]).

Folglich erfordert die Anwendung der Kreativität für die Zwecke der Innovation mehr als sie mit entsprechender Vorsicht einzusetzen. Einige der wichtigsten psychologischen Eigenschaften, die die Schattenseite der persönlichen Eigenschaften von innovativ kreativen Menschen aus organisationaler Sicht definieren, sind in Tab. 7.2 aufgelistet. Mit dieser Liste wird nicht suggeriert, dass alle innovativen Mitarbeiter alle in der Tabelle aufgelisteten Eigenschaften aufweisen oder dass diese Eigenschaften für innovatives Verhalten unentbehrlich sind, sondern dass solche Eigenschaften bei solchen Menschen überproportional häufig vorkommen.

Die Lösung: Ein Phasenmodell der Kreativität

Die Paradoxien der Innovation, wie sie beispielsweise in den Tab. 4.2, 7.1 und 7.2 zusammengefasst sind, und die Notwendigkeit, dass Innovationen sowohl das Bestehende herausfordern als auch sich dem Status quo fügen (Unordnung geordnet herbeiführen) müssen, bedeutet, dass gegenseitig widersprüchliche Prozesse, persönliche Motive, persönliche Dispositionen und Gefühle im Innovationsprozess gleich wichtig sein können. Darüber hinaus können besondere Faktoren Innovationen fördern, aber zur gleichen Zeit blockieren. So kann z. B. die persönliche Tendenz, sich nicht konform zu verhalten oder ungebändigt zu denken, die Generierung von Neuheit zwar fördern, aber die sorgfältige Überprüfung des Wertes von Ideen oder eine wirksame Kommunikation in Situationen hemmen, in denen die Neuheit mit den Erfordernissen des sozialen Umfelds in Einklang gebracht werden muss. Dies wirft erhebliche begriffliche Schwierigkeiten auf.

Die Lösung wird durch einen Phasenansatz bereitgestellt: Widersprüchliche Pole der Paradoxien sind in der Tat beide bedeutsam, allerdings an verschiedenen Punkten im Prozess der Generierung und Implementierung wirksamer Neuheit (z. B. Csikszentmihalyi 2006). Diese „verschiedenen Punkte" werden im weiteren Verlauf dieses Buches als „Phasen" des Innovationsprozesses bezeichnet. Der klassische Phasenansatz in der psychologischen Kreativitätsforschung ist der von Wallas (1926). Ursprünglich machte er sieben Phasen in der Entwicklung eines kreativen Produkts aus, aber im Laufe der Jahre wurde die Anzahl auf vier reduziert: Vorbereitung, Inkubation, Illumination und Verifikation. A. J. Cropley und Cropley (2009) wiesen darauf hin, dass der Phasenansatz nicht von der Kritik verschont geblieben ist. Dennoch ist es weithin akzeptiert, dass neuartige Produkte nicht aus dem Nichts kommen, obwohl es eine Spannung zwischen dem Schritt-für-Schritt-Modell der kontinuierlichen Innovation und dem plötzlichen Durchbruch-Ansatz gibt. Nach diesem, tauchen weit fortgeschrittene Lösungen plötzlich auf; möglicherweise unangekündigt (z. B. Dasgupta 2004; Simonton 1999).

Das Wallas zugeschriebene Vier-Phasen-Modell mag für Diskussionen über die Erzeugung von Neuheiten geeignet sein. Der Ansatz muss jedoch erweitert werden, wenn es um Innovationen geht. In diesem Fall ist es unabdingbar, dass Neuheiten nicht nur generiert werden, sondern, dass sie auch für praktische Zwecke umgesetzt werden (s. im Kap. 2 „Nützlichkeitsgebot"). Die Innovation muss daher über die bloße Neuheitserzeugung hinausgehen und zwei weitere Phasen umfassen: (a) eine Phase der Mitteilung an potenzielle Nutzer (im Falle kommerzieller Innovationen bedeutet dies in der Regel Kunden), (b) eine Phase der Akzeptanz der Neuheit durch diese Menschen. In diesem Buch werden diese letzten Schritte (Kommunikation an Nutzer; Akzeptanz durch Kunden) als „Kommunikation" und „Validierung" bezeichnet. Die erfolgreiche Durchführung dieser beiden Phasen ist für die Umsetzung unbedingt erforderlich (siehe die frühere Diskussion von Christensen [1997] und Besemer [2006]).

Eine weitere Ergänzung und Differenzierung des Wallas-Ansatzes ist ebenfalls erforderlich. In einer Metaanalyse relevanter Forschungsergebnisse untersuchte Davis (2009) die umfangreiche Diskussion über die Natur der Kreativität und kam zu dem Schluss, dass sie anhand drei „kontrollierender Komponenten" verstanden werden kann (S. 26). Die erste von diesen, die für unsere Analyse relevant ist, ist „Problem*findung*". Diese Hervorhebung von Problemfindung spiegelt ihre Betonung durch Guilford (1950) und Torrance (1963) wider. Auch Mumford und Kollegen (1996, 1997) betonten „Problem-Konstruktion". Mumford und Moertl (2003) beschrieben eine Fallstudie der Innovation in der Managementpraxis und schlussfolgerten, dass Innovationen durch „intensive Unzufriedenheit" (S. 262) mit dem Status quo aktiviert würden, d. h. durch Problembewusstsein. In diesem Buch wird die Phase (a) der Erkennung, dass es ein Problem gibt, und (b) des daraus resultierenden Drangs, etwas dagegen zu unternehmen, als „Aktivierung" bezeichnet. Aber das Problembewusstsein kommt nicht aus dem Nichts: Es ist nicht möglich, Probleme zu erkennen und folglich mit einer Situation unzufrieden zu sein – und somit aktiviert zu werden, etwas vorzunehmen – ohne Kenntnisse eines Bereichs (s. Kap. 4, wo die Wichtigkeit von Expertise hervorgehoben wurde). Folgerichtig muss die Generierung von Neuheit mit dem Erwerb von Wissen in einem Gebiet beginnen; dies erfordert eine Phase, die hier als „Vorbereitung" bezeichnet wird.

Aus diesen Überlegungen ergibt sich ein erweiterter Rahmen, der die folgenden sieben Phasen umfasst: Vorbereitung, Aktivierung, Generierung, Beleuchtung, Verifikation, Kommunikation und Validierung. Das erweiterte Phasenmodell ist in Abb. 7.1 dargestellt (s. nächste Seite). Im Rahmen der vorliegenden Diskussion ist der Hauptunterschied zwischen dieser Phasenstruktur und dem gemeinhin zitierten vierphasigen Wallas-Ansatz darin zu sehen, dass das hier dargestellte in organisationaler Hinsicht erweiterte Modell Phasen beinhaltet, die die erzeugte Neuheit mit den Erfordernissen der kommerziellen Welt in Einklang bringen (insb. Vorbereitung, Kommunikation, Validierung). Im Gegensatz dazu befasst sich das Wallas-Modell mit der „bloßen" Erzeugung von Neuheit. Allerdings, wie im Kap. 2 betont, bilden die Phasen nicht notwendigerweise eine Schritt-für-Schritt-Progression durch klar abgegrenzten Stadien, sondern es kann unter anderem Fehlstarts, Neustarts, frühzeitige Abbrüche oder sogar „Schleifen" geben. Laut Haner (2005, S. 289) sind die Phasen „iterativ und nicht-sequentiell", und sie finden häufig in einem wiederkehrenden „nichtlinearen Zyklus" statt. Aus dem Blickwinkel der organisationalen Psychologie kontrastierten Gupta et al. (2006, S. 693) die sequenzielle Schritt-für-Schritt-Generierung

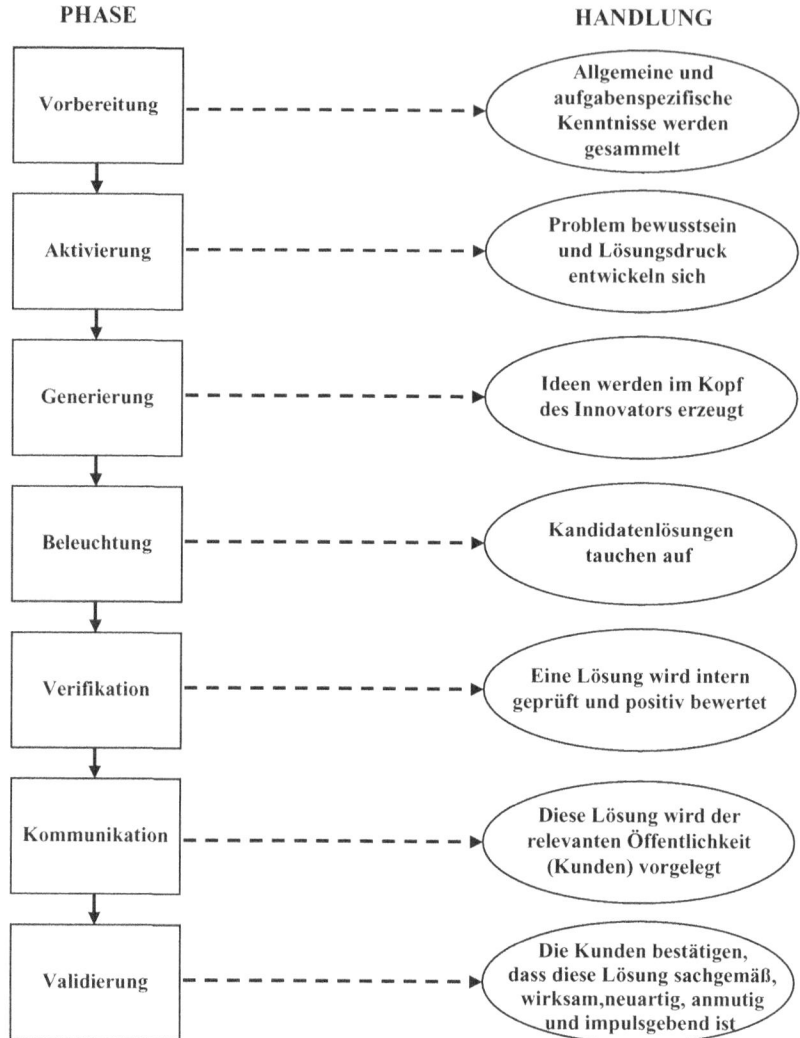

Abb. 7.1 Das vervollständigte Innovationsphasenmodell

von Neuheit („wiederholte Gleichgewicht") mit der nicht-linearen Entwicklung („organisationale Beidhändigkeit").

Die Konsequenzen der Paradoxien für Führungskräfte

Aus der Sicht von Managern bedeuten die Paradoxien, dass es einen Preis für die Förderung der Innovation in einer Organisation gibt – den Preis der Unsicherheit. Innovation bringt Überraschungen. Das bedeutet, dass man nicht weiß, was als nächstes kommt.

Aber von Führungskräften wird erwartet, dass sie wissen, was als nächstes kommt. Das zu bestimmen ist ihr Job. Innovation stellt so ihr Handwerkszeug infrage. Es kommen möglicherweise Zweifel auf, ob ihr Wissen und Können ausreichen. Dies fordert ihre Autorität heraus und schwächt ihr Selbstverständnis. Mainemelis (2010, S. 559) nannte ein konkretes Beispiel der „kreativen Abweichung": Es kommen in Organisationen Fälle vor, bei denen direkte Dienstanweisungen missachtet werden. In einigen Fällen hat diese Missachtung sogar zu gefeierten Innovationen geführt – und brachte folglich die entsprechenden Manager wahrscheinlich in Verlegenheit. Mainemelis beschrieb das Beispiel der Entstehung der LED- Beleuchtungstechnik, die von einem Mitarbeiter entwickelt wurde, der wiederholt Dienstanweisungen missachtet hatte, das Projekt aufzugeben.

Unter solchen Umständen können Führungskräfte sich beim Umgang mit Innovationen dazu gedrängt fühlen, ihr Wissen darüber, wie eine Organisation zu führen sei, wie man Produktionsabläufe steuere, oder welche Merkmale ein gutes Produkt definierten (um ein paar Beispiele zu nennen) unter Beweis zu stellen. Laut Levitt (2002, S. 142) sind die Führungskräfte aufgrund ihrer „lebenslangen Erfahrung" in ihrer Organisation erfolgreich gewesen und daher mit den Antworten auf die obigen Fragen im Prinzip vertraut. Aber die Innovation bedeutet oft, dass all dieses infrage gestellt wird. Die Folge ist, dass Autorität, die Gewissheit darüber, was richtig ist, die Gefühle der Selbstwirksamkeit, das Gefühl, alles unter Kontrolle zu haben, den Glauben an das, was die Organisation tut, und dergleichen infrage gestellt werden. Die psychologische Forschung (z. B. Heimberg, Turk und Mennin [2004]) hat gezeigt, dass Menschen nur eine begrenzte Unsicherheit tolerieren können. Jenseits der kritischen Ebene kann Unsicherheit die Klarheit und Logik des Denkens beeinträchtigen, die Informationsverarbeitung einengen, und Gefühle von Angst erzeugen oder sogar Angststörungen verursachen. Letztere können von diffuser Angst bis zu pathologischen Angstzuständen reichen. Diese können dazu führen, dass das Verhalten erstarrt und stereotype, in der Vergangenheit erfolgreiche Verhaltensweisen wiederholt werden, manchmal bis zum Niveau einer Zwangsstörung.

Folglich können sich Managers im Umgang mit der Innovation in eine Position gezwungen sehen, in der sie sich gegen Trotz und Kritik wehren zu müssen glauben. Sie wollen die Empörung von Vorgesetzten und Traditionalisten über die Verletzung von Normen beruhigen, Schäden beseitigen und Ordnung wiederherstellen, Ängste beseitigen und ähnliches. Solche psychologischen Herausforderungen sind nicht nur für Vorgesetzte, sondern auch für andere Mitarbeiter störend, die mit bestehenden Rollen, Erwartungen, Machtverteilungsmustern usw. gut auskommen. Auch Kunden/Konsumenten neigen dazu, die Dinge, wie sie gegenwärtig sind, vorzuziehen (s. das New Coke-Beispiel). Also: Ein weiterer Aspekt des Innnovationsmanagements besteht darin, sowohl die eigenen Gefühle der Feindseligkeit gegenüber innovativen Menschen innerhalb der Organisation als auch diejenigen vieler Kollegen zu überwinden. Dies ist umso schwieriger, weil manchmal solche Feindseligkeiten nicht völlig ungerechtfertigt sind. Diese psychologische Herausforderung für Führungskräfte wird besonders deutlich im Falle von Beispielen wie die bereits erwähnte LED-Fallstudie, bei der direkte Anweisungen nicht beachtet wurden.

Eine neue Perspektive auf Führungsstile

Levitt (2002) analysierte die Offenheit von Führungskräften für Neuheit und kam zu einem Ergebnis, das für die vorliegende Diskussion von großer Bedeutung ist, auch wenn es banal klingt: „Jeder weiß, dass einige Chefs für neue Ideen aufgeschlossener sind als andere" (S. 142). Im Kap. 5 wurde eine dreidimensionale Matrix als Mechanismus zur Klassifizierung bestimmter Geschäftszweige vorgeschlagen (s. Tab. 5.1 und den darauf folgenden Text). Obwohl er sich nicht spezifisch mit Innovationen in Organisationen befasste, präsentierte A. J. Cropley (2009) einen ähnlichen Ansatz hinsichtlich möglicher individueller Unterschiede in der Offenheit für neue Ideen, der auf Personen in Führungspositionen übertragen werden kann. Wie in Kap. 5 aufgeführt, konzentrierte sich seine Analyse auf (a) die Menge an Neuheit, die toleriert werden kann (dichotomisiert als „hoch" versus „niedrig") und (b) die Art von Neuheit („radikal" versus „orthodox"). Diese Kategorisierung wurde im Kap. 5 um die Hinzufügung einer dritten Dimension (c), dem Fokus des Interesses (dichotomisiert als entweder Produktfokus oder Prozessfokus), ergänzt.

Von Führungskräften, die unterschiedliche Kombinationen von Menge an Neuheit, Art von Neuheit und Fokus der Neuheit akzeptieren, würde man erwarten, dass sie verschiedenartige Innovationen vorziehen würden. Cropley (2009, S. 90) benutzte eine ziemlich bildhafte Redeart, um zwischen u. a. „Avantgardisten", „Adaptoren" oder „Konservatoren" zu unterscheiden.[6] Diese Kategorisierung ermöglicht eine systematische Auseinandersetzung mit Unterschieden der Art und Weise, wie Einzelführungskräfte mit der Generierung von Neuheit umgehen. Tab. 7.3 fasst die acht möglichen Typen zusammen, die sich aus drei dichotomen Dimensionen ergeben, und schlägt markante Namen für jeden Typus vor (s. nächste Seite).

Es muss zugegeben werden, dass die hier angegebenen Managerkategorien (Avantgardist, Traditionalist usw.) rein intuitiv sind. Bisher ist ihre Existenz nicht empirisch (z. B. auf der Grundlage von Beobachtung der Verhaltensweisen einer Managerstichprobe) nachgewiesen worden. Dennoch bietet die Idee einer systematischen Wechselwirkung zwischen Menge und Art von Neuheit und Innovationsorientierung von Führungskräften (radikal versus orthodox) einen neuartigen Ansatz für die Analyse vertrauter Themen in der organisationalen Literatur: zum Beispiel Führung (für eine traditionellere Diskussion s. Kouzes und Pozner 2012), Managementstil (eher traditionell z. B. von Schermerhorn [2012] diskutiert) und dergleichen. So bietet dieser Ansatz Einblicke in das Paradoxon, warum Führungskräfte gleichzeitig Innovationen fordern und ablehnen. Ein Beispiel wäre ein Adaptor – wie dieser Typus in Tab. 7.3 definiert wird –, der die Innovation als unspezifisches Phänomen begeistert befürwortet, aber es ablehnt, grundlegend neue Wege zu ergreifen, und stattdessen lieber das Bestehende aufbaut. Demgegenüber würde ein Individualist neue Ansätze leidenschaftlich begrüßen.

Die Kategorien in der rechten Spalte von Tab. 7.3 scheinen auch auf Organisationen anwendbar zu sein. Zum Beispiel kann die Fallstudie von Kodak, die folgt, als ein Beispiel

---

[6] Cropleys Analyse bezog sich auf Lehrkräfte.

Tab. 7.3 Verschiedene Managertypen hinsichtlich Generierung von Neuheit[a]

Menge	Art	Orientierung	Bevorzugte Neuheit	Typ
Hoch	Radikal	Produkt	paradigmenwechselnde Lösungen	Innovator
Hoch	Radikal	Prozess	neu- und einzigartige Lösungsansätze	Individualist
Hoch	Orthodox	Produkt	Lösungen, die das schon Bestehende in eine schon bekannte Richtung weiter entwickeln	Adaptor
Hoch	Orthodox	Prozess	Lösungsansätze, die bestehende Ansätze weiter entwickeln	Pfadfinder
Niedrig	Radikal	Produkt	Lösungen, die überraschen, auch wenn sie wenig wirksame Neuheit aufweisen	Avantgardist
Niedrig	Radikal	Prozess	Ansätze, die überraschen, auch wenn sie wenig wirksame Neuheit aufweisen	Bohemien
Niedrig	Orthodox	Produkt	Lösungen, die das schon Bekannte in eine bekannte Richtung ein bisschen führen	Konservator
Niedrig	Orthodox	Prozess	Ansätze, die bekannte Ansätze leicht verändert wiederanwenden	Traditionalist

[a] Diese Tab. 7.3 ist eine modifizierte Fassung der ursprünglichen Tabelle in Cropley (2009, S. 90).

für eine Organisation betrachtet werden, die historisch gesehen ein Adaptor war und folglich völlig vorhersehbare Fehler im Umgang mit der Einführung der Neuheit beging. Barabba (2011) beschreibt, wie Kodak, trotz seiner langjährigen Erfolgsgeschichte mit innovativen, filmbasierten bildgebenden Verfahren, praktisch nicht mehr als Fotofirma existiert. Der Erfolg dieses Unternehmens basierte weitgehend, wenn nicht vollständig, auf der Beherrschung des chemisch-basierten Film- und Fotopapiergeschäfts. Mit dem Aufstieg der digitalen Fotografie konfrontiert, hielt das Unternehmen weiterhin am Film fest, trotz der Tatsache, dass seine Laboratorien die erste Megapixel-Kamera erfunden hatten. Sein umfangreiches digitales Know-how wurde auf die Entwicklung des Advantix-Filmsystems angewendet, das es Nutzern ermöglicht, Fotos vorher zu beschauen, bevor sie entscheiden, welche gedruckt werden sollen. Bedauerlicherweise für Kodak, verwarfen die Konsumenten das System, das im Wesentlichen daraus besteht, digitale Bilder zu machen, die Bevorzugten auszuwählen, und dieser dann mehr oder weniger in der traditionellen Art und Weise (photochemisch) zu drucken.

Das Unternehmen lehnte die Innovation nicht ab, sondern versuchte damit Schritt zu halten. Aber im Sinne von Tab. 7.3 war es ein Adaptor, der mit innovativen Individualisten zu konkurrieren versuchte: Folglich war das Scheitern von vornherein programmiert. Kodak blieb bei der altbekannten Herangehensweise. Es reagierte auf die digitale Technologie, indem es diese als eine Möglichkeit zur Verbesserung der verehrten auf Film und Papier basierenden fotochemischen Technologie betrachtete: Es versuchte sein Problem mittels „inkrementeller Innovation" zu lösen, anstatt digitale Fotografie als ein völlig neues Phänomen zu erkennen, das den chemischen Film vollständig ersetzen würde (d. h. eine radikale „disruptive" Innovation). Die revolutionären Möglichkeiten der digitalen Technologie wurden durch den bisherigen Erfolg des photochemischen Ansatzes übersehen und der Fortschritt verhindert. Man denke hier an das Huxley-Prinzip (s. S. 119).

Überblick und Ausblick

Das Wesen der Kreativität beinhaltet zwei Elemente, die von Natur aus problematisch und paradox sind. Innovationen stürzen zwar die bestehende Orthodoxie, stellen aber dann nicht selten eine neue Orthodoxie auf, die selbst weitere Veränderungen verhindern kann. Diese Gefahr ist in denjenigen Organisationen besonders stark, die sich für das, was einst die „neue" Benchmark war, begeistern, und nicht in der Lage sind, sich zu ändern. Der im Endeffekt tödliche Einfluss der Polaroidkamera auf Polaroid ist ein Beispiel. Auch auf der breiteren gesellschaftlichen Ebene kann eine erfolgreiche Innovation alle anderen Entwicklungslinien blockieren. Zum Beispiel hat der Erfolg des vom Verbrennungsmotor angetriebenen Automobils die Weiterentwicklung des Dampffahrzeugs, trotz gelegentlicher Erfolgsberichte über Neuerungen wie dem Blitzkessel, der die lange Aufbrennphase eliminiert, beendet.

Auf der Ebene des Einzelnen erfordert Innovation die Bereitschaft, das Bestehende infrage zu stellen, zu fragen, wie die Dinge derzeit laufen und warum, oder Unbehagen anzumelden darüber, wie die Welt konzipiert wird. Dabei kann es zu Unsicherheiten in den Köpfen von Führungskräften und Kollegen kommen, die dazu führen, dass sie innovative Kollegen als stressig erleben. Aus dem Grund stellt die Innovation für Manager eine Herausforderung dar, und infolgedessen kann es zu Feindseligkeit, Ressentiment und Misstrauen kommen. Diese können zum Wunsch führen, innovative Menschen dazu zu zwingen, sich wie die anderen zu verhalten. In späteren Kapiteln wird die paradoxe Natur innovativ kreativer Produkte, Prozesse und Menschen näher erörtert. Insbesondere wird sie mittels des Innovationsphasenmodells (IPM) analysiert. Die detaillierte Analyse der Paradoxien wird es ermöglichen, Grundsätze für die Förderung der Innovation in Organisationen herauszuarbeiten, um die im Kap. 1 beschriebenen Vorteile zu realisieren.

8

Die Messung der Komponenten der Innovation

Der erste Teil dieses Buches präsentierte einen auf den 4Ps von Kreativität (Produkt, Prozess, Person und Problemlösungsdruck) basierenden erweiterten Rahmen für die Analyse von Innovation. Dieser Rahmen dekonstruierte die Innovation in neun sich aus den 4 Ps ergebende Komponenten: wirksame, neuartige und ertragreiche Produkte; neuheitschöpfende und wertrealisierende Prozesse; persönliche Eigenschaften, persönliche Motivation, persönliche Gefühle; soziales Umfeld, Arbeitsumfeld. Zusammen bilden diese Komponenten ein System, aus dem sich die Innovation ergibt. Die Interaktionen der Komponenten bei der Erzeugung und Umsetzung von Ideen ist schon erläutert worden, zusammen mit Beispielen von Herausforderungen, vor denen Führungskräfte stehen, sollten sie den gesamten Innovationsprozess zu einem erfolgreichen Ergebnis führen wollen.

Um allerdings das Innovationspotenzial einer Organisation zu verwirklichen, müssen nicht nur subjektive, qualitative Fragen hinsichtlich der Produkte, der Eigenschaften der beteiligten Personen, der von ihnen verwendeten Prozesse, oder der Wirkung des Arbeitsumfelds beantwortet werden. Die Steuerung von Innovationsprozessen im organisationalen Kontext wirft auch objektive, quantitative Fragen auf. Kurz gesagt: Wie kann man festlegen, ob und *inwieweit* (a) ein Produkt sowohl wirksam und neuartig als auch ertragreich ist oder (b) innovationsförderliche persönliche Bausteine (z. B. Offenheit, Risikobereitschaft, Ambiguitätstoleranz) und innovationsförderliche, prozessbezogene Bausteine (z. B. konvergentes und divergentes Denken) vorhanden sind, bzw. wie stark der Problemlösungsdruck im Arbeitsumfeld der Innovation dienlich ist?

Warum dieses Thema – Messung – für erfolgreiches Innovationsmanagement so wichtig ist, liegt auf der Hand. Zum Beispiel: Es ist die eine Sache, wenn Führungskräfte „kreativere Produkte" verlangen, aber eine ganz andere Sache, wenn sie z. B. vorgeben müssen, *wie viel* Neuheit notwendig ist oder *wie weit* die Neuheit vom Altbekannten abweichen darf, bzw. woran man Menge und Art von Neuheit erkennen kann. Für solche Vorgaben sind Objektivität, Strenge und Beständigkeit der entsprechenden Kriterien unentbehrlich. Die

© Springer Fachmedien Wiesbaden GmbH 2018
D.H. Cropley, A.J. Cropley, *Die Psychologie der organisationalen Innovation*,
https://doi.org/10.1007/978-3-658-17389-0_8

Auswertung von Produkten – einer der konvergenten Aspekte der Innovation (s. Kap. 3) – erfordert eine objektive Grundlage für die Wahl von Produkt A statt von Produkt B, bzw. für die Benennung und Beschreibung von Stärken und Schwächen von Kandidatenlösungen und die Herausarbeitung von Verbesserungsrichtlinien. Kontinuierliche Verbesserung und die Fähigkeit, aus Fehlern zu lernen, fallen auch dann leichter, wenn Organisationen in der Lage sind, auf eine gescheiterte Innovation zurückzugreifen und ihre Schwächen genau zu bestimmen sowie festzustellen, was anders werden müsste.

Ähnlich verhält es sich, wenn Manager versuchen, die innovatorische Fähigkeit ihrer Organisation zu verbessern; wenn sie zum Beispiel für die Bildung wirksamer Teams angebrachte Informationen über die Menschen brauchen, die die Teams bilden sollen. Wir wissen, dass Innovation im Team durch eine vielfältige Mischung von Menschen gefördert wird, die über verschiedene Niveaus der Bausteine von Innovation verfügen (z. B. Fachkenntnisse, die Fähigkeit, konvergent/divergent zu denken, die Bereitschaft, sich auf Risiken einzulassen, den Mut, Gesichtsverlust zu riskieren). Ein Verfahren, wodurch diese Komponenten erkannt und einigermaßen quantifiziert werden könnten, wäre hilfreich. Das gleiche gilt für die Prozesse, die verwendet werden, um neue Ideen zu generieren, sowie für das Umfeld, in dem Innovationen zustande kommen. Also: Das erfolgreiche Management von Innovationsprozessen erfordert eine Grundlage für die objektive Messung von „Person", „Produkt", „Prozess" und „Problemlösungsdruck".

Dieses Kapitel geht auf die Messung aller Komponenten ein. Kreative Produkte ergeben sich aus dem Innovationsprozess, aber wie ist Produktkreativität zu messen? Die Menschen besitzen eine Konstellation psychischer Ressourcen – persönliche Neigungen –, die ihre Fähigkeit, Ideen zu generieren, fördern oder behindern. Wie kann der Grad der Anwesenheit passender Ressourcen festgestellt werden? Eine Schlüsselfähigkeit zur Ideengenerierung ist divergentes Denken: Also, woher wissen Manager, ob dies bei einem spezifischen Menschen effektiv funktioniert oder nicht? Schließlich beeinflussen sowohl das Arbeitsumfeld als auch das soziale Umfeld die Generierung und Umsetzung wirkungsvoller Neuheiten: Wie können Führungskräfte genau bestimmen, wie sie das Arbeitsumfeld optimieren können? Wie D. H. Cropley (1997, 1998a, 1998b) gezeigt hat, gibt es kein grundsätzliches Hindernis für die rigorose Messung auch von Eigenschaften, die qualitativ erscheinen. Einige bestehende Methoden und Instrumente werden im Folgenden dargestellt, die zur Quantifizierung psychologischer Aspekte der Innovation zur Verfügung stehen. Allerdings dient unsere Darstellung lediglich als eine Einführung: Für einen eingehenden Überblick s. Quellen wie u. a. Lomberg (2010).

Die Messung der Produktkreativität

Entscheidend für die Innovation ist, dass die neu entwickelten Produkte ertragreich sind. Wie kann systematisch und möglichst objektiv im Voraus festgestellt werden, ob ein Produkt umsetzbares Potenzial besitzt – wie viel und welcher Art –, welche besonderen Stärken bzw. Schwächen es hat, ob es mehr bietet als irgendwelche Alternativlösung, ob es sich lohnen würde, das vorhandene Produkt zu überarbeiten und wie, usw.? Die Messung von Produktkreativität ist in der Kreativitätsforschung keineswegs neu. Besemer und O'Quin (1999) beschrieben drei häufig verwendete Ansätze: indirekte Messung, globale Beurteilung und kriteriumbasierte Messung. Diese Ansätze wurden sowohl in bereichs-übergreifenden als auch in bereichsspezifischen Kontexten entwickelt (für eine detaillier-tere Diskussion von Inhaltsbereichen und Kreativität siehe Baer (2010)). Bekannte Heran-gehensweisen an die Messung von Produktkreativität umfassen u. a. Beurteilung durch Experten, Bewertung von Produkten nach ihrem statistischen Seltenheitsgrad (je seltener eine Lösung in einer Gruppe vorgeschlagen wird, desto „kreativer" ist sie) (Reiter-Palmon et al. 2009) oder die Bewertung der historischen Auswirkungen eines Produkts (Simonton 2009) – Bewertung im Nachhinein.

Die Beurteilung ästhetischer Werke (wie Gemälde oder Gedichte) ist seit fast einem Jahrhundert umfassend untersucht worden (Baer et al. 2004; Cattell et al. 1918; Child und Iwao 1968). Es gibt jedoch erstaunlich wenig Studien, die darauf abzielen, die Kreativität konkreter, kommerzieller Produkte zu bewerten – zum Beispiel technologische Artefakte oder massengefertigte Konsumgüter. Wo Studien solcher Produkte durchgeführt worden sind, erfolgte dies vor allem in Zusammenhang mit eindeutig nicht-ästhetischen Merk-malen, wie etwa „Brauchbarkeit" (s. z. B. Han, et al. 2000). Im Rahmen seiner Erfor-schung eines spezifischen Inhaltsbereichs (Mathematik) argumentierte Mann (2009), dass gängige Instrumente sehr zeitaufwendig seien. Darüber hinaus neigen sie auch dazu, nur in spezifischen Inhaltsbereichen anwendbar zu sein. Infolgedessen könnten die meisten Arbeiten z. B. zur mathematischen Kreativitätsbewertung auf andere Inhaltsbereiche (wie Konsumgüter) nicht übertragen werden.

Die Methode der konsensuellen Bewertung

Die einfachste Art und Weise, die Kreativität eines Produktes zu bestimmen, besteht darin, Leute, die über entsprechendes Fachwissen verfügen, zu fragen, ob es kreativ ist. Diese sinnvolle Idee steht im Mittelpunkt der *Methode der konsensuellen Bewertung* (engl.: Consensual Assessment Technique (CAT); vgl. Hennessey und Amabile 1999). Amabile und ihre Kollegen haben diesen Ansatz weiterentwickelt und verfeinert, und die CAT ist mittlerweile unter Kreativitätsforschern sehr gut bekannt. Das Verfahren beinhaltet typi-scherweise das Rekrutieren einer Gruppe von Bewertern, häufig Experten auf dem Gebiet zu dem das Produkt gehört, um die Kreativität des Produkts zu bewerten. Es gibt jedoch Hinweise darauf, dass auch Menschen ohne tiefgreifende, fachspezifische Kenntnisse des entsprechenden Inhaltsbereichs in der Lage sind, Kreativität zu identifizieren, wenn sie sie sehen (Kaufman, et al. 2013), insbesondere wenn ihnen ein Leitfaden oder Beurteilungs-schema zur Verfügung gestellt wird. Die Beurteilungen von Bewertern – ob sie Experten sind oder nicht – scheinen sich auf echten, den meisten Beurteilern erkennbaren, Unter-schieden zwischen Produkten zu beziehen und stabil über die Zeit zu sein (d. h. sie sind valide und reliabel).

Obwohl die CAT zur Beurteilung der Kreativität von Produkten entwickelt wurde, wird sie paradoxerweise am häufigsten als Instrument zur Identifizierung kreativer Menschen eingesetzt. Häufig wird allen Mitgliedern einer Gruppe – etwa einer Klassengemeinschaft – die gleiche standardisierte Aufgabe aufgegeben, sagen wir, eine Collage aus einem Eierkarton, einem Blatt Papier und einer Büroklammer zu konstruieren. Die Bewerter einigen sich dann auf eine konsensuelle Beurteilung jedes einzelnen Produkts. Anschließend können auf der Basis der Punktwerte, die ihre Produkte erhalten haben, die Menschen in Untergruppen unterteilt werden (z. B. das kreativste Drittel, das am wenigsten kreative Drittel und die Menschen in der Mitte). Trotzdem hat die CAT ein wichtiges Prinzip für die Beurteilung der Kreativität von Produkten popularisiert: Konsens unter Beobachtern. Allerdings ist es zeitaufwändig und teuer, eine Expertengruppe jedes Mal zusammenzustellen, wenn die Kreativität eines Produkts beurteilt werden soll. Im kommerziellen Kontext kommen auch die im Rahmen der Diskussion von Expertise dargestellten Schwierigkeiten ins Spiel; s. zum Beispiel den im Kap. 7 besprochenen Huxley-Spruch (S. 119).

Skalen zur Bewertung von Produkten

Folglich wird eine universelle Ästhetik der Kreativität gebraucht, die eine Reihe von Indikatoren enthält, die „mit einem erheblichen Maß an Übereinstimmung durch verschiedene Bewerter erkannt werden können, und folglich verwendet werden können, um sowohl Menge als auch Art von Kreativität in den verschiedensten Inhaltsbereichen zu beurteilen" (D. H. Cropley und Cropley 2008, S. 155). Horn und Salvendy (2006) berichteten über die Bandbreite der verschiedenen Produkte, bei denen Bewertungsskalen angewendet worden sind, darunter Kunstwerke, Karikaturen, Möbelstücke, Werbematerial, wissenschaftliches und kreatives Schreiben, audiovisuelle Produkte und soziale Studien. Diese Autoren verglichen verschiedene relevante Bewertungsskalen – darunter die *Kreatives Produkt Semantische Skala* (engl.: Creative Product Semantic Scale (CPSS)) von Besemer und O'Quin (1987, 1999) und Reis und Renzullis (1991) *Formular für die Beurteilung von Schülerprodukten* (engl.: Student Product Assessment Form). Die CPSS umfasst drei Dimensionen: Neuheit (das Produkt ist neuartig, überraschend und zukunftsträchtig), Auflösung (das Produkt ist wertvoll, logisch, nützlich und verständlich) sowie Ausarbeitung und Synthese (das Produkt ist organisch, elegant, komplex und gut ausgearbeitet). Die Bewerter werden gebeten, ein Produkt hinsichtlich bipolarer Dimensionen (z. B. „überraschend – nicht überraschend", „logisch – unlogisch", „elegant – unelegant") zu bewerten. Ihre Aufgabe besteht darin anzuzeigen, wie nahe das Objekt, das bewertet wird, am einen oder am anderen Pol liegt.

Taylors (1975) *Kreatives-Produkt-Inventar* (engl.: Creative Product Inventory) misst die Dimensionen „Generation", „Neuformulierung", „Originalität", „Sachbezogenheit", „Hedonik", „Komplexität" und „Kondensation". Das Kriterium „Hedonik" erinnert an Jacksons und Messicks (1965) sehr frühe Unterscheidung zwischen *externen* Kriterien der Wirksamkeit eines neuartigen Produkts (d. h. ob es den Erwartungen von Benutzern entspricht) und *internen* (produktimmanenten) Kriterien wie Logik, Harmonie unter den

Elementen des Produkts und Qualität der Beschaffenheit. Taylor unterstrich damit die Bedeutung von nicht nur funktionalen, sondern auch ästhetischen Kriterien selbst bei funktionalen Produkten.

Kriterien wie Überraschung, Komplexität oder Zukunftsträchtigkeit scheinen höchst subjektiv zu sein. Trotzdem hat die psychologische Forschung (z. B. Hennessey 1994; Vosburg 1998) gezeigt, dass auch ungeübte Bewerter, die ohne Kenntnisse der Meinungen anderer Bewerter arbeiten, Produkte hinsichtlich Kriterien wie der eben dargestellten ähnlich auswerten. Technisch ausgedrückt, weist die Skala ausreichende Interrater-Reliabilität auf. Auch die von Forschern angemeldeten Test-Retest-Reliabilitäten von Kreativitätsskalen können als ausreichend eingestuft werden: Ähnliche Bewertungen werden gegeben, wenn Bewerter aufgefordert werden, die gleichen Produkte zu einem späteren Zeitpunkt erneut zu bewerten.[1] Alles in allem haben verschiedene Studien gezeigt, dass unterschiedliche Personen über ein gemeinsames und zuverlässiges Verständnis von Neuheit, Komplexität, Anmut und dergleichen verfügen. Sie erkennen solche Merkmale, wenn sie sie sehen, und fällen stabile Urteile über den Ausprägungsgrad dieser Merkmale. Dies deutet stark darauf hin, dass es nicht abwegig ist, von Führungskräften zu erwarten, dass sie das kreative Potenzial von Neuheiten akkurat einschätzen können. Dies dürfte besonders dann der Fall sein, wenn die Manager über Einsichten in das Wesen der organisationalen Innovation verfügen.

Baer et al. (2004) erweiterten diese Ergebnisse, indem die Produkte, die ausgewertet wurden, nicht alle derselben Art waren. Versuchspersonen wurden gebeten, persönliche Erzählungen, Geschichten und Gedichte von Schulkindern auszuwerten, die in verschiedenen Klassenzimmern unter verschiedenen Bedingungen und mit unterschiedlichen Anweisungen geschrieben wurden. Die Ergebnisse deuten darauf hin, dass Menschen, die Erfahrung und Kenntnisse in einem Handlungsfeld haben – vermutlich auch Fachleute in einer Vielzahl von organisationalen Kontexten – sich auf die Kreativität von bereichsspezifischen Produkten unterschiedlicher Art einigen können, auch wenn die Produkte unter unterschiedlichen Bedingungen produziert wurden. Allerdings bleibt die praktische Frage, ob ein Bewertungsansatz entwickelt werden kann, der weder tiefgreifende Fachkenntnisse eines Inhaltsbereichs noch tiefe Kenntnisse der Kreativität erfordert. Kann ein solcher Ansatz gültige und verlässliche Einschätzungen von der Produktkreativität liefern? Kann dieser dann genutzt werden, um vielversprechende Neuigkeiten in Organisationen zu erkennen und zu fördern?

Die Kreative Lösungen Diagnose-Skala (KLDS)

Durch die Kombination der in den vorangegangenen Abschnitten beschriebenen Indikatoren von der Kreativität mit den bereits erwähnten vier Kriterien der funktionalen Kreativität (Sachbezogene Wirksamkeit, Neuheit, Anmutswirkung, Impulsgebung; s. Kap. 2)

---

[1] Leser, die mit den hier erwähnten messtechnischen Begriffen nicht vertraut sind, finden einen hilfreichen Überblick bei Mortensen (2009); s. http://www.uwe-mortensen.de/Testkonstruktion-NeuA.pdf

haben D. H. Cropley und Cropley (2005) eine detailliertere Skala für die Messung der Produktkreativität konstruiert. Sie nannten die Skala die *Kreative Lösungen Diagnose-Skala* (KLDS) (engl.: Creative Solutions Diagnosis Scale (CSDS)). Die KLDS kombiniert:

- Prinzipien der Kreativität (Sachbezogene Wirksamkeit, Neuheit, Anmutswirkung, Impulsgebung),
- Kriterien, die es ermöglichen, diese Prinzipien zu erkennen (z. B. Besitz und Nutzung von Wissen, Problemfindung, Ausbau bestehender Kenntnisse, Darstellung von Ideen, die über das Bestehende hinausgehen, äußere Anmut, innere Eleganz, Vorschläge für Lösungsansätze, die über das unmittelbare Problem hinausgehen) und
- Indikatoren für das Vorhandensein dieser Kriterien (z. B. Lösungsvorgabe, Neudefinition, Überzeugungskraft, Vollständigkeit, Umleitung, Zukunftsträchtigkeit).

Die Skala wurde entwickelt, um die Menge (oder das Niveau) und die Art der Kreativität von Produkten zu bewerten (oder zu diagnostizieren). „Produkte" schließen greifbare Artefakte, Systeme, Prozesse und Dienstleistungen ein, sind jedoch nicht darauf beschränkt. Die Skala konkretisiert die vier grundlegenden Kriterien der Kreativität (Sachbezogene Wirksamkeit, Neuheit, Anmutswirkung, Impulsgebung) durch die Spezifizierung von „Indikatoren" für diese Merkmale, die aus beobachtbaren Eigenschaften eines Produkts bestehen. Mit anderen Worten: Während Neuheit ein äußerst breites und abstraktes Konzept ist, können Problemfindung, Lösungsvorgabe, Prognose usw. beobachtet und von einem Bewerter sogar quantifiziert werden – sie sind manifest. Tab. 8.1 (s. unten) bietet eine Übersicht über die der Skala zugrundeliegenden Produktmerkmale. Im organisationalen Sinne ist die KLDS als Diagnoseinstrument für Führungskräfte gedacht, die Produkte (und Produktkonzepte) auswerten wollen. Darüber hinaus dient sie als Quelle von Hinweisen darüber, wie die innovative Qualität von Produkten gesteigert werden kann.

Die Erforschung der Skala (D. H. Cropley und Kaufman 2012, 2013; D. H. Cropley et al. 2011; Haller et al. 2011; Haller und Cropley 2010; Kaufman et. al. 2013) hat gezeigt, dass die KLDS von Ingenieuren und bildenden Künstlern mit hoher Zuverlässigkeit eingesetzt werden kann, um die Kreativität von Produkten und Artefakten zu bewerten. Sie ist auch von Lehrern eingesetzt worden, um die Kreativität von Klassenaufgaben zu bewerten (A. J. Cropley und Cropley 2007). Allerdings zeigten die Analysen der in diesen empirischen Studien gesammelten Daten, dass die Skala eher eine Fünf-Faktoren-Struktur misst. Diese Faktoren sind den ursprünglichen vier Kriterien (Sachbezogene Wirksamkeit, Neuheit, Anmutswirkung und Impulsgebung) sehr ähnlich, mit der Ausnahme, dass Neuheit keine einheitliche Dimension darstellt, sondern zwei Komponenten hat, die als eigenständige Faktoren messbar sind. In Anlehnung an Sternberg et al. (2002) wurden diese Komponenten „Problemaufdeckung" und „Vortriebseffekt" benannt (engl.: Problematization und Propulsion).

Darüber hinaus wurde festgestellt, dass sechs der ursprünglich 27 Indikatoren keinen beträchtlichen Beitrag zur inhaltlichen Definition der Faktorstruktur des KLDS machten. Folglich wurden diese sechs Items aus der Skala herausgenommen. Das Ergebnis dieser

Tab. 8.1 Die Indikatoren der Produkt-Kreativität in der KLDS

Faktor				
Sachbezogene Wirksamkeit	**Problem- aufdeckung**	**Vortriebseffekt**	**Anmutswirkung**	**Impulsgebung**
Sachgemäßheit	Problem- findung	Neudefinierung	Gefälliges Äußeres	Übersicht
Richtigkeit	Lösungs- vorgabe	Neubeginn	Vervollkomm- nung	Übertragbarkeit
Zweckdienlich- keit	Prognose	Generierung	Überzeugungs- kraft	Richtungs- weisende Wirkung
		Umleitung	Eleganz	Aufschluss- gebung
			Harmonie	Zukunfts- trächtigkeit
				Fundierende Wirkung

(Indikator)

empirischen Bereinigung der Skala waren 21 Indikatoren, die nunmehr fünf Faktoren messen: Sachbezogene Wirksamkeit, Problemaufdeckung, Vortriebseffekt, Anmutswirkung und Impulsgebung. Die Faktoren und die dazu gehörenden Indikatoren werden in Tab. 8.1 dargestellt. Um die Kreativität eines Produkts mithilfe des KLDS zu bewerten, schätzen die Bewerter mittels einer Fünf-Punkte-Likert-Skala den jeweiligen Ausprägungsgrad jedes der in Tab. 8.1 aufgelisteten 21 Indikatoren ein. Die Werte reichen von „überhaupt nicht" (0 Punkt) bis zu „sehr viel" (4 Punkte). Zum Beispiel: Ein bestimmtes Produkt könnte für einen spezifischen Indikator, etwa „Leistung" (Faktor: „Sachbezogene Wirksamkeit"), zwei Punkte erzielen,[2] was bedeuten würde, dass dieses Produkt die von ihm erwartete Leistung nur mittelmäßig erbringt.

Die Werte für Einzelfaktoren (Sachbezogene Wirksamkeit, Problemaufdeckung usw.) werden durch Mittelung der Werte für die zu dem Faktor gehörenden einzelnen Indikatoren (z. B. im Falle von Problemaufdeckung: Problemfindung, Lösungsvorgabe und Prognose) kalkuliert. Wegen der unterschiedlichen Anzahlen von Indikatoren für die Einzelfaktoren (z. B. Problemaufdeckung hat nur drei Indikatoren, wohingegen Anmutswirkung fünf hat) werden die Mittelwerte skaliert, um eine Punktzahl aus 20 für jeden Faktor zu erreichen. Dieses Verfahren liefert eine Gesamtpunktzahl von 100 (für jeden von fünf Faktoren jeweils eine Punktzahl aus 20). Eine Punktzahl von 100 würde daher bedeuten, dass das Produkt vollkommen kreativ ist, während ein Wert von Null signalisierte, dass

---

[2] Beschreibungen aller Indikatoren befinden sich in D. H. Cropley et al. (2011). Zum Beispiel: „Leistung" bezieht sich auf das Ausmaß, zu der eine Lösung „das tut, wofür sie entwickelt wurde".

Tab. 8.2 KLDS-Werte zweier hypothetischer Produkte

Dimension der Innovation	Produkt A	Produkt B
Sachbezogene Wirksamkeit	18/20	15/20
Problemaufdeckung	12/20	15/20
Vortriebseffekt	18/20	10/20
Anmutswirkung	10/20	20/20
Impulsgebung	12/20	10/20
Summenwert	**70/100**	**70/100**

das Produkt überhaupt nicht kreativ ist. Die Erfahrung zeigt, dass trotz unterschiedlicher Niveaus von Fachwissen Einzelbewerter die KLDS verwenden können, um Produkt-Kreativität konsistent zu bewerten.

Durch die Anwendung dieser verlässlichen Kreativitätsmessskala ist es für Innovationsmanager möglich, Lösungen differenzierter zu beurteilen und zu vergleichen. Stellen Sie sich zwei hypothetische Produkte vor: Produkt A und Produkt B. Beide erreichen eine Punktzahl von 70/100 auf dem KLDS (siehe Tab. 8.2). Diese Werte sagen Führungskräften nicht nur etwas über die gesamte Kreativität der Einzelprodukte, sondern sie erlauben es ihnen festzustellen, welche spezifischeren Qualitäten der Einzelprodukte zu ihren jeweiligen Gesamtwerten geführt haben. Daraus ergeben sich „diagnostische" Aussagen darüber, was getan werden könnte, um die Produkte zu verbessern.

Um eine solche Diagnose zu generieren, widmet sich man den spezifischen Indikatoren, um festzustellen, wo Schwächen und Stärken liegen. Zum Beispiel: Produkt A ist bei sachbezogene Wirksamkeit (18/20) und Impulsgebung (18/20) stark; Es tut, was es tun soll und gibt frische Impulse. Aber die Überprüfung der einzelnen Indikatoren (Tab. 8.2) zeigt, dass es sich nur schwach mit problematischen Aspekten bestehender Lösungen auseinandersetzt (Problemaufdeckung = 12/20), die Benutzer wenig begeistert (Anmutswirkung = 10/20), und nicht besonders zukunfträchtig ist (Vortriebseffekt = 12/20). Produkt B dagegen ist deutlich schwächer hinsichtlich Wirksamkeit (15/20) und bietet keine grundlegend neuen Perspektiven auf mögliche Lösungen (Impulsgebung = 10/20), ist aber angenehm und leicht zu handhaben, funktioniert gut, sieht gut aus und wird Benutzern und Kunden sehr gut gefallen (Anmutswirkung = 20/20).

Solche Informationen können in den Entwurfs- und Weiterentwicklungsprozess einbezogen werden, um Produkte zu verbessern: Zum Beispiel benötigt Produkt A mehr Designarbeit, um seine Anmut zu verbessern, während Produkt B bahnbrechender werden muss. Auf diese Weise kann ein detailliertes, quantifiziertes Verständnis der Qualität der Dimensionen der Kreativität eines Produkts direkt in den Innovationsprozess einfließen. Die KLDS-Werte liefern auch für den Vertrieb Impulse: z. B. würde Produkt B Konsumenten, die auf leichte Handhabung und modische Erscheinung großen Wert legen, besonders ansprechen, wohingegen Produkt A technologiebegeisterte Kunden stark interessieren würde.

Die Messung des Bausteins „Prozess"

Der in der Kreativitätsforschung dominierende Ansatz zur Messung von Prozessen umfasst Tests des divergenten Denkens. Im Rahmen der Innovationsdiskussion wird dieser Aspekt von „Prozess" als für die Generierung von Neuheit unentbehrlich betrachtet. Solche Tests sind für unsere Zwecke besonders interessant, weil sie eine praktische Definition des Bausteins „wertschöpfende Prozesse" bieten. Sie geben auch Hinweise darauf, wie man latente Kreativität erkennen kann. Die Erforschung der Reliabilität (Stabilität) der Testwerte und der Validität (Grad der Fähigkeit eines Tests, tatsächlich kreative Leistungen akkurat zu erkennen) der Tests unterstützt ihre Anwendbarkeit.[3]

Typischerweise fordern die Tests die Testpersonen auf, viele möglichst überraschende Antworten auf offene Aufgaben zu generieren. Beispiele für Items aus typischen Tests dieser Art sind: „Schreiben Sie so viele interessante und ungewöhnliche Verwendungen auf, wie Sie sich für einen Schuh ausdenken können." „Was wären die Folgen, sollte die Schwerkraft plötzlich nur halb so stark werden, wie sie jetzt ist?" „Welche finanziellen Schwierigkeiten können Sie sich in Verbindung mit Vögeln vorstellen, die in einem Baum in Ihrem Garten nisten?" Es gibt keine richtigen Antworten; es kann viele, gleich gute Antworten auf die gleiche Testfrage geben. Antworten erhalten jeweils einen Punktwert, der sich aus ihrer statistischen Seltenheit ergibt. Häufig gebotene Antworten punkten nicht, wohingegen selten gesehene Antworten besonders hoch punkten. Ein Beispiel für eine seltene Antwort auf die Frage hinsichtlich des nistenden Vogels könnte sein: „Wie kann ich Wohnungsmiete vom Vogel einkassieren?" Es gibt auch nicht-verbale Tests, die unter anderem zur Fertigstellung von teilweise abgeschlossenen Zeichnungen auffordern, oder um Interpretation schematischer Zeichnungen bitten. Bei beiden Arten von Test werden Versuchspersonen dazu ermutigt, so viele Antworten wie möglich zu geben („Flüssigkeit"), verschiedene Arten von Antworten zu bieten („Flexibilität"), ungewöhnliche oder unerwartete Antworten zu erzeugen („Originalität") und diese zu vervollständigen („Ausarbeitung"). Die bekanntesten und am häufigsten verwendeten Tests dieser Art sind die *Torrance Tests des kreativen Denkens* (engl.: Torrance Tests of Creative Thinking (TTCT)). Diese Tests wurden ursprünglich 1966 veröffentlicht und wurden seitdem mehrmals überarbeitet (z. B. Torrance, 2007). Sie werden im Detail von Kim (2006) beschrieben und einer umfangreichen Bewertung ihrer Reliabilität und Validität unterzogen.

Der hinsichtlich des Anwendungsverfahrens vielleicht bequemste Test des kreativen Denkens ist der *Test zum schöpferischen Denken – Zeichnerisch* (TSD-Z) (engl.: Test for Creative Thinking – Drawing Production (TCT-DP)) von Urban und Jellen (2010). Der Name dieses Tests deutet darauf hin, dass er ein Test des divergenten Denkens ist, und seine Abkürzung (TCT-DP) macht es leicht, ihn mit dem TTCT zu verwechseln. Er basiert jedoch auf einem Ansatz, der sich wesentlich vom divergenten Denken-Ansatz (Torrance) oder vom divergenten-Produktion-Ansatz (Guilford) unterscheidet, und zwar auf einer gestalt-psychologischen Theorie der Kreativität.

---

[3] Für eine hilfreiche zusammenfasssende Diskussion im Klartext der messtechnischen Aspekte der Kreativitätsmessung (z. B. Arten von Validität) s. Palmer (2016, S. 174ff).

Der Test hat zwei Formen, A und B. Beide umfassen jeweils ein einziges Blatt Papier mit mehreren unvollständigen Figuren (z.B: einem Punkt, einem Halbkreis, einer gewellter Linie, einer gestrichelter Linie, einem rechten Winkel). Diese sollen Fragmente unvollendeter Zeichnungen von einem Künstler sein. Die Aufgabe der Testpersonen besteht darin, die Fragmente auf irgendeine beliebige Art und Weise zu vervollständigen. Die Bewertung der Arbeit der Testpersonen ergibt sich aus dem, was die Testautoren „Bilderproduktion" nennen: Die Zeichnungen der Testpersonen (ihre Produktionen) werden nicht nach ihrer statistischen Seltenheit im Rahmen einer Gruppe ausgewertet (d. h. quantitativ), sondern nach sich aus der Gestalt-Psychologie ergebenden qualitativen Kriterien wie „Grenzüberschreitungen", „neue Elemente" oder „Humor und Affekt". Diese Eigenschaften sind Bestandteil des persönlichen Antwortblatts einer Einzelperson und bedürfen keiner Vergleiche mit den Zeichnungen anderer Menschen, um ausgewertet zu werden.[4] Falls gewünscht, kann der Test somit einer Einzelperson vorgelegt und ausgewertet werden.

Die Messung von „Prozess": Die Ideenproduktion

Runco et al. (2001) argumentierten, dass Ideen in Wirklichkeit eine spezielle Art von Produkt sind, die sich aus dem kreativen Denken ergeben. Im Rahmen der Innovationsdiskussion hat die Konzipierung von Ideen als Produkte den Vorteil, dass dieser Ansatz das Endziel – die praktische Umsetzung von Ideen – stärker in den Blick nimmt, und daher den Beitrag von der Kreativität als Innovationsmotor und nicht als Ziel für sich betont (D. H. Cropley 2006). Runco und seine Mitarbeiter schlussfolgerten, dass es eigentlich möglich sein müsste, beobachtbare, relativ objektive Verhaltensweisen festzulegen, die deutlich machen, inwieweit eine Person kreative Ideen generiert, und daraus die Anwesenheit kreativen Denkens abzuleiten. Sie waren der Meinung, dass ein entsprechender Test ein Kriterium für die Validierung der üblichen Tests bilden würde. Mit anderen Worten, dass ihr Test es ermöglichen würde zu zeigen, dass die oben diskutierten kognitiven Tests die Kreativität tatsächlich messen.

Das Ergebnis ihrer Überlegungen war die *Runco ideenbezogene Verhaltensskala* (engl.: Runco Ideational Behavior Scale (RIBS)). Dieser Test hat 23 Items wie „Ich habe oft Schwierigkeiten, nachts zu schlafen, weil in meinem Kopf so viele Ideen auftauchen" (d. h. große Menge Ideen), „Ich kann Ideen auf eine Art und Weise kombinieren, die andere nicht können" (ungewöhnliche Kombinationen von Ideen) oder „Meine Ideen sind oft unpraktisch oder sogar wild" (d. h. unerwartete Ideen). Die Reliabilität der Skala war .91 und .92 in zwei Studierendenstichproben. Ihre Faktorenstruktur deutet darauf hin, dass sie eine oder zwei Dimensionen misst. Testergebnisse korrelierten fast gar nicht mit Noten, was darauf hindeutet, dass die Produktion von Ideen nicht mit der akademischen Leistung

---

[4] Zum Beispiel eine Zeichnung enthält Humor (oder auch nicht), egal, ob andere Testpersonen es tun oder nicht.

zusammenhängt. Mumford und Kollegen (1997, 1996) konzentrierten sich auf Problem-lösung als zentralen Kreativitätsprozess. Sie entwickelten Tests der Problem-Konstruk-tion, Informations-Enkodierung, Kategorie-Auswahl und Kategorie-Kombination und Reorganisation.

Die Messung persönlicher Ressourcen

Die Hauptschwierigkeit bei der Messung von persönlichen Ressourcen für Kreativität besteht darin zu entscheiden, welche diese Ressourcen sind und wodurch sie zu erken-nen sind. Das Hauptthema des Kap. 4 war, dass der schöpferische Mensch eine spezielle Konstellation persönlicher Ressourcen besitzt – Gefühle, persönliche Eigenschaften und Motivation. Also: Folgerichtig müsste sich die Messung kreativitätsförderlicher Attribute mit diesen Ressourcen beschäftigen. Allerdings läuft ein Fokus auf diese Eigenschaften Gefahr, andere Aspekte der Person, die für die Kreativität relevant sind, zu vernachlässi-gen: Zum Beispiel kreative Verhaltensweisen in der Vergangenheit. Für einen Manager, der das kreative Potenzial von Mitarbeitern entwickeln und fördern will, wäre es sinnvoll, nicht nur zu wissen, wie motiviert sie sind oder wie positiv sie sich hinsichtlich Kreativität fühlen, sondern auch, ob sie in der Vergangenheit kreativ gewesen waren.

Plucker und Makel (2010) lieferten einen sehr nützlichen Überblick über Ansätze, anhand derer die Kreativität einer Person (und auch eines Produkts, eines Prozesses und des Problemlösungsdrucks) beurteilt werden können. Sie teilten die Bewertungsansätze hinsichtlich „Person" in drei Kategorien ein:

- Persönlichkeitsskalen – z. B. Skalen zur Messung kreativitäts-fördernder Eigenschaf-ten wie Offenheit, Introversion, Selbstvertrauen oder Impulsivität;
- Einstellungsskalen – z. B. Überzeugungen über die Wichtigkeit der Kreativität, der Selbstwirksamkeit, oder positiver Einstellungen Unsicherheit gegenüber;
- Aktivitäts-Checklisten – z. B. biografische Inventare, Listen von schöpferischen Leis-tungen in der Vergangenheit, Listen von Hobbys.

Auch Helson (1999) war sich dessen bewusst, wie schwierig es ist zu sagen, wo die Grenzen bei der Beurteilung von „Person" liegen. Sie unterschied zwischen kreativer Produktivität und kreativem Potenzial. Persönlichkeitstests messen nahezu ausschließ-lich letzteres. Folglich haben eine Reihe von Autoren (z. B. Helson 1999; Kitto et al. 1994) vorgeschlagen, dass Kreativitätstests am besten als Tests des kreativen Potenzials betrachtet werden sollten. Diese Position wurde mit besonderer Betonung von Proctor und Burnett (2004) vertreten.

Eine weitere Perspektive dazu kommt auch von Proctor und Burnett (2004), die beton-ten, dass es weit verbreitete (wenn auch nicht universelle) Übereinstimmung darüber gibt, dass die Messung von Kreativität mehr als nur die Messung des Denkens erfordert. Sie zitierten unter anderem Sternbergs Schlussfolgerung (1985), dass auf Denken fokussierte

Tab. 8.3 Die Schwerpunkte der Messung der Bausteine von Innovation

	Person			Prozess	
	Persönlichkeits-Skalen	Aktivitäten-Checklisten	Einstellungen	Denkart	Wissen
kreatives Potenzial	✓		✓	✓	✓
kreative Produktivität		✓		✓	✓

Tests (insbesondere Tests des divergenten Denkens) dem eindeutigen Risiko ausgesetzt sind, nur „triviale Formen der Kreativität" (S. 126) zu messen. Tab. 8.3 versucht, die Situation zu klären. Sowohl „Person" als auch „Prozess" liefern Werkzeug zur Beurteilung von Potenzial und Produktivität. Außerdem werden Prozesse von Personen ausgeführt.

Die Persönlichen Eigenschaften

Ein Verfahren, das in den letzten Jahren beträchtliche Beliebtheit in Geschäftskreisen erreicht hat, ist der *Myers-Briggs-Typenindikator* (MBTI; engl.: Myers-Briggs Type Indicator; Myers-Briggs und McCaulley 1992). Dieser Test misst vier bipolare Persönlichkeitstypen:

- Extraversion (E) versus Introversion (I);
- sensibles Empfinden (S) versus Intuition (N);
- Denken (T) versus Fühlen (F);
- Urteilen (J) versus Wahrnehmen (P).

Eine Dimension – z. B. sensitives Empfinden versus Intuition – ist ein bipolares Kontinuum, auf dem manche Individuen sich näher dem einen Pol (sagen wir sensitivem Empfinden) befinden, während andere eher dem anderen Pol (Intuition) näher sind. Im Rahmen der bisherigen Diskussionen über die Kreativität und die Persönlichkeit entspricht Extraversion der Tendenz, Aufmerksamkeit auf externe Impulse zu richten, während Introversion mehr der Tendenz entspricht, auf interne Informationen zu fokussieren. Sensitives Empfinden beinhaltet das Fokussieren auf Informationen, die durch die Sinnesorgane geliefert werden (d. h. von draußen), während sich Intuition mehr mit internen Vermutungen, Vorgefühlen usw. beschäftigt. Denken konzentriert sich mehr auf die Analyse von Fakten, Beweismaterial usw., während Fühlen mehr Gewicht auf das legt, was sich „richtig" anfühlt. Urteilen beinhaltet das genaue Abwägen und Auswerten, während Wahrnehmen zu Entscheidungen auf der Grundlage der Art und Weise, wie die Lage aussieht, führt.

Auf jeder der vier Dimension des MBTI werden Einzelpersonen dem Pol, dem sie am nächsten stehen, zugeordnet, d. h. eine Person könnte man als, sagen wir, I-N-F-J diagnostizieren. Dieses Profil bedeutet, dass die entsprechende Person eher introvertiert, intuitiv, gefühlsmäßig und urteilsbezogen auf Lebenssituationen reagiert. Aus vier Dimensionen ergeben sich 16 möglichen Kombinationen von Buchstaben, d. h. „Typen". Diese werden sowohl anhand ihrer Buchstabenkombinierung – z. B. E-N-T-P oder I-S-F-J – als auch mittels deskriptiver Archetypen wie „Pädagoge", „Feldmarschall", „Erfinder" oder „Verwaltungsbeamter" gekennzeichnet. Von den verschiedenen möglichen Kombinationen gibt es einige, die für die Kreativität von besonderem Interesse sind. Zum Beispiel, das Profil I-N-F-P beinhaltet, in sich selbst zu schauen und nicht ständig zu prüfen, was andere denken oder tun, nach Mutmaßungen zu handeln, das zu akzeptieren, was nach dem Fingerspitzengefühl richtig sein müsste, egal ob es logisch ist oder nicht, und alle verfügbaren Informationen ohne Zensur zu berücksichtigen. Dieses Profil wird als „Quästor"-Archetyp (Suchende) bezeichnet, und gilt als am vorteilhaftesten für die Generierung der Neuheit. Umgekehrt geht es bei dem Profil I-S-T-J (dem Treuhänder) darum, Dinge weiterhin so zu tun, wie sie immer getan wurden, auf externe Informationen und Rückmeldungen orientiert zu sein, sich auf eindeutige Informationen und Kenntnisse zu verlassen, Probleme zu intellektualisieren und herauszupuzzeln, und die Produktion von Orthodoxie oder Singularität zu bevorzugen.

Einige Experten haben vorgeschlagen, dass die Kreativität mit der Dimension Sensibles Empfinden (S) – Intuition (N) einhergeht, wobei kreative Menschen sehr stark intuitiv orientiert sind. Es wurde aber auch gezeigt (Walk 1996), dass kreative post-graduierte Studierende eine starke Tendenz zur Intuition (N) – Wahrnehmen (P)-Kombination aufweisen; d. h. sie sind für unzensierte Informationen und für die Interpretation von Intuitionen offen. Dieser Archetyp kann mit der Sensibles Empfinden (S) – Urteilen (J)-Kombination (d. h. geneigt, auf konkrete Informationen zu konzentrieren und sie auf der Grundlage der strengen Logik, Korrektheit und dergleichen zu verarbeiten) kontrastiert werden. Obwohl er manchmal als Forschungsinstrument kritisiert wird, z. B. aufgrund seiner fragwürdigen statistischen Eigenschaften (Michael 2003), kann der MBTI ein leistungsfähiges Instrument für den Innovationsmanager bieten, der versucht, Teammitglieder mit einer passenden persönlichen Neigung für spezifische Phasen der Innovation auszuwählen.

Das Kreatrixinventar (Creatrix Inventory (C und RT), Byrd 1986) ist von großem Interesse, weil es kognitive und nicht-kognitive Dimensionen von der Kreativität integriert. Es basiert auf dem Konzept der „Ideenherstellung" (die Fähigkeit, unkonventionelle Ideen zu produzieren), wobei die Kreativität als Ergebnis einer Interaktion zwischen dem Denken und der motivationalen Dimension „Risikobereitschaft" betrachtet wird. Der Test besteht aus zwei Blöcken von je 28 Selbstauswertungs- oder Einstellungsaussagen. Der eine Block enthält auf kreatives Denken bezogene Items, der andere auf Risikobereitschaft bezogene Aussagen. Diese werden mittels einer 9-Punkte-Skala beantwortet, die von völliger Ablehnung bis zu vollständiger Übereinstimmung reicht (z. B. „Ich sehe oft die komische Seite, wenn andere sie nicht sehen können", „Tagträumen ist eine nützliche Aktivität"). Die jeweiligen Punktwerte für die Einzelitems der beiden Dimensionen werden summiert und die Gesamtbewertung für die jeweilige Dimension als „hoch", „mittel" oder „niedrig" eingestuft.

Die Punkte bilden dann für jede Testperson eine zweidimensionale Klassifizierung, die durch Kreativität und Risikobereitschaft definiert wird – daher das K und R-Akronym. Auf Basis dieser Klassifizierung wird die Testperson einem von acht Stilen zugeordnet: „Herausforderer", „Innovator", „Aufbesserer", „Träumer", „Synthesizer", „Verwirkli- cher", „Erhalter" und „Planer". Der Innovator ist sowohl bei dem kreativen Denken als auch bei der Risikobereitschaft hoch, der Erhalter bei beiden niedrig, der Herausforderer weist hohe Risikobereitschaft auf, aber niedrige Kreativität, der Träumer ist hoch an Krea- tivität aber nicht an Risikobereitschaft und so weiter. Byrd berichtete über eine einwöchige Test-Retest-Reliabilität von .72 für diese Skala. Er argumentierte, dass die Skala Augen- scheinvalidität besitzt, gab jedoch keine Daten über andere Formen der Validität.

Die *Kreativitäts-Checkliste* (Creativity Checklist (CCL), Johnson 1979) kann für die Bewertung von Personen aus allen Altersstufen verwendet werden, einschließlich Erwach- senen in geregelten Arbeitsverhältnissen. Auf einer 5-Punkte-Skala von „niemals" bis „regelmäßig" beurteilen Bewerter das Verhalten der Testpersonen hinsichtlich acht Dimen- sionen: Neben den bisher bekannten kognitiven Dimensionen Flüssigkeit, Flexibilität und Elaborierung werden persönliche Eigenschaften wie Einfallsreichtum, Unabhängigkeit, positives Selbstbild und Vorliebe für Komplexität beurteilt.

Die Messung von Einstellungen

Basadur und Hausdorf (1996) betonten einen etwas anderen Aspekt der persönlichen Res- sourcen für die Kreativität: Einstellungen, die der Kreativität förderlich sind (z. B. einen hohen Wert auf neue Ideen zu legen und zu glauben, dass kreatives Denken nicht bizarr ist). Die *Basadur-Präferenzskala* (engl.: Basadur Preference Scale) hat 24 Items, die aus Aus- sagen bestehen, mit denen die Befragten ihren Grad an Übereinstimmung/Nicht- Überein- stimmung mittels einer 5-Punkte-Skala ausdrücken, die von starker Übereinstimmung bis starker Nicht-Übereinstimmung reicht. Beispiele für Items sind unter anderen: „Kreative Menschen scheinen durcheinander im Kopf zu sein", „Neue Ideen werden selten reali- siert", oder „Ideen sind nur dann wichtig, wenn sie große Projekte beeinflussen". Als die Skala Studierenden und in Organisationen tätigen jungen Erwachsenen vorgelegt wurde, ergab eine Faktorenanalyse drei Dimensionen: „Wert auf neue Ideen legen", „kreative individuelle Stereotypien", und „zu sehr beschäftigt, um neue Ideen zu haben".

Kirtons (1989) *Anpassung-Innovation-Inventar* (engl.: Adaptation-Innovation Inven- tory (KAI)) unterscheidet zwischen Menschen, die Probleme durch die wiederholte Anwendung dessen lösen, was sie bereits wissen und tun können (Anpassung) und Men- schen, die versuchen, das Problem neu zu strukturieren und neuartige Lösungen zu finden (Innovatoren). Kirton ist der Ansicht, dass sowohl die Anpassung als auch die Innova- tion zur Generierung wirksamer Neuheit führen kann. Allerdings wird die Innovation von einer stärkeren Motivation, kreativ zu sein, einer höheren Risikobereitschaft und einem größeren Selbstvertrauen begleitet. Deswegen überrascht es kaum, dass sie zu einer höheren Produktivität führt. Die Skala besteht aus 32 Elementen (z. B. „Denkt sich immer etwas aus, wenn er steckenbleibt", „Ist methodisch und systematisch", „Lässt sich oft auf das Risiko ein, Dinge anders zu machen"). Mittels einer 5-Punkte-Skala („sehr leicht" – „sehr schwierig") geben die befragten Personen an, wie schwierig es für sie wäre, sich so zu verhalten. Das Verfahren liefert eine allgemeine Bewertung und Einzelwerte für drei Subskalen: Originalität, Konformität und Wirksamkeit. Verschiedene Forscher haben berichtet, dass die Skala reliabel und valide ist (z. B. Kirton selbst; Puccio et al. 1995).

Eine neuere Entwicklung im Bereich Einstellungen und kreatives Potenzial ist das Konzept der *kreativen Selbstwirksamkeit*. Dieser Begriff befasst sich mit dem Glauben von Testpersonen an ihre eigene Fähigkeit zur Kreativität mittels Items wie (Beghetto 2006):

- Ich freue mich über neue Ideen;
- Ich habe viele gute Ideen;
- Ich habe eine gute Vorstellungskraft.

Studien (z. B. Anderson et al. 2014; Batey und Furnham 2006; Hammond et al. 2011; Hughes et al. 2013) haben gezeigt, dass das Konstrukt mit akzeptabler Reliabilität und Validität gemessen werden kann. Forscher wie Hammond et al. (2011) und Tierney und Farmer (2011) haben gezeigt, dass die Steigerung der kreativen Selbstwirksamkeit mit einer Steigerung der kreativen Arbeitsleistung in einem professionellen Arbeitsumfeld einhergeht. Ebenso konnten Tierney und Farmer zeigen, dass kreative Erwartungen der Vorgesetzten zu dieser Steigerung beigetragen haben.

Frühere Produktivität

Nach einem weit verbreiteten Diktum ist „das kreative Verhalten in der Vergangenheit der beste Prädiktor des künftigen kreativen Verhaltens" (Colangelo et al. 1992, S.158). In einer fünfjährigen Längsschnittstudie von Jugendlichen zeigten Csikszentmihalyi et al. (1993), dass eine frühe Faszination für ein Gebiet die spätere Kreativität im Erwachsenenalter voraussagte. Milgram und Hong (1999) führten mit 15-Jährigen und 18-Jährigen Längsschnittstudien über die Brauchbarkeit jugendlicher Freizeitaktivitäten als Prädiktoren der späteren Kreativität durch und zeigten, dass solche Aktivitäten die Kreativität im Erwachsenenalter viel besser voraussagten als der IQ-Wert oder die Schulnoten, obwohl diese die späteren Uni-Noten gut voraussagten. Mehrere ähnliche Studien existieren (s. Cropley 2001). Eigentlich stellt dieser Befund eins der frühesten Forschungsergebnisse der modernen Kreativitätsära (s. z. B. Buel 1960; Buel und Bachner 1961; Buel 1965; Buel et al. 1966).

Auf der Grundlage dieses Zusammenhangs zwischen jugendlichen Interessen und Hobbys und Kreativität im Erwachsenenalter wurden mehrere entsprechende Verfahren entwickelt. Michael und Colson (1979) entwickelten das *Lebenserfahrungsinventar* (Life Experience Inventory (LEI)) für die Vorhersage der potenziellen Kreativität auf der Basis von Erfahrungen in der Jugend. Das Inventar, das aus 100 Items besteht, sammelt verhältnismäßig objektive Informationen zum früheren Leben (z. B. Anzahl der Adressänderungen in der Kindheit, Zusammensetzung der Familie, Bildungsstand, Hobbys und Freizeitgestaltung). Wie die Autoren betonten, erhöht die Fokussierung auf Fakten die Zuverlässigkeit des Instruments. In einer Studie mit 100 erwachsenen Elektroingenieuren, die auf der Basis von Patenten als „kreativ" bzw. „nicht-kreativ" eingestuft wurden, unterschieden 49 Items signifikant zwischen den kreativen und den nicht-kreativen Teilnehmern. Eine intuitive Gruppierung dieser Elemente durch die Autoren zeigte, dass sie vier Bereiche umfassten:

* *Selbstbestimmung oder Selbstverbesserung* (z. B. Wettbewerb genießen, Neugierde zeigen, sich für einen Interessenbereich engagieren);
* *elterliche Strebsamkeit* (elterliche Betonung der Wichtigkeit des Vorankommens, wahrgenommene Notwendigkeit von Leistung, um den Eltern zu gefallen);
* *soziales Engagement* und soziale Erfahrung (Mitgliedschaft in Organisationen, Unterstützung anderer Schüler bei ihren Schularbeiten);
* *Unabhängigkeitstraining* (wobei es Kindern in der Kindheit erlaubt wurde, ihre eigenen Freunde zu wählen und ihre eigenen Maßstäbe bei der Beurteilung der eigenen Leistungen zu setzen).

Colangelo et al. (1992) entwickelten das *Iowa Inventar des Erfindergeists* (Iowa Inventiveness Inventory), zunächst durch das Studium von Erfindern, die Patente in der Industrie oder der Agrarwirtschaft erworben hatten. Das endgültige Instrument besteht aus 61 Aussagen (z. B. „Immer wenn ich auf eine Maschine schaue, kann ich sehen, wie sie zu verbessern wäre"), mit denen die Testpersonen mittels einer 5-Punkte-Skala den Grad ihrer Übereinstimmung ausdrücken. Das Inventar unterscheidet deutlich zwischen anerkannt kreativen Individuen und anderen Menschen, zum Beispiel dadurch, dass es zwischen anerkannten Erfindern, von Lehrkräften als „erfinderisch" eingestuften Schülern und als „nicht-erfinderisch" aber akademisch-talentiert eingestuften Jugendlichen signifikant unterschied.

In jüngster Zeit sind zwei Ansätze zur Bewertung der kreativen Produktion entstanden, die beide versuchen, eine breite Palette von Domänen anzugehen. Der *Kreative Leistungsfragebogen* (engl.: Creative Achievement Questionnaire (CAQ); Carson et al. 2005) misst den Kreativitätsgrad in 10 Bereichen, darunter Wissenschaft und Erfindung, mittels einer Reihe von Selbsteinstufungen in Bezug auf vergangene Leistungen. Der Fragebogen ist ausreichend reliabel und hat gezeigt, dass er in der Lage ist, zwischen Testpersonen zu differenzieren, die in der Vergangenheit unterschiedlich starke kreative Leistungen erbracht haben. In ihrer eigenen Forschung zeigten Carson, Peterson und Higgins, dass der CAQ mit Tests der kreativen Persönlichkeit und des divergenten Denkens korreliert (Validität). Die jüngste Fassung der Runco *Ideengenerierungsskala* (Ideational Behavior Scale

(RIBS), Runco et al. 2001) beinhaltet auch Subskalen, die für spezifische Inhaltsbereiche, zum Beispiel das Ingenieurwesen, geeignet sind. Verschiedene Untersuchungen haben auch einen Zusammenhang zwischen dem RIBS und anderen Tests persönlicher Ressourcen wie etwa Offenheit aufgezeigt (z. B. Batey et al. 2010).

Multi-dimensionale Ansätze zur Kreativitätsdiagnose

Viele Instrumente, die für die Diagnose der Kreativität zur Verfügung stehen, werden wegen ihrer schlechten Vorhersagevalidität kritisiert, d. h. sie sagen kreative Verhaltensweisen in späteren echten Lebenssituationen schlecht vorher. Allerdings zeigten Milgram und Hong (1999) und Plucker (1999), dass Kreativitätstestwerte bessere Prädiktoren späterer kreativen Leistungen sind als IQ-Werte oder Schulnoten (siehe unten). Plucker (1999) wendete anspruchsvolle statistische Verfahren an, um ursprünglich von Torrance gesammelte Daten aus einer 20-jährigen Längsschnittstudie einer Nachanalyse zu unterwerfen. Er konnte zeigen, dass mehrere Jahre später zusammengesetzte verbale (aber nicht figurale) Kreativitätswerte aus dem TTCT etwa 50 Prozent der Variabilität hinsichtlich öffentlich anerkannter kreativer Leistungen und der Teilnahme an kreativen Tätigkeiten vorhersagten. Diese Tests prognostizierten etwa dreimal so viel der Kriterium-Varianz als IQ-Werte. Dies entspricht einem prädiktiven Reliabilitätskoeffizienten von etwa 0,7. In jüngerer Zeit berichteten Plucker und Makel (2010) über viele Beispiele von zumindest zufriedenstellender Validität verschiedener Testtypen.

Auch Helsons (1996, 1999) Studien sind hier informativ. Ihre Ergebnisse sind besonders wichtig, denn:

• sie erstrecken sich über mehr als 30 Jahre;
• sie verwenden ein Kriterium der Kreativität, das aus dem Verhalten im wirklichen Leben abgeleitet wird (dem Verhalten, durch das der Lebensunterhalt verdient wurde), anstatt aus Werten in einem anderen Kreativitätstest oder Selbst- oder Beobachterbewertungen.

Helson zeigte, dass fast alle Kreativitätstest-Werte von Studentinnen im Alter von 21 Jahren (zum Zeitpunkt der Bachelor-Abschlussprüfung) mit Einschätzungen ihrer beruflichen Kreativität im Alter von 52 Jahren (d. h. gut 30 Jahre später) korrelierten.

Eine der Schwierigkeiten bei der Vorhersage der Kreativität ist, dass kreative Leistungen mehr als die kognitiven Komponenten erfordern, wie schon in den Kap. 3–5 besonders betont wurde. Die Tatsache, dass sich die Kreativität aus einem System ergibt, bedeutet, dass jeder Versuch, sie mittels nur einer der Komponenten (z. B. persönlicher Eigenschaften alleine oder Denkprozesse alleine) vorherzusagen, ihrer Komplexität nicht gerecht wird. Es ist bekannt, dass eine Reihe von Faktoren eine wichtige Rolle spielen, wenn es um praktisch umsetzbare kreative Leistungen geht. Einige von ihnen haben mit kognitiven Aspekten zu tun (z. B. Kenntnisse eines Feldes). Einige beziehen sich auf das Arbeitsumfeld und können ziemlich banal sein (etwa gutes Timing). Es ist auch klar, dass die persönlichen Bausteine eine wichtige Rolle spielen. Allerdings: Auf der praktischen Ebene zeigte Helson (1999), dass die jugendliche Offenheit und Unkonventionalität (typische persönliche Eigenschaften, die in Kreativitätstests hervorgehoben werden) kreative Leistungen im Erwachsenenalter nur dann vorhersagen, wenn sie mit Mut zum Risiko, Engagement und Selbstdisziplin (motivationalen Eigenschaften) einhergehen. In Verbindung mit ungelösten Identitätsproblemen, Mangel an Beharrlichkeit oder Angst vor dem Versagen führen Offenheit usw. nicht zu kreativen Leistungen. Diese Erkenntnis hebt die Notwendigkeit hervor, die Innovation im realen Leben mehrdimensional und differenziert zu betrachten – mit anderen Worten im Sinne der neun Komponenten des in diesem Buch dargestellten Systemansatzes.

Der praktische Einsatz der Bewertung von persönlicher Kreativität

Ein Thema dieses Buches ist die Verwendung tiefer Kenntnisse über die Bausteine der Kreativität, um die Innovation in Organisationen zu fördern und zu verbessern. Also: Der Sinn von Messung liegt nicht darin, die begabtesten und talentiertesten Menschen zu identifizieren, sondern darin, durch die Messung gewonnenes Wissen auszunutzen, um die organisationale Innovation voranzutreiben. Mithilfe von Messung können Führungskräfte in Organisationen Strategien und Aktionen entwickeln, die die positiven, kreativitätssteigernden persönlichen Ressourcen von Mitarbeitern fördern und gleichzeitig jene Aspekte minimieren, die die Innovation behindern.

Ein Beispiel für die praktische Umsetzung von Kreativitätsbeurteilungen befindet sich in D. H. Cropley und Cropley (2000). Auf der Grundlage von Werten aus dem TCT-DP wurden für Studierende in einem Ingenieurkursus persönliche „Kreativitätsprofile" konstruiert. Die Studierenden wurden dann individuell über ihre kreativitätsbezogenen Stärken und Schwächen beraten. Den Schwerpunkt dieser Beratung lag darin zu erkennen, was die Studierenden tun konnten, um ihre Kreativität zu steigern. Ein denkbarer Ratschlag wäre zum Beispiel: „Sie drückten zwar viele Ideen aus (hohe „Flüssigkeit" – s. S. 139), aber alle Ideen drehten sich um denselben Grundgedanke (niedrige „Flexibilität" – s. S. 139). Wenn Sie ein Problem lösen wollen, versuchen Sie, sich viele *verschiedenartige* Herangehensweisen auszudenken und nicht nur Variationen desselben Themas."

Eine solche „Kreativitätsberatung" setzt selbstverständlich voraus, dass die beratende Person über persönliche Eigenschaften Bescheid weiß, die für die Kreativität relevant sind, und den Ausprägungsgrad dieser Eigenschaften in verschiedenen Personen erkennen kann. Die in diesem Kapitel beschriebenen Kreativitätstests bieten die Möglichkeit, individuelle Programme zur Förderung der Kreativität zu konstruieren. Es gibt eine Reihe von wichtigen persönlichen Ressourcen, die in verschiedenen Individuen gestärkt werden können und die mit Tests identifiziert werden können. Eine Zusammenfassung dieser Eigenschaften befindet sich in Tab. 8.4.

Tab. 8.4 Durch Tests definierte persönliche Bausteine von Kreativität

Motivation	Persönliche Eigenschaften
• Zielgerichtetheit • Faszination für eine Aufgabe oder ein Gebiet • Widerstand gegen vorzeitigem Abbruch von Denkvorgängen • Risikobereitschaft • Bevorzugung von Asymmetrie • Bevorzugung von Komplexität • Bereitschaft, das Althergebrachte infrage zu stellen • Bereitschaft, die Ergebnisse der eigenen Überlegungen anderen mitzuteilen • Bereitschaft, mit anderen Personen zu konsultieren • Wunsch, über die konventionelle hinauszugehen	• Aktive Phantasie • Flexibilität • Neugierde • Unabhängigkeit • Akzeptanz der eigenen Verschiedenheit • Toleranz für Mehrdeutigkeit • Vertrauen in die eigenen Sinne • Offenheit für Material aus dem Unterbewusstsein • Fähigkeit, mehrere Ideen gleichzeitig zu bearbeiten • Fähigkeit, Probleme neu zu strukturieren • Fähigkeit, vom Konkreten zu abstrahieren

Die Messung von Problemlösungsdruck im Arbeitsumfeld

Bei der bisherigen Diskussion von Kreativitätsmessung wurde auf die Ps von Produkt, Prozess und Person fokussiert: Woran erkennt man die Kreativität beim Produkt? Denkt ein bestimmter Mensch divergent oder konvergent? Besitzt ein Mensch persönliche Eigenschaften, die die Wahrscheinlichkeit positiv beeinflussen, dass er eine verwertbare Neuheit generieren wird? In diesem Buch jedoch ist die Frage danach, welche Merkmale des *Arbeitsumfelds* die Neuheitsschöpfung und ihre Realisierung fördern bzw. hemmen, von mindestens gleicher Bedeutung. Mehrere entsprechende Messinstrumente existieren. Einige von ihnen werden in den folgenden Absätzen dargestellt. Es handelt sich hier vor allem um Rating-Skalen, bei denen Mitarbeiter ihre Zustimmung oder Nichtzustimmung bezüglich der Aussagen über die Organisation ausdrücken.

Die innovationsbezogene Auswertung der organisationalen Bedingungen

KEYS: Bewertung der Arbeitsumgebung für die Kreativität (engl.: KEYS: Assessing the Work Environment for Creativity; Amabile et al. 2007) wurde in Organisationen in vielen Bereichen eingesetzt; unter anderem in der Elektronik, dem Hightech-Sektor, der Pharma-Industrie, der Fertigungsindustrie und dem Bankwesen. Es besteht aus 78 Aussagen über die Organisation wie etwa „Die Aufgaben in meiner Arbeit sind herausfordernd",

„Ich fühle mich von der Arbeit, die ich derzeit ausübe, herausgefordert", „In meiner täglichen Arbeit ist viel Kreativität gefragt", „ Ich glaube, dass ich derzeit sehr kreativ in meiner Arbeit bin." Die Befragten bewerten ihre eigene Organisation, indem sie „nie oder fast nie in dieser Organisation", „manchmal", „oft", „immer oder fast immer" antworten. Die Skala bewertet eine Organisation hinsichtlich 10 Dimensionen: Organisationale Förderung, Ermutigung durch Vorgesetzte, Unterstützung durch Kollegen, Ausreichende Ressourcen, herausfordernde Arbeit, Autonomie, organisationale Hindernisse, Arbeitsbelastung, Kreativität und Produktivität. Die Sub-Skalen haben Reliabilitäten (Alpha-Koeffizienten) von rund 0,70–0,85, und ihre Validität wird durch faktorenanalytische Studien, sowie einige Anwendungen in realen Organisationen, unterstützt.

Der *Situative-Aussichten-Fragebogen* (engl.: Situational Outlook Questionnaire; Isaksen 2007) ist im Wesentlichen eine englischsprachige Version einer Ratingskala, die ursprünglich in Schweden veröffentlicht wurde. Der Fragebogen besteht aus 53 Aussagen über die Organisation. Die Personen, die die Organisation beurteilen, signalisieren den Grad ihrer Übereinstimmung mit diesen Aussagen mittels einer Vier-Punkte-Skala von „trifft in hohem Maße zu" bis „trifft überhaupt nicht zu". Der Fragebogen ist in mehreren Industriezweigen angewendet worden. Er liefert Werte auf neun Unterskalen: Herausforderung, Freiheit, Ideenunterstützung, Vertrauen/Offenheit, Verspieltheit/Humor, Debatten, Konflikte, Risikobereitschaft, Unterstützung von Ideen. Isaksen (2007) berichtete über Alpha-Koeffizienten zwischen 0,69 (Vertrauen/Offenheit) und 0,89 (Unterstützung von Ideen), für die verschiedenen Subskalen, wobei die meisten Koeffizienten über 0,80 lagen. Faktorenanalytische Studien haben bestätigt, dass die Skala neun Dimensionen misst.

Die *Siegel Innovationsförderung-Skala* (engl.: Siegel Support for Innovation Scale; Siegel und Kaemmerer 1978) besteht aus 61 Aussagen, bei denen die Befragten auf einer Sechs-Punkte-Likert-Skala von „stimme stark zu" bis „stimme überhaupt nicht zu" ihr Einverständnis mit den Aussagen signalisieren. Die Skala wurde unter anderem in Schulen, Ingenieurbüros und einer Fachhochschule für Krankenpflege eingesetzt. Sie beurteilt fünf Dimensionen der Organisation: Führungsstil (Unterstützung von Ideen, Diffusion von Macht, Unterstützung der individuellen Entwicklung der Arbeitnehmer); Eigentum (von Ideen, Verfahren und Prozessen); vielfaltsförderliche Normen (das Anderssein wird akzeptiert, die Arbeiter wählen Wege, um Probleme zu lösen, die Kreativität wird belohnt); kontinuierliche Entwicklung (grundlegende Annahmen der Organisation werden ständig infrage gestellt, ihre Ziele und ihre Methoden ändern sich); Konsistenz (Menschen arbeiten gemeinsam an gemeinsamen Zielen).

Das *Teamklima-Inventar* (engl.: Team Climate Inventory; Brodbeck et al. 2000) wurde verwendet, um unter anderem Gesundheitsdienste, Universitätsmitarbeiter, Ölfirmen und eine TV-Produktionsfirma zu bewerten. Die deutschsprachige Fassung besteht aus 44 Fragen. Auf einigen Punkten beurteilen die Personen die Organisation auf Sieben-Punkte-Skalen von „gar nicht" bis „vollständig", manchmal auf Fünf-Punkte-Skalen von „starker Ablehnung" bis zu „starke Übereinstimmung". Diese Skala liefert Punktwerte nach vier Dimensionen: Vision (die Organisation hat klar definierte gemeinsame Ziele, die realistisch erreichbar sind), Partizipative Sicherheit (es ist ungefährlich, neue Ideen zu präsentieren), Aufgabenorientiertheit (Mitglieder der Organisation haben eine gemeinsame Selbstverpflichtung zu Exzellenz), Innovationsunterstützung (innerhalb der Organisation werden Versuche, Neuheit einzuführen, genehmigt und praktisch unterstützt).

Der *Leistungsstile-Fragebogen* (engl.: Achieving Styles Questionnaire; Lipman-Blumen 1991) geht direkt auf die Wichtigkeit des Übereinstimmungsgrads zwischen den psychologischen Eigenschaften der Menschen in einer Organisation und den Merkmalen der Organisation ein. Der Grad der Übereinstimmung wird auf der Basis zweier Varianten des Fragebogens gemessen, eine für die Organisation und eine für die in der entsprechenden Organisation tätigen Menschen. Die beiden Varianten werden von Teilnehmern ausgefüllt und ausgewertet. Danach wird ausgerechnet, wie gut die Ergebnisse hinsichtlich Organisation und Personen zusammen passen. Die individuelle Version besteht aus 45 selbstbeschreibenden Aussagen (z. B. „Ich arbeite lieber im Team als alleine" oder „Mein Beitrag besteht häufig darin, anderen zur Erfüllung ihrer Ziele zu verhelfen"). Teilnehmer antworten mittels einer 7-Punkte-Likert-Skala von „niemals" bis „immer". Diese definieren neun „Leistungsstile": u. a. kollaborativ", „wettbewerbsorientiert", „nachempfindend," oder „menschenorientiert". Lipman-Blumen berichtete über Reliabilitäten (Alpha-Koeffizienten) zwischen 0,82 und 0,91 für die neun Sub-Skalen, während die Konstruktvalidität mittels Faktoranalyse sowie Korrelationen mit Daten hinsichtlich Variablen wie Aufgabenbewältigung, Geschlechtsrollen oder Führungsstil nachgewiesen wurde. Puccio und Cabra (2010) bieten eine Übersicht über mehrere Auswertungen dieses Instruments.

Tab. 8.5 (s. nächste Seite) fasst die Kernmerkmale der eben dargestellten Instrumente zusammen.[5] Im Sinne des im Kap. 6 dargestellten „kongenialen Arbeitsumfelds" (s. S. 100) beschreiben die von diesen Tests gemessenen Merkmale des Arbeitsumfelds – wie etwa „Partizipative Sicherheit", „vielfaltsförderliche Normen", „herausfordernde Aufgaben", oder „Autonomie" (s. rechte Spalte der Tabelle) – die Dimensionen eines kongenialen Umfelds, bzw. in einigen Fällen das Spiegelbild eines derartigen Umfelds (z. B. „Arbeitsbelastungsdruck" oder „machtorientierter Führungsstil") und bieten folglich eine Art operationeller Begriffsbestimmung vom „kongenialen" Umfeld.

Überblick und Ausblick

William Thomson (Lord Kelvin) bemerkte (1889), dass „ … wenn Sie das, worüber Sie sprechen, messen und in Zahlen ausdrücken können, wissen Sie etwas darüber. Aber wenn Sie es nicht messen können, wenn Sie es nicht in Zahlen ausdrücken können, ist Ihr Wissen von einer mageren und unbefriedigenden Art". Im Sinne von Kelvin bildet die Fähigkeit, die Komponenten zu messen, die die Innovation in Organisationen beeinflussen, den ersten Schritt des Innovationsmanagements. Entsprechende Instrumente, die diesen Schritt ermöglichen, sind eben dargestellt worden: Skalen für die verhältnismäßig

---

[5] Die Inhalte dieser Tabelle basieren zum Teil auf der Arbeit von Mathisen und Einarsen (2004).

Tab. 8.5 Überblick über Tests der Kongenialität des Arbeitsumfelds

Test	Items	Anwendungsbereiche	Gemessene Merkmale des Arbeitsumfelds
KEYS: Bewertung der Arbeitsumgebung für Kreativität (Amabile et al. 2007)	78 Aussagen über die Organisation: Die Befragten signalisieren den Grad ihrer Zustimmung mittels einer 4-Punkte-Likert-Skala von „nie oder fast nie in dieser Organisation" bis „immer oder fast immer"	Vielfältig eingesetzt: u. a. in der Elektronik, im Hightech-Sektor, in der Pharmaindustrie, der Fertigungsindustrie und im Bankwesen	**Zehn Skalen:** Organisationale Förderung, Ermutigung durch Vorgesetzte, Unterstützung durch Kollegen, Ausreichende Ressourcen, Herausfordernde Aufgaben, Autonomie, Organisationale Hindernisse, Arbeitsbelastung, Kreativität und Produktivität
Situative-Aussichten-Fragebogen (Isaksen, 2007)	53 Aussagen über die Organisation: Die Befragten signalisieren den Grad ihrer Zustimmung mittels einer 4-Punkte-Likert-Skala von „trifft überhaupt nicht zu" bis „trifft in hohem Maße zu"	Vielfältige Organisationen, u. a. Ingenieurwesen, Wissenschaft, Finanzwesen, Software-Entwicklung, Fertigungsindustrie	**Neun Skalen:** Herausforderung, Freiheit, Ideenunterstützung, Vertrauen/Offenheit, Verspieltheit/Humor, Debatten, Konflikte, Risikobereitschaft, Unterstützung von Ideen
Siegel Innovationsförderung-Skala (Siegel und Kaemmerer, 1978)	61 Aussagen über die Organisation: Die Befragten signalisieren den Grad ihres Einverständnisses mit den Aussagen mittels einer Sechs-Punkte-Likert-Skala von „stimme stark zu" bis „stimme überhaupt nicht zu"	Schulen, Ingenieurbüros und einer Fachhochschule für Krankenpflege	**Fünf Dimensionen:** Führungsstil, Eigentum (von Ideen, Verfahren, Prozesse); vielfaltsförderliche Normen, kontinuierliche Entwicklung, Konsistenz

Tab. 8.5 (Fortsetzung)

Test	Items	Anwendungsbereiche	Gemessene Merkmale des Arbeitsumfelds
Teamklima-Inventar (Brodbeck et al. 2000)	44 Aussagen (deutschsprachige Fassung) über Teamentwicklung in einer Organisation: Die Befragten signalisieren den Grad ihres Einverständnisses mit den Aussagen mittels entweder einer Sieben-Punkte-Likert-Skala von „überhaupt nicht" bis „vollständig" oder einer Fünf-Punkte-Likert-Skala von „stimme überhaupt nicht zu" bis „stimme stark zu"	Gesundheitsdienste, Universitätsverwaltung, Ölfirmen, eine TV-Produktionsfirma	**Vier Dimensionen:** Vision, Partizipative Sicherheit (es ist nicht gefährlich, andersartige Ideen vorstellen), Aufgabenorientierung, Innovationsunterstützung
Leistungsstile-Fragebogen (Lipman-Blumen, 1991)	45 selbstbeschreibende Aussagen: Die Befragten signalisieren den Grad ihres Einverständnisses mit den Aussagen mittels einer Sieben-Punkte-Likert-Skala von „niemals" bis „immer"	Vielfältige Organisationen	**Neun „Leistungsstile":** Auf Beziehungen bezogener Stil (nachempfindend, mitarbeitsorientiert, kollaborativ); Direkter Stil (intrinsisch, wettbewerbsorientiert, machtorientiert); Instrumenteller Stil (vertrauensvoll, sozial, menschenorientiert).

objektive und wirtschaftszweigübergreifende Einschätzung von Produkten, persönlichen Bausteinen und Aspekten des Arbeitsumfelds.

Ein derartige Messungsprozess gibt Innovationsmanagern eine Reihe von Instrumenten an die Hand, mit denen sie die Komponenten der Innovation quantifizieren können. Allerdings: Während jede Komponente vereinzelt gemessen werden kann, besteht die eigentliche Aufgabe für Führungskräfte darin, den kollektiven Beitrag der Komponenten zum Prozess der Innovation in Organisationen zu orchestrieren. Dies erfordert eine Fokussierung auf eine ganzheitliche Systemsicht der Innovation. Die beiden nächsten Kapitel entwickeln einen theoretischen Rahmen für eine entsprechende Systemsicht und stellen ein Instrument zur diagnostischen Messung der Innovation in Organisationen vor.

Die Innovation und die Unternehmensleistung

9

Eine systematische Analyse der organisationalen Innovation muss auch die Unternehmensleistung miteinbeziehen: Umsatz- und Gewinnsteigerung, größeren Marktanteil, bessere Kundenbindung, breiteres und vertieftes Markenbewusstsein usw. Das Innovationsphasenmodell (IPM) bietet ein Messmodell, das es möglich macht, das komplexe Beziehungsnetzwerk zwischen Antezedenten, der Innovation und der Unternehmensleistung zu verstehen und effektiv zu managen

Wie es Kemp et al. (2003, S. 18) ausdrückten, in innovativen Unternehmen müssen „im Vergleich zu Unternehmen, die nicht innovativ sind, alle innovativen Aktivitäten zu einer besseren Leistungsfähigkeit führen". Demzufolge ist für die Untersuchung der Auswirkung der Innovation im organisationalen Kontext eine Auseinandersetzung mit dem Thema „Unternehmensleistung" unentbehrlich. Laut Vincent et al. (2004) hat „die Forschung in der Vergangenheit gezeigt, dass ein direktes, robustes Verhältnis zwischen der organisationalen Innovation und der Unternehmensleistung besteht" (S.13). Abb. 9.1 veranschaulicht diesen Zusammenhang in der Form eines sehr einfachen Pfaddiagramms, das später im Kapitel differenzierter dargestellt wird.

Allerdings geht es hier nicht darum, die unterschiedlichen von der Innovation gelieferten Nutzen im Sinne der Buchhaltung aufzulisten. Eher geht es darum, auf unsere theoretische Grundlage zurückzugreifen und zu fragen, was beobachtet werden sollte, um die Art und den Umfang der positiven Auswirkungen der Innovation auf die Unternehmensleistung zu verstehen. Zum Beispiel: Wenn eine spezifische Leistung als Indikator für die Innovation definiert wird, muss nachgewiesen werden, dass dieser Parameter tatsächlich das zugrunde liegende Konstrukt (die Innovation) umfasst. Auch wichtig ist die Dynamik des Verhältnisses zwischen dem Parameter und dem Konstrukt (in diesem Fall: der Innovation). Auf welche Art und Weise beeinflusst der Parameter die Innovation? Ein anschauliches Beispiel wird von Davila et al. (2012, S. 162) zitiert. Sie beschrieben eine Untersuchung, bei der die Anzahl von Konferenzbesuchen zum Indikator für die Innovation deklariert

© Springer Fachmedien Wiesbaden GmbH 2018
D.H. Cropley, A.J. Cropley, *Die Psychologie der organisationalen Innovation*,
https://doi.org/10.1007/978-3-658-17389-0_9

Abb. 9.1 Die Innovation als Prädiktor der Unternehmensleistung

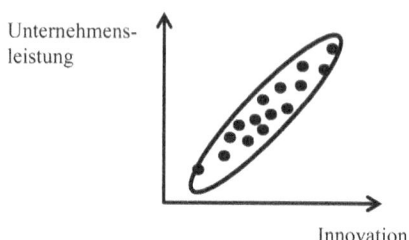

Abb. 9.2 Eine einfache Konzipierung des Zusammenhangs zwischen der Innovation und der Unternehmensleistung

wurde. Die Logik dieser Annahme war, dass (a) die Konferenzteilnahme den Erwerb von Ideen fördert und (b) Ideenreichtum zu innovativem Denken führt. Aber ein theoretischer Rahmen ist unentbehrlich, der die Dynamik des vermuteten Zusammenhangs zwischen der Konferenzteilnahme, dem durch diese Teilnahme vermittelten Erwerb von Ideen und der Innovation erläutert.[1] Auch unentbehrlich sind empirische Beweise, die diesen Zusammenhang belegen. Sonst könnte eine Organisation viel Zeit und Geld aufwenden, um Mitarbeiter aus dem Blickwinkel von Innovation unnütz auf Konferenzen zu schicken.

Wir fangen hier mit einer Prämisse an und zwar, dass Innovation zu verbesserter Unternehmensleistung führt. In Abb. 9.2 wird diese Prämisse in der einfachsten Form dargestellt; steigende Innovation führt zu steigender Innovationsleistung. Ausgehend von diesem Punkt, werden wir auf die Faktoren eingehen, die den Zusammenhang zwischen der Innovation und der Unternehmensleistung bedingen. Der Aufbau eines Modells, das auf einem systematischen theoretischen Rahmen basiert, versetzt Führungskräfte besser in die Lage, die Auswirkung aktueller Innovations- und Organisationsleistungen zu beurteilen und neue Maßnahmen zu erarbeiten, die dazu beitragen, dass Unternehmen die organisationale Kreativität in Unternehmenswert verwandeln.

Die Innovation und die Unternehmensleistung als latente Variablen

Der erste Schritt zur Dekodierung des Verhältnisses zwischen der Innovation und der Unternehmensleistung besteht darin, ein allgemeines Modell herauszuarbeiten, das den kausalen Zusammenhang zwischen Ursache (d. h. die Innovation) und Wirkung (d. h. die

---

[1] Im Sinne des in den folgenden Abschnitten dargestellten Ursache-Wirkung-Modells bilden in diesem Beispiel Ideen für die Innovation einen Kausalfaktor, der allerdings erst nach dem Erwerb der Ideen im Rahmen eines Konferenzbesuchs wirksam werden kann. Die Konferenzteilnahme *vermittelt* die Wirkung von Ideenreichtum.

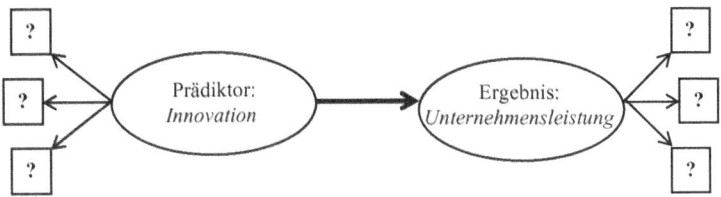

Abb. 9.3 Latente und beobachtbare Variablen – Innovation und Unternehmensleistung

Unternehmensleistung) erläutert. Laut Creswell (2005) ist eine „Variable" ein Merkmal oder Attribut eines Individuums oder einer Organisation, das (1) Forscher messen oder beobachten können und (2) zwischen Individuen oder Organisationen variiert. Aber: Woran wird die Innovation erkannt? Wodurch wird die Unternehmensleistung festgestellt? Offensichtlich ist, dass weder die Innovation noch die Unternehmensleistung direkt beobachtbar sind. Beide sind lediglich durch ihre Auswirkung auf andere beobachtbare und relevante Merkmale oder Attribute zugänglich. Also: Sie sind latent. Folglich schildert Abb. 9.3 ein geeigneteres Pfaddiagramm des Verhältnisses zwischen dem latenten Prädiktor – Innovation – und dem latenten Ergebnis – Unternehmensleistung. Diese Abbildung nimmt auch die bis jetzt nicht spezifizierten Indikatoren zur Kenntnis, die hier noch mit Fragezeichen gekennzeichnet werden.

An diesem Punkt in der Entwicklung unseres Modells ist verhältnismäßig klar, was die beobachtbaren Indikatoren der latenten Variable *Innovation* sind – schließlich ist genau dieses Thema in früheren Kapiteln eingehend besprochen worden. Auf eine einfache Formel reduziert führt die Innovation zur Schöpfung und Verwertung von Neuheit. Mittels der KLDS (s. S. 193) haben wir die beobachtbaren Dimensionen dieser Neuheit schon herausgearbeitet: Sachbezogene Wirksamkeit; Problemaufdeckung; Vortriebseffekt; Anmutswirkung; Impulsgebung. Darüber hinaus haben wir einen Satz von Indikatoren dieser Dimensionen identifiziert (z. B. Richtigkeit; Problemfindung; Neudefinierung; Überzeugungskraft; Übertragbarkeit). Allerdings ist die Vielfalt der Fragen, die erst entstehen, wenn diese Indikatoren als ein System wechselwirkender Komponenten betrachtet werden, noch nicht berücksichtigt worden.

Die Lage bezüglich der Unternehmensleistung – in Abb. 9.3 am gegenüberliegenden Pol zur Innovation dargestellt – bleibt noch ungeklärt. Wie ist die Unternehmensleistung zu erkennen? Was sind die beobachtbaren Indikatoren davon? Ist der Kausalzusammenhang zwischen der Innovation und der Unternehmensleistung wirklich so einfach wie dargestellt? Nicht schwer vorstellbar ist, dass es im Rahmen der Untersuchung der organisationalen Innovation eine beträchtliche Unsicherheit gibt in Bezug auf die Frage „Was beeinflusst was?" Die Ausformulierung eines Modells des Verhältnisses zwischen unabhängigen (oder Prädiktor-) Variablen und abhängigen (oder Ergebnis-) Variablen und der Faktoren, die ihre Wechselwirkung beeinflussen, ist auf gar keinen Fall ausschließlich eine technische, statistische Angelegenheit. Ein solches Modell enthält den Schlüssel zur Innovationsforschung. Die Bildung eines entsprechenden Modells beginnt mit einer Herausarbeitung der Details der latenten Variable „Innovation".

Die Messung der Innovation

Im vorangegangenen Kapitel wurde die Messung der „Komponenten" der Innovation besprochen. Diese Komponenten dürfen jedoch nicht isoliert angeschaut werden, sondern sie sollten eher als Elemente eines Systems betrachtet werden. Die Innovation ist eine emergente Eigenschaft dieses Systems. Auch wichtig ist, dass Führungskräfte die Innovation im breiteren wirtschaftlichen Rahmen konzipieren und sie nicht ausschließlich im engeren Sinne von Ideen verstehen. Demnach ist es logisch, zu fragen, woran sich die Innovation erkennen lässt. Was sind die sichtbaren, externen (und messbaren) Zeichen eines erfolgreich verlaufenden Innovationsprozesses? Woher können Führungskräfte wissen, welche Individuen unter welchen Umfeldbedingungen effektiv zusammenarbeiten werden, um neue und nützliche Produkte zu entwickeln? Bietet ein bestimmtes Arbeitsumfeld eine gute Grundlage für ein innovatives Unternehmen? Wie funktioniert das Zusammenspiel von „Person", „Produkt", „Prozess" und „Problemlösungsdruck" als Quelle der Innovation?

Ein Teil der Antwort ergibt sich aus einer Verschiebung des Fokus weg von einer verhältnismäßig kleinen Anzahl leicht beobachtbarer konkreter Variablen und den Interaktionen zwischen diesen Variablen zu der komplexeren Wechselwirkung einer größeren Anzahl latenter Variablen mit multiplen prädiktiven Verhältnissen und Assoziationen. Um Einsicht in die Wechselwirkungen zwischen den unabhängigen und abhängigen Variablen zu vertiefen, die den Innovationsprozess bestimmen, werden in diesem Kapitel einfache Darstellungstechniken (Klassen- und Pfaddiagramme) aus der Interpretativen Strukturmodellierung (ISM) verwendet. Für eine einführende Diskussion dieser Methodik, die hier lediglich als Werkzeug zur Veranschaulichung der Dynamik des Innovationsprozesses verwendet wird, s. zum Beispiel Grace et al. (2012) und Szyperski und Eul-Bischoff (1983).

Vincent et al. (2004) unterwarfen insgesamt 83 empirische Studien über die organisationale Innovation einer Metaanalyse und stellten fest, dass die Arten von Daten bezüglich typischer Innovationsindikatoren in der Regel einer der folgenden Kategorien zuzuordnen sind:

- Frequenzauszählungen - die Anzahl aller in einer Organisation eingeführten Innovationen;
- dichotome, eingeführt-/nicht-eingeführt-Auszählungen; Messungen der Intensität von FuE-Aktivitäten;
- Messungen der Intensität von Implementierungsstrategien (Prozess);
- Messungen der Radikalität von Innovationen (d. h. Produktneuheit).

Hülsheger et al. (2009) bauten diese Liste aus: Sie zeigten, dass viele Studien auch von einer Vielzahl subjektiver Innovationseinschätzungen Gebrauch machen, darunter Selbstbewertungen, Peer-Ratings, Bewertungen von Vorgesetzten und Sachverständigenbewertungen.

Sowohl Vincent et al. (2004) als auch Hülsheger et al. (2009) machten allerdings deutlich, dass die Messung des latenten Konstrukts „Innovation" komplexer ist als in Abb. 9.4 dargestellt. Die bescheidenen Korrelationen unter den verschiedenen eben dargestellten Arten von Indikatoren (Frequenzauszählungen, Ratings, Selbstbewertungen usw.) legen nahe, dass es eine Reihe vorauslaufender Variablen (antezedenter Variablen) gibt, die als

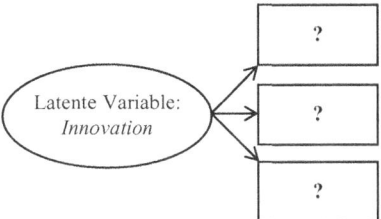

Abb. 9.4 Die Definition der latenten Variable „Innovation"

Abb. 9.5 Die Antezedenten der
Innovation

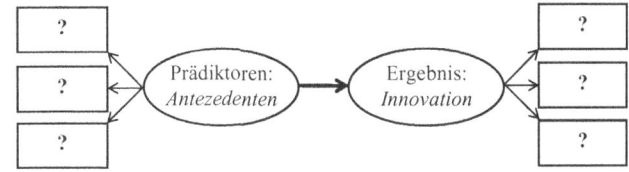

Prädiktoren für das Ergebnis „Innovation" dienen; d. h. die Innovation ist nicht nur ein Prädiktor des Ergebnisses „Unternehmensleistung", sondern sie ist auch selbst ein Ergebnis antezedenter Variablen (s. Abb. 9.5).[2]

Die Antezedenten der Innovation können nach dem Niveau der Messung und Analyse gruppiert werden. Vincent et al. (2004) fokussierten zum Beispiel auf Antezedenten auf dem Niveau der Organisation (in unserem Sinne, Merkmale des Arbeitsumfelds), die sie (a) organisationale Fähigkeiten, (b) organisationale Demographik, (c) Organisationsstrukturen und (d) Umfeldfaktoren nannten.

Ein Geschäftsmodell der Innovation

Davila et al. (2012) befassten sich mit der Herausforderung, die Innovation zu messen und die damit zusammenhängenden Kausalbeziehungen zu erklären, in einem etwas anderen Sinne: anhand eines Geschäftsmodells. Sie entwickelten eine dynamischere Darstellung von Input, Prozess, Output und Ergebnis (engl.: outcome) wie folgt (s. Abb. 9.6):

- **Inputs** definieren das, womit eine Organisation beginnt, und umfassen eine Reihe von Ressourcen, sowohl materielle (z. B. Geld, Zeit) als auch immaterielle (z. B. Mitarbeitermotivation, Organisationskultur), sowie andere Ressourcen wie etwa Unternehmensstrategie, Risikokapital, Lieferanten und Ausbildungssysteme;
- **Prozesse** definieren wie die Organisation Innovationen ausführt – sie repräsentieren den dynamischen Innovationsaufwand. Nach Davila et al. (2012) umfassen diese

---

[2] Darauf sind wir in den ersten fünf Kapiteln mittels der Diskussion von den Bausteinen eigentlich vertieft eingegangen.

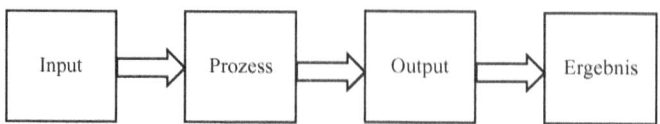

Abb. 9.6 Das Geschäftsmodell der Innovation. (Davila et al. 2012)

den kreativen Prozess, den Projektmanagementprozess und die unternehmensweite Geschäftsprozesse, mit denen ein Portfolio von Innovationsprojekten verwaltet wird; **Outputs** definieren „ … was die Innovationsbemühungen geliefert haben" (S. 151) *noch innerhalb der Organisation* (neue Produkte, erhöhte Kundenbindung, erhöhter Marktanteil – das, was Vincent et al. (2004) „Innovation" bezeichneten);

• **Ergebnisse** definieren was die Innovationsbemühungen geliefert haben *in Bezug auf die Unternehmensleistung* (etwa Rentabilität, Aktienkurs, Umsatzwachstum).

Ein Schlüsselmerkmal dieses Modellkonzepts ist, dass Inputs „vorauslaufende Erfolgsindikatoren" [engl.: leading indicators] sind (S. 152). Prozesse repräsentieren „Echtzeitindikatoren" [engl.: real time indicators] (S. 147) und Outputs sind „nachlaufende Indikatoren" [engl.: lagging indicators], weil sie „erst im Nachhinein informieren" (S. 153). Für die Analyse der Innovation ist diese Aufteilung in dreierlei Hinsicht von Bedeutung. Erstens: Vorauslaufende Indikatoren (z. B. Mitarbeitermotivation, Organisationskultur) sind in der Regel statisch (zumindest im Rahmen eines einzelnen Projekts). Zweitens: Die Tatsache, dass Indikatoren vorauslaufend sind, bedeutet, dass ihre Auswirkungen über die Lebensspanne eines Projekts hinweg einheitlich sind (zum Beispiel: wirkt sich die Organisationskultur zu Beginn des Projekts ähnlich aus wie in der Mitte davon oder am Ende). Drittens: Die nachlaufenden Indikatoren sind erst nach Beendigung eines Projekts zugänglich.

Mit anderen Worten: Es wird vermutet, dass ein Großteil des Innovationsprozesses mechanisch und vorbestimmt ist. Der Prozess wird „aufgezogen" und in Bewegung gesetzt, und Führungskräfte warten ab, um zu sehen, was passiert. Die Folge ist, dass vom Anfang an das Ergebnis durch die Inputs schon bestimmt ist. Obwohl die Prozesse eine dynamischere Echtzeitüberwachung und -kontrolle voraussetzen, erweist sich das Geschäftsmodell der Innovation als nicht in der Lage, der dynamischen Natur von Prozessen, Inputs, Outputs und Ergebnissen Rechnung zu tragen. Dies ist der Fall, weil das Geschäftsmodell auf einem Konzept von statischen vorauslaufenden Indikatoren und in geringerem Ausmaß auf nachlaufenden Indikatoren basiert.

Davila et al. (2012) beschrieben spezifische Indikatoren für jede „Perspektive" (Input, Prozess, Output und Ergebnis). Ihre antezedenten, vorauslaufenden (inputbezogenen) Indikatoren umfassen u. a. die für die Herausarbeitung von Innovationen zur Verfügung gestellte Zeit, den für Innovationsbemühungen zur Verfügung gestellten Prozentsatz des Haushalts, die Anzahl der strategischen Allianzen, den Anteil erfahrener Teammitglieder, die Markenwahrnehmung, die Klarheit der Zielsetzung, die Qualität der IT-Infrastruktur und das Niveau des Empowerments funktionaler Einheiten und Führungskräften. Echtzeitindikatoren des Innovations*prozesses* – im Gegensatz zu der Innovation als

Abb. 9.7 Das Verhältnis von Antezedenten, Innovation und Unternehmensleistung

*Ergebnis*variable – umfassen: Zeit, Haushalt und Produktleistung, Entwicklungszeit und Kosten, FuE-Produktivität und Produkt- und Prozessqualität. Davila et al. (2012) unterschieden auch zwischen der strategischen und der Projektebene der Messung: Das, was auf diesen unterschiedlichen Ebenen gemessen wird, unterscheidet sich. Zum Beispiel, auf strategischer Ebene betrachten sie Ideen als einen Mechanismus, wodurch sich eine Organisation ihr „Humankapital" voll zunutze machen kann. In dieser Kategorie gehört auch die Organisationskultur aber auch „objektive Indikatoren wie Personalfluktuation" (S. 161).

Der vielleicht wichtigste Beitrag des Geschäftsmodells von Davila et al. (2012) besteht darin, dass es die Aufmerksamkeit auf zwei verschiedene Aspekte des Ergebnisses im Sinne einer abhängigen Variable lenkt. Im engeren, *taktischen* Sinne dient das Ergebnis als nachlaufender Indikator der Wirksamkeit eines bestimmten Innovationsprozesses. Diese Funktion unterscheidet sich von seiner breiteren, *strategischen* Funktion als ein nachlaufender Indikator, der die Auswirkungen der Innovation auf die Organisation erfasst d. h. auf die Unternehmensleistung. Dies hebt eine wichtige Tatsache für das Messmodell hervor – die Innovation ist sowohl ein Ergebnis (von verschiedenen Prädiktoren vorhergesagt) als auch ein Prädiktor (von der Unternehmensleistung). Dieser Zustand wird in Abb. 9.7 dargestellt. Er hat wichtige Folgen für unser Messmodell, das nach der Diskussion von Indikatoren der Unternehmensleistung entwickelt wird.

Die Messung der Unternehmensleistung

Im Rahmen der Innovationsdiskussion wollen Führungskräfte wissen, ob ihre Organisation erfolgreich ist oder nicht, bzw. wie sie erfolgreich werden kann. Wenn es darum geht, neue und effektive Ideen zu generieren und sie kommerziell zu verwerten, wollen sie wissen, ob bzw. wie sie diesen Prozess fördern können. Wie können sie dies alles feststellen? Für eine graphische Darstellung des Problems, s. Abb. 9.8.

Vincent et al. (2004, S. 6) betonten drei Aspekte einer Organisation, bei denen die Innovation eine Auswirkung auf die Unternehmensleistung übt, und zwar (1) finanzielle Leistungsfähigkeit, (2) operative Effizienz, (3) subjektive Wahrnehmung der eigenen Innovationsleistung. Von diesen drei sind finanzielle Leistungsfähigkeit und Effizienz (Abb. 9.9) für die gegenwärtige Diskussion von besonderer Bedeutung. Dies ist der Fall, nicht nur weil sie messbar sind, sondern auch weil sie auf eine Geschäftstätigkeit oder -ergebnis ausgerichtet sind, das mit der organisationalen Innovation häufig in Zusammenhang gebracht wird (s. Kap. 1). Wenn der Sinn und Zweck von Innovationen darin liegt, eine

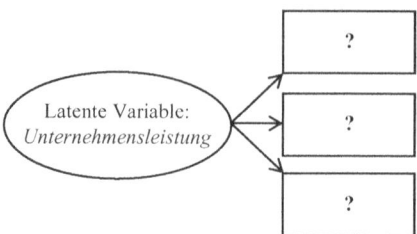

Abb. 9.8 Die Notwendigkeit der Definition von „Unternehmensleistung"

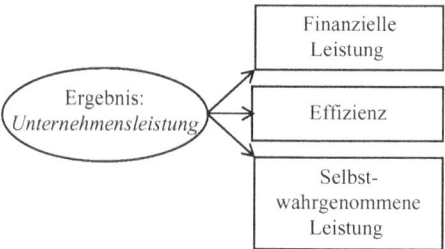

Abb. 9.9 Die Operationalisierung der Unternehmensleistung

bessere Unternehmensleistung zu erzielen als andere Unternehmen, die nicht innovativ sind (Kemp et al. 2003), was wäre sinnvoller zu bewerten als die Profitabilität und den Aktienkurs?

Obwohl Davila et al. (2012) zwischen dem unmittelbaren Output des Innovationsprozesses (d. h. der Neuheitsschöpfung) und dem wirtschaftlichen Ergebnis für das gesamte Unternehmen (d. h. der Wertrealisierung) unterschieden, fokussierten sie sich doch überwiegend auf finanzielle Indikatoren der Unternehmensleistung, wenn auch in zwei Kategorien (S. 173):

- Langfristige Unternehmensrentabilität:
  - Aktienkurs
  - Prognostiziertes Umsatzwachstum;
  - Prognostizierte Resterträge.
- Kurzfristige Unternehmensrentabilität:
  - Restliches Einkommenswachstum;
  - Umsatzwachstum;
  - Eigenkapitalrentabilität
  - Prozentsatz des Umsatzes aus neuen Produkten.

Koellinger (2008), der insbesondere die Rolle der internetbasierten Technologien als Anbieter von Produkt- und Prozessinnovationen untersuchte, betonte die Rentabilität, den finanziellen Umsatz und das Beschäftigungsniveau. Obwohl seine Analyse in einem gewinnorientierten und finanziellen Kontext verankert blieb, machte er von einem Modell

Gebrauch, das die Rolle der Art von Innovation (Prozess oder Produkt/Dienstleistung) als Vermittler des Verhältnisses zwischen Technologie und Unternehmensleistung betont. Laut Koellinger bedingen Ressourcenfaktoren dieses Verhältnis. In Kürze wird unsere Diskussion auf die Frage der Mediatoren und Moderatoren des grundlegenden Prädiktor-Ergebnis-Verhältnisses zurückkommen.

Bowen et al. (2010) blieben bei einem finanziellen Konzept der Unternehmensleistung und setzten Leistung mit wirtschaftlicher Rentabilität gleich. In einfachen Worten betrachteten diese Autoren die Innovation als einen Treiber für die Schaffung neuer, wertvoller und einzigartiger Ressourcen, die dem Unternehmen einen Wettbewerbsvorteil verschaffen. Sie wiesen aber auch auf einen wichtigen Bedingungsfaktor des Verhältnisses zwischen der Innovation und der Unternehmensleistung hin, nämlich auf *die zeitliche Abfolge*. Von besonderer Bedeutung für diese Autoren sind Fragen wie: „Treibt vergangene Unternehmensleistung die aktuelle Innovation voran?" und „Treibt die aktuelle Innovation die zukünftige Unternehmensleistung voran?" Des Weiteren machten sie darauf aufmerksam, dass die Unternehmensleistung hinsichtlich „Marktmaßnahmen" oder „Rechnungsführungsmaßnahmen" (S. 1181) ausgewertet werden kann. Erstere sind vorauslaufende Indikatoren, während letztere nachlaufende Indikatoren umfassen.

In jüngerer Zeit definierten Dul und Ceylan (2014, S. 1) die Unternehmensleistung in Bezug auf die Entwicklung neuer Produkte („Ausmaß der Markteinführung neuer Produkte") und den finanziellen Erfolg dieser Produkte („Anteil des Umsatzes aus neuen Produkten"). Diese Kriterien basieren auf von Hansen (1992) definierten Indikatoren. Obwohl noch von vorwiegend finanzieller Art, führen sie zu einer stärker differenzierten Konzipierung des Verhältnisses zwischen Prädiktoren und Ergebnissen. Obwohl sich Dul und Ceylan (2014) für das Verhältnis zwischen einem kreativitätsunterstützenden Arbeitsumfeld (unabhängiger Variable) und einem neuen Produkterfolg (abhängiger Variable) interessierten, konzipierten sie die Entwicklung neuer Produkte als eine intervenierende oder vermittelnde Variable (d. h. nicht als ein Ergebnis).

Gemeinnützige Organisationen

Nun stellt sich eine wichtige Frage. Wenn Indikatoren der Unternehmensleistung von überwiegend finanzieller Natur sind, wie wird dann die Auswirkung von Innovationen in Wirtschaftszweigen beurteilt, in denen Rentabilität, Aktienkurs und Absatz bedeutungslos sind, z. B. in gemeinnützigen Organisationen? Im Rahmen seiner Diskussion der Anwendung des Balanced-Scorecard-Konzepts (Kaplan und Norton 1992) im gemeinnützigen Sektor, diskutierte Kaplan (2001) einen Ansatz, der über einen engen Fokus auf die finanzielle Leistungsfähigkeit hinausgeht. Er stellte fest, dass „sogar gewinnorientierte Unternehmen seit kurzem erkannt haben, dass finanzielle Indikatoren für sich allein nicht ausreichen, um die Unternehmensleistung zu messen und zu managen". Er machte darauf aufmerksam (S. 354), dass „Finanzberichte zwar die Leistungen der Vergangenheit auswerten, aber wenig über die langfristige Wertschöpfung sagen". Er schlug vor, dass im Falle gemeinnütziger

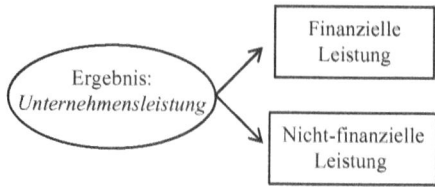

Abb. 9.10 Die Operationalisierung der Unternehmensleistung – balancierter Ansatz

Organisationen „Erfolg anhand der Effektivität und Effizienz, mit denen sie den Bedürfnissen ihrer Klientenkreise entsprechen" gemessen werden sollte (S. 353).

Ungeachtet der Beliebtheit des Balanced-Scorecard-Ansatzes, ist das zugrunde liegende Konzept – die Unternehmensleistung darf nicht ausschließlich in Bezug auf die finanzielle Leistungsfähigkeit beurteilt werden – für die Analyse der Ergebnisse der organisationalen Innovation sehr relevant. Ohne aussagekräftige und einschlägige Indikatoren der Unternehmensleistung haben Organisationen „keine Möglichkeit zu unterscheiden, ob ihre Strategie erfolgreich ist oder nicht" (Kaplan 2001, S 354). Auf der höchsten Ebene der Abstraktion können wir daher die Unternehmensleistung (Abb. 9.10) als eine Kombination finanzieller (z. B. Aktienkurs, Jahresergebnis) und nichtfinanzieller Leistungen operationalisieren. Letztere schließen das ein, was Kaplan (2001, S 255) die „Kundenperspektive" bezeichnete. Sie sind jedoch nicht darauf beschränkt.

Die Auswertung der Unternehmensleistung als Ergebnis der Innovation wird dann durch zwei Fragen abgedeckt: „Wie schaffen wir Wert für unsere Kunden?" und „Wenn es uns gelingt, wie werden wir von unseren Stakeholdern betrachtet?" Erstere umfasst Kaplans (2001) Charakterisierung der Kundenperspektive (S. 355) aber letztere beinhaltet eine wichtige Veränderung der Art und Weise, wie er die finanzielle Perspektive operationalisiert. Anstelle von „Aktionären" macht er vom Begriff „Stakeholders" Gebrauch. Dies erlaubt eine Ausdehnung der Diskussion der finanziellen Elemente der Unternehmensleistung auf gemeinnützige Organisationen. Zum Beispiel könnte ein finanzieller Stakeholder ein Ministerium oder eine Behörde sein, die eine Wohltätigkeitsorganisation finanziert. Solche Stakeholder haben zwar ein finanzielles Interesse an der Leistung der Organisation, sind aber keine Aktionäre im kommerziellen Sinne des Wortes.

Das Verhältnis: Innovation–Unternehmensleistung

Die Innovation als Mediator

In Abb. 9.7 wurde darauf aufmerksam gemacht, dass die Innovation in einem Feld zwischen den antezedenten Variablen (den Prädiktoren) und dem Ergebnis (die Unternehmensleistung) operiert. Dies deutet darauf hin, dass die Innovation als Mediator des Verhältnisses zwischen Antezedenten und der Unternehmensleistung funktioniert. Frazier et al. (2004) fassten die Lage wie folgt zusammen: Mediatoren legen fest, „'wie' oder 'warum' eine antezedente Variable ein Ergebnis prognostiziert oder bewirkt". Genauer gesagt wird ein

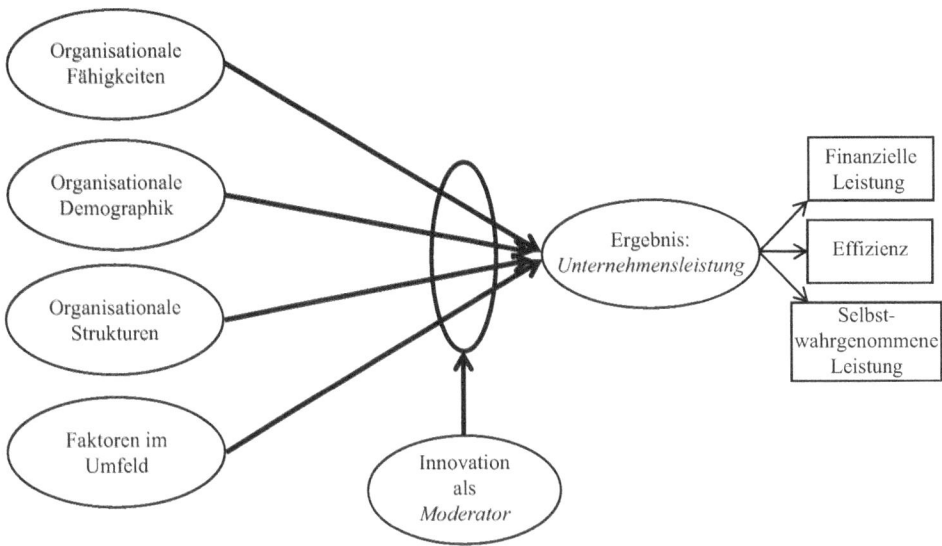

Abb. 9.11 Die Innovation als *Moderator* des Antezedenten–Unternehmensleistungsverhältnisses. (Vincent et al. 2004)

Mediator als eine Variable definiert, „die das Verhältnis zwischen einem Prädiktor und einem Ergebnis erklärt" (S. 116). Der Gedanke, dass Innovationen das Verhältnis zwischen den Antezedenten und der Unternehmensleistung beeinflussen, legt auch die Möglichkeit nahe, dass die Innovation zumindest einen *Moderator* des Verhältnisses bildet, auch wenn sie kein Mediator ist. Tatsächlich gingen Vincent et al. (2004, S. 13) auf beide Möglichkeiten ein, als sie versuchten, „das fehlende Verständnis des Verhältnisses zwischen den Antezedenten von Innovation, der Innovation selbst und der Unternehmensleistung" zu klären.

Allgemein ausgedrückt ist ein Moderator eine Variable, die „die Richtung oder Stärke des Verhältnisses zwischen einem Prädiktor und einem Ergebnis ändert" (Frazier et al. 2004, S. 116). Diese Autoren wiesen weiter darauf hin, dass „ein Moderator nichts anderes ist als eine Interaktion, bei der die Wirkung einer Variable vom Niveau eines anderen abhängt" (s. Abb. 9.11. Dies impliziert, dass die Auswirkung beispielsweise der organisationalen Demographik auf die Unternehmensleistung von dem Messniveau der Innovationsmaßeinheit abhängt (z. B. FuE-Intensität). Dies scheint intuitiv unbefriedigend zu sein, weil es die Innovation auf eine sekundäre Rolle zurückstuft. Frühere Argumente, nicht zuletzt das von Davila et al. (2012) implizierte Verhältnis als auch das beachtliche Beweismaterial für einen direkten Kausalzusammenhang zwischen der Innovation und der Unternehmensleistung, legen nahe, dass die Innovation eine zentralere Rolle spielt.

Das primäre Ziel von Vincent et al. (2004) bestand darin, diese Behauptung mittels einer Metaanalyse von 83 empirischen Studien über organisationale Innovationen zu testen. Drei Modelle des Innovation-als-Mediator-Ansatzes wurden einer Analyse mittels struktureller Gleichungsmodellierung (ISM) unterzogen. Im Hinblick auf das Verhältnis zwischen Antezedenten und der Unternehmensleistung vertreten Vincent, Bharadwaj und

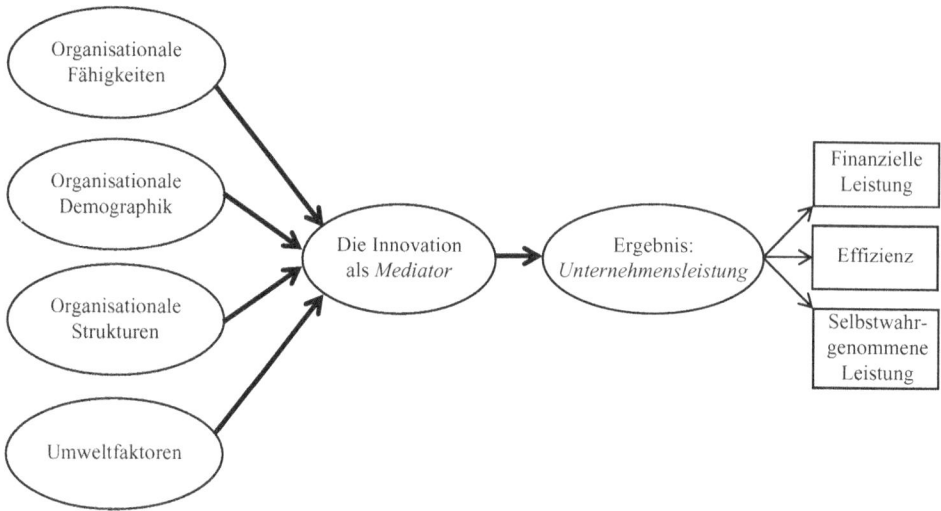

Abb. 9.12 Die Innovation als *Mediator* des Antezedenten–Unternehmensleistungsverhältnisses. (Vincent et al. 2004)

Challagalla die These, dass die Innovation als Mediator funktioniert (wie in Abb. 9.12 dargestellt). Die Ergebnisse ihrer Analyse unterstützten ein Modell der Innovation, wonach sie als *partieller Mediator* des Antezedenten-Unternehmensleistungsverhältnisses dient (siehe Abb. 9.13).

Vincent et al. (2004) kamen zu dem Schluss, dass es zwei Moderatoren des direkten Weges zwischen den Antezedenten und der Unternehmensleistung gibt: Sie nannten diese „Zeitperspektive" und „Innovationstypus". Die *Zeitperspektive* unterteilt das Prädiktor-Ergebnis-Verhältnis in „Scheiben" in Bezug auf den Zeitpunkt im Prozess, zu dem das Verhältnis analysiert wird. Die Scheiben ermöglichen eine Momentaufnahme der Dynamik der Interaktionen zwischen Faktoren. In Anbetracht der Tatsache, dass ein Mediator lediglich in einem bestimmten Zeitraum eine Wirkung hat, ist es nicht schwer zu vermuten, dass Querschnittsstudien, die den „falschen" Zeitraum umfassen, den Einfluss des entsprechenden Mediators übersehen würden. Die Berücksichtigung des *Innovationstypus* unterstreicht die Tatsache, dass das durch die Innovation vermittelte Prädiktor-Ergebnis-Verhältnis unterschiedlich ist für Produktinnovation im Vergleich zu Prozess- oder Dienstleistungsinnovation. Tab. 9.1 zeigt die breite Übereinstimmung zwischen dem Geschäftsmodell der Innovation von Davila et al. (2012) und den von Vincent et al. (2004) beschriebenen Kausalbeziehungen.

Bei der Erfassung der Unternehmensleistung haben sowohl Bowen et al. (2010) als auch Kaplan (2001) und Vincent et al. (2004) auf die „Zeitperspektive" aufmerksam gemacht. Kurz gesagt: Abhängig vom Zeitpunkt, zu dem die Auswirkung eines Indikators beobachtbar wird, kann diese Auswirkung andersartig sein. Zum Beispiel, kann unmittelbar nach der Einführung eines neuen Produkts die beobachtbare Auswirkung aus erhöhtem Umsatz

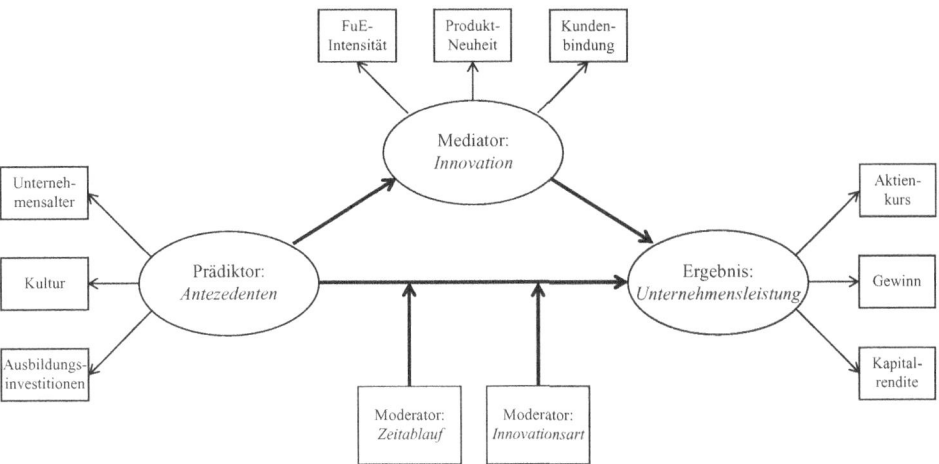

Abb. 9.13 Die Innovation als Teilmediator des Antezedenten–Unternehmensleistungsverhältnisses. (Vincent et al. 2004)

Tab. 9.1 Ein Vergleich von Innovationsmodellen

	Prädiktor-Variable(n)	Mediator-Variable(n)	Moderator-Variable(n)	Endeffekt-Variable(n)
Vincent et al. (2004)	Antezedenten	Innovation	Zeitperspektive Innovationstypus	Unternehmensleistung
Davila et al. (2012)	Inputs	Prozesse/Outputs		Ergebnis

bestehen, wohingegen längerfristig die Auswirkung aus etwa gesteigerter Bereitschaft von Anlegern, Geld in das Unternehmen zu investieren, bestehen könnte. Diese Zeitperspektive erinnert an die bei der KLDS mitberücksichtigten Kriterien kreativer Leistung „Vortriebseffekt" und „Impulsgebung" (s. S. 136). In beiden Fällen (sowohl die Unternehmensleistung als auch kreative Problemlösungen) wird zwischen den zeitlich unmittelbaren und den zukünftigen Auswirkungen der Generierung von Neuheit unterschieden.

Auch die Betonung der „Kundenperspektive" (z. B. Befriedigung von Kundenbedürfnissen) durch Kaplan (2001) erinnert an eine KLDS-Dimension, und zwar an die „Anmutswirkung", die Indikatoren wie „Gefälliges Äußeres" und „Überzeugungskraft" umfasst. In einem ähnlichen Sinne betonten Davila et al. (2012) „Markenwahrnehmung". In der Diskussion der Definition der Unternehmensleistung gibt es also eine Differenzierung zwischen Arten und Timing von Leistungen, die es auch in der allgemeinen Diskussion kreativer Produkte gibt. Die von D. H. Cropley und Cropley (2016, S. 21) herausgearbeiteten fünf „Rubriken" eines kreativen Produkts (sachbezogene Wirksamkeit, Problemaufdeckung, Vortriebseffekt, Anmutswirkung, Impulsgebung) gelten – entsprechend angepasst – auch für die Innovation. Diese prinzipielle Übereinstimmung zwischen den aus der Kreativitätsliteratur abgeleiteten „Rubriken", die die zugrundeliegenden Merkmale kreativer Produkte zusammenfassen, und den in der Innovationsliteratur besprochenen Merkmalen von für die Unternehmensleistung förderlichen Innovationen wird in Tab. 9.2 anhand von Beispielen dargestellt.

Das Modell von der Innovation als Teilmediator wirft Licht auf die Frage des Verhältnisses zwischen Antezedenten, der Innovation und dem organisationalen Ergebnis. Es bleibt jedoch ein exploratives Modell im Sinne, dass es versucht, Verhältnisse, die in empirische Daten eingebettet sind, ex post facto zu erklären. Dies bedeutet, dass es auf expost-facto Analysen der Variablen beschränkt bleibt, die durch die empirischen Daten zur Verfügung gestellt werden. Was aber notwendig ist, um das Verständnis von der Innovation zu fördern, ist ein Bestätigungsansatz – ein Mittel, mit dem man Hypothesen über die Verhältnisse zwischen Variablen im Bereich der Innovation im Voraus formulieren und im Anschluss testen kann. Dazu sind zwei Dinge erforderlich: ein theoretischer Rahmen und ein allgemeineres Messmodell. Auf diese wird in den folgenden Abschnitten eingegangen.

Tab. 9.2 Die wünschenswerten Merkmale der Produkte der Kreativität und der Innovation

Rubrik	Kreative Produkte im Allgemeinen	Innovative Produkte hinsichtlich Unternehmensleistung
Sachbezogene Wirksamkeit	• Sachgemäßheit • Richtigkeit • Leistungsfähigkeit	• neue Ressourcen • Wettbewerbsvorteile
Problemaufdeckung	• Problemfindung • Lösungsvorgabe • Prognose	• Bewusstsein für Unzulänglichkeiten beim Status quo • Bewusstsein für unerfüllte gesellschaftliche Bedürfnisse
Vortriebseffekt	• Neudefinierung • Neubeginn • Generierung • Umleitung	• Vorschläge für verbesserte Herstellungs-/Verwaltungsprozesse • Verbesserte Umsetzung von Ressourcen
Anmutswirkung	• gefälliges Äußeres • Überzeugungskraft • Eleganz	• Befriedigung der Bedürfnisse von Stakeholdern • Kundenbindung • positive Markenwahrnehmung • Zufriedenheit mit der eigenen Leistung • erhöhte Mitarbeitermotivation • gesteigerte Attraktivität für hochqualifizierte Bewerber
Impulsgebung	• Übertragbarkeit • Richtungsweisung • Zukunftsträchtigkeit	• prognostiziertes Umsatzwachstum • prognostizierte Erhöhung des Aktienkurses

Das Innovationsphasenmodell (IPM)

Ein theoretischer Rahmen, der dem Zweck dient, den Aufbau von Hypothesen zu leiten und die Entwicklung und Erprobung von Theorien über die organisationale Innovation zu unterstützen, müsste möglichst genau und umfassend sein. Auf diese Weise kann ein solcher Rahmen zu der Klärung davon beitragen, wie die Innovation in der realen Welt funktioniert. Sekaran (2006, S. 91) erinnerte daran, dass ein theoretisches Gerüst „ein konzeptionelles Modell dafür ist, wie die Verhältnisse zwischen den verschiedenen Faktoren, die für das Problem als wichtig erachtet werden, theoretisch erklärt bzw. sinnvoll verstanden werden können". Weiter: „entscheidend ist, eine *wissenschaftliche* Grundlage für die Erforschung des Problems zu entwickeln".

In den vorangegangenen Kapiteln wurde eine solche Grundlage aus der psychologischen Kreativitätsforschung abgeleitet, und zwar ein auf einem erweiterten 4Ps-Modell basierter Komponenten-/Bausteine-Ansatz. Im gegenwärtigen Kapitel wurden im Rahmen eines an die Messung orientierten Überblicks über die Rolle der Innovation in Organisationen Entsprechungen der folgenden Begriffe gefunden:

1) Die vier Ps - in den Antezedenten der Innovation und der Unternehmensleistung;
2) Phasen - in der zeitlichen Gestaltung der Wirkung von Moderatoren;
3) Paradoxien - im Modell der organisationalen Innovation als Teilmoderator des Verhältnisses zwischen Antezedenten und der Unternehmensleistung.

Im Kap. 6 wurde betont, dass im Rahmen des Innovationsprozesses diese Komponenten in Etappen oder Phasen miteinander interagieren. Allerdings sind die Interaktionen in unterschiedlichen Phasen andersartig. Es gibt sogar Paradoxien – scheinbar widersprüchliche Zustände. Zum Beispiel: In der einen Phase kann eine bestimmte Konstellation der Komponenten für die Innovation günstig sein, in einer anderen Phase jedoch hinderlich. Was jetzt erforderlich ist, ist ein theoretischer Rahmen, der die Kombination all dieser Elemente umfasst und als wissenschaftliche Grundlage für den Aufbau von Hypothesen und Theorien über die organisationale Innovation dienen kann.

Die Motivation, einen geeigneten theoretischen Rahmen zu entwickeln, geht über den verhältnismäßig abstrakten Wunsch hinaus, Hypothesen zu formulieren und prüfen. Laut Davila et al. (2012, S. 87) „haben viele große Unternehmen – nach eigenen Angaben ohne Erfolg – darum gekämpft, Innovationen in ihre Organisation zu integrieren". Die Motivation ist daher sehr praktisch und befasst sich mit der Frage (Davila et al. 2012, S. 87): „Wie kann man ein Unternehmen für die Innovation strukturieren?" Diese Autoren bieten Unterstützung für einen Phasenansatz: Zum Beispiel diskutierten sie die Balance zwischen der Kreativität und der Wertrealisierung (S. 89). Sie beschrieben auch die „Binnenmärkte" (S. 89) innerhalb einer Organisation, die „Innovationen hinsichtlich ihrer Kreativität und ihres kaufmännischen Wertes auswerten, auswählen und nach Priorität ordnen". Obwohl Davila et al. (2012) den widersprüchlichen und paradoxen Charakter dieser Prozesse (zügellose Neuheitsschöpfung versus kaufmännisch besonnen kalkulierte Wertrealisierung) anerkennen, betonen sie – auf der Grundlage von Shelton (2001) –, dass der Schlüssel zur erfolgreichen Innovation darin besteht, paradoxe Prozesse auszubalancieren.

D. H. Cropley und Cropley (2008) schlugen ein passendes Phasenmodell der Innovation vor, das die in diesem Buch dargestellten „Komponenten" integriert. Sie nannten es das „Innovationsphasenmodell". Dieses Modell betont das komplexe Zusammenspiel der Komponenten über eine Reihe von Phasen hinweg. Ähnlich wie Csikszentmihalyi (2006) betonten sie, dass der kreative Prozess aus einer Abfolge abgrenzbarer Phasen besteht, die aus unterschiedlichen psychologischen Ressourcen schöpfen. Das wechselnde Zusammenspiel der Bausteine mit den Phasen löst das Rätsel der Paradoxien der organisationalen Innovation. Während Davila et al. (2012) das Gleichgewicht zwischen der Neuheitsschöpfung und der Wertrealisierung als Kompromiss betrachten, erlaubt ein Phasenmodell, beide Prozesse als gleichberechtigt zu betrachten, allerdings unter Berücksichtigung der Zeitperspektive. Auf diese Weise können die zum Teil konkurrierenden Bedürfnisse der Neuheitsschöpfung und der Wertrealisierung hinsichtlich „Prozess", „Person", „Produkt" und „Problemlösungsdruck" in Einklang gebracht werden. Vorausgesetzt jedoch ist, dass die Organisation versteht, wann und warum die eine Komponente den Vorrang vor der anderen genießen muss.

In der Tat haben Davila et al. (2012) – im Rahmen ihrer Diskussion der Änderungen des Gleichgewichts zwischen der Neuheitsschöpfung und der Wertrealisierung während Organisationen reifer werden – auf die Nützlichkeit der Zeit-Ort-Lösung der Paradoxien der Innovation hingewiesen. Obwohl sie sich mit einem etwas anderen Punkt beschäftigten, sind sie zu einem Schluss gekommen, der auch im Innovationsphasenmodell (IPM) eingebettet ist: „In den frühesten Stadien konzentriert sich ein Unternehmen auf die Schaffung neuer, verbesserter Produkte oder Dienstleistungen. Zu diesem Zeitpunkt ist das Interesse für die Maximierung der Wertrealisierung … relativ gering." (S. 91). Umgekehrt bemerken sie: „In den späteren Phasen des Wachstums und der Reife der Organisation sinkt der Antrieb, kreativ zu sein, gewöhnlich ab und wird durch eine Verschiebung auf zunehmendes Interesse für die Wertrealisierung ersetzt" (S. 92).

Obwohl sie sich mit den Stadien der Reifung einer Organisation beschäftigten, gilt ihr Argument auch für den Innovationsprozess. In bestimmten Stadien des Innovationsprozesses gibt es eine „Voreingenommenheit in Richtung Kreativität", während in anderen Stadien es einen „Fokus auf Werterfassung" gibt (S. 92). Davila et al. (2012) behaupten, dass ein Gleichgewicht zwischen den beiden Prozessen – der Neuheitsschöpfung und der Wertrealisierung – erreicht wird, wenn eine Organisation im Allgemeinen bei beiden Prozessen *gleich versiert* ist. Diese Schlussfolgerung geht auf die Frage ein: Was ist für erfolgreiche organisationale Innovation notwendig? Das IPM geht einen Schritt weiter (Tab. 9.3) und erklärt sowohl „wann" als auch „wie" diese Prozesse für eine erfolgreiche Innovation unentbehrlich sind.

Das Innovationsphasenmodell (IPM) wurde erstmals im Kontext der organisationalen Innovation in D. H. Cropley und Cropley (2010) besprochen. Darauf folgte eine weitere Diskussion in D. H. Cropley und Cropley (2011). Die Kopplung des im Kap. 4 skizzierten 4P-Ansatzes der Kreativität (von uns auf sechs „Bausteine" erweitert: „Prozess",

Tab. 9.3 Die dichotomisierten Bausteine des IPM

Baustein	1. Pol der Dichotomisierung	Entgegengesetzter Pol der Dichotomisierung
Prozess	divergent	konvergent
Persönliche Motivation	proaktiv	reaktiv
Persönliche Eigenschaften	innovativ	adaptiv
Persönliche Gefühle/ Einstellungen	generativ	konservierend
Produkt	neuartig	bewährt
Problemlösungsdruck	zielgerichtet	flexibel

„Persönliche Merkmale", „Persönliche Motivation", „Persönliche Gefühle/Einstellungen", „Produkt" und „Problemlösungsdruck") mit den erweiterten Phasen der Generierung wirksamer Neuheit, die in Kap. 6 (siehe Abb. 6.1) dargestellt wurden, (sieben „Phasen": „Vorbereitung", „Aktivierung", „Generierung", „Beleuchtung", „Verifikation", „Kommunikation", „Validierung") schafft eine 6 X 7-dimensionelle Matrix. Jede der 42 Zellen dieser Matrix bildet die Schnittstelle zwischen jeweils einem bestimmten Baustein und einer bestimmten Phase (zum Beispiel: die Zelle „persönliche Motivation in der Phase der Aktivierung" oder die Zelle „Prozess in der Phase der Generierung"). Die Einzelzellen dieser Matrix werden nunmehr als „Knotenpunkte" [engl.: nodes] bezeichnet.

Für die Zwecke des IPM wird, auf der Grundlage unserer Analyse der 4 Ps von Kreativität, jeder Baustein dichotom betrachtet. Zum Beispiel: Beim Baustein „Prozess" wird zwischen dem divergenten Denken an einem Pol und dem konvergenten Denken an dem anderen Pol unterschieden, d. h. „Prozess" kann entweder divergent oder konvergent sein. Im Falle von „Persönlicher Motivation" wird dichotom zwischen reaktiver und proaktiver Motivation unterschieden – die Motivation kann entweder proaktiv oder reaktiv sein. Tab. 9.3 zeigt die dichotomen Pole der sechs für das IPM-Modells entscheidenden Bausteine.

Unsere in den ersten sieben Kapiteln dargestellte Analyse der kreativitätsförderlichen Aspekte der Einzelbausteine hat gezeigt, dass in einer bestimmten Phase – mit einigen Ausnahmen (s. Tab. 9.4) – lediglich einer der Pole des jeweiligen Bausteins für die Innovation günstig ist. Zum Beispiel: In der Phase der Generierung ist ein divergenter Prozess für die Innovation unentbehrlich, weil in dieser Phase neuartige Ideen generiert werden müssen. Umgekehrt ist in der Phase der Verifikation der entgegengesetzte Pol von „Prozess" (konvergenter Prozess; s. Tab. 9.3) am günstigsten, weil in dieser Phase bereits generierte Ideen geprüft und ausgewertet werden müssen. Tab. 9.4 gibt die für die Innovation günstigen Pole für alle Knotenpunkte an. Zum Beispiel: für den Knotenpunkt „Prozess-Generierung" wird in der Tabelle „divergent" angegeben, weil in der Phase der Generierung ein divergenter Prozess erforderlich ist: Ideen müssen generiert werden. Dagegen wird für den Knotenpunkt „Prozess-Verifikation" „konvergent" eingetragen, weil in der Phase der

Tab. 9.4 Die Knotenpunkte des Innovationsphasenmodells (IPM)

Bausteine	Phase / Pole	Neuheitsschöpfung				Wertrealisierung		
		Vorbereitung Wissenserwerb. Problemerkennung	Aktivierung Problemdefinierung und -herausarbeitung	Generierung Entwicklung von Kandidatenlösungen	Illumination Wahl einer oder weniger vielversprechender	Verifikation Wahl der besten Lösung	Kommunikation Ein funktionierender Prototyp	Validation Ein verwertbares Produkt
Prozess	konvergent vs. divergent	konvergent	divergent	divergent	konvergent	konvergent	gemischt	konvergent
Person (Motivation)	reaktiv vs. proaktiv	gemischt[a]	proaktiv	proaktiv	proaktiv	gemischt	reaktiv	reaktiv
Person (Eigenschaften)	adaptiv vs. innovativ	adaptiv	innovativ	innovativ	innovativ	adaptiv	adaptiv	adaptiv
Person (Gefühle)	konservierend vs. generativ	konservierend	generativ	generativ	generativ	konservierend	konservierend	konservierend
Produkt	bewährt vs. neuartig	bewährt	neuartig	neuartig	neuartig	bewährt	neuartig	bewährt
Problemlösungsdruck	zielgerichtet vs. flexibel	zielgerichtet	flexibel	flexibel	flexibel	zielgerichtet	zielgerichtet	zielgerichtet

[a]Bei gemischten Knotenpunkten können beide Pole des Bausteins förderlich sein.

Verifikation ein konvergenter Prozess notwendig ist: Kandidatenlösungen müssen ausgewertet werden. Das, was für Innovation bei einem spezifischen Knotenpunkt gut ist – sei es ein Aspekt von „Prozess", „Produkt", „Person" oder „Problemlösungsdruck" – muss nicht unbedingt hinsichtlich eines anderen Knotenpunkts gut sein. Denkbar ist, dass in einer anderen Phase genau das Gegenteil förderlich sein könnte. Tab. 9.4 präsentiert die 42 Zellen der IPM-Matrix von Bausteinen und Phasen und gibt für jeden Knotenpunkt an, welcher Pol des jeweiligen Bausteins für die Innovation notwendig ist.

Für das Innovationsmanagement ist entscheidend zu wissen, welcher Pol jedes Bausteins in einer bestimmten Phase des Innovationsprozesses unentbehrlich ist, und das IPM liefert diese Informationen. Mittels des durch das IPM zur Verfügung gestellten Modells befinden sich Innovationsmanager in der Lage, aus Forschungsergebnissen wie denjenigen von Vincent et al. (2004) praktischen Sinn zu machen – insbesondere aus dem Modell von der Innovation als Teil-Mediator des Antezendenten-Unternehmensleistung-Verhältnisses. Dies ermöglicht es ihnen auch, sich *proaktiv* mit Themen auseinanderzusetzen, wie etwa der Definition von Unternehmensleistung oder den Zusammenhängen zwischen der vollen Bandbreite persönlicher und organisationaler Antezedenten und der Unternehmensleistung.

Messmodelle der organisationalen Innovation

Das Innovationsphasenmodell (Tab. 9.4) unterstreicht, dass die organisationale Innovation kein einheitlicher Prozess ist. Wie können die früher in diesem Kapitel abgebildeten Pfaddiagramme verfeinert werden, um die unterschiedlichen Wirkungen von Antezedenten, die Zwischenprodukte der Innovation und die strategischere Operationalisierung der Unternehmensleistung zu reflektieren? In Übereinstimmung mit dem in Tab. 9.4 verkörperten theoretischen Modell stellt Abb. 9.14 nun „Innovationsstufen" dar (die in der Abbildung mit „1", „2" usw. bezeichneten Ellipsen). Jede Stufe entspricht einer Phase des in Abb. 7.1 dargestellten erweiterten Innovationsphasenmodells: Die erste Ellipse umfasst die Phase „Vorbereitung", die zweite die Phase „Aktivierung" usw. Jede Stufe dient sowohl als Vorläufer für die nachfolgende Stufe als auch als Ergebnis der aktuellen Stufe. Beispielsweise ist „1" sowohl die Ergebnisvariable aus der 1. Phase (Vorbereitung) als auch ein Antezedent für die 2. Phase (Aktivierung).

Diese neue Abbildung unterstreicht auch, dass die Innovation in jeder Phase unterschiedlich operationalisiert werden kann (dargestellt in Abb. 9.14 durch die Vierecke A, B, C usw.). Als Ergebnis von Stufe 3 (Generierung) zum Beispiel kann die Innovation am besten durch Indikatoren wie die Anzahl der generierten Ideen gemessen werden, die in der Abbildung mit „E" und „F" gekennzeichnet sind. Im Gegensatz dazu: Bei Stufe 5 (Verifikation) ist nicht mehr die Quantität der Kandidatenlösungen, sondern die Qualität einzelner Lösungen für die Innovationsleistung entscheidend. Folglich unterscheiden sich hier die geeigneten Indikatoren (als „I" und „J" gekennzeichnet) von „E" und „F". Ein Vorteil dieses differenzierteren Modells besteht darin, dass wir auch die vermittelnde

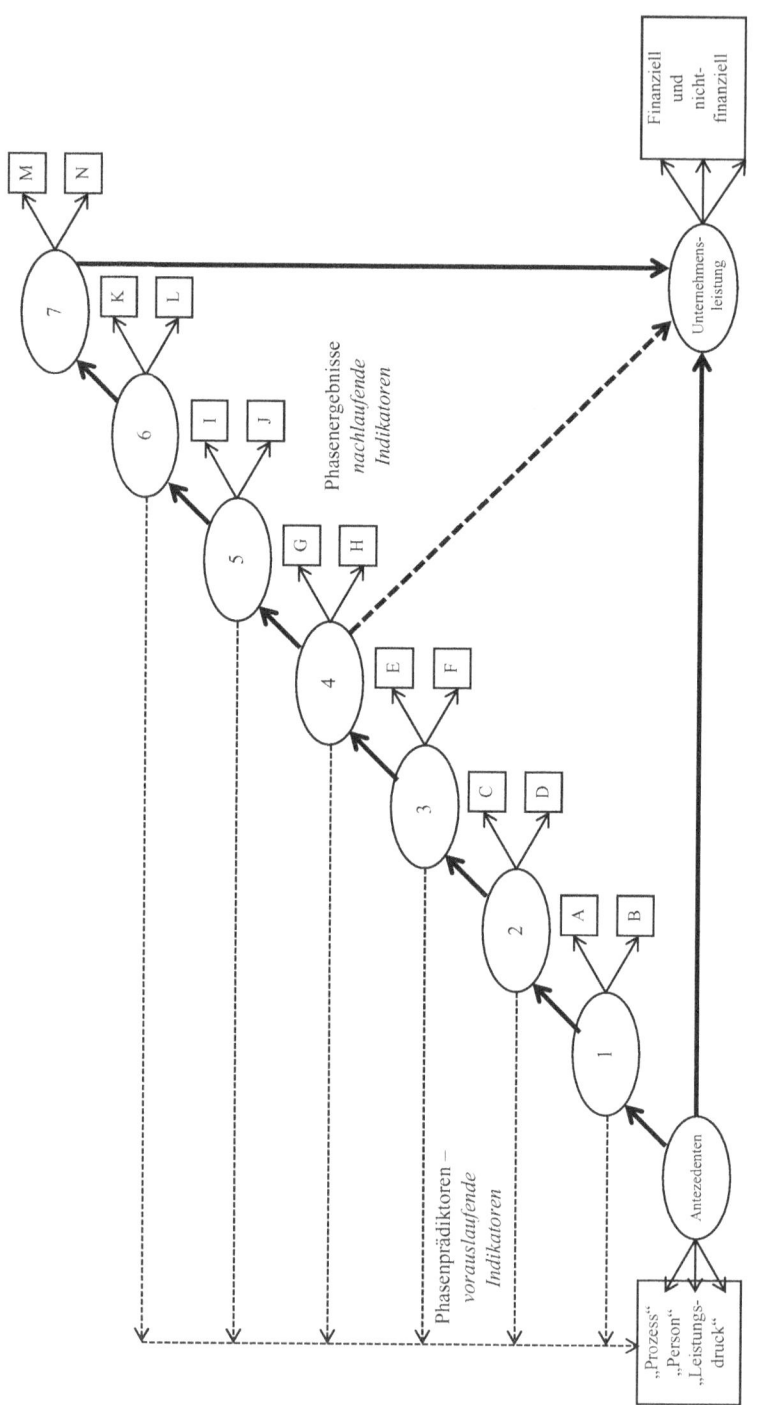

Abb. 9.14 Pfaddiagramm für die Innovation und die Unternehmensleistung

Wirkung von individuellen Zwischenstufen der Innovation auf die Unternehmensleistung untersuchen können (angezeigt durch den gestrichelten Pfeil von „Stufe 4" bis „Unternehmensleistung"). Dadurch können Fragen hinsichtlich der Bedeutung unterschiedlicher Stufen für die Gesamtleistung untersucht werden.

Tatsächlich haben Vincent et al. (2004, S. 20) die Notwendigkeit eines verbesserten Modells vorausgesehen, als sie feststellten, dass „die weitere Forschung darauf abzielen sollte, das für die jeweilige Forschungsfrage am besten geeignete Verfahren für die Messung von Innovation zu nutzen". Dieses Prinzip macht ein phasenspezifisches Modell unentbehrlich. Die Notwendigkeit eines differenzierteren Modells wird auch durch die Aussage gestützt, dass Befunde hinsichtlich der Innovation und der Leistung aus verschiedenen Untersuchungen „aufgrund der zeitlichen Natur des Forschungsdesigns signifikant unterschiedlich" sein können (S. 20). Mit anderen Worten: Die Phase der Innovation, die untersucht wird, beeinflusst das Verhältnis zwischen den Antezedenten und den Ergebnissen, das entdeckt wird.

Überblick und Ausblick

Das erfolgreiche Innovationsmanagement wird durch die Messung der Bausteine („Produkt", „Prozess", „Person", „Problemlösungsdruck") unterstützt. Es muss jedoch im Auge behalten werden, dass die Bausteine alleine keine ausreichende Basis für das Innovationsmanagement bieten. Wichtig ist eine systemische Herangehensweise, die die Unternehmensleistung auch miteinbezieht. Diese Verschiebung des Fokus hebt auch die beobachtbaren Indikatoren von der Innovation und der Unternehmensleistung hervor. Zum Beispiel: Wenn Innovationen anhand der Neuartigkeit von Produkten ausgewertet werden, bildet dies eine Brücke zwischen der Innovation, der Unternehmensleistung und dem Baustein „Produkt". Mit der Hilfe unserer Analyse von Produkten (z. B. KLDS) werden Manager in die Lage versetzt, nicht nur dieses Ergebnis der Innovation zu messen, sondern auch das Innovationssystem zu ändern, zum Beispiel, um Produktneuheit zu erhöhen. Die Kopplung von „Ursachen" mit „Ergebnissen" geht einen Schritt weiter. Die Unternehmensleistung definiert die externe, kommerzielle Auswirkung des Innovationsprozesses. Die Bausteine arbeiten zusammen, um die Generierung neuartiger, ertragreicher Produkte (Innovationen) heranzutreiben; diese haben sowohl messbare als auch nicht-messbare Auswirkungen für die Organisation (die Unternehmensleistung). Diese Auswirkungen umfassen zum Beispiel Umsatz- und Gewinnsteigerung, größeren Marktanteil, bessere Kundenbindung, breiteres und vertieftes Markenbewusstsein usw.

Um als Wegweiser für Innovationsmanager zu funktionieren, müssen Messmodelle nicht nur den Zusammenhang zwischen den Bausteinen und der Innovation und der Unternehmensleistung verdeutlichen, sondern sie müssen auch die Paradoxien berücksichtigen (s. Kap. 6). Ein Phasenmodell liefert die notwendigen Einsichten. Das IPM macht verständlich, wie scheinbar widersprüchliche Qualitäten der Bausteine – sagen wir divergente und konvergente Denkprozesse – beide gleich wichtig für die Innovation und die

Unternehmensleistung sind. Das IPM und das darauf aufbauende verbesserte Messmodell (Abb. 9.14) machen es leichter, das komplexe Beziehungsnetzwerk zwischen den Antezedenten, der Innovation und der Unternehmensleistung zu verstehen. Sie erlauben es Innovationsmanagern, den Besonderheiten bestimmter Antezedenten, spezifischer Stadien der Innovation und bestimmter Ergebnisse auf den Grund zu gehen. Sie setzen aber auch die Bühne für eine weitere, sehr wichtige Aufgabe, und zwar für das Management der Paradoxien der organisationalen Innovationen. Darauf wird im nächsten Kap. 10 eingegangen. Es wird ein aus dem IPM herausgearbeitetes Messinstrument (das Innovationsphasenbezogene Auswertungsinstrument – IPAI) dargestellt, das es Führungskräften ermöglicht, die Widersprüche zu klären und in ihr Innovationsmanagementpraxis konstruktiv einzuarbeiten.

Das Innovationsmanagement auf der Grundlage des IPAI

10

Das Innovationsphasenbezogene Auswertungsinstrument (IPAI) hat das Ziel, Organisationen hinsichtlich des Managements der Bausteine der Innovation zu „diagnostizieren", d. h. ihnen zu zeigen, wo genau Verbesserungsmöglichkeiten bestehen, um welche Art von Verbesserung es sich handelt und welche Handlungen zu der angestrebten Verbesserung führen würden. Die wichtigste Innovation des Instruments ist, dass es – im Gegensatz zu anderen Instrumenten – die der Kreativität und der Innovation innewohnenden Paradoxien berücksichtigt.

In Unternehmen stoßen Innovationen auf besondere Herausforderungen, die identifiziert und bewältigt werden müssen, um Verbesserungspotenziale erkennen und verwirklichen zu können. Diese Lage verlangt nach neuen Methoden und Instrumenten, die praxistauglich sind. Die bisherigen Kapitel dieses Buches haben ein innovatives Modell des Innovationsprozesses und seiner Bedingungsfaktoren dargestellt. Wir wenden uns jetzt der praktischen Relevanz dieses Modells für die Implementierung im Rahmen eines systematischen Innovationsmanagements im Unternehmen zu.

Eine IPM-basierte Herangehensweise an das Innovationsmanagement

Der Bottom-up-Ansatz

Es wäre nicht besonders abwegig, aus den bisherigen Argumenten und Konzepten zu schließen, dass der richtige Ansatz für das Management von Innovation darin bestünde, von Grund auf zu beginnen und von dort aus aufwärts zu arbeiten, d. h. „bottom-up". Der Kerngedanke ist, dass die Bausteine die grundlegendsten Komponenten definieren („das Bottom"), und dass diese den Innovationsprozess vorantreiben und die Unternehmensleistung folglich verbessern (s. Abb. 10.1).

© Springer Fachmedien Wiesbaden GmbH 2018   177
D.H. Cropley, A.J. Cropley, *Die Psychologie der organisationalen Innovation*,
https://doi.org/10.1007/978-3-658-17389-0_10

Abb. 10.1 Die Bausteine treiben Innovation und Unternehmensleistung voran

Die offensichtliche Schlussfolgerung ist, dass der beste Ansatz darin bestünde, (a) den Stand der Dinge bei den Bausteinen festzustellen, (b) die zur Verfügung stehenden Ressourcen abzuschätzen und (c) all diese Antezendenten dann im Arbeitsumfeld so gut wie möglich zu koordinieren, um die Innovationsfähigkeit der Organisation zu optimieren. Zum Beispiel: In einer Phase, in der das divergente Denken für die Innovation notwendig ist, macht es Sinn, auf jene Kollegen zurückzugreifen, die als divergent denkend identifiziert worden sind.

Allerdings, wenngleich dieser Ansatz das Innovationsphasenmodell und die Paradoxien berücksichtigt, hat seine Bottom-up-Natur mehrere Schwächen. Es dürfte sinnvoll sein, bestimmte Personen auf der Grundlage ihrer persönlichen Ressourcen bestimmten Phasen des Prozesses zuzuordnen. Aber wie gehen Führungskräfte mit dem Arbeitsumfeld bei diesem Bottom-up-Ansatz um? Wenn das Arbeitsumfeld statisch oder fixiert ist, wie können dann Innovationsmanager mit den im IPM beschriebenen Paradoxien des Arbeitsumfelds fertig werden? Die Schwäche dieses Bottom-up-Ansatzes liegt in seiner statischen Natur – in dieser Hinsicht erinnert er an Persönlichkeitstheorien in der Psychologie, die von fixierten Charakterzügen (Traits) ausgehen.

Der Trait-Ansatz

Trait-Theorien der menschlichen Persönlichkeit (z. B. Wortman, Loftus und Marchall 1985) konzentrieren sich auf die Konsistenz breiter und relativ stabiler Persönlichkeitsmerkmale. Guilford (1959) zum Beispiel, definierte Persönlichkeitsmerkmale als dauerhafte Quellen psychischer Unterschiede zwischen Individuen. Im Kontext der organisationalen Innovation legt der Trait-Ansatz nahe, dass die im Kap. 7 dargestellten Paradoxien durch gute Übereinstimmung zwischen den Bedürfnissen einer Phase und den persönlichen Traits der an der Durchführung der Phase beteiligten Menschen bewältigt werden können. Demzufolge werden die Paradoxien am leichtesten bewältigt und die Innovation am besten gefördert, wenn spezifische Aufgaben von Kollegen ausgeführt werden, deren schon bestehende persönliche Eigenschaften am besten dazu passen. Zum Beispiel: Ein Mensch, der im divergenten Denken stark ist oder für neue Ideen offen ist, sollte die Verantwortung für diejenigen Phasen übernehmen, bei denen das divergente Denken mit den Bedürfnissen der Phase im Einklang steht (z. B. die Phase „Generierung", die auf die Neuheits*schöpfung* fokussiert ist – s. Tab. 9.4).

Zwar dürfte es wahr sein, dass dieser Ansatz in der Lage ist, den Innovationsprozess zu verbessern. Aber er umfasst einen eher reaktiven Stil und betrachtet die Innovation als ein Fließbandverfahren, das Stabilität, Einheitlichkeit, hohes Volumen und Wiederholbarkeit voraussetzt; jeder Stecker muss ins passende Loch der Stecktafel. Ihrem Wesen nach jedoch ist die Innovation labil und uneinheitlich. Sie ist ein Ergebnis, das nicht vom Fließband fließt, sondern sich aus der flexiblen und anpassungsfähigen Anwendung von Ressourcen im Sinne von Bausteinen ergibt. Der Stecktafel-Ansatz bietet auch eine unbefriedigende Art und Weise, wie mit Mängeln der verfügbaren Ressourcen umzugehen ist: Fehlen dem Innovationsmanager divergent denkende Kollegen, bleibt nichts übrig als passende Leute anzuheuern.

Der Stilansatz

Im Gegensatz dazu geht der im Kap. 4 dargestellte Stilansatz davon aus, dass Menschen fähig sind, ihre psychologischen „Neigungen" zu ändern, z. B. mittels des Lernens. Dieser Ansatz stützt sich auf Sternberg (2007a) Konzeptualisierung von der Kreativität als eine gelernte Gewohnheit, die durch Gelegenheit, Förderung und Belohnung entwickelt wird und folglich formbar ist (s. Kap. 4). Die Aufgabe von Führungskräften wird nicht einfach als das Ausfindigmachen von mehr oder weniger passenden Steckern für jedes Loch in der Stecktafel und das bestmögliche Reinstecken derselben betrachtet. Stattdessen handelt es sich um eine proaktive, dynamische und befähigende Aufgabe, in der Individuen dazu ermutigt werden, ihre Befähigung zum lebenslangen Lernen auszuüben (z. B. Cropley 1995) und ihr Verhalten an die Erfordernisse des Innovationsprozesses anzupassen. Diese Herangehensweise geht davon aus, dass Beschäftigte ihr Verhalten anpassen können. Sie erscheint inhärent flexibler und effizienter als ein Stecktafel-Modell. Der Stilansatz löst auch das Problem des Problemlösungsdrucks. Das organisationale Klima ist nicht mehr als fester und dauerhafter Bestandteil der Organisation charakterisiert, sondern als eine flexible, anpassungsfähige organisationale Disposition, die sich mit den Anforderungen des Innovationsprozesses in Einklang bringen lässt.

Der Top-down-Ansatz

Das Konzept von persönlichen Dispositionen verkörpert einen grundlegenden Wandel von einem Bottom-up-Ansatz zu einem flexibleren Top-down-Ansatz, der auf dem organisationalen Umfeld basiert. Dieses Umfeld wird als das „Top" betrachtet. Die zwei Ansätze werden in Abb. 10.2 kontrastiert. Nach diesem Modell befasst sich die erste Messung mit dem Arbeitsumfeld (s. Kap. 5) und identifiziert die Konstellation von Verhaltensdispositionen, die im jeweiligen Unternehmen existieren. Mit anderen Worten: Die erste Bestandsaufnahme eines Unternehmens ermittelt das Muster von Dispositionen über den gesamten Innovationsprozess – „Person", „Prozess", „Produkt" und „Problemlösungsdruck" – wie

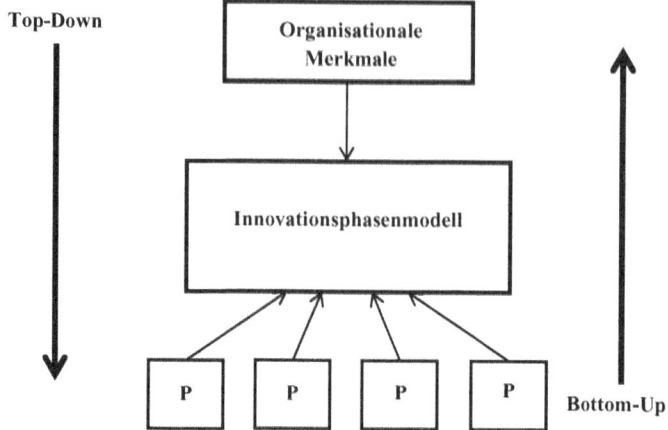

Abb. 10.2 Bottom-up- und Top-down-Ansätze zum Innovationsmanagement

sie zum Zeitpunkt der Ermittlung existieren (mit der endgültigen Absicht, diese Dispositionen, soweit erforderlich anzupassen, um den Innovationsprozess zu fördern).

Im Gegensatz zum statischen Bottom-up-Ansatz, der diese Dispositionen als fest und
dauerhaft – d. h. als Traits – betrachtet, erkennt der Top-down-Ansatz, dass sie flexibel und
anpassungsfähig sind. Kein Individuum und keine Organisation ist durch ein permanentes,
sich nie änderndes Trait-Profil charakterisiert, sondern beide umfassen eine Mischung verschiedener Dispositionen, die im Innovationsprozess zu verschiedenen Zeitpunkten und
unter verschiedenen Bedingungen aktiv werden. Durch die Messung dieser Konstellationen von Dispositionen können Führungskräfte die Übereinstimmung zwischen organisationalen und persönlichen Dispositionen maximieren. Faktisch bringen sie es den Einzelpersonen und der Organisation bei, wie sie sich in einer für die Innovation günstigen Art
und Weise zu verhalten haben, der aktiven Phase der Innovation entsprechend. Es gibt
jedoch eine offensichtliche Frage, die sich in diesem Stadium der Diskussion ergibt: Wie
sind diese Dispositionen zu messen?

Das Innovationsphasenbezogene Auswertungsinstrument (IPAI)

Zur Systematisierung von top-down-orientierten Analysen der Innovationsfähigkeit von
Organisationen und zur Bewältigung der damit verbundenen Paradoxien haben Cropley
und Cropley (2010, 2011, 2012, 2013) das Innovationsphasenbezogene Auswertungsinstrument (IPAI) entwickelt. Dieses Instrument basiert auf dem theoretischen Rahmen, der
durch das Innovationsphasenmodell (Kap. 9) zur Verfügung gestellt wird. Jede spezifische
Kombination aus einer Phase und einem Baustein wird im IPAI (wie im IPM; s. Kap. 9) als
ein „Knotenpunkt" bezeichnet. Zum Beispiel: Der Knotenpunkt „Generierung-Prozess"

definiert den Punkt im Innovationsprozess, wo spezifische Prozesse (divergentes Denken), die der spezifischen Aufgabe der betreffenden Phase (Neuheitsschöpfung) angepasst sind, von besonderer Bedeutung sind. Motivation während der Phase der Verifikation definiert den Knotenpunkt „Verifikation-Motivation", wo die Motivation eine besondere Rolle spielt, eine Neuheit auf der Basis von Feedback aus dem Nutzerkreis (eventuell negativem Feedback) effektiv umzusetzen (reaktive Motivation). Wie schon im Kap. 9 erörtert, ergeben sich aus sechs Komponenten („Prozess", „Person (Motivation)", „Person (persönliche Merkmale)", „Person (Gefühle)", „Produkt", „Problemlösungsdruck") und sieben Phasen („Vorbereitung", „Aktivierung", „Generierung", „Beleuchtung", „Verifikation", „Kommunikation" und „Validierung") 6 × 7 = 42 Knotenpunkte (s. auch Tab. 9.4).

D. H. Cropley und Cropley (2012) argumentierten, dass die im IPM vertretenen Bausteine (s. Tab. 9.4) nicht einheitliche Merkmale sind, die entweder mit voller Kraft vorhanden oder gar nicht vorhanden sind. Eher sind sie Dispositionen, Tendenzen oder Neigungen, die bei unterschiedlichen Menschen und – von besonderer Bedeutung in diesem Kapitel – verschiedenen Organisationen unter unterschiedlichen Bedingungen und zu verschiedenen Zeitpunkten (d. h. in verschiedenen Phasen des Innovationsprozesses) unterschiedlich stark ausgeprägt sind. Trotzdem, für die Zwecke des IPAI und zum leichteren Verständnis der Lage charakterisierten wir diese Bausteine als Dichotomien und gaben den kontrastierenden Polen der Dichotomien Etiketten.[1] So kann der Prozess „konvergent" oder „divergent" sein, wohingegen die persönliche Motivation „proaktiv" oder „reaktiv" sein kann, oder der Problemlösungsdruck „stringent zielgerichtet" oder „flexibel" (siehe Tab. 9.3).

Beide Arten von Prozess (divergent versus konvergent), beide Arten von Motivation (proaktiv versus reaktiv) und beide Arten von Problemlösungsdruck (stringent zielgerichtet versus flexibel) sind für die Innovation wichtig. Allerdings ist der springende Punkt, dass für jede Kombination einer bestimmten Phase und eines bestimmten Bausteins (d. h. für jeden „Knotenpunkt") ein bestimmter Pol des Bausteins besonders innovationsförderlich ist. Zum Beispiel: In der Phase „Generierung" ist der divergente Pol von „Prozess" innovationsförderlich (divergentes Denken ist sogar unentbehrlich), wohingegen in der Phase „Verifikation" der konvergente Pol von „Prozess" innovationsförderlich ist. Auf der Basis des IPM arbeiteten D. H. Cropley und Cropley (2012, S. 38) für alle 42 Knoten den für die Innovation günstigen Pol jedes Bausteins (s. Tab. 9.4) heraus. Diese Betrachtungsweise der Phasen-Komponenten-Interaktion (jeder Knotenpunkt hat einen besonders innovationsförderlichen Pol) macht es Innovationsmanagern möglich, den Innovationsprozess nicht lediglich global und diffus zu betrachten, sondern in einer Momentaufnahme zu spezifizieren, welche Bausteine und welche Pole der Bausteine momentan entscheidend sind. Daraus ergibt sich die Möglichkeit, das Arbeitsumfeld entsprechend einzurichten.

---

[1] Diese Dichotomisierung stellt eine Übervereinfachung dar, da die besprochenen Dispositionen nicht entweder/oder-Zustände sind, sondern eher stetige Variablen. Aber für die Zwecke der gegenwärtigen Abhandlung reicht eine Dichotomisierung aus.

Dieser proaktive und dynamische Verhaltensansatz basiert auf der Annahme, dass die Individuen in einer Organisation in der Lage sind, „Tendenzen des Denkens und Handelns, die in den meisten Menschen getrennt sind" (Csikszentmihalyi 1996, S. 47), zu kombinieren oder, wie Martindale (1989, S. 228) es ausdrückte, zu „oszillieren" bzw. in „alternierenden psycho-verhaltensbezogenen Schwankungen" zu operieren (Koberg und Bagnall 1991, S. 38). Bledow et al. (2009b, S. 365) nannten diese flexible Herangehensweise „dynamische Verschiebung" [engl.: dynamic shifting]. Der Zweck des IPAI besteht darin, bezüglich einer bestimmten Organisation zu diagnostizieren, hinsichtlich welcher Knotenpunkte sie für die Innovation günstig ausgerüstet ist und bei welchen ungünstig. Der Sinn einer solchen Diagnose liegt darin, die Natur der in einer spezifischen Organisation notwendigen dynamischen Verschiebung festzustellen und Innovationsmanagern ein Werkzeug in die Hand zu legen, womit sie diese „Verschiebung" leiten können.

Der Aufbau und die Durchführung des IPAI

Die Items des IPAI

Das Instrument enthält vier Items für jeden der 42 Knotenpunkte, die jeweils durch den Schnittpunkt einer Phase und eines Bausteins gebildet werden. Daraus ergeben sich insgesamt 168 Items. Tab. 10.1 enthält Beispiele der Items für mehrere Bausteine in drei der sieben Phasen: Aktivierung, Beleuchtung und Validierung. Jedes Item besteht aus einer Aussage, die mit entweder „Trifft zu", oder „Trifft nicht zu" beantwortet werden kann. Alle Aussagen führen den gemeinsamen Stamm fort: „In dieser Organisation … ".
Die Befragten werden gebeten anzugeben, ob im üblichen Arbeitsablauf im Hinblick auf ihre Organisation eine Aussage zutrifft oder nicht zutrifft. Beispielsweise sind die Items für den Knotenpunkt „Aktivierung-Prozess":

- In dieser Organisation … wirken Kollegen bei der Festlegung der Ziele ihrer Arbeit mit.
- In dieser Organisation … innerhalb von breiten Richtlinien entscheiden Kollegen für sich, auf welche Aufgaben sie fokussieren werden.
- In dieser Organisation … vom Anfang einer Aufgabe an legen Führungskräfte klare Lösungskriterien fest.
- In dieser Organisation … Kollegen analysieren ihre Aufgaben nicht, sondern führen sie einfach durch.

Allerdings: Im Instrument werden die vier Items, die sich auf einen bestimmten Knotenpunkt beziehen (wie die eben aufgeführten Beispiele für Aktivierung-Prozess), nicht in einem einzigen Block gruppiert. Sie werden nach dem Zufallsprinzip im gesamten Instrument gestreut, um die Wahrscheinlichkeit zu verringern, dass befragte Personen erkennen, dass bestimmte Items zusammen gehören. Somit wird vermieden, dass sie ihre Antworten entsprechend manipulieren. In einigen Fällen werden Items positiv formuliert (z. B. „In

Tab. 10.1 Beispiele für IPAI-Items

Phase	Item (*"In dieser Organisation ... "*)	"Innovationsförderliche" Antwort
Aktivierung	Kollegen analysieren ihre Aufgaben nicht, sondern führen sie einfach aus. (Prozess)	Trifft nicht zu
	Kollegen spüren ein Gefühl der Genugtuung, wenn sie sich eine Idee einfallen lassen. (Person–Gefühle)	Trifft zu
Beleuchtung	wird erwartet, dass Fortschritt in kleinen Schritten erfolgt. (Problemlösungsdruck)	Trifft nicht zu
	in den frühen Phasen eines Projekts berücksichtigen Kollegen einen großen Satz denkbarer Lösungen. (Produkt)	Trifft zu
Validierung	Kollegen wollen, dass ihre Ideen extern ausgewertet werden. (Person – Motivation)	Trifft zu
	Kollegen werden sehr ängstlich, wenn ihre Ideen an die Öffentlichkeit gehen. (Persönliche Merkmale)	Trifft nicht zu

dieser Organisation ... wirken Kollegen bei der Festlegung der Ziele ihrer Arbeit mit), in anderen negativ (z. B. „In dieser Organisation ... Kollegen analysieren ihre Aufgaben *nicht*, sondern führen sie einfach durch"). Dies verhindert, dass befragte Menschen in Versuchung kommen, einfach jeder Aussage zuzustimmen bzw. jede abzulehnen.

Jedes Item hat eine Antwort, die nach dem IPM (s. Kap. 9) der Innovation gegenüber förderlich ist. Die innovationsförderliche Antwort verdeutlicht, dass hinsichtlich dieser Kombination von Phase und Baustein das Arbeitsumfeld der Organisation für die Innovation „kongenial" ist (für eine Diskussion des kongenialen Arbeitsumfelds s. S. 100 – 103). Diese „idealen" Antworten werden in Tab. 10.2 für die Beispiel-Items aufgelistet. Die Antwort, die auf ein kongeniales Arbeitsumfeld hindeutet, ist manchmal „Trifft zu". Zum Beispiel, trifft die Aussage „Mitarbeiter wollen, dass ihre Ideen einer externen Prüfung unterzogen werden" in einer innovationsförderlichen Organisation zu. Manchmal jedoch ist die kongeniale Antwort „Trifft nicht zu" (z. B. „Mitarbeiter analysieren ihre eigene Arbeit nicht").

Um ein weiteres Beispiel zu nehmen: Im Falle des Knotenpunkts „Generierung-Motivation" lautet ein Item: „In dieser Organisation bevorzugen die Mitarbeiter eindeutige Informationen." Nach dem IPM (Tab. 9.2) in der Phase der Generierung weist das kongeniale Arbeitsumfeld ein hohes Maß an Toleranz für Mehrdeutigkeit auf. Daher ist die innovationsförderliche Reaktion auf diese Aussage (d. h. die Antwort, die auf ein für die

Tab. 10.2 Hypothetische IPAI-Daten einer fiktiven Organisation

Phase Baustein	Vorbereitung	Aktivierung	Generierung	Beleuchtung	Verifikation	Kommunikation	Validierung	Bausteinegesamt-werte
Prozess	3	3	2	3	3	3	4	**21**
Person (Motivation)	3	4	3	4	4	4	4	**26**
Person (persönliche Eigenschaften)	3	3	4	3	2	4	4	**23**
Person (Gefühle)	4	3	4	3	3	3	4	**24**
Produkt	4	2	2	3	3	4	1	**19**
Problem-lösungsdruck	3	4	2	3	3	4	3	**22**
Phasenge-samtwerte	**20**	**19**	**17**	**19**	**18**	**22**	**20**	**135**

Innovation kongeniales Arbeitsumfeld deutet) „trifft nicht zu". In einer innovationsförder-lichen Organisation bevorzugen die Mitarbeiter eindeutige Informationen *nicht*, wenn sie dabei sind, sachbezogene Neuheit zu generieren. Eher wollen sie ein bestimmtes Maß an Unsicherheit, woraus – zusammen mit Risiko – sich Freiraum ergibt.

Die Durchführung und Auswertung des Tests

Das IPAI eignet sich für die Durchführung sowohl mit Einzelpersonen als auch mit Gruppen. Die Befragten füllen das Instrument aus, indem sie für jedes Item „Trifft zu" bzw. „Trifft nicht zu" ankreuzen. Sie werden gebeten, dies hinsichtlich ihres eigenen Ver-ständnisses der Bedeutung von Begriffen wie „die eigenen Aufgaben zu analysieren", „bei der Festlegung von Zielen mitzuwirken", oder „klare Lösungskriterien festzulegen" zu tun. Sie sollten sich nicht mit dem befassen, was die Testkonstrukteure hätten meinen können. Sie werden gebeten, diejenige Antwort zu geben, die ihnen sofort in den Sinn kommt, wenn sie ein Item lesen, und nicht lange und tief darüber nachzudenken, zum Beispiel, zu genau welchem Prozentsatz der Zeit ihre Antwort tatsächlich auf ihre Orga-nisation zutrifft, oder ob ihre Antwort mit früheren Antworten im Einklang steht. Sie werden auch daran erinnert, dass sie ihre eigene Organisation, wie sie diese wahrnehmen, beschreiben und nicht ihre Meinung darüber äußern sollen, wie ein ideales Arbeitsumfeld sein sollte oder wie sie möchten, dass ihre Organisation wäre. Ihre Aufgabe ist es auch, zu beschreiben, was für die Organisation typisch ist, auch wenn es gelegentlich abweichende oder besondere Situationen gibt, bei denen die Dinge mal anders sind.

Antworten der Einzelpersonen werden mittels eines Antwortschlüssels ausgewertet. Für jedes Item gibt der Schlüssel an, welche der zwei Alternativantworten ("trifft zu/trifft nicht zu") innovationsförderlich ist. Jede innovationsförderliche Antwort erhält einen Punkt; eine innovationsfeindliche Antwort dagegen erhält keinen Punkt.[2] Zum Beispiel: Im Falle der in Tab. 10.1 angegebenen sechs Items sind die innovationsförderlichen Antworten „Trifft nicht zu", „Trifft zu", „Trifft nicht zu," „Trifft zu", „Trifft zu", „Trifft nicht zu". Eine Organisation, die von einem befragten Menschen mit „Trifft zu", „Trifft zu", „Trifft nicht zu," „Trifft zu", „Trifft nicht zu", „Trifft nicht zu" ausgewertet wurde, bekäme vier Punkte.

Die Werte können auf vier Ebenen analysiert werden. Die erste Ebene umfasst *den aggregierten Wert*; also die Gesamtanzahl der Items, die innovationsförderlich beant-wortet wurden, wird zusammenaddiert. Daraus ergibt sich ein theoretisch erzielbarer Gesamtwert von 168, weil das Instrument 168 Items enthält. Je näher der Gesamtwert an 168 rückt, desto stärker hat die befragte Person die Organisation als vollkommen

---

[2] Welche der zwei Alternativantworten innovationsförderlich ist wird nicht von uns frei erfunden. Die Innovationsförderlichkeit einer jeweiligen Antwort ergibt sich aus dem IPM.

innovationsförderlich beschrieben.[3] Die Anzahl innovationsförderlicher Antworten kann auch für jede Phase ermittelt werden, indem die Werte für die sechs Bausteine, die sich jeweils auf eine spezifische Phase beziehen, summiert werden (vier Items pro Knotenpunkt, sechs Knotenpunkte pro Phase = 24 Antworten pro Phase). Ähnlich können – durch die Summierung der Punktwerte der entsprechenden sieben Knotenpunkte – für jeden Baustein die Anzahl der innovationsförderlichen Antworten berechnet werden (vier Punkte pro Knotenpunkt, sieben Knotenpunkte pro Baustein = 28 Punkte).

Auf der vierten Ebene können individuelle Bewertungen für jeden der 42 Knotenpunkte berechnet werden, indem die Anzahl der innovationsförderlichen Antworten auf die vier Items des betreffenden Knotenpunkts berechnet wird. Folgerichtig reichen alle Knotenpunktwerte von 0 bis 4 (für jeden Knotenpunkt gibt es vier Items). Ein Knotenpunktwert von 0 bedeutet, dass hinsichtlich dieses Knotenpunkts die betreffende Organisation von ihren Mitarbeitern als überhaupt nicht innovationsförderlich wahrgenommen wird. Im Gegensatz dazu bedeutet ein Knotenpunktwert von 4, dass die Organisation (hinsichtlich dieses Knotenpunkts) als der Idealkonstellation von Innovationskomponenten perfekt angepasst eingeschätzt wird. Zum Beispiel: Beim oben für den Knotenpunkt „Aktivierung-Prozess" angegebenen Beispiel würden die Antworten „Trifft zu", „Trifft zu", „Trifft nicht zu" „Trifft zu" für den betreffenden Knotenpunkt eine Punktzahl von drei liefern.

Tab. 10.2 zeigt hypothetische IPAI-Ergebnisse für eine fiktive Organisation. Im Falle der in Tab. 10.2 dargestellten Organisation können wir sehen, dass sie auf der Analyseebene von Einzelknotenpunkten hinsichtlich des Knotenpunkts „Validierung-Produkt" nur einen Punkt erhielt. Aber für den Knotenpunkt "Generierung-Person (Gefühle)" erhielt sie eine 4: Hinsichtlich Einstellungen-Gefühle der Mitarbeiter der Innovation gegenüber wurde sie von ihren Beschäftigten als die ideale Konstellation perfekt angepasst eingeschätzt.[4] Auf der Ebene vom Baustein „Person (Motivation)" erhielt die fiktive Organisation einen Wert von 26/28 – in allen Phasen des Innovationsprozesses wurde die Anpassung an das Ideal durch die Beschäftigten sehr positiv eingeschätzt – die Motivation für die Innovation ist hoch. Dagegen erhielt die Organisation für den Baustein „Prozess" einen Summenwert von 21/28 Punkte; d. h. die Beschäftigten der Organisation nehmen wahr, dass diese an das Ideal für den Prozess der Neuheitsschöpfung nur moderat angepasst ist. Hinsichtlich Phasen erhielt die fiktive Organisation nur zwischen 17 (Generierung) und 22 (Kommunikation) Punkte. Sie wurde von ihren Beschäftigten eingeschätzt, als in allen Phasen des Innovationsprozesses ziemlich schwach angepasst.

Um die Interpretation der IPAI-Rohdaten zu vereinfachen, können die Werte in Prozente umgerechnet werden, um den Grad der Anpassung von einzelnen Knotenpunkten, Phasen und Bausteinen an die für die Förderung der Innovation ideale Konstellation von

---

[3] In der Regel wird eine Organisation von mehr als einer Person bewertet. In diesem Fall wird das eben dargestellte Scoringverfahren für jeden Rater wiederholt und die Auswertung der Organisation durch Mittelung der Werte der Gesamtgruppe ermittelt.

[4] Welche praktischen Folgen sich daraus ergeben wird im folgenden Abschnitt besprochen.

psychologischen Bedingungen festzustellen. Demzufolge erhält ein Knotenpunkt mit 3 Punkten aus 4 einen Prozentwert von 75 %, ein Knotenpunkt mit einem Punkt aus 4 25 % usw. Ein Baustein mit 21 aus 28 erhält auch 75 % (21 durch 28 dividiert) und eine Phase mit 12 von 24 50 %.[5] Diese Transformierung der Rohwerte führt dazu, dass Testwerte mit einander direkt verglichen werden können, weil alle in der Form eines Prozentwertes angegeben sind.

Die Interpretation von Testwerten

Im Einklang mit dem oben beschriebenen proaktiven Top-down-Ansatz für Innovationsmanagement besteht der Zweck des IPAI nicht darin, Unternehmen die Befähigung (oder auch die Nicht-Befähigung) zur Innovation zu bescheinigen. Der Zweck der Anwendung des Instruments liegt vielmehr darin, Stärken und Schwächen der Organisation differenziert zu diagnostizieren. Dies erfolgt mittels der Feststellung derjenigen Knotenpunkte, Bausteine und Phasen, bei denen die Organisation innovationsförderlich bzw. -feindlich ist. Daraus ergibt sich die Möglichkeit, einen Aktionsplan zu formulieren, wie aus den Stärken Kapital zu schlagen und bei den Schwächen Abhilfe zu leisten wäre.

Ein geeigneter, stark an der Diagnose orientierter Ansatz zur Interpretation von IPAI-Daten besteht darin, auf die Binnendifferenzierung zwischen Testwerten auf der Ebene von Phasen, Bausteinen oder spezifischen Knotenpunkten zu fokussieren. Zum Beispiel könnte eine Organisation in den Phasen „Vorbereitung", „Verifikation", „Kommunikation" und „Validierung" höhere Werte erzielen als für „Aktivierung", „Generierung" und „Beleuchtung". Eine solche Organisation ist stärker bei der klaren Festlegung von Aufgaben, der Beurteilung der potenziellen Wirksamkeit von Lösungen oder Produkten, der Identifikation gefahrloser Lösungen und der überzeugenden Präsentation von Lösungen bei Kunden, Konsumenten und dergleichen. Bei der Anregung von Mitarbeitern, weitreichende Kenntnisse in einem Bereich zu entwickeln und zu versuchen, Probleme zu lösen, alternative Lösungsansätze zu finden usw., ist sie schwächer. Eine solche Organisation würde mit größerer Wahrscheinlichkeit weiterhin routinemäßige Produkte herstellen – wenn auch sehr effizient – und diese an Konsumenten erfolgreich verkaufen. Innovationsmanager die die Innovationsfähigkeit dieser Organisation ausbauen möchten, müssten daher eine Strategie formulieren für die Förderung der Neigung der Beschäftigen, eine breite Palette von disparaten Informationen zu erwerben, Probleme oder potenzielle Probleme zu identifizieren und divergent zu denken.

---

[5] Um die Diskussion der Bedeutung solcher Prozentwerte zu vereinfachen, könnte man sagen, dass eine Organisation, die für einen bestimmten Knotenpunkt oder Baustein bzw. eine bestimmte Phase einen Wert von 100 % erreicht, ein für diesen Knotenpunkt oder Baustein, bzw. für diese Phase „perfektes" Arbeitsumfeld bietet.

Ein Fallbeispiel: Der Produktionsbetrieb XYZ

Um den Prozess der Interpretation des IPAI zu illustrieren, beschreibt der folgende Abschnitt eine Fallstudie mit einem Team von Ingenieuren, die in einem großen Produktionsbetrieb tätig sind.

Die Feststellung der Schwerpunkte der Diagnose

Vor der Durchführung der „Diagnose" der Organisation trafen sich der IPAI-Berater und die verantwortliche Managerin (die Leiterin der Abteilung), um die Bedürfnisse und Ziele der Organisation in Bezug auf die Innovation zu besprechen. Dieses Gespräch machte deutlich, dass die primäre selbstwahrgenommene Stärke der Organisation bei der Auswertung, Umsetzung und Verwertung von Ideen lag – also bei der Wertrealisierung. Allerdings wollte sich die Organisation zunehmend mit Design- und Konzeptgenerierung beschäftigen, was zu einem wachsenden Interesse auch für die Neuheitsschöpfung geführt hatte. Demzufolge erwartete die Managerin, dass die Analyse relative Stärken in den späteren Phasen des Innovationsprozesses (Verifikation, Kommunikation und Validierung) aufdecken würde. Ihre Hoffnung jedoch war, dass die Werte für frühere Phasen auf eine Bereitschaft der Mitarbeiter hinweisen würden, sich auch für die Neuheitsschöpfung zu engagieren, obwohl ihre Sorge war, dass dies nicht der Fall sein würde. Abhängig von den Ergebnissen der Auswertung war es ihre Absicht, Stärken in den späteren Phasen weiter auszubauen und bestimmte Schwächen in früheren Phasen zielgerichtet anzugehen, um die Innovationsfähigkeit ihrer Abteilung zu verbessern. Es wurde vereinbart, dass die Bewertung mit dem IPAI mindestens zweimal wiederholt würde, jeweils nachdem spezifische Fördermaßnahmen durchgeführt worden waren, um Schwächen in den früheren Phasen zu beheben.

Die Testwerte des Betriebs

Sechsunddreißig in der Abteilung tätige Ingenieure füllten das Innovationsphasenbezogene Auswertungsinstrument (IPAI) aus. In Tab. 10.3 sind die als Prozentsatz skalierten Werte für die 42 Knotenpunkte angegeben. Diese Prozentwerte drücken den Grad aus, nach dem beim betreffenden Knotenpunkt die Testpersonen (in diesem Fall die 36 Ingenieure) der Meinung waren, dass das Arbeitsumfeld der Organisation den Erfordernissen der „Innovationsförderlichkeit" entspreche. Zum Beispiel: Der Prozentsatz von 87 % für den Knotenpunkt „Kommunikation-Motivation" zeigt, dass hinsichtlich dieses Knotenpunkts das Arbeitsumfeld der Organisation den Idealbedingungen für Innovation ziemlich gut angepasst ist.[6] Die Daten weisen auch auf andere Stärken hin, besonders hinsichtlich der Motivation der Beschäftigten in den meisten Phasen.

---

[6] Dieser Prozentsatz wird durch die Summierung der von den Einzeltestpersonen zugesprochenen Punkte für die betreffende Kombination von Knotenpunkten (im Falle des *Gesamt*wertes, von *allen*

Tab. 10.3 Die IPAI-Testwerte der Organisation XYZ für die 42 Knotenpunkte

Phase Baustein	Vorbe-reitung	Akti-vierung	Gene-rierung	Beleuch-tung	Verifi-kation	Kommu-nikation	Vali-dierung
Prozess	59	76	47	65	72	53	59
Motivation	60	72	62	85	88	87	47
Persönliche Eigenschaften	68	49	57	58	56	78	65
Gefühle	59	66	76	56	74	72	58
Produkt	63	60	58	61	69	83	47
Problem-lösungsdruck	60	61	41	53	59	73	67

Aber es gibt auch wesentliche Schwächen, besonders hinsichtlich „Generierung-Problemlösungsdruck" – die Unterstützung im Arbeitsumfeld (der Problemlösungsdruck) für die Neuheitsschöpfung betrug nur 41 % des Idealniveaus.[7]

Eine SWOT-Analyse der Testwerte

Der Terminus „SWOT-Analyse" ergibt sich aus dem englischen Akronym „Strengths" (Stärken), „Weaknesses" (Schwächen), „Opportunities" (Chancen) und „Threats" (Risiken). Ein Unternehmen kann hinsichtlich seiner Stärken, Schwächen, Chancen und Risiken analysiert werden. Im Rahmen der Analyse von IPAI-Daten werden Werte für Einzelknotenpunkte, Bausteine oder Phasen wie folgt weiteranalysiert. Der Wert, sagen wir, jeder einzelnen Phase wird mit dem Mittelwert aller sieben Phasen verglichen. Als „Stärken" werden diejenigen Phasen definiert, bei denen der Einzelphasenwert größer ist als eine Standardabweichung über dem Gesamtmittelwert aller Phasen. „Chancen" bieten die Phasen mit einem Einzelphasenwert zwischen dem Gesamtmittelwert aller Phasen und +1,00 Standardabweichung, und „Risiken" sind die Phasen mit einem Einzelphasenwert zwischen dem Gesamtmittelwert aller Phasen und −1,00 Standardabweichung. „Schwächen" sind die Phasen mit einem Einzelphasenwert niedriger als −1,00 Standardabweichung. Tab. 10.4 zeigt die Einzelphasenwerte der sieben Phasen und gibt auch an, welche dieser Werte als Stärken, Schwächen, Chancen bzw. Risiken gelten. Tab. 10.5

---

42 Knotenpunkten) und die Dividierung durch den theoretisch erreichbaren Gesamtwert, sollten alle Testpersonen die Organisation als der Innovation vollkommen angepasst einschätzen. Im Falle von der Organisation XYZ, wäre es für sie theoretisch möglich gewesen, 6048 Punkte zu erzielen (hätten ihr alle 36 Testpersonen 168 Punkt gegeben). In der Tat erhielt sie 5262; 5262/6048 = 87 %.

[7] Im Falle dieses Knotenpunkts wäre einen Wert von 144 theoretisch möglich gewesen (jede von 36 Testpersonen kann bis zu 4 Punkte vergeben). In der Tat erhielt die Organisation nur 59 Punkte; 59/144 = 41 %.

Tab. 10.4 Die IPAI-Testwerte in den *Phasen*

Phase	Vorbe-reitung	Akti-vierung	Gene-rierung	Beleuch-tung	Verifi-kation	Kommu-nikation	Vali-dierung
%-Wert	**61**	**64**	**57**	**63**	**70**	**74**	57
Stärken					▓		
Chancen		▓		▓			
Bedrohungen	▓						
Schwächen			▓				▓

enthält dieselben Daten in Bezug auf Bausteinewerte. Die SWOT-Analyse bestätigt, dass die Organisation XYZ in den Phasen der Verifikation und Kommunikation Stärken hat. Dagegen hat sie in der Generierung und der Validierung Schwächen.

In Bezug auf die eben genannten Ziele der Leiterin der Abteilung zeigten sich drei Dinge aus:

1. Die Abteilung hat in der Tat relative Stärken, die weitgehend mit dem derzeitigen Fokus ihrer Arbeit übereinstimmen – Selektion der meistversprechenden aus Kandidatenlösungen, Umsetzung und Verwertung dieser Lösung.
2. Es besteht jedoch eine Schwäche in der Endphase (Validierung) im Vergleich zu den beiden vorangegangenen Phasen. Daraus lassen sich Vorschläge für die Verbesserung des derzeitigen Arbeitsschwerpunkts der Abteilung ableiten.
3. In den frühen Phasen des Innovationsprozesses gibt es zwar positive Tendenzen, aber hinsichtlich der Neuheitsschöpfung (Phase der Generierung) ist die Abteilung besonders schwach.

Die dritte Ebene der Analyse umfasst eine SWOT-Analyse der Werte der Organisation XYZ hinsichtlich Bausteine, d. h. die sozialen und psychologischen Faktoren, die die Innovation bedingen. Diese Analyse wurde in derselben Art und Weise wie für Phasen durchgeführt. Die Gesamtwerte für die sechs Bausteine werden in Tab. 10.5 dargestellt. Sie weisen erneut auf eine Reihe von Stärken und Schwächen, Chancen und Risiken hin, die auf ähnliche Art und Weise wie bei der Analyse der Phasen herausgearbeitet wurden.

Hinsichtlich der schon aufgelisteten genannten Ziele der Abteilungsleiterin gibt es drei Schlussfolgerungen:

1. Im Gegensatz zu ihren Befürchtungen ist die Motivation des Personals Innovation gegenüber positiv und stellt sogar eine relative Stärke des Geschäftsbereichs dar.
2. Im Gegensatz zu ihren Erwartungen ist das allgemeine organisationale Klima (Problemlösungsdruck) eine relative Schwäche. Dies ist umso interessanter im Lichte der höher als erwarteten Motivation. Es legt nahe, dass sich das auf die Motivation

Tab. 10.5 Die SWOT-Analyse der Bausteine

Baustein	Bausteinwert	Stärken	Chancen	Risiken	Schwächen
Prozess	62				
Persönliche Motivation	71				
Persönliche Merkmale	62				
Persönliche Gefühle	66				
Produkte	63				
Problemlösungs druck	59				

bezogene Problem eigentlich aus einem ungünstigen organisationalen Klima ergibt (d. h. aus dem Problemlösungsdruck) und nicht aus Schwächen hinsichtlich des Bausteins „Person".

3. Hinsichtlich der Bausteine gibt es mehrere andere relative Bedrohungen, die – sollten sie unberücksichtigt bleiben – zu schwerwiegenden Schwächen führen könnten. Denkbar ist, dass solche Schwächen die Organisation daran hindern könnten, ihr volles Potenzial in Bezug auf Innovation zu realisieren.

Die vierte Ebene der Analyse kehrt zur Tab. 10.3 zurück. Die Werte der 42 Einzelknotenpunkte machen es möglich, spezifische Knotenpunkte zu identifizieren, bei denen es hinsichtlich der Erwartungen und Pläne der Managerin schwerwiegende Probleme gibt. Spezifische Knotenpunkte führen zu Schwächen auf den aggregierten Ebenen von Phasen und Bausteine. Beispielsweise gibt es in der Phase der Validierung besondere Probleme mit der Motivation (47 %) und den Produkten (47 %), die diese Phase abschwächen, während ein bemerkenswerter Schwachpunkt im Baustein Problemlösungsdruck in der Generierungsphase (41 %) besteht.

Die sich aus den Testwerten ergebende Diagnose

Der Gesamtwert der Organisation XYZ betrug 64 %. Dieser Wert zeigt, dass die Organisation über alle Phasen und Bausteine hinweg von den Befragten als leicht innovationsförderlich wahrgenommen wurde. Auf der zweiten Analyseebene wiesen die IPAI-Werte der Organisation XYZ darauf hin, dass sie *in den einzelnen Phasen* sowohl Stärken als auch Schwächen hatte (s. Tab. 10.4). In Bezug auf die genannten Bedürfnisse und Ziele der Geschäftsführerin der Division zeichneten sich drei Dinge aus:

1. Die betreffende Abteilung hat relative Stärken, die weitgehend mit dem Fokus der gegenwärtigen Arbeit – d. h. den späteren Phasen des Innovationsprozesses – übereinstimmen.
2. Es gibt jedoch eine identifizierte Schwäche in der Endphase (Validierung) im Vergleich
   zu den beiden vorangegangenen Phasen. Diese Schwäche legt nahe, dass zielgerichtete
   Verbesserungen notwendig sind.
3. In den frühen Phasen des Innovationsprozesses gibt es vielversprechende Stärken, auf
   denen die künftigen Ziele der Division aufgebaut werden können. Es bleibt allerdings
   Verstärkungsbedarf.

Die dritte Ebene der Analyse untersucht die Ergebnisse für die Organisation XYZ hinsichtlich Bausteine – d. h. die sozial-psychologischen Parameter („Prozess", „Persönliche
Merkmale", „Persönliche Motivation", „Persönliche Gefühle"), die für Kreativität und
Innovation förderlich sind. Die aggregierten Werte für die Einzelbausteine (Tab. 10.5)
zeigen erneut eine Reihe von Stärken, Schwächen, Chancen und Risiken, die in gleicher
Weise wie für Phasen bewertet wurden. Hinsichtlich der genannten Bedürfnisse und Ziele
der Geschäftsführerin ergaben sich drei Schlussfolgerungen:

1. Im Gegensatz zu den Erwartungen der Managerin ist die *Motivation* des Personals
   angemessen auf die Innovationsbereitschaft ausgerichtet und stellt sogar eine relative
   Stärke des Geschäftsbereichs dar.
2. Auch im Gegensatz zu den Erwartungen der Managerin ist das allgemeine organisationale Klima (Arbeitsumfeld) eine relative Schwäche. Dies ist umso interessanter in
   Anbetracht der höheren als zu erwartenden Motivation. Es deutet darauf hin, dass eine
   positive Motivation des Personals wegen des schlechten organisationalen Klimas mehr
   oder weniger brachliegt.
3. Es gibt weitere relative Bedrohungen in der Form von Bausteinen, die, sollten sie nicht
   aufgebessert werden, zu risikoreichen Schwächen führen und die Organisation daran
   hindern könnten, ihr volles Potenzial in Bezug auf die Innovation freizusetzen.

Die vierte Ebene der Analyse kehrt zu Tab. 10.3 zurück, um auf die in der Analyse der
Phasen und Bausteine aufgeworfenen Befunde vertieft einherzugehen. Eine Knoten-
punktanalyse verdeutlicht, dass spezifische Kombinationen von Phase und Baustein (d. h.
Knoten) für Schwächen auf den aggregierten Ebenen von Phase und Baustein verantwortlich sind. Beispielsweise gibt es in der letzten Phase der Validierung besondere Probleme
mit der Motivation (47 %) und dem Problemlösungsdruck (47 %), die diese Phase schwächen, während es in der Phase der Generierung eine bemerkenswerte Schwäche hinsichtlich des Problemlösungsdrucks (41 %) gibt.

Fazit: Die Ingenieure hätten Lust, innovativ zu arbeiten. Sie fühlen sich jedoch unter
Druck gesetzt, umsetzbare Lösungen schnell zu finden. Sie haben sogar Angst davor,
ungewöhnliche Ideen zu produzieren. Sie sind deswegen wenig offen für Neuheit, mögen
keine Ambiguität und ziehen klare Dienstanweisungen vor.

Die Handlungsempfehlungen

Weil das Topmanagement über die Auswirkungen eines breit angelegten Programms für Veränderung und Intervention besorgt war, wurde beschlossen, eine begrenzte Anzahl von Änderungen in den Gebieten vorzunehmen, in denen dies am notwendigsten war. Man wollte ihre Auswirkungen beobachten. Folglich wurde auf der Grundlage der oben dargestellten Ergebnisse und auf den Zielen und Zielsetzungen der Bereichsleiterin aufbauend folgende Handlungsempfehlungen gegeben:

1. Zur Stärkung des Kerngeschäftsbereichs der Abteilung (von der Bereichsleiterin als die späteren Phasen identifiziert), konzentrierte sich die Aufmerksamkeit auf die Knotenpunkte „Kommunikation-Prozess" (53 %) und „Validierung-Motivation" (47 %).
2. Um die Innovationsfähigkeit der Abteilung zu stärken, wurde die Aufmerksamkeit auf die frühe Knotenpunkte „Generierung-Prozess" (47 %), „Aktivierung-Persönliche Merkmale" (49 %) und Generierung-Problemlösungsdruck (41 %) fokussiert.
3. Obwohl auch andere Knotenpunkte hätten adressiert werden können, beschränkten sich die Empfehlungen auf die oben genannten Maßnahmen, um einen Aktions-Auswertungs-Zyklus zu ermöglichen und das Vertrauen der Mitarbeiter aufzubauen.

Das mit der Bereichsleiterin vereinbarte Ziel bestand darin, mittels eines entsprechenden Trainings gefolgt von einem Zeitraum der Konsolidierung, eine Verbesserung von jeweils 10 Punkten bei den fünf besonders betroffenen Knotenpunkten zu erreichen. Die Ziel-IPAI-Analyse ist in Tab. 10.6 gezeigt und sollte mit Tab. 10.3 verglichen werden.

Um diese gewünschten Verbesserungen herbeizuführen, wurden spezifische Maßnahmen vom IPAI-Berater umgesetzt. Diese Maßnahmen fokussierten sich auf folgende Bereiche:

1. **Das Bewusstsein für den Innovationsprozess:** – Mitarbeiterschulungen zum Verständnis der Phasen der Innovation und der unterschiedlichen Faktoren, die die Innovation beeinflussen. Insbesondere zur Förderung der Entwicklung bei Führungskräften und Mitarbeitern der Fähigkeit einzuschätzen, wo sich das Team im Sinne des IPM im Laufe eines Innovationsprozesses befindet, damit Handlungen auf diese spezifische Lage zugeschnitten werden können.
2. **Das Denken:** – Training in spezifischen divergenten Denkprozessen, um die Schwäche in der Phase „Generierung-Prozess" zu überwinden.
3. **Die persönlichen Merkmale:** – Workshops zur Beseitigung von Schwächen in persönlichen Eigenschaften, die die Innovation blockieren. Zum Beispiel Unterstützung des Personals bei der Entwicklung von Kompetenzen zur Ermittlung und Bewertung von Risiken, um eine informierte Risikobereitschaft zu erleichtern. Auch wurden Workshops zur Entwicklung der Toleranz gegenüber Unsicherheit und Ambiguität

Tab. 10.6 Die Verbesserungsziele für die risikoreichsten Knotenpunkte

Phase / Baustein	Vorbereitung	Aktivierung	Generierung	Erleuchtung	Verifizierung	Kommunikation	Validierung	Bausteinwerte
Prozess	59	76	47 + 10	65	72	53 + 10	59	62→64
Motivation	60	72	62	85	88	87	47 + 10	71→73
Persönliche Merkmale	68	49 + 10	57	58	56	78	65	62→63
Persönliche Gefühle	59	66	76	56	74	72	58	66
Produkte	63	60	58	61	69	83	47	63
Problemlösungsdruck	60	61	41 + 10	53	59	73	67	59→61
Phasenwerte	61	64→66	57→60	63	70	70→76	57→59	

durchgeführt. Beide unterstützen Verbesserungen in der Schwachstelle, die im Knotenpunkt „Aktivierung-Persönliche Eigenschaften" identifiziert wurde.

4. **Die Unterstützung des Personals:** – Zusammenarbeit mit Arbeitskräften und Managern zur Identifikation und Behandlung von Problemen, die zu einem ungünstigen Arbeitsumfeld (besonders beim Knotenpunkt „Generierung-Problemlösungsdruck") führen.

Der Erfolg des Satzes an Empfehlungen und Handlungen hängt von einer engen Partnerschaft zwischen dem IPAI und den Mitarbeitern und dem Management der Organisation ab. Über einen Zeitraum von etwa sechs Monaten wird die Organisation eine Reihe von Aktivitäten in Partnerschaft mit dem IPAI-Berater durchführen. Der nächste Schritt in diesem Prozess wird eine erneute Bewertung der Abteilung mit dem IPAI sein, um die Auswirkungen der Interventionen zu bewerten und weitere Maßnahmen zu planen. Die allgemeine Strategie ist es, im Laufe der Zeit Fähigkeiten aufzubauen – Verbesserung der Schwachstellen, Erhaltung und Stärkung der Stärken –, um die Innovationsfähigkeit der Organisation zu steigern und im Einklang mit ihren Zielen zu bringen.

Verbesserungen vom IPAI

D. H. Cropley, Cropley, Chiera und Kaufman (2013) veröffentlichten Ergebnisse aus einer großangelegten Studie (N = 454) unter Verwendung des IPAI, die die Zuverlässigkeit und Gültigkeit des Instruments zeigten. Die Anwendungsmöglichkeiten des ursprünglichen 168-Punkte-Instruments sind jedoch durch die dichotome Struktur der Items begrenzt. Diese Einschränkung ist zwar für die Feststellung von Übereinstimmungen bzw. Nicht-Übereinstimmungen zwischen dem Ist- und dem Soll-Zustand einer Organisation hinsichtlich der Innovation nicht kritisch. Sie wird jedoch problematisch, wenn Innovationsmanager zum Beispiel mögliche Unterschiede zwischen verschiedenen Arbeitsgruppen (z. B. Vertrieb versus Herstellung) untersuchen möchten.

Ein zweiter Faktor, der sich auf die Nutzung des IPAI in praktischen, organisationalen Umfeldern auswirkt, ist seine Länge. Während die einzelnen Items nur eine einfache „wahr/falsch" Antwort erfordern, bedeutet die Tatsache, dass es von ihnen 168 gibt, dass befragte Menschen etwas Zeit brauchen, um das Instrument zu bearbeiten. Es ist daher wünschenswert, eine möglichst kurze Fassung des IPAI zu schaffen, die trotzdem eine hohe Zuverlässigkeit und Gültigkeit behält. Aus diesem Grund haben die Autoren mehrere empirische Studien mit einer Reihe von verschiedenen Organisationen durchgeführt, sowohl gewinnorientierten und gemeinnützigen, und in vier verschiedenen Sprachen. Fünf Fassungen des IPAI werden nun untersucht, jeweils in Englisch, Deutsch, Norwegisch und Russisch. Tab. 10.7 liefert einen Überblick über die unterschiedlichen Fassungen.

Die vorläufige Analyse von Daten unter Verwendung der 3-Items/5-Punkte-Likert-Skala-Fassung des IPAI hat gezeigt, dass sowohl die Reliabilität als auch die Validität oberhalb akzeptabler Schwellen liegen und dass statistisch signifikante Unterschiede zwischen

Tab. 10.7 Die IPAI-Varianten[a]

Antwortmodus \ Anzahl von Items	4 Items je Knotenpunkt (Gesamt: 168)	3 Items je Knotenpunkt (Gesamt: 126)	1 Item je Knotenpunkt (Gesamt: 42)
Dichotom (Trifft zu/ trifft nicht zu)	✓	✓	✓
5-Punkte-Likert-Skala		✓	
6-Punkte-Likert-Skala			✓

[a]Weitere Einzelheiten sind bei David Cropley erhältlich (david.cropley@unisa.edu.au)

verschiedenen Gruppen – beispielsweise Männern und Frauen – in den Daten erkennbar sind. Demographische Variablen, die häufig in IPAI-Studien berücksichtigt werden, umfassen: Geschlechtszugehörigkeit, Alter, berufliche Erfahrung, Bildungsniveau und Berufsrolle. In all diesen Fällen legen vorläufige Analysen signifikante Unterschiede in den Durchschnittswerten für einige einzelne IPAI-Knotenpunkte nahe. Die Identifizierung solcher Gruppenunterschiede liefert Innovationsmanagern nützliche ergänzende Informationen, die die Formulierung von Verbesserungsstrategien fördern. Im Falle der Geschlechtszugehörigkeit und des Alters sind entsprechende Unterschiede schon besprochen worden (s. Kap. 4).

Überblick und Ausblick

Das IPAI ist eine Antwort auf die Forderung nach einer besseren Integration und Steuerung der paradoxen Faktoren, die die erfolgreiche Durchführung des Innovationsprozesses bedingen. Ziel des Instruments ist es nicht, Organisationen zu klassifizieren (z. B. als gut oder schlecht bzw. als besser oder schlechter als andere Organisationen), sondern sie mittels höchstdifferenzierten Feedbacks im Sinne der formativen Evaluation zu „diagnostizieren", d. h. ihnen zu zeigen, wo genau Verbesserungsmöglichkeiten bestehen, um welche Art von Verbesserung es sich handelt und welche Handlungen zu der angestrebten Verbesserung führen würden. Die wichtigste Einsicht des Instruments ist, dass es – im Gegensatz zu anderen Instrumenten – auf einem theoretischen Modell basiert, das die der Kreativität und der Innovation innewohnenden Paradoxe anerkennt. Was für die Innovation in der einen Phase gut ist, kann in einer anderen schlecht sein.

Allgemeine Schlussfolgerungen

11

Das Buch geht auf eine Reihe von Mängeln oder Schwächen in bestehenden Konzeptualisierungen der Innovation ein. Sein aus der Kreativitätstheorie abgeleiteter proaktiver und dynamischer Ansatz analysiert das Gesamtsystem der Innovation einschließlich der daran beteiligten Menschen. Der Höhepunkt der Analyse ist das IPAI, das das paradoxe Zusammenspiel von „Person", „Produkt", „Prozess" und „Problemlösungsdruck" misst. Dieses Instrument ermöglicht es Innovationsmanagern, die innovative Leistungsfähigkeit ihrer Organisation objektiv zu überprüfen und notwendige Schritte in die Wege zu leiten.

Obwohl es nicht direkt von ihm angeregt wurde, hat dieses Buch ein von Nussbaum aufgeworfenes Thema (2013, S. 234) aufgegriffen. Er argumentierte, dass „wir von Effizienz- zu Kreativitätsmodellen wechseln müssen". Dieses Buch tut genau das. Seine Inhalte haben die Aufmerksamkeit auf eine Reihe von Mängeln oder Schwächen in bestehenden Konzeptualisierungen der Innovation gelenkt und eine Verschiebung des Fokus weg von einem reaktiven und statischen auf einen proaktiveren und dynamischeren Ansatz skizziert. Dieser Ansatz ergibt sich aus der Kreativitätstheorie. Beispiele für Mängel der aktuellen Innovationstheorie, die im Buch behandelt werden, werden in Tab. 11.1 dargestellt (s. nächste Seite).

Worin liegt das praktische Problem?

Das praktische Problem ist von einer Reihe von Autoren verdeutlicht worden. Trotz des überwältigenden Lippenbekenntnisses zur im Kap. 1 dargestellten Bedeutung von Innovation und der Litanei von Vorzügen, die sie bringen soll, wird sie „an die Peripherie geschoben" (Nussbaum 2013, S. 234). Angesichts der Tatsache, dass Innovation heute als eine Frage des organisationalen Überlebens oder Todes erkannt wird, ergibt sich nun die Frage, warum Unternehmen nicht selten lieber „fiedeln während Rom brennt" als etwas unternehmen.

Das Buch hat gezeigt, dass das Problem seine Wurzeln in den drei Komponenten des Systems hat, von denen die Innovation das Ergebnis ist: das persönliche Umfeld (s. Kap. 4),

© Springer Fachmedien Wiesbaden GmbH 2018

197

D.H. Cropley, A.J. Cropley, *Die Psychologie der organisationalen Innovation*,
https://doi.org/10.1007/978-3-658-17389-0_11

Tab. 11.1 Beispiele für von uns aufgegriffene Mängel der Innovationstheorie

Bereich	Mangel	Quelle
Übergeordnete Themen	• Der Begriff Innovation ist diffus • Die Diskussion entbehrt konzeptioneller und theoretischer Kohärenz • Der Zusammenhang zwischen Kreativität und Innovation ist nicht ausreichend untersucht worden • Die Verknüpfung von Kreativität und Innovation ist schwach	Read (2000) Smith und Lewis (2011, S. 382) Chan und Thomas (2013, S. 1) O'Shea und Buckley (2007, S. 102)
Paradoxien	• Menschen verlangen nach Kreativität, lehnen sie aber ab • Es ist möglich, zuviel Innovation zu haben • Innovation bringt sowohl Segen als auch Gefahren • Trotz ihrer Segen wird Innovation beiseite geschoben	Mueller et al. (2012, S. 13) Gabora und Tseng (2014, S. 4) Rosenbusch et al. (2011, S. 445) Nussbaum (2013, S. 234)
Problemlösungs-druck	• Es wird nicht verstanden, dass sich die Innovation aus einem Zusammenspiel von Menschen, Prozessen und dem Umfeld ergibt • Es wird angenommen, dass ältere Führungskräfte und Frauen intrinsisch unfähig sind, Innovation zu leiten	Puccio und Cabra (2010, S. 149) Huxley (1901, S. 101)
Produkt	• Der Glaube besteht fort, dass „ … du brauchst nicht, etwas machen, um kreativ zu sein" • Das Problem, dass Neuheit alleine nicht reicht • Das Problem, dass Verbraucher zu viel Überraschung nicht ertragen können	Rothman (2014) Levitt (2002, S. 137) Besemer (2006, S. 171)
Prozess	• Mangelndes Verständnis davon, dass „der Verlauf des Innovationsprozesses unordentlich und repetitiv" ist • Beharrlichkeit der Vorstellung, dass der kreative Prozess einfach aus dem „Warten auf den Musenkuss" besteht	Anderson et al. (2014, S. 5) Kawenski (1991, S. 263)
Person	• Unzureichendes Verständnis davon, wie man Einzelpersonen auswählt, fördert und motiviert, kreativ zu sein • Wir wissen „sehr wenig darüber, was eine Person innovativer als eine andere macht" • Es fehlt „ein solides Wissensfundament von weit akzeptierten Konzepten hinsichtlich der Einzelperson im Innovationsprozess"	O'Shea und Buckley (2007, S. 102) Dyer et al. (2009, S. 60) Rauch et al. (2009)

das organisationale Umfeld und das soziale Umfeld (s. Kap. 5). Alle drei Umfelder zeichnen sich durch Merkmale aus, die zwar Innovation unterstützen, aber auch durch andere Merkmale, die als Innovationsblockaden wirken (s. Kap. 5). Eine Blockade, die in allen drei Umfeldern auftaucht, ist das Fehlen eines klaren Verständnisses für den Prozess der Erzeugung und Umsetzung wirksamer Neuheit. Zum Beispiel der Prozess wird mit ungebändigtem divergentem Denken (s. Kap. 2) oder mit göttlicher Inspiration gleichgesetzt. Eine weitere Blockade ist die Unfähigkeit einzelner Personen, Organisationen und Gesellschaften mehr als eine begrenzte Menge an Unsicherheit oder Risiko zu ertragen (s. z. B. das 5. und das Kap. 6). Aber das Wesen von Innovation ist die Schaffung von Unsicherheit und die Innovation selbst ist ein riskantes Unterfangen.

Eine dritte Blockade ist die Konzeptualisierung der Innovation in reaktiver und statischer Hinsicht. Zum Beispiel wird nicht selten davon ausgegangen, dass einzelne Menschen Neuheit nur dann erzeugen, wenn sie aufgrund von Bedrohungen beim Status quo dazu gezwungen werden. Ferner wird angenommen, dass in der Regel gerade genug Neuheit erzeugt wird, um mit der Bedrohung fertig zu werden, mehr aber nicht. So wird die Innovation als eine Reaktion auf äußeren Druck und als durch diesen Druck gesteuert konzipiert. Es wird auch nicht selten davon ausgegangen, dass die Faktoren im persönlichen Umfeld (Eigenschaften der einzelnen Menschen), die sie als persönliche Ressourcen für die Kreativität einsetzen, sozusagen in ihrer DNS liegen. Somit wird die Kreativität als eine Frage des biologischen Schicksals und folglich als unveränderlich betrachtet. In ähnlicher Weise werden organisationale Eigenschaften wie etwa Belohnungssysteme oder Informationsflüsse nicht selten so behandelt, als ob ihre Wirkungen während des gesamten Innovationsprozesses – vom ersten Schimmer einer neuartigen Idee bis zur Entstehung eines fertigen marktfähigen Produkts – identisch sind. So gesehen, sind die Zusammenhänge zwischen organisationalen, sozialen und persönlichen Aspekten der Innovation statisch.

In diesem Buch hingegen wurde ein proaktiver und dynamischer Ansatz verfolgt. Daraus ergab sich eine auf das Individuum fokussierte Herangehensweise, die die Prozesse und Eigenschaften von Organisationen aus dieser Sicht untersuchte. Der Höhepunkt unseres Ansatzes ist ein Messinstrument – das Innovationsphasenbezogene Auswertungsinstrument (IPAI) –, welches das paradoxe Zusammenspiel von „Person", „Produkt", „Prozess" und „Problemlösungsdruck" misst. Dieses Instrument bietet Innovationsmanagern die Möglichkeit, die innovative Leistung ihrer Organisation objektiv zu überprüfen. In den folgenden Absätzen werden die wichtigsten Konzepte aus den beiden Abschnitten dieses Buches nochmals kurz betrachtet.

Die Grundbegriffe der Innovation

Innovation ist als der Schlüssel zur menschlichen Entwicklung, zum Wohlergehen und zum Überleben allgemein anerkannt. Sie soll der Mechanismus sein, durch den Gesellschaften und Organisationen auf ständige Veränderungen konstruktiv reagieren. Dieser Änderungsprozess wird von einer von zwei treibenden Kräften in Gang gesetzt:

- Technologie-Push – neue Geräte, Medikamente, Prozesse usw. erzeugen Umsetzungs-druck. Wie können diese Technologien genutzt werden?
- Markt-Pull – neue Anforderungen, neue Erwartungen und neue Herausforderungen schaffen Generierungsprobleme. Welche Lösungen werden diesen Anforderungen gerecht?

Von diesen beiden Druckquellen hat die erste – gewinnbringende Umsetzung von Ideen – die wirtschaftsbezogene Diskussion dominiert. Folglich hat es eine Tendenz gegeben, die zweite – die ursprüngliche Generierung sachbezogener, wirksamer Ideen – zu vernach-lässigen. Aber Innovation ergibt sich aus einer Kombination von Ideengenerierung und -umsetzung. Um wahrlich innovativ zu sein, dürfen Organisationen daher die Phase der Generierung von Neuheit nicht vernachlässigen. Während Organisationsfaktoren nach wie vor wichtig sind – Kultur/Klima, Arbeitskräfte, Organisationsstrukturen – wirken diese mit vier Faktoren zusammen, die als Bausteine der Innovation betrachtet werden können: „Produkt", „Prozess", „Person" und „Problemlösungsdruck".

„**Produkt**": Das Produkt von Innovation ist die ertragreiche Umsetzung einer Idee (s. Kap. 2). Es umfasst vier Arten von Ergebnissen:

- ein konkretes Objekt – z. B. das Handy;
- ein Verfahren – z. B. ein Prozedere für die Herstellung von Handys;
- ein System – ein Netzwerk von interagierenden, voneinander abhängigen Teilen wie etwa ein Business-Informationssystem;
- ein Service – ein immaterielles Produkt, wie etwa ein von einer Bank angebotenes, hochzinsbringendes, kostengünstiges Sparkonto.

Obwohl wir die Wichtigkeit der praktischen Umsetzung neuartiger Ideen sehr stark betont haben, ist die Umsetzung erst dann bedeutsam, wenn es einen Markt-Pull gibt, d. h. eine Marktlücke – eine untermauernde Notwendigkeit. Mit anderen Worten: Veränderung schafft Bedarf, der mit der vorhandenen Technologie nicht abgedeckt werden kann – wirt-schaftlicher Wandel, Gesundheitsveränderung, Klimawandel usw. Dieser Bedarf erfordert Lösungen. Es ist auch selbstverständlich, dass Lösungen nicht nur neuartig, sondern auch wirksam sein müssen – sie müssen das Problem lösen.

- Demzufolge sind die Schlüsselmerkmale des Produkts im Innovationsprozess Neuheit und Wirksamkeit.

„**Prozess**": Der Prozess (s. Kap. 3) umfasst den kognitiven Aspekt von Innovation, d. h. das Denken, aus dem Menschen neuartige und wirksame Ideen schöpfen, um Prob-leme zu lösen. Entscheidend für das Verständnis der Innovation ist die Erkenntnis, dass es zwei Arten von Denken gibt, die qualitativ unterschiedlich sind: das konvergente und das divergente Denken. Das konvergente Denken kann als eine Familie von kognitiven Prozessen betrachtet werden, die darauf gerichtet sind, die einzelne, richtige Antwort auf ein Problem zu finden. Es ist durch Analyse, Logik, allgemeines Wissen und Fachwissen charakterisiert. Das divergente Denken dagegen kann als ein Prozess betrachtet werden, durch den viele mögliche Antworten auf ein Problem aufgeworfen werden. Es basiert auf Prozessen wie die Neudefinierung von Problemen, die Bildung entfernter Assoziierungen, die Erkennung ungewöhnlicher Zusammenhänge oder das Stellen der Tatsachen in ein neues Licht. Die Innovation macht von beiden Denkarten Gebrauch, allerdings in verschiedenen Phasen des Prozesses. Die Generierung von Kandidatenlösungen z. B. bedarf zwar des divergenten Denkens, aber wenn sie einmal erzeugt worden sind, müssen Ideen mittels konvergenten Denkens auf Umsetzbarkeit bewertet werden. In der Tat gibt es ein komplexes Zusammenspiel zwischen den Denkarten. Beide sind notwendige Komponenten der Innovation.

- Der Innovationsprozess nutzt sowohl das konvergente als auch das divergente Denken, um sowohl die Generierung als auch die Bewertung von Ideen zu unterstützen.

„Person": Die Analyse der Rolle der Person (s. Kap. 4) beschäftigt sich mit den persönlichen Eigenschaften der einzelnen Menschen, die ausnutzbare, wirksame Neuheit erzeugen. Diese Eigenschaften werden hier als persönliche Ressourcen betrachtet. Traditionell umfassen diese Ressourcen:

- unterschiedliche Formen individueller Motivation – intrinsisch und extrinsisch – und die Art und Weise, wie diese die Innovation fördern bzw. hemmen;
- verschiedene Arten von Gefühlen und Stimmungen – zum Beispiel Aufregung und Angst – und die Auswirkungen, die diese auf die Ideenerzeugung und -ausbeutung haben;
- unterschiedliche persönliche Attribute – zum Beispiel Risikobereitschaft/Risikoaversion – und warum diese für Innovationen wichtig sind.

Zusätzlich zu den persönlichen Ressourcen, die Individuen im Prozess der Innovation nutzen, gibt es auch feste individuelle Unterschiede – zum Beispiel das Alter und die Geschlechtszugehörigkeit –, die über den Innovationsprozess hinweg verwaltet werden müssen.

- Die Person definiert eine Konstellation von Verhaltensdispositionen, die persönlichen Eigenschaften wie die Motivation, die Gefühle und Attribute umfasst, die sich unterschiedlich auf den Innovationsprozess auswirken.

„Problemlösungsdruck": Der Problemlösungsdruck (s. Kap. 5) kommt sowohl im breiteren sozialen Umfeld als auch im unmittelbaren organisationalen Umfeld, in dem Individuen im Rahmen des Innovationsprozesses wirken, zustande. Er ist das verbindende Element zwischen dem Individuum – gekennzeichnet durch „Person" und „Prozess" – und der Organisation. Die sozialen und organisationalen Umfelder definieren eine breite

Palette von Parametern, die Auswirkungen auf die Innovation üben: ob sie überhaupt zustande kommt, welche Form sie nimmt bzw. wie viel davon es gibt. Dies Wirkung des Problemlösungsdrucks hängt zum Teil davon ab, ob es in den beiden Umfeldern menschliche Förderer (engl.: champions) oder Bremser (engl.: resisters) gibt, sowie von der Art und Zusammensetzung von Arbeitsteams.

- Der Problemlösungsdruck umfasst sowohl die breitere gesellschaftliche als auch die unmittelbare organisationale Umgebung, in der Innovationen stattfinden. Beide Umgebungen können die Innovation fördern oder hemmen, oder beides (eventuell zur gleichen Zeit).

Die Messung für das Innovationsmanagement

Die einzelnen Bausteine – „Produkt", „Prozess", „Person" und „Problemlösungsdruck" – definieren die Antezedenten der Innovation. Das Innovationsmanagement kann als ein zyklischer Prozess charakterisiert werden, der die Planung, Umsetzung, Überprüfung und Stärkung oder – falls notwendig – die Korrektur von Veränderungen an diesen Bausteinen umfasst. Diese Abfolge von Schritten wird in Demings (1986) bekannten Deming-Kreis (Planen, Umsetzen, Überprüfen, Handeln [engl.: PDCA-Zyklus – Plan-Do-Check-Act]) zusammengefasst. Der Deming-Ansatz passt gut zu einem Paradigma des Innovationsmanagements, das es als einen Prozess der kontinuierlichen Verbesserung betrachtet. Allerdings ist der Schlüssel zum effektiven Verbesserungsprozess, d. h. zum wirkungsvollen Innovationsmanagement, die Messung. Wenn die falschen Dinge gemessen werden oder die richtigen Messungen falsch interpretiert werden, dann werden Versuche, die organisationale Innovation positiv zu managen, im besten Fall ineffizient sein. Entscheidend für den Prozess der Interpretation und damit für eine kontinuierliche Verbesserung ist der theoretische Rahmen, der die Variablen spezifiziert, die für die organisationale Innovation interessant sind.

In diesem Buch wird die notwendige Messung vom aus der Kreativitätsforschung entliehenen IPM übernommen. Im Kap. 6 wurde erklärt, dass, obwohl die Forschung die paradoxe Natur der Innovation anerkannt hat, diese scheinbare Sackgasse gelöst werden kann, indem man auf die psychologische Forschung und Kreativitätstheorie setzt. Das Verständnis der Paradoxien der Innovation bewegt die Aufmerksamkeit weg von einem Eine-Standardgröße-passt-für-alle-Paradigma, zu einem differenzierten Paradigma. Mit der sich aus dem differenzierten Innovationsparadigma ergebenden Denkweise ausgestattet, kann der Innovationsmanager nun zur Messung übergehen.

Dies geschieht auf zwei Ebenen. Im Kap. 8 wurde die Messung der Bausteine – die Antezedenten organisationaler Innovation – beschrieben. Verschiedene Maßnahmen zur Messung von „Produkt", „Prozess", „Person" und „Problemlösungsdruck" wurden dort dargestellt und besprochen. Allerdings, erst wenn diese Antezedenten in ein System integriert werden, wird eine Lösung der Paradoxien der Innovation sichtbar. Das

Innovationsphasenmodell (IPM) zeigt, wie es möglich ist, dass anscheinend inkompatible Varianten eines gegebenen Bedingungsfaktors der Innovation in einer Organisation koexistieren können. Zum Beispiel: das konvergente und das divergente Denken scheinen Gegensätze zu sein, und doch sind beide für die Innovation notwendig.

Die vom IPM gebotene Erklärung ist, dass in verschiedenen Phasen des Innovationsprozesses verschiedene Pole der jeweiligen Vorläufer der Innovation günstig sind. Der PDCA-Verbesserungsprozess erfolgt daher im Sinne des IPM-Rahmens. So wird beispielsweise das organisationale Klima nicht mehr als innovationsfreundlich oder innovationsschädigend beurteilt und Handlungen sind nicht mehr auf die Festsetzung eines Problems gerichtet. Stattdessen ist kontinuierliche Verbesserung ein Ergebnis der Fähigkeit der Organisation, die richtigen Dinge zur richtigen Zeit zu tun. Die primäre Messungsbetrachtung ist daher: Wie gut ist die Organisation an die innovationsförderlichen Bedingungen orientiert, die in der IPM definiert sind, und wo besteht Verbesserungsbedarf?

Das im Kap. 9 beschriebene Innovationsphasenbezogene Auswertungsinstrument (IPAI) ist der Mechanismus, mit dem Innovationsmanager den Anpassungsgrad einer Organisation am Ideal feststellen können. Die kontinuierliche Verbesserung der organisationalen Innovation kann anhand von vier Schritten im Deming-Kreis wie folgt modelliert werden:

1. **Planen (engl.: Plan)** – Der Prozess zur Verbesserung der organisationalen Innovation basiert auf einem Fundament, das „Produkt", „Prozess", „Person" und „Problemlösungsdruck" als die treibenden Kräfte für eine verbesserte organisationale Leistung versteht. In diesem Buch werden Schwächen in diesen Komponenten nicht im absoluten Sinne verstanden (wie z. B. ein Körpergewicht von 120 kg höher ist als ein Gewicht von 90 kg.), sondern im Sinne von mangelhafter Übereinstimmung der Komponente mit dem Idealzustand für einen spezifischen Knotenpunkt im Innovationsprozess. Zum Beispiel: Wenn eine Person lieber divergent als konvergent denkt, ist die Übereinstimmung der Denkprozesse dieser Person mit den Erfordernissen des Knotenpunkts Verifikation-Prozess schlecht, mit den Erfordernissen des Knotenpunkts Aktivierung-Prozess jedoch gut. Verbesserung der Innovationsfreundlichkeit einer Organisation hinsichtlich dieser Person bestünde darin, die Stärke des Menschen hinsichtlich des divergenten Denkens an den entsprechenden Knotenpunkten voll einzusetzen und seine Schwächen hinsichtlich des konvergenten Denkens zu beheben, z. B. durch Schulungsmaßnahmen.

2. **Umsetzen (engl.: Do)**: Im frühen Stadium des Verbesserungsprozesses liegt der Fokus auf einer höheren Mesoebene der Messung. Ist die Organisation in Bezug auf die Komponenten der Innovation gut ausgerichtet? Wie wirkt sich das auf die Unternehmensleistung aus? Im ersten Schritt werden allgemeine Schwachstellen entdeckt. Danach konzentrieren sich die weiteren Aktivitäten auf die Umsetzung von Verbesserungsmaßnahmen, die auf der Basis der identifizierten Schwachstellen festgelegt worden sind. Der letzte Schritt umfasst die Überwachung der sich daraus ergebenden Veränderungen der Unternehmensleistung. Diese Schritte können spezifische Messungen erforderlich machen. Sollte beispielsweise das IPAI eine Schwachstelle hinsichtlich der Motivation in einer bestimmten Phase identifizieren, kann ein spezifisches Messinstrument

Abb. 11.1 Der Deming-Kreis und
sein Verhältnis zu den Bausteinen

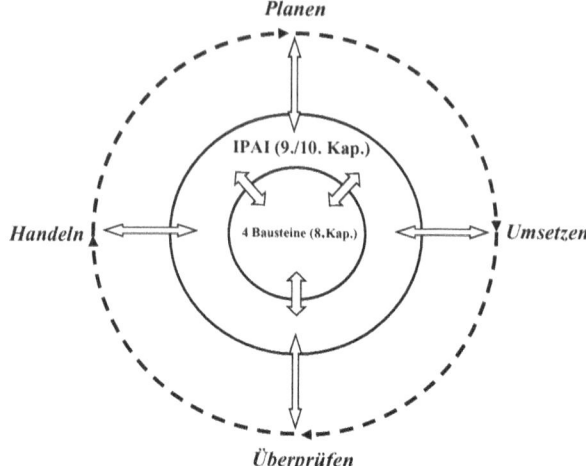

verwendet werden, um das genaue Problem zu diagnostizieren und entsprechende
Maßnahmen zur Bewältigung dieses Problems einzuleiten.

3. **Überprüfen (engl.: Check)**: – In diesem Stadium des kontinuierlichen Verbesserungsprozesses werden die neuen Ist-Werte mit dem theoretischen Rahmen verglichen (d. h.
mit den erstrebten Soll-Werten). Welche Bedeutung hat das neue Ausrichtungsmuster,
das nach der Durchführung von vom IPAI nahegelegten Verbesserungsmaßnahmen entstanden ist? Was erfährt der Innovationsmanager daraus?

4. **Handeln (engl.: Act)**: – Die Handlungen, die sich aus den vorangegangenen Stadien
ergeben, sind auf den theoretischen Rahmen zugeschnitten. Die Aktionen sind gezielt
und spezifisch für die jeweils aktive Phase des Innovationsprozesses. Weitere Zyklen
überwachen die Aufrechthaltung der optimalen Ausrichtung und die Fortsetzung der
verbesserten Unternehmensleistung.

Der Deming-Kreis wird in Abb. 11.1 dargestellt.

Abschließende Gedanken

Es besteht kein Zweifel, dass Organisationen aller Art sich der Bedeutung von Innovation bewusst sind. Allerdings hat der traditionelle Fokus der Unternehmensauswertung
auf Finanzkennzahlen allein zu einem Innovationsverständnis in rein finanzieller Hinsicht
geführt. Aber die Innovation ist viel mehr als nur ein Mittel zur Steigerung der Gewinne.
Alle Organisationen sind dazu gezwungen, auf Veränderungen innovativ zu reagieren.
Wenn sie dies nicht tun, ist ihre Existenz bedroht.

Veränderung findet in jedem Aspekt der Gesellschaft statt und ist ein sehr vielfälti-
ges Phänomen. Innovationen spiegeln die Art und Weise wider, wie Gesellschaften auf

Veränderungen reagieren. Sie können einfach entscheiden, nichts zu tun – ein Kurs, der zu Stagnation und Verfall führen kann – oder sie können sich entscheiden, neue Reaktionen auf neue Bedingungen zu entwickeln. Zum Beispiel haben Klimawandel und ökonomischer Wandel (z. B. Veränderungen der Kosten und Verfügbarkeit von Erdöl) dazu beigetragen, dass neue Formen erneuerbarer Energien (z. B. effiziente, kostengünstige Solarmodule) und neue Produkte eingeführt werden, die den Verbrauch von fossilen Brennstoffen reduzieren (z. B. Winglets auf Linienflugzeugen). In vielen Fällen schaffen diese Maßnahmen auch kommerzielle Möglichkeiten für Organisationen. Letztendlich ist jedoch die wichtigste Frage, wie Organisationen – kommerzielle oder gemeinnützige – auf Veränderungen reagieren, die allgegenwärtig und unausweichlich sind. Entscheidend ist, dass sie die Bausteine der Innovation koordinieren und integrieren, um neue, wertschöpfende Ergebnisse für ihre Stakeholder zu liefern.

Das integrierende Thema dieses Buches besteht darin, dass erfolgreiche Innovationen als durch vier Bausteine – „Produkt", „Prozess", „Person" und „Problemlösungsdruck" – geprägt betrachtet werden. Die psychologische Forschung bietet einen Rahmen für das Verständnis der Interaktion dieser Bausteine. Daraus ergeben sich Aussagen darüber, wie Organisationen gemanagt werden können, um neue und wertschöpfende Ergebnisse zu schaffen.

Literatur

Abra, J. (1994). Collaboration in creative work: An initiative for investigation. *Creativity Research Journal*, *7*, 1–20.

Afuah, A. (1998). *Innovation management: Strategies, implementation and profit*. New York: Oxford University Press.

Ajzen, I. (1991). The theory of planned behavior. *Organizational Behavior and Human Decision Processes*, *50*, 179–211.

Altshuller, G. S. (1988). *Creativity as an exact science*. New York: Gordon and Breach.

Amabile, T. M. (1983). *The social psychology of creativity*. New York: Springer.

Amabile, T. M. (1996). *Creativity in context*. Boulder: Westview Press.

Amabile, T. M. (1997). Innovative creativity through motivational synergy. *Journal of Creative Behavior*, *31*, 18–26.

Amabile, T. M., Goldfarb, P., & Brackfleld, S. C. (1990). Social influences on creativity: Evaluation, coaction, and surveillance. *Creativity Research Journal*, *3*, 6–21.

Amabile, T. M., & Gryskiewicz, N. D. (1989). The creative environment scales: Work environment inventory. *Creativity Research Journal*, *2*, 231–253.

Amabile, T. M., Conti, R., Coon, H., Lazenby, J., & Herron, M. (2007). Assessing the work environment for creativity. Academy of Management Journal, *39*, 1154–1184.

Amabile, T. M., Schatzel, E. A., Moneta, G. B., & Kramer, S. J. (2004). Leader behaviors and the work environment for creativity: Perceived leader support. *The Leadership Quarterly*, *15*(1), 5–32.

Amabile, T. M., & Tighe, E. (1993). Questions of creativity. In J. Brockman (Hrsg.), *Creativity. The reality club* (Vol. 4, S. 7–27). New York: Simon and Schuster.

Anderson, N., Potocnik, K., & Zhou, J. (2014). Innovation and creativity in organizations: A state-of-the-science review and prospective commentary. *Journal of Management*, *40*, 1297–1333.

Anderson, N. R., & West, M. A. (1994). *The Team Climate Inventory: Manual and users' guide*. Windsor: NFER-Nelson.

Andriopoulos, C. (2001). Determinants of organisational creativity: A literature review. *Management Decision*, *39*, 834–841.

Anita Borg Institute. (2014). Innovation by design: The case for investing in women. http://anita-borg.org heruntergeladen. Zugegriffen: 05. Dez. 2014.

© Springer Fachmedien Wiesbaden GmbH 2018
D.H. Cropley, A.J. Cropley, *Die Psychologie der organisationalen Innovation*,
https://doi.org/10.1007/978-3-658-17389-0

Baas, M., De Dreu, C. K. W., & Nijstad, B. A. (2008). A meta-analysis of 25 years of mood–creativity research: Hedonic tone, activation, or regulatory focus? *Psychological Bulletin, 134,* 779–806.

Bacon, F. (1909). *Essays, civil and moral and the new Atlantis [1627].* New York: Collier.

Baer, J. M. (2010). Is creativity domain specific? In J. C. Kaufman & R. J. Sternberg (Hrsg.), *The Cambridge handbook of creativity* (S. 321–341). New York: Cambridge University Press.

Baer, J. M., Kaufman, J. C., & Gentile, C. A. (2004). Extension of the consensual assessment technique to nonparallel creative products. *Creativity Research Journal, 16,* 113–117.

Baer, M., Oldham, G. R., Jacobsohn, G. C., & Hollingshead, A. B. (2008). The personality composition of teams and creativity: The moderating role of team creative confidence. *Journal of Creative Behavior, 42,* 255–282.

Bailin, S. (1988). *Achieving extraordinary ends: An essay on creativity.* Dordrecht: Kluwer.

Baltes, P. B., & Smith, J. (1990). Towards a psychology of wisdom and its ontogenesis. In R.J. Sternberg (Hrsg.), *Wisdom – its nature, origins and development* (S. 87–120). New York: Cambridge University Press.

Barabba, V. (2011). *The decision looms: A design for interactive decision-making in organizations.* Axminster: Triarchy Press.

Barker, J. (1993). *Paradigms: The business of discovering the future.* New York: Harper Business.

Barreto, I. (2012). Solving the innovative puzzle: The role of innovative interpretation in opportunity formation and related processes. *Journal of Management Studies, 49,* 356–380.

Barron, F. X. (1955). The disposition toward originality. *Journal of Abnormal and Social Psychology, 51,* 478–485.

Barron, F. X. (1969). *Creative person and creative process.* New York: Holt, Rinehart und Winston.

Barron, F. X., & Harrington, D. M. (1981). Creativity, intelligence and personality. *Annual Review of Psychology, 32,* 439–476

Bartlett, F. C. (1932). *Remembering.* Cambridge: Cambridge University Press.

Basadur, M., & Hausdorf, P. A. (1996). Measuring divergent thinking attitudes related to creative problem solving and innovation management. *Creativity Research Journal, 9,* 21–32.

Batey, M., & Furnham, A. (2006). Creativity, intelligence and personality: A critical review of the scattered literature. *Genetic, Social, and General Psychology Monographs, 132,* 355–429.

Batey, M., Chamorro-Premuzic, T., & Furnham, A. (2010). Individual differences in ideational behavior: Can the big five and psychometric intelligence predict creativity scores? *Creativity Research Journal, 22,* 90–97.

Baucus, M. S., Norton, W. I., Baucus, D. A., & Human, S. E. (2008). Fostering creativity and innovation without encouraging unethical behavior. *Journal of Business Ethics, 81*(1), 97–115.

Beaussart, M. L., Andrews, C. J., & Kaufman, J. C. (2013). Creative liars: The relationship between creativity and integrity. *Thinking Skills and Creativity, 9,* 129–134.

Beghetto, R. A. (2006). Creative self-efficacy: Correlates in middle and secondary students. *Creativity Research Journal, 18,* 447–457.

Beghetto, R. A., & Kaufman, J. C. (2007). Toward a broader conception of creativity: A case for „mini-c" creativity. *Psychology of Aesthetics, Creativity, and the Arts, 1*(2), 73–79.

Benner, M. J., & Tushman, M. (2003). Exploitation, exploration, and process management: The productivity dilemma revisited. *Academy of Management Review, 27,* 238–256.

Berlyne, D. E. (1962). *Conflict, arousal and curiosity.* New York: McGraw Hill.

Besemer, S. P. (1998). Creative product analysis matrix: Testing the model structure and a comparison among products – three novel chairs. *Creativity Research Journal, 11,* 333–346.

Besemer, S. P. (2006). *Creating products in the age of design.* Stillwater: New Forums Press.

Besemer, S. P., & O'Quin, K. (1987). Creative product analysis: Testing a model by developing a judging instrument. In S. G. Isaksen (Hrsg.), *Frontiers of creativity research: Beyond the basics* (S. 367–389). Buffalo: Brady.

Besemer, S. P., & O'Quin, K. (1999). Confirming the three-factor creative product analysis matrix model in an American sample. *Creativity Research Journal, 12*, 287–296.

Besemer, S., & Thompson, P. (2013). Defining and measuring creativity in product design: Searching for a yardstick. *Innovation: The Journal of the Industrial Designers Society of America, 32*(3), 53–57.

Bharadwaj, S., & Menon, A. (2000). Making innovation happen in organizations: Individual creativity. *Journal of Product Innovation Management, 17*, 424–434.

Birren, J. E., & Fisher, L. M. (1990). The elements of wisdom: Overview and integration. In R. J. Sternberg (Hrsg.), *Wisdom – its nature, origins and development* (S. 317–322). New York: Cambridge University Press.

Blackburn, R., & Kovalainen, A. (2009). Researching small firms and entrepreneurship: Past, present and future. *International Journal of Management Reviews, 11*, 127–148.

Blanchard, B. S., & Fabrycky, W. J. (2006). *Systems engineering and analysis*, (4. Aufl.). Upper Saddle River: Pearson Prentice Hall.

Bledow, R., Frese, M., Anderson, N., Erez, M., & Farr, J. (2009a). A dialectic perspective on innovation: Conflicting demands, multiple pathways, and ambidexterity. *Industrial and Organizational Psychology, 2*, 305–337.

Bledow, R., Frese, M., Anderson, N., Erez, M., & Farr, J. (2009b). Extending and refining the dialectic perspective on innovation: There is nothing as practical as a good theory; nothing as theoretical as a good practice. *Industrial and Organizational Psychology, 2*, 363–373.

Bloom, B. S., & Sosniak, L. A. (1985). *Developing talent in young people*. New York: Ballantine Books.

Boden, M. A. (1996a). Introduction. In M. A. Boden (Hrsg.), *Dimensions of creativity* (S. 1–8). Cambridge: MIT Press.

Boden, M. A. (1996b). What is creativity? In M. A. Boden (Hrsg.), *Dimensions of creativity* (S.75–118). Cambridge: MIT Press.

Bowen, F. E., Rostami, M., & Steel, P. (2010). Timing is everything: A meta-analysis of the relationships between organizational performance and innovation. *Journal of Business Research, 63*, 1179–1185.

Brodbeck, F. C., Anderson, N., & West, M. A. (2000). *Das Teamklima-Inventar: Handanweisung und Validierung der deutschsprachigen Version*. Heidelberg: Hogrefe.

Brophy, D. R. (1998). Understanding, measuring and enhancing individual creative problem-solving efforts. *Creativity Research Journal, 11*, 123–150.

Bruner, J. S. (1962). The conditions of creativity. In H. Gruber, G. Terrell & M. Wertheimer (Hrsg.), *Contemporary approaches to cognition* (S. 1–30). New York: Atherton Press.

Buel, W. D. (1960). The validity of behavioral rating scale items for the assessment of individual creativity. *Journal of Applied Psychology, 44*, 407–412.

Buel, W. D. (1965). Biographical data and the identification of creative research personnel. *Journal of Applied Psychology, 49*, 318–321.

Buel, W. D., Albright, L. E., & Glennon, J. R. (1966). A note on the generality and cross-validity of personal history for identifying creative research scientists. *Journal of Applied Psychology, 50*, 217–219.

Buel, W. D., & Bachner, V. M. (1961). The assessment of creativity in a research setting. *Journal of Applied Psychology, 45*, 353–358.

Burgelman, R. A. (1983). Corporate entrepreneurship and strategic management. Insights from a process study. *Management Science, 29*, 1349–1364.

Burgelman, R. A. (2002). Strategy as vector and the inertia of coevolutionary lock-in. *Administrative Science Quarterly, 47*, 325–357.

Burghardt, M. D. (1995). *Introduction to the engineering profession*, (2. Aufl.). New York: HarperCollins College Publishers.

Burkhardt, H. (1985). *Gleichheitswahn, Parteienwahn: Massenpsychosen der Gegenwart*. Tübingen: Hohenrain-Verlag.

Burston, D. (1991). *The legacy of Erich Fromm*. Boston: Harvard University Press.

Buzan, A. (2007). Foreword. In S. C. Lundin & J. Tan (Hrsg.), *CATS: The nine lives of innovation* (S. iv–viii). Spring Hill: Management Press.

Byrd, R. E. (1986). *Creativity and risk-taking*. San Diego: Pfeiffer International Publishers.

Cameron, K. (1986). Effectiveness as paradox: Consensus and conflict in conceptions of organizational effectiveness. *Management Science, 32*, 539–553.

Campion, M. A., Fink, A. A., Ruggeberg, B. J., Carr, L., Phillips, G. M., & Odman, R. B.(2011). Doing competencies well: Best practices in competency modeling. *Personnel Psychology, 64*, 225–262.

Canadian Intellectual Property Office (2007). What can you patent? http://strategis.gc.ca/sc_mrksv/cipo/patents/pat_gd_protect-e.html#sec2. Zugegriffen: 20. Nov. 2007.

Carnevale, A. P., Gainer, L. J., & Meltzer, A. (1990). *Workplace basics: The essential skills employers want*. San Francisco: Jossey-Bass.

Carson, S. H., Peterson, J. B., & Higgins, D. M. (2005). Reliability, validity, and factor structure of the creative achievement questionnaire. *Creativity Research Journal, 17*, 37–50.

Cattell, R. B., & Butcher, H. J. (1968). *The prediction of achievement and creativity*. New York: Bobbs-Merrill.

Cattell, J., Glascock, J., & Washburn, M. F. (1918). Experiments on a possible test of aesthetic judgment of pictures. *American Journal of Psychology, 29*, 333–336.

Chan, J., & Thomas, K. (2013). Introduction to the chapters. In K. Thomas & J. Chan (Hrsg.), *Handbook of research on creativity* (S. 1–10). Cheltenham: Edward Elgar.

Chang, L., & Burkitt, B. (2005). Managing intellectual capital in a professional service firm: Exploring the creativity-productivity paradox. *Management Accounting Research, 15*, 7–31.

Charyton, C., & Snelbecker, G. E. (2007). General, artistic and scientific creativity attributes of engineering and music students. *Creativity Research Journal, 19*, 213–225.

Child, I. L., & Iwao, S. (1968). Personality and esthetic sensitivity: Extension of findings to younger age and to different culture. *Journal of Personality and Social Psychology, 8*, 308–312.

Christensen, C. M. (1997). *The innovator's dilemma*. Boston: Harvard Business School Press.

Christensen, C. M. (2013). *The innovator's dilemma: When new technologies cause great firms to fail*. Boston: Harvard Business School Press.

Christensen, C. M., Anthony, S. D., & Roth, E. A. (2004). *Seeing what's next: using the theories of innovation to predict industry change*. Boston: Harvard Business Press.

Clifford, P. I. (1958). Emotional contacts with the external world manifested by selected groups of highly creative chemists and mathematicians. *Perceptual and Motor Skills*, Monograph Supplement 1, *8*, 3–26.

Cohen, L. Y. (2010). 10 reasons why we need INNOVATION. http://www.amcreativityassoc.org/Articles/CohenTOP%2010%20Reasons%20Why%20We%20Need%20INNOVATION.pdf. Zugegriffen: 29. Juli 2013.

Colangelo, N., Kerr, B., Hallowell, K., Huesman, R., & Gaeth, J. (1992). The Iowa inventiveness inventory: Toward a measure of mechanical inventiveness. *Creativity Research Journal, 5*, 157–163.

Collis, J. (2010). *Innovate or die: Outside the square business thinking*. New York: HarperCollins.

Costa Jr, P. T., & McCrae, R. R. (1992). Four ways five factors are basic. *Personality and Individual Differences, 13*, 653–665.

Crant, J. M. (1995). The Proactive Personality Scale and objective job performance among real estate agents. *Journal of Applied Psychology, 80*, 532–537.

Crant, J. M. (2000). Proactive behavior in organizations. *Journal of Management, 26*, 435–462.

Creswell, J. W. (2005). *Educational research: Planning, conducting, and evaluating quantitative and qualitative research*, (2. Aufl.). Upper Saddle River: Pearson Education.

Cropley, A. J. (1967). *Creativity*. London: Longman.

Cropley, A. J. (1969). Creativity, intelligence and intellectual style. *Australian Journal of Education, 13*, 3–7.

Cropley, A. J. (1972). Creativity test scores under timed and untimed conditions. *Australian Journal of Psychology, 24*, 31–36.

Cropley, A. J. (1992). Glück und Kreativität: Förderung von Aufgeschlossenheit für den zündenden Gedanken. In K. Urban (Hrsg.), *Begabungen entwickeln, erkennen und fördern* (S. 216–222). Hannover: Universität Hannover, FB Erziehungswissenschaften.

Cropley, A. J. (1995). Creative performance in older adults. In W. Bos & R. Lehmann (Hrsg.), *Reflections on educational achievement. Papers in honour of T. Neville Postlethwaite* (S. 75–87). Münster: Waxmann.

Cropley, A. J. (1997a). Fostering creativity in the classroom: General principles. In M. Runco (Hrsg.), *The creativity research handbook* (S. 83–114). Cresskill: Hampton Press.

Cropley, A. J. (1997b). Creativity: A bundle of paradoxes. *Gifted and Talented International, 12*, 8–14.

Cropley, A. J. (1999). Creativity and cognition: Producing effective novelty. *Roeper Review, 21*, 253–260.

Cropley, A. J. (2001). *Creativity in education and learning: A guide for teachers and educators*. London: Kogan Page.

Cropley, A. J. (2002). Creativity and innovation: Men's business or women's work? *Baltic Journal of Psychology, 3*, 77–88.

Cropley, A. J. (2004). Creativity as a social phenomenon. In M. Fryer (Hrsg.), *Creativity and cultural diversity* (S. 13–24). Leeds: Creativity Centre Educational Trust.

Cropley, A. J. (2006). In praise of convergent thinking. *Creativity Research Journal, 18*, 391–404.

Cropley, A. J. (2009). Teachers' antipathy to creative students: Some implications for teacher training. *Baltic Journal of Psychology, 10*, 86–93.

Cropley, A. J., & Cropley, D. H. (2007). Using assessment to foster creativity. In A.-G. Tan (Hrsg.), *Creativity: A handbook for teachers* (S. 209–230). Singapore: World Scientific.

Cropley, A. J., & Cropley, D. H. (2008). Resolving the paradoxes of creativity: An extended phase model. *Cambridge Journal of Education, 38*, 355–373.

Cropley, A. J., & Cropley, D. H. (2009). *Fostering creativity: A diagnostic approach for education and organizations*. Cresskill: Hampton Press.

Cropley, A. J., & Field, T. W. (1968). Intellectual style and high school science. *Nature, 217*, 1211–1212.

Cropley, D. H. (1997). *Information and semiotics in measurement*. Adelaide: PhD, University of South Australia.

Cropley, D. H. (1998a). Towards formulating a semiotic theory of measurement information–Part 1: Fundamental concepts and measurement theory. *Measurement, 24*(4), 237–248.

Cropley, D. H. (1998b). Towards formulating a semiotic theory of measurement information–Part 2: Semiotics and related concepts. *Measurement, 24*(4), 249–262.

Cropley, D. H. (2005). *Eleven principles of creativity and terrorism*. Paper presented at the Fourth Homeland Security Summit and Exposition, Canberra.

Cropley, D. H. (2006). *The role of creativity as a driver of innovation*. Paper presented at the Management of Innovation and Technology, 2006 IEEE International Conference on the Management of Information Technology, Singapore.

Cropley, D. H. (2010). Malevolent innovation: Opposing the dark side of creativity. In D. H. Cropley, A. J. Cropley, J. C. Kaufman, & M. A. Runco (Hrsg.), *The dark side of creativity*. New York: Cambridge University Press.

Cropley, D. H. (2014a). Engineering, ethics and creativity: N'er the twain shall meet? In S. Moran, D. H. Cropley & J. C. Kaufman (Hrsg.), *The ethics of creativity* (S. 152–169). Basingstoke: Palgrave MacMillan Ltd.

Cropley, D. H. (2014b). Fighting the slump: A multi-faceted exercise for fostering creativity in children. *International Journal of Creativity and Problem Solving, 24*(2), 7–22.

Cropley, D. H. (2015). *Creativity in engineering: Novel solutions to complex problems.* San Diego: Academic Press.

Cropley, D. H., & Cropley, A. J. (2000). Fostering creativity in engineering undergraduates. *High Ability Studies, 11*, 207–219.

Cropley, D. H., & Cropley, A. J. (2005). Engineering creativity: A systems concept of functional creativity. In J. C. Kaufman & J. Baer (Hrsg.), *Faces of the muse: How people ihink, work and act creatively in diverse domains* (S. 169–185). Hillsdale: Lawrence Erlbaum.

Cropley, D. H., & Cropley, A. J. (2008). Elements of a universal aesthetic of creativity. *Psychology of Aesthetics, Creativity, and the Arts, 2*(3), 155–161.

Cropley, D. H., & Cropley, A. J. (2010). Understanding the innovation-friendly institutional environment: A psychological framework. *Baltic Journal of Psychology, 11*(1 und 2), 73–87.

Cropley, D. H., & Cropley, A. J. (2011). Understanding value innovation in organizations: A psychological framework. *International Journal of Creativity and Problem Solving, 21*(1), 17–36.

Cropley, D. H., & Cropley, A. J. (2012). A psychological taxonomy of organizational innovation: Resolving the paradoxes. *Creativity Research Journal, 24*, 29–40.

Cropley, D. H., & Cropley, A. J. (2013). *Creativity and crime: A psychological analysis.* Cambridge: Cambridge University Press.

Cropley, D. H., & Cropley, A. J. (2014). Managing entrepreneurship for innovation: a psychological analysis. In R. Sternberg & G. Krauss (Hrsg.), *Handbook of research on entrepreneurship and creativity* (S. 21–59). Cheltenham: Edward Elgar Publishing.

Cropley, D. H., & Cropley, A. J. (2016). Promoting creativity through assessment: A formative CAA tool for teachers. *Educational Technology, 56*(6), 17–24.

Cropley, D. H., & Cropley, A. J. (2017). Innovation capacity, organisational culture and gender. *European Journal of Innovation Management, 20*, 493–510.

Cropley, D. H., Cropley, A. J., Chiera, B. A., & Kaufman, J. C. (2013). Diagnosing organizational innovation: Measuring the capacity for innovation. *Creativity Research Journal, 25*, 388–396.

Cropley, D. H., Cropley, A. J., Chiera, B. A., & Kaufman, J. C. (2013). Diagnosing organizational innovation: Measuring the capacity for innovation. *Creativity Research Journal, 25*, 388–396.

Cropley, D. H., Cropley, A. J., Kaufman, J. C., & Runco, M. A. (Hrsg.) (2010). *The dark side of creativity.* New York: Cambridge University Press.

Cropley, D. H., & Kaufman, J. C. (2012). Measuring functional creativity: Non-Expert raters and the Creative Solution Diagnosis Scale. *Journal of Creative Behavior, 46*, 119–137.

Cropley, D. H., & Kaufman, J. C. (2013). Rating the creativity of products. In K. Thomas & J. Chan (Hrsg.), *Handbook of research on creativity* (S. 196–211). Cheltenham and Northampton: Edward Elgar Publishing.

Cropley, D. H., Kaufman, J. C., & Cropley, A. J. (2008). Malevolent creativity: A functional model of creativity in terrorism and crime. *Creativity Research Journal, 20*, 105–115.

Cropley, D. H., Kaufman, J. C., & Cropley, A. J. (2011). Measuring creativity for innovation management. *Journal of Technology Management und Innovation, 6*(3), 13–30.

Crozier, W. R. (1999). Age and individual differences in artistic productivity: Trends within a sample of British novelists. *Creativity Research Journal, 12*, 197–204.

Csikszentmihalyi, M. (1988). Society, culture, and person: A systems view of creativity. In R. J. Sternberg (Hrsg.), *The nature of creativity* (S. 325–339). New York: Cambridge University Press.

Csikszentmihalyi, M. (1996). *Creativity: Flow and the psychology of discovery and invention.* New York: HarperCollins.

Csikszentmihalyi, M. (1999). Implications of a systems perspective for the study of creativity. In R. J. Sternberg (Hrsg.), *Handbook of creativity* (S. 313–335). Cambridge: Cambridge University Press.

Csikszentmihalyi, M. (2006). Foreword: Developing creativity. In N. Jackson, M. Oliver, M. Shaw, & J. Wisdom (Hrsg.), *Developing creativity in higher education: An imaginative curriculum* (S. xviii–xx). London: Routledge.

Csikszentmihalyi, M., Rathunde, K. R., & Whalen, S. (1993). *Talented teenagers: The roots of success and failure.* New York: Cambridge University Press.

Damanpour, F. (1991). Organizational innovations: A meta-analysis of effects, of determinants and moderators. *Academy of Management Journal, 34,* 555–590.

Dasgupta, S. (2004). Is creativity a Darwinian process? *Creativity Research Journal, 16,* 403–414.

Davila, T., Epstein, M. J., & Shelton, R. (2012). *Making innovation work: How to manage it, measure it, and profit from it.* Upper Saddle River: FT Press.

Davis, M. A. (2009). Understanding the relationship between mood and creativity: A meta-analysis. *Organizational Behavior and Human Decision Processes, 108,* 25–38.

de Bono, E. (1993). *Water logic.* New York: Viking Penguin.

De Dreu, C. K., & Nijstad, B. A. (2008). Mental set and creative thought in social conflict:Threat rigidity versus motivated focus. *Journal of Personality and Social Psychology, 95,* 648–661.

DeFillippi, R., Grabher, G., & Jones, C. (2007). Introduction to paradoxes of creativity: Managerial and organizational challenges in the cultural economy. *Journal of Organizational Behavior, 28,* 511–521.

Deming, W. E. (1986). *Out of the crisis.* Cambridge: Massachusetts Institute of Technology.

Dennis, W. (1973). *Children of the crèche.* New York: Appleton Century Crofts.

Descartes, R. (1991 [1644]). *Principles of philosophy. (Trans. V. R. Miller and R. P. Miller.).* Boston: Kluwer.

DeVellis, R. F. (2012). *Scale development: Theory and applications.* California: Sage Publications.

Dillon, J. T. (1982). Problem finding and solving. *Journal of Creative Behavior, 16,* 97–111.

Dillon, T. A., Lee, R. K., & Matheson, D. (2005). Value innovation: Passport to wealth creation. *Research Technology Management, 48*(2), 22–36.

Dollinger, S. J., Urban, K. K., & James, T. A. (2004). Creativity and openness: Further validation of two creative product measures. *Creativity Research Journal, 16,* 35–47.

Doolittle, J. H. (1989). *The Creative Reasoning Test.* Pacific Grove: Critical Thinking Press und Software.

Doolittle, J. H. (1995). Using riddles and interactive computer games to teach problem-solving skills. *Teaching of Psychology, 22*(1), 33–36.

Dudek, S. Z., & Hall, W. B. (1991). Personality consistency: Eminent architects 25 years later. *Creativity Research Journal, 4,* 213–231.

Dul, J., & Ceylan, C. (2014). The Impact of a creativity-supporting work environment on a firm's product innovation performance. *Journal of Product Innovation Management, 31,* 1254–1267.

Dul, J., Ceylan, C., & Jaspers, F. (2011). Knowledge workers' creativity and the role of the physical work environment. *Human Resource Management, 50,* 715–734.

Dyer, J. H., Gregersen, H., & Christensen, C. M. (2009). The innovator's DNA. *Harvard Business Review, 87*(12), 60–67, 128.

Ehrlinger, J., & Dunning, D. (2003). How chronic self-views influence (and potentially mislead) estimates of performance. *Journal of Personality and Social Psychology, 84,* 5–17.

Eisenman, R. (1999). Creative prisoners: Do they exist? *Creativity Research Journal, 12*, 205–210.

Ekvall, G. (1996). Organizational climate for creativity and innovation. *European Journal of Work and Organizational Psychology, 5*(1), 105–123.

Ericsson, K. A., & Lehmann, A. C. (1999). Expertise. In M. A. Runco & S. R. Pritzker (Hrsg.), *Encyclopedia of creativity* (S. 695–707). San Diego: Academic Press.

Eysenck, H. J. (1997). Creativity and personality. In M. A. Runco (Hrsg.), *The creativity research handbook*, Vol. 1 (S. 41–66). Cresskill: Hampton Press.

Facaoaru, C. (1985). *Kreativität in Wissenschaft & Technik.* Bern: Huber.

Feist, G. J. (1998). A meta-analysis of personality in scientific and artistic creativity. *Personality and Social Psychology Review, 2*(4), 290–309.

Feldhusen, J. F. (1995). Creativity: A knowledge base, metacognitive skills, and personality factors. *Journal of Creative Behavior, 29*, 255–268.

Finke, R. A., Ward, T. B., & Smith, S. M. (1992). *Creative cognition.* Boston: MIT Press.

Fiske, S., & Taylor, S. (1991). *Social cognition.* New York: McGraw-Hill.

Flavell, J. H. (1976). Metacognitive aspects of problem solving. In L. B. Resnick (Hrsg.), *The nature of intelligence* (S. 231–236). Hillsdale: Erlbaum.

Florida, R. (2002). *The rise of the creative class.* New York: Basic Books.

Florida, R. (2004). America's looming creativity crisis. *Harvard Business Review, 82*(10), 122–136.

Florida, R. (2011). *The great reset.* New York: HarperBusiness.

Ford, C. M., & Gioia, D. A. (2000). Factors influencing creativity in the domain of managerial decision making. *Journal of Management, 26*, 705–732.

Franses, P. H. (2013). When do painters make their best work? *Creativity Research Journal, 25*, 472–473.

Franses, P. H. (2014). When did Nobel Prize laureates in literature make their best work? *Creativity Research Journal, 26*, 372–374.

Frängsmyr, T. (1997). *Les Prix Nobel. The Nobel Prizes 1996.* Stockholm: Nobel Foundation.

Frazier, P. A., Tix, A. P., & Barron, K. E. (2004). Testing moderator and mediator effects in counseling psychology research. *Journal of Counseling Psychology, 51*(1), 115–134.

Freeman, C., & Soete, L. (1997). *The economics of industrial innovation*, (3. Aufl.). Boston: MIT Press.

Frensch, P. A., & Sternberg, R. J. (1989). Expertise and intelligent thinking: When is it worse to know better? In R. J. Sternberg (Hrsg.), *Advances in the psychology of human intelligence* (S. 157–188). Hillsdale: Lawrence Erlbaum.

Frese, M., & Fay, D. (2001). Personal initiative: An active performance concept for work in the 21st century. *Research in Organizational Behavior, 23*, 133–187.

Fromm, E. (1980). *Greatness and limitations of Freud's thought.* New York: New American Library.

Gabora, L., & Holmes, N. (2010). Dangling on a tassel on the fabric of socially constructed reality: Reflections on the creative writing process. In D. H. Cropley, A. J. Cropley, J. C. Kaufman, & M. A. Runco (Hrsg.), *The dark side of creativity* (S. 277–296). New York: Cambridge University Press.

Gabora, L., & Tseng, S. (2014). Computational evidence that self-regulation of creativity is good for society. arXiv:1408.2512 [cs.CY]. Zugegriffen: 21. Aug. 2014.

Galenson, G. W. (2009). Old masters and young geniuses: The two life cycles of human creativity. *Journal of Applied Economics, 12*, 1–9.

Gardner, H. (1983). *Frames of mind: The theory of multiple intelligences.* New York: Basic Books.

Gautier, T. (2005[1835]). *Mademoiselle Maupin.* New York: Penguin.

Gelb, M. J. (2014). *Creativity on demand: How to ignite and sustain the fire of genius.* Louisville: Sounds True.

Gersick, C. J. G. (1991). Revolutionary change theories: A multilevel exploration of the punctuated equilibrium paradigm. *Academy of Management Review, 16*(1), 10–36.

Gertner, J. (2012). *The idea factory: Bell labs and the great age of American innovation.* London: The Penguin Press.

Getzels, J. W., & Jackson, P. W. (1962). *Creativity and intelligence.* New York: Wiley.

Gino, F., & Ariely, D. (2012). The dark side of creativity: original thinkers can be more dishonest. *Journal of Personality and Social Psychology, 102,* 445–459.

Glover, J. A., Ronning, R. R., & Reynolds, C. R. (Hrsg.). (1989). *Handbook of creativity.* New York: Plenum.

Glück, J., Ernst, R., & Unger, F. (2002). How creatives define creativity: Definitions reflect different types of creativity. *Communication Research Journal, 14*(1), 55–67.

Goncalo, J. A., Vincent, L. C., & Audia, P. G. (2010). Early creativity as a constraint on future achievement. In D. H. Cropley, A. J. Cropley, J. C. Kaufman, & M. A. Runco (Hrsg.), *The Dark side of creativity* (S. 114–133). New York: Cambridge University Press.

Gordon, W. J. (1961). *Synectics.* New York: Harper.

Grace, J. B., Schoolmaster Jr, D. R., Guntenspergen, G. R., Little, A. M., Mitchell, B. R., Miller, K. M., & Schweiger, E. W. (2012). Guidelines for a graph-theoretic implementation of structural equation modeling. *Ecosphere, 3*(8), art73.

Gribov, I. A. (1989). Psychological and educational conditions of development of creative self-expression of students and teachers. *Voprosy – Psikhologii, 2,* 75–82.

Gruber, H. E. (1993). Creativity in the moral domain: Ought implies can implies create. *Creativity Research Journal, 6,* 3–15.

Guilford, J. P. (1950). Creativity. *American Psychologist, 5,* 444–454.

Guilford, J. P. (1959). *Personality.* New York: McGraw-Hill.

Guilford, J. P. (1976). *Creativity tests for children.* Orange: Sheridan Psychological Services.

Gupta, A. K., Smith, K. G., & Shalley, C. E. (2006). The interplay between exploration and exploitation. *Academy of Management Journal, 49,* 693–706.

Haller, C. S., Courvoisier, D. S., & Cropley, D. H. (2011). Perhaps there is accounting for taste: Evaluating the creativity of products. *Creativity Research Journal, 23,* 99–109.

Haller, C. S., & Cropley, D. H. (2010). Correlates of creativity among visual art students. *The International Journal of Creativity and Problem Solving, 20*(1), 53–71.

Hamel, G. (1996). Strategy as revolution. *Harvard Business Review, 75,* 69–82.

Hammond, N., Neff, N., Farr, J., Schwall, A., & Zhao, X. (2011). Predictors of individual-level innovation at work: A meta-analysis. *Psychology of Aesthetics, Creativity, and the Arts, 5,* 90–105.

Han, S. H., Hwan Yun, M., Kim, K.-J., & Kwahk, J. (2000). Evaluation of product usability: Development and validation of usability dimensions and design elements based on empirical models. *International Journal of Industrial Ergonomics, 26,* 477–488.

Haner, U.-E. (2005). Spaces for creativity and innovation in two established organizations. *Creativity and Innovation Management, 14,* 288–298.

Hansen, J. A. (1992). Innovation, firm size, and firm age. *Small Business Economics, 4*(1), 37–44.

Harrington, D. M. (1999). Conditions and settings/Environment. In M. A. Runco & S. R. Pritzker (Hrsg.), *Encyclopedia of creativity* (Vol. 1, S. 323–340). San Diego, CA: Academic Press.

Harris, D. J., Reiter-Palmon, R., & Kaufman, J. C. (2013). The effect of emotional intelligence and task type on malevolent creativity. *Psychology of Aesthetics, Creativity, and the Arts, 7,* 237–244.

Hausman, C. R. (1984). *A discourse on novelty and creation.* Albany: State University of New York Press.

Hayes, J. R. (1989). *The complete problem solver,* (2. Aufl.). Hillsdale: Erlbaum.

Heider, F. (1958). *The psychology of interpersonal relations.* New York: Wiley.

Heimberg, C. L., Turk, D. S., & Mennin, R. G. (2004). *Generalized anxiety disorder: Advances in research and practice.* New York: Guilford Press.

Helson, R. (1996). In search of the creative personality. *Creativity Research Journal, 9,* 295–306.

Helson, R. (1999). A longitudinal study of creative personality in women. *Creativity Research Journal, 12,* 89–101.

Hennessey, B. A. (1994). The consensual assessment technique: An examination of the relationship between ratings of product and process creativity. *Creativity Research Journal, 7,* 193–208.

Hennessey, B. A., & Amabile, T. M. (1999). Consensual assessment. In M. A. Runco & S. R. Pritzker (Hrsg.), *Encyclopedia of Creativity* (S. 347–359). San Diego: Academic Press.

Hennessey, B. A., & Amabile, T. M. (2010). Creativity. *Annual Review of Psychology, 61,* 569–598.

Herrmann, W. (1987). *Auswirkungen verschiedener Fussballtrainingsstile auf Leistungsmotivation.* Unveröffentlichte Diplomarbeit, Fachbereich Psychologie, Universität Hamburg.

Heron, W. (1957). The pathology of boredom. *Scientific American, 196,* 52–56.

Herzog, P. (2008). *Open and closed innovation.* Wiesbaden: Gabler.

Higgins, J. M. (1994). *101 creative problem solving techniques: The handbook of new ideas for business.* Winter Park: The New Management Publishing Company.

Higgins, J. M. (1995). *Innovate or evaporate: Test & improve your organization's IQ, its innovation quotient.* Winter Park: The New Management Publishing Company.

Horenstein, M. N. (2002). *Design concepts for engineers,* (2. Aufl.). Upper Saddle River: Prentice-Hall, Inc.

Horibe, F. (2009). *Creating the innovation culture: Leveraging visionaries, dissenters and other useful troublemakers.* New York: John Wiley & Sons.

Horn, D., & Salvendy, G. (2006). Consumer-based assessment of product creativity: A review and reappraisal. *Human Factors and Ergonomics in Manufacturing und Service Industries, 16,* 155–175.

Hudson, L. (1967). *Contrary imaginations: A psychological study of the English schoolboy.* Harmondsworth: Penguin.

Hughes, D. J., Furnham, A., & Batey, M. (2013). The structure and personality predictors of self-rated creativity. *Thinking Skills and Creativity, 9,* 76–84.

Hull, D. L., Tessner, P. D., & Diamond, A. M. (1978). Planck's principle. *Science, 202,* 717–723.

Hülsheger, U. R., Anderson, N., & Salgado, J. F. (2009). Team-level predictors of innovation at work: A comprehensive meta-analysis spanning three decades of research. *Journal of Applied Psychology, 94,* 1128–1145.

Hunter, S. T., Bedell, K. E., and Mumford, M. D. (2007). Climate for creativity: A quantitative review. *Creativity Research Journal, 19,* 69–90.

Huxley, L. (1901). *Life and letters of Thomas Henry Huxley,* Vol. 2. New York: Appleton.

IBM. (2010). *Capitalizing on complexity: Insights from the global chief executive officer study.* Somers: IBM Global Business Services.

Isaksen, S. G. (2007). The situational outlook questionnaire: Assessing the context for change. *Psychological Reports, 100,* 455–466.

Jackson, P. W., & Messick, S. (1965). The person, the product, and the response: Conceptual problems in the assessment of creativity. *Journal of Personality, 33,* 1122–1131.

Jasper, J. M. (2010). The innovation dilemma: Some risks of creativity in strategic agency. In D. H. Cropley, A. J. Cropley, J. C. Kaufman, & M. A. Runco (Hrsg.), *The dark side of creativity* (S. 91–113). New York: Cambridge University Press.

Jay, E. S. & Perkins, D. N. (1997). Problem finding: The search for mechanisms. In M. A. Runco (Hrsg.), *The creativity research handbook,* Vol. 1 (S. 257–294). Cresskill: Hampton Press.

Johnson, D. L. (1979). *The Creativity Checklist.* Wood Dale: Stoelting.

Josephson, M. (1959). *Edison: A biography*. New York: Wiley.

Kampylis, P. G., & Valtanen, J. (2010). Redefining creativity – analyzing definitions, collocations, and consequences. *Journal of Creative Behavior, 44*, 191–214.

Kanazawa, S. (2003). Why productivity fades with age: The crime-genius connection. *Journal of Research in Personality, 37*, 257–252.

Kaplan, R. S. (2001). Strategic performance measurement and management in nonprofit organizations. *Nonprofit Management and Leadership, 11*, 353–370.

Kaplan, R. S., & Norton, D. P. (1992). The Balanced scorecard: measures that drive performance. *Harvard Business Review, 71*, 71–79.

Kaplan, S. (1987). Aesthetics, affect and cognition: Environmental preference from an evolutionary perspective. *Environment and Behavior, 19*, 3–32.

Kasof, J. (1997). Creativity and breadth of attention. *Creativity Research Journal, 10*, 303–315.

Katz, D., & Kahn, R. L. (1978). *The social psychology of organizations*, (2. Aufl.). New York: Wiley.

Kaufman, J. C., Baer, J., Cropley, D. H., Reiter-Palmon, R., & Sinnett, S. (2013). Furious activity vs. understanding: How much expertise is needed to evaluate creative work? *Psychology of Aesthetics, Creativity, and the Arts, 7*, 332–340.

Kaufman, G. (2003). Expanding the mood-creativity equation. *Creativity Research Journal, 15*, 131–135.

Kawenski, M. (1991). Encouraging creativity in design. *Journal of Creative Behavior, 25*, 263–266.

Kemp, R. G. M., Folkeringa, M., De Jong, J. P. J., & Wubben, E. F. M. (2003). *Innovation and firm performance*. Zoetermeer: EIM Business und Policy Research.

Kim, J., & Han, S. H. (2008). A methodology for developing a usability index of consumer electronic products. *International Journal of Industrial Ergonomics, 38*, 333–345.

Kim, K. H. (2006). Can we trust creativity tests? A review of the Torrance Tests of Creative Thinking (TTCT). *Creativity Research Journal, 18*, 3–14.

Kim, K. H. (2011). The creativity crisis: The decrease in creative thinking scores on the Torrance Tests of Creative Thinking. *Creativity Research Journal, 23*, 285–295.

Kim, W. C., & Mauborgne, R. (2004). Value innovation: The strategic logic of high growth. *Harvard Business Review, 82*, 172–180.

King, L. A., Walker, L. M., & Broyles, S. J. (1996). Creativity and the five-factor model. *Journal of Research in Personality, 30*, 189–203.

King, N. (1992). Modelling the innovation process: An empirical comparison of approaches. *Journal of Occupational and Organizational Psychology, 65*, 89–100.

Kirton, M. (1989). *Adaptors and innovators: Styles of creativity and problem solving*. London: Routledge.

Kirzner, I. M. (1973). *Competition and entrepreneurship*. Chicago: University of Chicago Press.

Kitto, J., Lok, D., & Rudowicz, E. (1994). Measuring creative thinking: An activity-based approach. *Creativity Research Journal, 7*, 59–69.

Kleinknecht, A., & Mohnen, P. A. (Hrsg.). (2001). *Innovation and firm performance*. London: Palgrave Macmillan.

Knapper, C., & Cropley, A. J. (2000). *Lifelong learning and higher education*. London: Kogan Page.

Koberg, D., & Bagnall, J. (1991). *The all new universal traveler: A soft-systems guide to creativity, problem-solving, and the process of reaching goals*. Los Altos: William Kaufmann, Inc.

Koellinger, P. (2008). The relationship between technology, innovation, and firm performance – empirical evidence from e-business in Europe. *Research Policy, 37*, 1317–1328.

Kogan, N. (1983). Stylistic variation in childhood and adolescence: Creativity, metaphor, and cognitive styles. In P. Mussen (Hrsg.), *Handbook of child psychology* (Vol. 3, S. 631–706). New York: Wiley.

Kouzes, J. M., & Pozner, B. Z. (2012). *The leadership challenge*, (5. Aufl.). San Francisco: Jossey Bass.

Kozbelt, A., & Meredith, D. (2011). Composer age and melodic originality: A hierarchical linear modeling approach. *International Journal of Creativity and Problem Solving, 21*(2), 63–79.

Krems, J. F. (1995). Cognitive flexibility and complex problem solving. In P. A. Frensch & J. Funke (Hrsg.), *Complex problem solving: The European perspective* (S. 201–218). Hillsdale: Lawrence Erlbaum Associates.

Kriekels, J. (2013). *Innovate or die*. New York: Lannoo Publishers.

Larey, T. S., & Paulus, P. B. (1999). Group preference and convergent tendencies in small groups: A content analysis of group brainstorming performance. *Creativity Research Journal, 12*, 175–184.

Lee, S., & Dow, G. T. (2011). Malevolent creativity: Does personality influence malicious divergent thinking? *Creativity Research* Journal, *23*, 73–82.

Lehman, H. C. (1953). *Age and achievement*. Princeton: Princeton University Press.

Leifer, R., McDermott, C. M., O'Connor, G. C., & Peters, L. S. (2000). *Radical innovation: How mature companies can outsmart upstarts*. Boston: Harvard Business Press.

Levitt, T. (2002). Creativity is not enough. *Harvard Business Review, 81*, 137–144.

Lewis, M. W., Welsh, M. A., Dehler, G. E., & Green, S. G. (2002). Product development tensions: Exploring contrasting styles of product management. *Academy of Management Journal, 45*, 546–564.

Liedtka, J. (1998). Strategic thinking: Can it be taught? *Long Range Planning, 31*, 120–129.

Light, P. C. (1998). *Sustaining innovation: Creating non-profit and government organizations that innovate naturally*. San Diego: Jossey Bass.

Lindauer, M. S. (1993). The span of creativity among long-lived historical artists. *Creativity Research Journal, 6*, 221–240.

Lipman-Blumen, J. (1991). *Individual and organizational achieving styles: A handbook for researchers and human resource professionals*, (4. Aufl.). Claremont: Achieving Styles Institute.

Lipman-Blumen, J. (1996). *Women in corporate leadership: Reviewing a decade's research*. Wellesley: Wellesley College Center for Research on Women.

Litwin, G., & Stringer, R. (1968). *Motivation and organizational climate*. Boston: Harvard University Press.

Locksley, W. (2004). *Fatal probes*. Shauck: GMI Publications.

Lomberg, C. (2010). *Kreativität im Kontext von Corporate Entrepreneurship*. Berlin: Springer Verlag.

Lonergan, D. C., Scott, G. M., & Mumford, M. D. (2004). Evaluative aspects of creative thought: Effects of appraisal and revision standards. *Creativity Research Journal, 16*, 231–246.

Luchins, A. S. (1942). Mechanization in problem solving. *Psychological Monographs, 54*, Whole Number 248.

Luecke, R., & Katz, R. (2003). *Managing creativity and innovation*. Boston: Harvard Business School Press.

Lynch, P., Walsh, M. M., & Harrington, D. (2010). *Defining and dimensionalizing organizational innovativeness*. Paper presented at the International CHRIE Conference, San Juan, Puerto Rico.

MacKinnon, D. W. (1978). *In search of human effectiveness: Identifying and developing creativity*. Buffalo: Creative Education Foundation.

Mainemelis, C. (2010). Stealing fire: Creative deviance in the evolution of new ideas. *Academy of Management Review, 35*, 558–578.

Mann, E. L. (2009). The search for mathematical creativity: Identifying creative potential in middle school students. *Creativity Research Journal, 21*, 338–348.

Marinova, D., & Phillimore, J. (2003). Models of innovation. In L. V. Shavinina (Hrsg.), *International handbook on innovation* (S. 44–53). Oxford: Elsevier Science.

Martindale, C. (1989). Personality, situation, and creativity. In J. A. Glover, R. R. Ronning & C. R. Reynolds (Hrsg.), *Handbook of creativity* (S. 211–228). New York: Plenum.

Martindale, C. (1990). *The clockwork muse*. New York: Basic Books.

Martinsen, O. L. (2011). The creative person: A synthesis and development of the creative person profile. *Creativity Research Journal, 23*, 185–202.

Mascitelli, R. (2000). From experience: Harnessing tacit knowledge to achieve breakthrough innovation. *Journal of Product Innovation Management, 17*, 179–193.

Maslow, A. H. (1973). Creativity in self-actualizing people. In A. Rothenberg & C. R. Hausman (Hrsg.), *The creative question* (S. 86–92). Durham: Duke University Press.

Mathisen, G. E., & Einarsen, S. (2004). A review of instruments assessing creative and innovative environments within organizations. *Creativity Research Journal, 16*, 119–140.

Matson, J. V. (1996). *Innovate or die: A personal perspective on the art of innovation.* Royal Oak: Paradigm Press.

Maxeiner, D. (2007). Strategie: Interview mit Prof. Dr. Martin Winterkorn. In *Volkswagen AG Geschäftsbericht 2007* (S. 14–17). Wolfsburg: Volkswagen AG.

May, R. (1976). *The courage to create.* New York: Bantam.

McCrae, R. R. (1987). Creativity, divergent thinking and openness to experience. *Journal of Personality and Social Psychology, 52*, 1258–1265.

McLaren, R. B. (1993). The dark side of creativity. *Creativity Research Journal, 6*, 137–144.

McMullen, J. S., & Shepherd, D. A. (2006). Entrepreneurial action and the role of uncertainty in the theory of the entrepreneur. *Academy of Management Review, 31*(1), 132–152.

Mednick, S. A. (1962). The associative basis of creativity. *Psychological Review, 69*, 220–232.

Meeker, M. (1985). *Structure of Intellect Learning Abilities Test.* Los Angeles: Western Psychological Services.

Michael, J. (2003). Using the Myers-Briggs Type Indicator as a tool for leadership development? Apply with caution. *Journal of Leadership and Organizational Studies, 10*(1), 68–81.

Michael, W. B., & Colson, K. R. (1979). The development and validation of a life experience inventory for the identification of creative electrical engineers. *Educational and Psychological Measurement, 39*, 463–470.

Milgram, R. M., & Hong, E. (1999). Creative out-of-school activities in intellectually gifted adolescents as predictors of their life accomplishments in young adults: A longitudinal study. *Creativity Research Journal, 12*, 77–88.

Miller, A. I. (1992). Scientific creativity: A comparative study of Henri Poincaré and Albert Einstein. *Creativity Research Journal, 5*, 385–418.

Miller, D. (1983). The correlates of entrepreneurship in three types of firms. *Management Science, 29*, 770–791.

Millward, L. J., & Freeman, H. (2002). Role expectations as constraints to innovation: The case of female managers. *Creativity Research Journal, 14*, 93–110.

Miron, E., Erez, M., & Naveh, E. (2004). Do personal characteristics and cultural values that promote innovation, quality, and efficiency compete or complement each other? *Journal of Organizational Behavior, 25*, 175–199.

Miron-Spektor, E., Erez, M., & Naveh, E. (2011). The effect of conformist and attentive-to-detail members on team innovation: Reconciling the innovation paradox. *Academy of Management Journal, 54*, 740–760.

Mokyr, J. (1990). *The lever of riches: Technological creativity and economic progress.* New York: Oxford University Press.

Moran, S., Cropley, D. H., & Kaufman, J. C. (Hrsg.). (2014). *The ethics of creativity.* Basingstoke: Palgrave MacMillan.

Morgan, D. N. (1953). Creativity today: A constructive analytic review of certain philosophical and psychological Work. *The Journal of Aesthetics and Art Criticism, 12*(1), 1–24.

Mostafa, M. (2005). Factors affecting organisational creativity and innovativeness in Egyptian business organisations: An empirical investigation. *Journal of Management Development, 24*, 7–33.

Mortensen, U. (2009). *Einführung in die Theorie psychometrischer Tests.* http://www.uwe-morten-sen.de/TestkonstruktionNeuB.pdf. Zugegriffen: 21. Sept. 2015.

Moustakis, C. E. (1977). *Creative life.* New York: Van Nostrand.

Mueller, J. S., Melwani, S., & Goncalo, J. A. (2012). The bias against creativity: Why people desire but reject creative ideas. *Psychological Science, 23,* 13–17.

Mumford, M. D. (Hrsg.) (2011). *Handbook of organizational creativity.* London: Academic Press.

Mumford, M. D., Antes, A. L., Caughron, J. J., Connelly, S., & Beeler, C. (2010). Cross-field differences in creative problem-solving skills: A comparison of health, biological, and social sciences. *Creativity Research Journal, 22,* 14–26.

Mumford, M. D., Baughman, W. A., Maher, M. A., Costanza, D. P., & Supinski, E. P. (1997). Process-based measures of creative problem-solving skills: IV. Category combination. *Creativity Research Journal, 10,* 59–71.

Mumford, M. D., Baughman, W. A., Threlfall, K. V., Supinski, E. P., & Costanza, D. P. (1996). Process-based measures of creative problem-solving skills: I. Problem construction. *Creativity Research Journal, 9,* 63–76.

Mumford, M. D., Bedell-Avers, K. E., & Hunter, S. T. (2008). Planning for innovation: A multi-level perspective. In M. D. Mumford, S. T. Hunter & K. E. Bedell (Hrsg.), *Innovation in organizations: A multi-level perspective* (S. 107–154). Oxford: Elsevier.

Mumford, M. D., Hester, K. S., & Robledo, I. C. (2012). Creativity in organizations: Importance and approaches. In M. D. Mumford (Hrsg.), *Handbook of Organizational Creativity* (S. 3–16). London: Academic Press.

Mumford, M. D., Marks, M. A., Connelly, M. S., Zaccaro, S. J., & Johnson, J. F. (1998). Domain-based scoring of divergent-thinking tests: Validation evidence in an occupational sample. *Creativity Research Journal, 11,* 151–163.

Mumford, M. D., & Moertl, P. (2003). Cases of social innovation: Lessons from two innovations in the 20th century. *Creativity Research Journal, 15,* 261–266.

Mumford, M. D., Scott, G. M, Gaddis, B., & Strange, J. M. (2002). *Leading creative people: Orchestrating expertise and relationships.* The Leadership Quarterly, 13, 705-750.

Myers-Briggs, I., & McCaulley, M. H. (1992). *Manual: A guide to the development and use of the Myers-Briggs Type Indicator.* Palo Alto: Consulting Psychologists Press.

Nebel, C. (1988). *The dark side of creativity: Blocks, unfinished works and the urge to destroy.* New York: Whitston Publishing Company.

Nelson, R., & Winter, S. (1977). In search of useful theory of innovation. *Research Policy, 6*(1), 36–76.

Nunnally, J., & Bernstein, I. (1994). *Psychometric theory,* (3. Aufl.). New York: McGraw Hill.

Nussbaum, B. (2013). *Creative intelligence: Harnessing the power to create, connect, and inspire.* New York: HarperCollins.

OECD. (2005). Oslo manual: Guidelines for collecting and interpreting innovation data, (3. Aufl.). Paris: OECD.

Oke, A., Munshi, N., & Walumbwa, F.O. (2009). The influence of leadership on innovation processes and activities. *Organizational Dynamics, 38,* 64–72.

Oldham, G. R., & Cummings, A. (1996). Employee creativity: Personal and contextual factors at work. *Academy of Management Journal, 39,* 607–634.

Olson, M. (1982). *The rise and decline of nations.* New Haven: Yale University Press.

Oman, S. K., Tumer, I. Y., Wood, K., & Seepersad, C. (2013). A comparison of creativity and innovation metrics and sample validation through in-class design projects. *Research in Engineering Design, 24*(1), 65–92.

O'Shea, D., & Buckley, F. (2007). Towards an integrative model of creativity and innovation in organisations: A psychological perspective. *Irish Journal of Psychology, 28,* 101–128.

Palmer, C. (2016). *Berufsbezogene Kreativitätsdiagnostik.* Wiesbaden: Springer

Park, J., & Jang, K. (2005). Analysis of the actual scientific inquiries of physicists. www.arxiv.org/abs/physics/0506191. Zugegriffen: 17. September, 2006.

Parker, S. K., Williams, H. M., & Turner, N. (2006). Modeling the antecedents of proactive behavior at work. *Journal of Applied Psychology, 91,* 636–652.

Paulus, P. B. (1999). Group creativity. In M. A. Runco & S. R. Pritzker (Hrsg.), *Encyclopedia of creativity* (S. 779–784). San Diego: Academic Press.

Paulus, P. B. (2002). Different ponds for different fish: a contrasting perspective on team innovation. *Applied Psychology: An International Review, 51,* 394–399.

Paulus, P. B., & Nijstad, B. A. (2003). *Group creativity: Innovation through collaboration*: New York: Oxford University Press.

Perkins, D. N. (1981). *The mind's best work*. Cambridge: Harvard University Press.

Peters, T. (1990). Get innovative or get dead. *California Management Review, 33,* 9–26.

Peterson, H. (Hrsg.). (1954). *A treasury of the world's great speeches*. Danbury: Grolier.

Petersen, S. (1989). *Motivation von Laienautoren.* Unveröffentlichte Diplomarbeit, Fachbereich Psychologie, Universität Hamburg.

Piaget J., & Inhelder, B. (1969). *The psychology of the child*. New York: Basic Books.

Pilzer, P. Z. (1990). *Unlimited wealth: The theory and practice of economic alchemy*. New York: Crown Publishers.

Pink, D. H. (2005). *A whole new mind: Moving from the information age into the conceptual age*. London: Allen und Unwin.

Planck, M. (1948). *Wissenschaftliche Selbstbiographie. Mit einem Bildnis und der von Max von Laue gehaltenen Traueransprache*. Leipzig: Johann Ambrosius Barth Verlag.

Plšek, P. E. (1997). *Creativity, innovation, and quality*. Milwaukee: ASQ Quality Press.

Plšek, P. E., & Bevan, H. (2003). Organizational culture for innovation self-assessment. IHI Forum 04. http://www.directedcreativity.com/pages/SpiderDiagram.pdf. Zugegriffen: 28. Sept. 2014.

Powell, G. N. (1993). *Women and men in management,* (2. Aufl.). Newbury Park: Sage.

Plucker, J. A. (1999). Is the proof in the pudding? Reanalyses of Torrance's (1958 to present) longitudinal data. *Creativity Research Journal, 12,* 103–114.

Plucker, J. A., & Makel, M. C. (2010). Assessment of creativity. In J. C. Kaufman & R. J. Sternberg (Hrsg.), *The Cambridge handbook of creativity* (S. 48–73). New York: Cambridge University Press.

Prindle, E. J. (1906). The art of inventing. *Transactions of the American Institute for Engineering Education, 25,* 519–547.

Proctor, R. M. J., & Burnett, P. C. (2004). Measuring cognitive and dispositional characteristics of creativity in elementary students. *Creativity Research Journal, 16,* 421–429.

Puccio, G. J. (1999). Teams. In M. A. Runco & S. R. Pritzker (Hrsg.), *Encyclopedia of creativity* (S. 640–649). San Diego: Academic Press.

Puccio, G. J., & Cabra, J. F. (2010). Organizational creativity: A systems approach. In J. C. Kaufman & R. J. Sternberg (Hrsg.), *The Cambridge handbook of creativity* (S. 145–173). New York: Cambridge University Press.

Puccio, G. J., Murdock, M. C., & Mance, M. (2005). Current developments in creative problem solving for organizations: A focus on thinking skills and styles. *Korean Journal of Thinking and Problem Solving, 15*(2), 43.

Puccio, G. J., Treffinger, D. J., & Talbot, R. J. (1995). Exploratory examination of the relationship between creativity styles and creative products. *Creativity Research Journal, 8,* 152–157.

Raisch, S., Birkinshaw, J., Probst, G., & Tushman, M. L. (2009). Organizational ambidexterity: Balancing exploitation and exploration for sustained performance. *Organization Science, 20,* 685–695.

Rauch, A., Wikl&, J., Lumpkin, G. T., & Frese, M. (2009). Entrepreneurial orientation and business performance: An assessment of past research and suggestions for the future. *Entrepreneurship Theory and Practice, 33*, 761–787.

Ray, M., & Myers, R. (1989). *Creativity in business.* New York: Doubleday.

Read, A. (2000). Determinants of successful organisational innovation: a review of current research. *Journal of Management Practice, 3*(1), 95–119.

Rechtin, E., & Maier, M. W. (2000). *The art of systems architecting.* Boca Raton: CRC Press.

Reis, S. M., & Renzulli, J. S. (1991). The assessment of creative products in programs for gifted and talented students. *Gifted Child Quarterly, 35*(3), 128–134.

Reiter-Palmon, R., Illies, M. Y., Cross, L. K., Buboltz, C., & Nimps, T. (2009). Creativity and domain specificity: The effect of task type on multiple indexes of creative problem-solving. *Psychology of Aesthetics, Creativity, and the Arts, 3*(2), 73–80.

Rhodes, M. (1961). An analysis of creativity. *The Phi Delta Kappan, 42*(7), 305–310.

Richards, R. (Hrsg). (2007). *Everyday creativity and new views of human nature: Psychological, social, and spiritual perspectives.* Washington: American Psychological Association.

Rickards, T. J. (1993). Creativity from a business school perspective: Past, present and future. In S. G. Isaksen, M. C. Murdock, R. L. Firestien, & D. J. Treffinger (Hrsg.), *Nurturing and developing creativity: The emergence of a discipline* (S. 155–176). Norwood, NJ: Ablex.

Rietzschel, E. F., Nijstad, B. A., & Stroebe, W. (2010). The selection of creative ideas after individual idea generation: Choosing between creativity and impact. *British Journal of Psychology, 101*, 47–68.

Roberts, E. B. (1988). Managing invention und innovation. *Research Technology Management, 33*, 1–19.

Robinson, A. (2010). Perspiration, inspiration, and the 10-year rule. *Lancet, 376*, 1458–1459.

Rocavert, C. (2016). Democratizing creativity: How arts/philosophy can contribute to the question of arts bias. *Creativity Research Journal, 28*, 229–237.

Rogers, C. R. (1961). *On becoming a person.* Boston: Houghton.

Root-Bernstein, R. S. (1989). Productivity and age. In M. A. Runco & S. R. Pritzker (Hrsg.), *Encyclopedia of creativity*, Vol. 2 (S. 457–463). San Diego: Academic Press.

Root-Bernstein, R. S., Bernstein, M., & Garnier, H. (1993). Identification of scientists making long-term high-impact contributions, with notes on their methods of working. *Creativity Research Journal, 6*, 329–343.

Rosenbusch, N., Brinckmann, J., & Bausch, A. (2011). Is innovation always beneficial? A meta-analysis of the relationship between innovation and performance in SMEs. *Journal of Business Venturing, 26*, 441–457.

Rosenman, M. F. (1988). Serendipity and scientific discovery. *Journal of Creative Behavior, 22*, 132–138.

Ross, L., & Nisbett, R. (1991). *The person and the situation: Perspectives of social psychology.* New York: McGraw Hill.

Rossman, J. (1931). *The psychology of the inventor: a study of the patentee.* Washington: Inventors' Publishing Company.

Rosso, B. D. (2014). Creativity and constraints: Exploring the role of constraints in the creative processes of research and development teams. *Organization Studies, 35*, 551–585.

Rothenberg, A. (1983). Psychopathology and creative cognition: A comparison of hospitalized patients, Nobel laureates and controls. *Archives of General Psychiatry, 40*, 937–942.

Rothman, J. (2014, September 2, 2014). Creativity creep. http://www.newyorker.com/books/joshua-rothman/creativity-creep?utm_source=tnyandutm_campaign=generalsocialandutm_medium=twitterandmbid=social_twitter. Zugegriffen: 2. Sept. 2014

Rothwell, R. (1994). Towards the fifth-generation innovation process. *International Marketing Review*, *11*, 7–31.

Runco, M. A. (1993). Creative morality: Intentional and unconventional. *Creativity Research Journal*, *6*, 17–28.

Runco, M. A. (2003). (Hrsg.). *Critical creative processes*. Cresskill: Hampton Press.

Runco, M. A., & Jaeger, G. J. (2012). The standard definition of creativity. *Creativity Research Journal*, *24*, 92–96.

Runco, M. A., & Nemiro, J. (2003). Creativity in the moral domain: Integration and implications. *Creativity Research Journal*, *15*, 91–105.

Runco, M. A., Plucker, J. A., & Lim, W. (2001). Development and psychometric integrity of a measure of ideational behavior. *Creativity Research Journal*, *13*, 393–400.

Ruth, J. E., & Birren, J. E. (1985). Creativity in adulthood and old age: Relations to intelligence, sex and mode of testing. *International Journal of Behavioral Development*, *8*, 99–109.

Savransky, S. D. (2000). *Engineering of creativity*. Boca Raton: CRC Press.

Sawyer, R. K. (2006). Educating for innovation. *Thinking Skills and Creativity*, *1*(1), 41–48.

Schein, V. E. (1994). Managerial sex typing: A persistent and pervasive barrier to women's opportunities. In M. J. Davidson & R. J. Burke (Hrsg.), *Women in management: Current research issues* (S. 65–84). London: Chapman.

Schein, V. E. (2001). A global look at psychological barriers to women's progress in management. *Journal of Social Issues*, *57*, 675–688.

Schermerhorn, J. M. (2012). *Management*, (12. Aufl.). Hoboken: Wiley.

Schuldberg, D. (2001). Six subclinical spectrum traits in normal creativity. *Creativity Research Journal*, *13*, 5–16.

Schumpeter, J. A. (1942). *The theory of economic development*. Cambridge: Harvard University Press.

Schwebel, M. (1993). Moral creativity as artistic transformation. *Creativity Research Journal*, *6*, 65–81.

Schwehr, M. Arbeiten Sie schon dilettantisch? http://marionschwehr.de/2016/04/27/arbeiten-sie-schon-dilettantisch/heruntergeladen Zugegriffen: 01. Juli 2016.

Scott, S. G., & Bruce, R. A. (1994). Determinants of innovative behaviour: A path model of innovation in the workplace. *Academy of Management Journal*, *37*, 580–607.

Scott, T. E. (1999). Knowledge. In M. A. Runco & S. R. Pritzker (Hrsg.), *Encyclopedia of creativity*, Vol. 2 (S. 119–129). San Diego: Academic Press.

Sekaran, U. (2006). *Research methods for business: A skill building approach*. New York: John Wiley und Sons.

Semmer, E. (1870). Resultate der Injektion von Pilzsporen und Pilzhefen in's Bluth der Thiere. *Virchows Archiv*, *50*, 158–160.

Shaw, M. P. (1989). The Eureka process: A structure for the creative experience in science and engineering. *Creativity Research Journal*, *2*, 286–298.

Shelton, R. D. (2001). Developing an internal marketplace for innovation-balancing creativity and commercialization. *Prism* (1), 15–19.

Siegel, S. M., & Kaemmerer, W. F. (1978). Measuring the perceived support for innovation in organizations. *Journal of Applied Psychology*, *63*, 553–562.

Silvia, P. J. (2008). Discernment and creativity: How well can people identify their most creative ideas? *Psychology of Aesthetics, Creativity, and the Arts*, *2*(3), 139–146.

Silvia, P. J., Kaufman, J. C., Reiter-Palmon, R., & Wigert, B. (2011). Cantankerous creativity: Honesty-humility, agreeableness, and the HEXACO structure of creative achievement. *Personality and Individual Differences*, *51*, 687–689.

Simon, H. A. (1989). The scientist as a problem solver. In D. Klahr & K. Kotovsky (Hrsg.), *Complex information processing* (S. 375–398). Hillsdale: Erlbaum.

Simonton, D. K. (1988). Age and outstanding achievement: What do we know after a century of research? *Psychological Bulletin, 104*, 251–267.

Simonton, D. K. (1994). *Greatness: Who makes history and why?* New York: Guilford.

Simonton, D. K. (1997). Historiometric studies of creative genius. In M. A. Runco (Hrsg.), *The creativity research handbook* (Vol. 1, S. 3–28). Creskill : Hampton Press.

Simonton, D. K. (1998). Masterpieces in music and literature: Historiometric inquires. *Creativity Research Journal, 11*, 103–110.

Simonton, D. K. (1999). *Origins of genius: Darwinian perspectives of creativity*. New York: Oxford University Press.

Simonton, D. K. (2000). Creative development as acquired expertise: Theoretical issues and an empirical test. *Developmental Review, 20*, 283–318.

Simonton, D. K. (2009). Varieties of (scientific) creativity A hierarchical model of domain-specific disposition, development, and achievement. *Perspectives on Psychological Science, 4*, 441–452.

Smith, W. K. (2009). A dynamic approach to managing contradictions. *Industrial and Organizational Psychology, 2*, 338–343.

Smith, W. K., & Lewis, M. W. (2011). Toward a theory of paradox: A dynamic equilibrium model of organizing. *Academy of Management Review, 36*, 381–403.

Sosa, R., & Gero, J. S. (2003). Design and change: A model of situated creativity. In C. Bento, A. Cardosa & J. S. Gero (Hrsg.), *Approaches to creativity in artificial intelligence and cognitive science* (S. 25–34). Acapulco: IJCAI03.

Snyder, A., Mitchell, J., Bossomaier, T., & Pallier, G. (2004). The creativity quotient: An objective scoring of ideational fluency. *Creativity Research Journal, 16*, 415–419.

Staw, B. M. (1995). Why no one really wants creativity. In C. Ford & D. Gioia (Hrsg.), *Creative action in organizations – ivory towers and real voices* (S. 161–166). Los Angeles: Sage.

Stenmark, D. (2005). Organisational creativity in context: Learning from a failing attempt to introduce IT support for creativity. *International Journal of Technology and Human Interaction, 1*, 80–98.

Sternberg, R. J. (1985). *Beyond IQ: A triarchic theory of human intelligence*. New York: Cambridge University Press.

Sternberg, R. J. (1998). A balance theory of wisdom. *Review of General Psychology, 2*, 347–365.

Sternberg, R. J. (2003). *Wisdom, intelligence, and creativity synthesized*. New York: Cambridge University Press.

Sternberg, R. J. (2006). The nature of creativity. *Creativity Research Journal, 18*, 87–98.

Sternberg, R. J. (2007a). Creativity as a habit. In A.-G. Tan (Hrsg.), *Creativity: A handbook for teachers* (S. 3–26). Singapore: World Scientific Publishing Company.

Sternberg, R. J. (2007b). A systems model of leadership. *American Psychologist, 62*, 34–42.

Sternberg, R. J., Kaufman, J. C., & Pretz, J. E. (2002). *The creativity conundrum: A propulsion model of kinds of creative contributions*. New York: Psychology Press.

Sternberg, R. J., & Lubart, T. I. (1995). *Defying the crowd: Cultivating creativity in a culture of conformity*. New York: Free Press.

Sweetland, R. C., & Keyser, D. J. (1991). *A comprehensive reference for assessment in psychology, education and business*. Austin: Pro-Ed.

Szyperski, N. & Eul-Bischoff, M. (1983). *Interpretative Strukturmodellierung (ISM) : Stand der Forschung und Entwicklungsmöglichkeiten*. Braunschweig: Vieweg.

Taggar, S., Sulsky, L., & MacDonald, H. (2008). Sub-system configuration: A model of strategy, context, and human resource management alignment. In M. D. Mumford, S. T. Hunter, & K. E.

Bedell-Avers (Hrsg.), *Multi-level issues in creativity and innovation* (S. 317–376). New York: Elsevier.

Tardiff, T. Z., & Sternberg, R. J. (1988). What do we know about creativity? In R. J. Sternberg (Hrsg.), *The nature of creativity* (S. 429–440). New York: Cambridge University Press.

Taylor, I. A. (1975). An emerging view of creative actions. In I. A. Taylor & J. W. Getzels (Hrsg.), *Perspectives in creativity* (S. 297–325). Chicago: Aldine.

Thanksgiving for innovation. (2002). *Economist Technology Quarterly*, No. 3, 13–14.

Thomson, W. (1889). Electrical Units of Measurement. In W. Thomson (Hrsg.), *Nature series: Popular lectures and addresses* (Vol. 1: Constitution of Matter, S. 73–136). London: MacMillan and Co.

Tierney, P., & Farmer, S. M. (2011). Creative self-efficacy development and creative performance over time. *Journal of Applied Psychology, 96*, 277–293.

Torrance, E. P. (1963). *Education and the creative potential*. Minneapolis: University of Minnesota Press.

Torrance, E. P. (2007). *Torrance Tests of Creative Thinking: Norms and technical manual*. Bensenville: Scholastic Testing Services.

Treffinger, D. J. (1985). Review of Torrance Tests of Creative Thinking. In J. V. Mitchell (Hrsg.), *Ninth mental measurements yearbook* (S. 1632–1634). Lincoln: University of Nebraska Press.

Treffinger, D. J. (1995). Creative problem solving: Overview and educational implications. *Educational Psychology Review, 7*, 301–312.

Tushman, M. L., & O'Reilly, C. A. (1996). Ambidextrous organizations: Managing evolutionary and revolutionary change. *California Management Review, 38*, 8–30.

Urban, K. K. & Jellen, H. G. (2010). *Test for Creative Thinking – Drawing Production (TCT-DP)*. Manual. Frankfurt: Pearson.

Van de Ven, A. H. (1986). Central problems in the management of innovation. *Management Science, 32*, 590–607.

Van de Ven, A. H., Poole, M. S., & Angle, H. L. (2000). *Research on the management of innovation*. Oxford: Oxford University Press.

Van Den Broeck, H., Cools, E., & Maenhout, T. (2008). A case study of arteconomy: building bridges between art and enterprise: Belgian businesses stimulate creativity and innovation through art. *Journal of Management and Organization, 14*, 573–587.

VanGundy, A. B. (1984). *Managing group creativity: A modular approach to problem solving*. New York: American Management Association.

Veryzer, R. W. (1998). Discontinuous innovation and the new product development process. *Journal of Product Innovation Management, 15*, 304–321.

Vincent, L. H., Bharadwaj, S. G., & Challagalla, G. N. (2004). Does innovation mediate firm performance? A meta-analysis of determinants and consequences of organizational innovation. http://smartech.gatech.edu/handle/1853/10731. Zugegriffen: 21. Sept. 2014.

Vosburg, S. K. (1998). Mood and the quantity and quality of ideas. *Creativity Research Journal, 11*, 315–324.

Walberg, H. J., & Stariha, W. E. (1992). Productive human capital: Learning, creativity and eminence. *Creativity Research Journal, 5*, 323–340.

Walczyk, J. J., Runco, M. A., Tripp, S. M., & Smith, C. E. (2008). The creativity of lying: Divergent thinking and ideational correlates of the resolution of social dilemmas. *Creativity Research Journal, 20*, 328–342.

Walk, C. L. (1996). *Management and leadership. MBTI applications: A decade of research on the Myers-Briggs Type Indicator*. Palo Alto: Consulting Psychology Press.

Wallach, M. A., & Kogan, N. (1965). *Modes of thinking in young children*. New York: Holt: Rinehart and Winston.

Wallas, G. (1926). *The art of thought*. New York: Harcourt Brace.

Walton, A. P. (2003). The impact of interpersonal factors on creativity. *International Journal of Entrepreneurial Behavior und Research*, 9(4), 146–162.

Ward, T. B. (2004). Cognition, creativity, and entrepreneurship. *Journal of Business Venturing*, 19(2), 173–188.

Ward, T. B., & Kolomyts, Y. (2010). Cognition and creativity. In J. C. Kaufman & R. J. Sternberg (Hrsg.), *The Cambridge handbook of creativity* (S. 74–90). New York: Cambridge University Press.

West, M. A. (2002). Sparkling fountains or stagnant ponds: An integrative model of creativity and innovation implementation in work groups. *Applied Psychology*, *51*, 355–387.

West, M. A., & Rickards, T. (1999). Innovation. In M. A. Runco & S. R. Pritzker (Hrsg.), *Encyclopedia of creativity* (S. 45–55). San Diego: Academic Press.

West, S., Hoff, E., & Carlsson, I. (2013). Playing at work. Professionals' perceptions of the functions of play on organizational creativity. *International Journal of Creativity and Problem-Solving*, *23*(2), 5–23.

Westby, E. L., & Dawson, V. L. (1995). Creativity: Asset or burden in the classroom? *Creativity Research Journal*, *8*, 1–10.

Williams, C. C. (2007). The nature of entrepreneurship in the informal sector: Evidence from England. *Journal of Enterprising Communities, People and Places in the Global Economy*, *1*, 27–37.

Woodman, R. W., Sawyer, J. E., & Griffin, R. W. (1993). Toward a theory of organizational creativity. *Academy of Management Review*, *18*, 293–321.

Wortman, C. B., Loftus, E. F., & Marchall, M. E. (1985). *Psychology*, (2. Aufl.). New York: Alfred A. Knopf, Inc.

Yamin, S., Gunasekaran, A., & Mavondo, F. T. (1999). Innovation index and its implications on organisational performance: A study of Australian manufacturing companies. *International Journal of Technology Management*, *17*, 495–503.

Yue, X. D., Bender, M., & Cheung, C. K. (2011). Who are the best known national and foreign creators – a comparative study among undergraduates in China and Germany. *Journal of Creative Behavior*, *45*, 23–37.

Zhou, J., & Shalley, C. E. (2008). Expanding the scope and impact of organizational creativity research. In J. Zhou & C. E. Shalley (Hrsg.), *Handbook of organizational creativity* (S. 347–368). New York: Erlbaum.

Zuckerman, M. (1969). Theoretical formulations. In J. Zubek (Hrsg.), *Sensory deprivation: Fifteen years of research* (S. 407–432). New York: Appleton-Century-Crofts.

The manufacturer's authorised representative in the EU is Springer
Nature Customer Service Centre GmbH, Europaplatz 3, 69115 Heidelberg,
Germany. If you have any concerns regarding our products, please
contact ProductSafety@springernature.com

Printed and bound by CPI Group (UK) Ltd, Croydon, CR0 4YY
23/04/2026
02095635-0008

Die Psychologie der organisationalen Innovation

Dieses Buch entwickelt eine Methode für die höchstdifferenzierte Diagnose der innovationsbezogenen Stärken und Schwächen von Organisationen und bietet Impulse für innovatives Innovationsmanagement. Aus den Befunden der Kreativitätstheorie und -forschung ermittelt das Buch die entscheidenden Komponenten, die als Bausteine der Innovation fungieren. Aus dieser Herangehensweise ergeben sich neue Erkenntnisse über die Besonderheiten innovativer Produkte und die Prozesse, wodurch sie zu Stande kommen, über die psychischen Merkmale innovativer Menschen und über die organisationalen Rahmenbedingungen, die Innovationsprozesse fördern bzw. hemmen, einschließlich des paradoxen Zusammenspiels von Produkt, Prozess, Menschen und Führungsstrategien.

Der Inhalt

- Kreativität und Innovation
- Innovative Ideen
- Innovative Menschen
- Innovationsfähigkeit von Organisationen

Die Zielgruppen

- Studierende und Forschende der ABO-Psychologie, des Managements und der Organisationsentwicklung
- Ausbilder und Coaches
- Führungskräfte

Die Autoren

David H. Cropley ist Associate Professor of Engineering Innovation an der Universität Südaustralien. Sein inhaltlicher Schwerpunkt ist Kreativität im Ingenieurwesen.
Arthur J. Cropley ist Professor der pädagogischen Psychologie (im Ruhestand) der Universität Hamburg. Sein Hauptinteresse gilt der Umsetzung von Ergebnissen der Kreativitätsforschung in die Praxis.

ISBN 978-3-658-17388-3

▶ springer.com